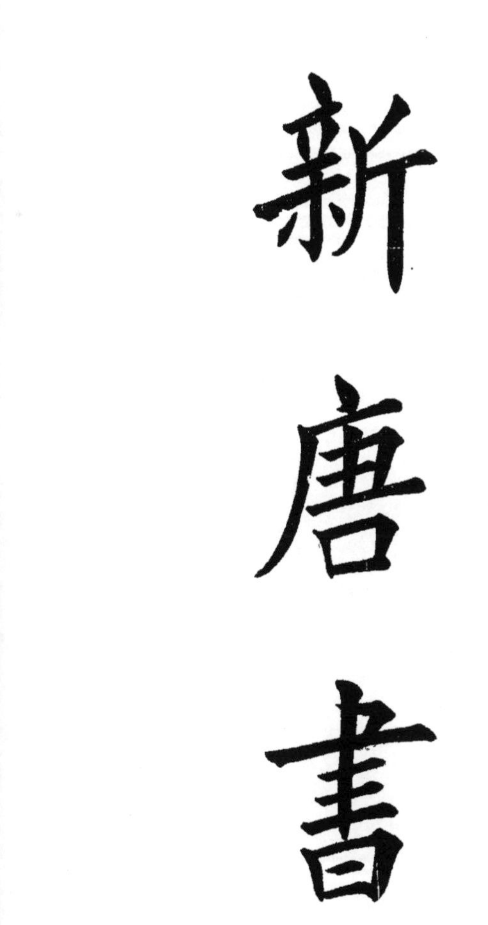
新唐書

四部備要

史部

上海中華書局據武英殿本校刊

桐鄉　陸費逵總勘
杭縣　高時顯
　　　吳汝霖輯校
杭縣　丁輔之監造

唐書卷一百七十九

宋　端　明　殿　學　士　宋　祁　撰

列傳第一百四

李鄭二王賈舒

李訓字子垂始名仲言字子訓故宰相揆族孫質狀魁梧敏于辯論多大言自標置擢進士第補太學助教辟河陽節度府從父逢吉爲宰相以仲言陰險善謀事厚昵之坐武昭獄流象州文宗嗣位更赦還以母喪居東都鄭注佐昭義府仲言慨然曰當世操權力者皆齷齪吾聞注好士有中助可與共事因往見注相得甚歡時逢吉方留守怏怏不樂思復用知與注善付金幣百萬使西至京師厚結注注喜介之謁王守澄守澄善遇之卽以注術仲言經義幷薦於帝仲言持詭辯激卬可聽善鉤揣人主意又以身儒者海內望族既見識擢志望不淺始宋申錫謀誅守澄不克死宦尹益橫帝愈憤恥而憲祖之弒罪人未得雖外假借內不堪欲夷絕其類顧在位臣持祿取容無仗節死難者注陰知帝

指屢建密計引仲言叶力帝外託講勸又皆以守澄進故與之謀則其黨不疑
仲言尙縗麤帝使衣戎服號王山人與注出入禁中服除起爲四門助教賜緋
袍銀魚時太和八年也其十月遷周易博士兼翰林侍講學士入院詔法曲弟
子二十人侑宴示優寵於是給事中鄭肅韓佽諫議大夫李珝郭承嘏中書舍
人高元裕權璩等共劾仲言憸人天下共知不宜在左右帝不聽仲言數進講
至閣寺必感憤申重以激帝心帝見其言縱橫謂果可任遂不疑而待遇莫與
比因改名訓帝猶慮宦人猜忌乃疏易五義示羣臣有能異訓意者賞欲天下
知以師臣待訓明年秋七月進翰林學士兵部郎中知制誥居中倚重實行宰
相事宦人陳弘志時監襄陽軍訓啓帝召還至青泥驛遣使者杖殺之復以計
白罷守澄觀軍容使賜鴆死又逐西川監軍楊承和淮南韋元素河東王踐言
於嶺外已行皆賜死而崔潭峻前物故詔剖棺鞭尸元和逆黨幾盡訓本挾奇
進及大權在己銳意去惡故與帝言天下事無不如所欲與注相朋比務報恩
復讎素忌李德裕宗閔之寵乃因楊虞卿獄指爲黨人嘗所惡者悉陷黨中遷

貶無閡日班列幾空中外震畏帝爲下詔開諭羣情稍安不踰月以禮部侍郎同中書門下平章事賜金紫服仍詔三日一至翰林以終易義訓起流人一歲至宰相謂遭時其志可行欲先誅宦豎乃復河湟攘夷狄歸河朔諸鎮意果而謀淺天子以爲然俄賜第勝業里賞賚旁午每進見宅宰相備位天子傾意宦官衞兵皆慴憚迎拜天下險怪士徼取富貴皆憑以爲資訓時時進賢才偉望以悅士心人皆惑之嘗建言天下浮屠避傜賦耗國衣食請行業不如令者還爲民既執政自白罷因以市恩始注先顯訓藉以進及勢相埒賴寵爭功不兩立然方事未集乃出注使鎮鳳翔外爲助援內實猜克待逞且殺之擢所厚善分總兵柄於是王璠爲太原節度使郭行餘爲邠寧節度使羅立言權京兆尹韓約金吾將軍李孝本權御史中丞陰許璠行餘多募士及金吾臺府卒劫以爲用十一月壬戌帝御紫宸殿約奏甘露降金吾左仗樹羣臣賀訓元輿奏言甘露近在禁中陛下宜親往以承天祉許之即輦如含元殿詔宰相羣臣往視還訓奏言非甘露帝曰豈約妄邪顧中尉仇士良魚志弘等驗之訓因欲閉止

諸宦人使無逸者時璠行餘皆辭赴鎮兵列丹鳳門外彀而待訓傳呼曰兩鎮軍入受詔旨聞者趨入邠寧軍不至璠懼弗能前獨行餘拜殿下宦人至仗所約流汗不能舉首士良等怪之曰將軍何爲爾會風動廡幕見執兵者士良等驚走出闔者將闔扉爲宦侍叱爭不及閉訓急連呼金吾兵曰衛乘輿者人賜錢百千於是有隨訓入者宦人曰急矣上當還內卽扶輦決罘罳下殿趨訓攀輦曰陛下不可去士良曰李訓反帝曰訓不反士良手搏訓而躓訓壓之將引刀鞾中救至士良免立言孝本領衆四百東西來上殿與金吾士縱擊宦官死者數十人訓持輦愈急至宣政門宦人郗志榮揕訓仆之輦入東上閤卽閉宮中呼萬歲元輿雖知謀不以告涯曰上將開延英邪而羣臣見宰相問故會士良遣神策副使劉泰倫陳君奕等率衛士五百挺兵出所值輒殺涯等惶遽易服步出殺諸司史六七百人復分兵屯諸宮門捕訓黨千餘人斬四方館流血成渠宦豎知訓事連天子相與怨讟帝懼僞不語故宦人得肆志殺戮俄而元輿涯皆爲兵所執涯實不知謀士良榜笞急乃自署反狀詔出衛騎千餘馳咸

陽奉天捕亡者大索都城分捕涯訓等第兵遂大掠入黎埴羅讓渾鐵胡証等家及賈耽廟貲產一空兩省印簿書輒持去祕館圖籍蕩然無餘者明日召羣臣朝至建福門從者不得入光範門尚閉列兵誰何乃繇金吾右仗至宣政衙兵皆露持是時無宰相御史中丞久之閤門使馬元贄啓宣政扉傳詔張仲方可京兆尹而吏皆前死羣臣不能班帝初未知涯等被繫猶遲其不朝既而士良白涯與訓謀逆將立鄭注遽召僕射令狐楚鄭覃兵部尚書王源中吏部侍郎李虞仲等至帝對悲憤因付涯訊牒曰果涯書邪楚曰然涯誠有謀罪應死是日京師兵剽劫未止民乘亂往往復私怨相戕擊人死甚衆帝遣楊鎮靳遂良等屯兵大衢鼓而儆之兵乃止帝逼宦官於是下詔暴訓涯等罪孝本易緑袴猶金帶以帽障面奔鄭注至咸陽追騎及之餗匿民間羸服乘驢自歸璠聚河東兵環第自衞弘志使偏將攻之呼曰王涯等得罪起尚書爲相璠喜啓關納之既行知見紿泣曰李訓累我俄行餘立言皆得自涯十餘族幷奴婢悉繫左右軍璠見涯恚曰公何見引涯曰君昔漏宋丞相謀於守澄今焉逃死訓既

敗被綠衣詭言黜官走終南山依浮屠宗密宗密欲匿之其徒不可乃奔鳳翔爲盩厔將所執械而東訓恐爲官人酷辱紿監者曰得我者有賞不如持首去乃斬之傳其首餘黨悉禽後一日兩神策兵將涯等赴郊廟過兩市皆腰斬梟首以徇餗臨刑憤叱獨元輿曰鼂錯張華尚不免豈特吾屬哉約最後捕得責以反狀不服斬之殺訓弟仲襃元臯始元臯以屬疏自解得去士良訊奴言事前一昔宿訓第遣人追斬之訓死士良捕宗密將殺之怡然曰與訓游久浮屠法遇困則救死固其分乃釋之是時暴尸旁午有詔棄都外男女孩嬰相雜廁淹旬許京兆府瘞斂作二大冢葬道左右它日帝頗思訓數爲李石鄭覃稱其才而宦豎益熾帝末以制居常忽忽不懌每游燕雖倡樂雜沓未嘗歡顏慘不展往往瞋目獨語或裴回眺望賦詩以見情自是感疢至棄天下云

鄭注絳州翼城人世微賤以方伎游江湖間元和末至襄陽依節度使李愬愬爲愬煮黄金餌之寖親遇署衙推從至徐州稍參處軍政注多藝詭譎陰狡億探人廋隱輒中所欲爲愬籌事未嘗不用挾邪市權舉軍患之監軍王守澄白愬

愬曰然彼奇士也將軍試與語守澄始拒不納既坐機辯橫生鉤得其意守澄大驚引至後堂語終夕恨相見晚謝愬曰誠如公言即署巡官守澄入總樞密與俱至京師厚加贍卹日夜爲守澄計議因陰通賂遺初士纖巧者附離後要官貴人亦趨往既昭宋申錫搢紳側目金吾將軍孟文亮鎮邠寧取爲司馬不肯行御史中丞宇文鼎劾奏乃上道過奉天輒還御史復言注姦狀請付有司治罪始王涯用注力再輔政又憚守澄遏其奏更擢通王府司馬右神策判官士議讙駭劉從諫惡其人欲因斥去之即表副昭義節度至府不旬月文宗暴眩守澄復薦注即日召入對浴堂門賜賚至渥是夜彗出東方長三尺芒耀怒急俄進太僕卿兼御史大夫注貪沓既藉權寵專鬻官射利貲積鉅萬不知止起第善和里通永巷飛廡複壁聚京師輕薄子方鎮將吏以煽聲熖聞入神策與守澄語必終日或夜艾乃罷險人躁夫有所干謝日走門李訓既附注進於是兩人權震天下矣尋擢工部尚書翰林侍講學士時訓已在禁中日日議論帝前相倡和謀鉏翦中官自謂功在晷刻帝惑之乘是進退士大夫撓骪朝

法賢不肖淆亂以爲弛張當然衆策其必亂帝問富人術以榷茶對其法欲置
茶官籍民圃而給其直工自擷暴則利悉之官帝始詔王涯爲榷茶使又言秦
雍災當興役厭之帝嘗詠杜甫曲江辭有宮殿千門語意天寶時環江有觀榭
宮室聞注言卽詔兩神策治曲江昆明作紫雲樓采霞亭詔公卿得列舍隄上
注本姓魚冒爲鄭故當時號魚鄭及用事人廋謂曰水族貌寢陋不能遠視常
衣麤裘外示質素始李愬病痿注治之有狀守澄神其術故中人皆昵愛俄檢
校尙書左僕射鳳翔隴右節度使詔月入奏事請寮屬於訓訓與舒元輿謀終
殺注慮其豪俊爲助更擇臺閣長厚者以錢可復爲副李敬彝爲司馬盧簡能
蕭傑爲判官盧弘茂爲掌書記舊制節度使受命戎服詣兵部謁後寖廢注請
復之而王璠郭行餘皆踵爲常是日度支京兆等供帳入辭帝賜通天犀帶出
都門旗干折注惡之先是守澄死以十一月葬滻水注奏言守澄國勞舊願身
護喪因羣官者臨送欲以鎭兵悉禽誅之訓畏注專其功乃先五日舉事注率
五百騎至扶風令韓遼知其謀奔武功注聞訓敗乃還其屬魏弘節勸注殺監

軍張仲清及大將賈克中等十餘人注驚撓不暇聽仲清與前少尹陸暢用其將李叔和策訪注計事斬其首兵皆潰去注妻兄魏逢尤佻險贊注為姦數顧賕為率更令鳳翔少尹遣逢至京師與訓約被誅可復等及親卒千餘人皆族矣擢仲清內常侍遷咸陽令叔和檢校太子賓客賜錢千萬暢鳳翔行軍司馬梟注首光宅坊三日瘞之羣臣皆賀乃夷其家初未獲注京師戒嚴涇原鄜坊節度使王茂元蕭弘皆勒兵備非常及是人相慶籍其貲得絹百萬匹它物稱是注敗前菌生所服帶上褚中藥化為蠅數萬飛去可復徽子也為禮部郎中簡能者簡辭弟駕部員外郎傑者俛弟也主客員外郎弘茂右拾遺可復將死女年十四為祈免女曰殺我父何面目以生抱可復求死亦斬之弘茂妻蕭臨刑詬曰我太后妹奴輩可來殺兵皆斂手乃免弘節勇而多謀始在鄜坊趙儋節度府為注所辟敬彝為路隋所辟隋卒客江淮以未赴免因擢兵部員外郎終衢州刺史

王涯字廣津其先本太原人魏廣陽侯冏之裔祖祚武后時諫罷萬象神宮知

名開元時以大理司直馳傳決獄所至仁平父晃歷左補闕温州刺史涯博學工屬文往見梁肅肅異其才薦於陸贄擢進士又舉宏辭再調藍田尉久之以左拾遺爲翰林學士進起居舍人元和初會其甥皇甫湜以賢良方正對策異等忤宰相涯坐不避嫌罷學士再貶虢州司馬從爲袁州刺史憲宗思之以兵部員外郎召知制誥再爲翰林學士累遷工部侍郎封清源縣男涯文有雅思永貞元和間訓誥温麗多所稾定帝以其孤進自樹立數訪逮以私居遠或召不時至詔假光宅里官第諸學士莫敢望俄拜中書侍郎同中書門下平章事坐循默不稱職罷再遷吏部侍郎穆宗立出爲劍南東川節度使時吐蕃寇邊西北騷然又略雅州涯調兵拒之上言蜀有兩道直擣賊腹一繇龍川清川以抵松州一繇綿州威蕃柵抵棲鷄城皆虜險要地臣願不愛金帛使信臣持節與北虜約曰能發兵深入者殺某人取某地受某賞開懷以示之所以要約諄熟異宅日者則匈奴之銳可出西戎之力衰矣帝不報長慶三年入爲御史大夫還戶部尚書鹽鐵轉運使寶曆時復出領山南西道節度使文宗嗣位召拜

太常卿以吏部尚書代王播復總鹽鐵政益刻急歲中進尚書右僕射代郡公而御史中丞宇文鼎以涯兼使職恥爲之屈奏僕射視事日四品以上官不宜獨拜涯怒卽建言與其廢禮不如審官請避位以存舊典帝難之詔尚書省雜議工部侍郎李固言謂禮君於士不答拜非其臣則答不臣人之臣也大夫於其臣雖賤必答拜避正君也大夫於獻不親君有賜不面拜爲君之答己也古者列國君猶與大夫答拜所以尊事天子別嫌明微也議者謂僕射代尚書令禮當重凡百司州縣皆有副貳缺則攝總至著定之禮則不可越僕射由是也按令凡文武三品拜一品四品拜二品開元禮京兆河南牧州刺史縣令上日丞以下答拜此禮令相戾不可獨據又言受册官始上無不答拜者而僕射亦受册禮不得異雖相承爲故事然人情難安者安得弗改請如禮便帝不能決涯竟用舊儀自李師道平三道十二州皆有銅鐵官歲取冶賦百萬觀察使擅有之不入公上涯始建白如建中元年九月戊辰詔書收隸天子鹽鐵詔可久之以本官同中書門下平章事合度支鹽鐵爲一使兼領之乃奏罷京畿榷酒

錢以悅衆俄檢校司空兼門下侍郎罷度支真拜司空始變茶法益其稅以濟用度下益困而鄭注亦議榷茶天子命涯爲使心知不可不敢爭李訓敗乃及禍初民怨茶禁苛急涯就誅皆羣詬詈抵以瓦礫涯質狀頎省長上短下動舉詳華性嗇儉不畜妓妾惡卜祝及它方伎別墅有佳木流泉居常書史自怡使客賀若夷鼓琴娛賓文宗惡俗侈靡詔涯懲革涯條上其制凡衣服室宇使略如古貴戚皆不便謗訕囂然議遂格然涯年過七十嗜權固位偷合訓等不能絜去就以至覆宗是時十一族貲貨悉爲兵掠而涯居永寧里乃楊憑故第財貯鉅萬取之彌日不盡家書多與祕府侔前世名書畫嘗以厚貨鉤致或私以官鑿垣納之重複祕固若不可窺者至是爲人破垣剔取奩軸金玉而棄其書畫於道籍田宅入于官子孟堅爲工部郎中集賢殿學士仲翔太常博士季琰校書郎皆死仲翔始匿侍御史裴鐇家鐇執以赴軍仲翔曰業不見容當自求生奈何反相噬邪聞者哀之後令狐楚見帝從容言向與臣並列者既族滅矣而露胔不藏深可悼痛帝惻然詔京兆尹薛元賞葬涯等十一人各賜襲衣仇

士良使盜竊發其冢投骨渭水涯女爲竇紃妻以痼病免家人紿告涯當貶忽夢涯自提首告曰族滅矣惟若存歲時無忘我女驚號墮地乃以實告涯從弟沐客江南困窮來京師謁涯二歲乃得見許以祿仕難作亦死昭宗天復初大赦明涯訓之冤追復爵位官其後裔

賈餗字子美河南人少孤客江淮間從父全觀察浙東餗往依之全尤器異收卹之厚舉進士高第聲稱籍甚又策賢良方正異等授渭南尉集賢校理擢累考功員外郎知制誥餗美文辭開敏有斷然褊急氣陵輩行李渤爲諫議大夫惡其人爲宰相言之而李逢吉竇易直愛餗才得不斥穆宗崩告哀江浙道拜常州刺史舊制兩省官出使得朱衣吏前導餗赴州猶用之觀察使李德裕敕吏還怏怏爲憾入爲太常少卿復知制誥歷禮部侍郎凡三典貢舉得士七十五人多名卿宰相再遷京兆尹兼御史大夫姑臧縣男太和九年上巳詔百官會曲江故事尹自門步入揖御史餗自矜大不徹扇蓋騎而入御史楊儉蘇特固爭餗曰黃面兒敢爾儉曰公爲御史能嘿嘿耶大夫溫造以聞坐奪俸不勝

恚求出爲浙西觀察使未行拜中書侍郎同中書門下平章事俄爲集賢殿大學士監修國史既得位會李宗閔得罪而指儉特爲黨斥去之少與沈傳師善傳師前死嘗夢云君可休矣餗寤而祭諸寢復夢曰事已爾叵奈何劉蕡以賢良方正對策指中人爲禍亂根本而餗與馮宿龐嚴爲考官畏避不敢聞竟擢其禍餗本中立不肯身犯顏排姦倖以及誅與王涯實不知謀人寃之

舒元輿婺州東陽人地寒不與士齒始學即警悟去客江夏節度使郗士美異其秀特數延譽元和中舉進士見有司鉤校苛切既試尚書雖水炭脂炬飡具皆人自將吏一倡名乃得入列棘圍席坐廡下因上書言古貢士未有輕於此者且宰相公卿繇此出夫宰相公卿非賢不在選而有司以隸人待之誠非所以下賢意羅棘遮截疑其姦又非所以求忠直也詩賦微藝斷離經傳非所以觀人文化成也臣恐賢者遠辱自引去而不肖者爲陛下用也今貢珠貝金玉有司承以棐笥皮幣何輕賢者重金玉邪又言取士不宜限數今有司多者三十少止二十假令歲有百元凱而曰吾格取二十謂求賢可乎歲有才德纔數

人而曰必取二十謬進者乃過半謂合令格可乎俄擢高第調鄠尉有能名裴度表掌與元書記文檄豪健一時推許拜監察御史劾按深害無所縱再遷刑部員外郎元輿自負才有過人者銳進取太和五年獻文闕下不得報上書自言馬周張嘉貞代人作奏起逆旅卒爲名臣今臣備位于朝自陳文章凡五晦朔不一報竊自謂才不後周嘉貞而無因入又不露所緼是終無振發時也漢主父偃徐樂嚴安以布衣上書朝奏暮召而臣所上八萬言其文鍛鍊精粹出入今古數千百年披剔剖抉有可以輔教化者未始遺拔犀之角擢象之齒豈主父等可比哉感時難逢竊自愛惜文宗得書高其自激卬出示宰相李宗閔以浮躁誕肆不可用改著作郎分司東都時李訓居喪尤與元輿善及訓用事再遷左司郎中御史大夫李固言表知雜事固言輔政權知御史中丞會帝錄因元輿奏辨明審不三月即真兼刑部侍郎專附鄭注注所惡舉繩逐之月中以本官同中書門下平章事詭謀謬算日與訓比敗天下事二人爲之也然加禮舊臣外釣人譽先時裴度令狐楚鄭覃皆爲當路所軋致閑處至是悉還高

秩元輿爲牡丹賦一篇時稱其工死後帝觀牡丹凭殿闌誦賦爲泣下弟元褒
元肱元迥皆第進士元褒又擢賢良方正終司封員外郎餘及誅
王播字明敭元和初舉進士宏辭皆中遷累監察御史儀寓峻整著稱于時以
起居舍人副鄭覃宣慰鎮州長慶末擢職方郎中知制誥時李逢吉秉政特厚
播驟拜御史中丞播挾所恃頗橫恣道直左僕射李絳交騎不避絳上言左右
僕射師長庶官開元時名左右丞相雖去機務然猶總百司署位不著姓上日
班見百官而中丞御史在廷元和中伊慎爲僕射太常博士韋謙以慎位緣恩
進削其禮至僕射就臺見中丞或立廷中中丞乃至憲度倒置不可爲法逢吉
憚絳正遏其事不奏但罷播爲工部侍郎而絳亦用太子少師分司東都議者
不直之初播按武昭獄意逢吉德己及罷中丞乃失望久之出爲河南尹時內
殿小兒頗擾民播殺其尤暴者遠近畏伏入爲尚書右丞再遷京兆尹自李諒
後政條隳斁姦豪寖不戢播頗修舉政有名鄭注姦狀始露宰相宋申錫御史
中丞宇文鼎密與播議除之播反以告王守澄而注由是傾心於播進左丞判

太常卿事出爲浙西觀察使李訓得幸璠於逢吉舊故故薦之復召爲左丞拜戸部尚書判度支封祁縣男李宗閔得罪璠亦其黨見注求解乃免訓將誅宦人乃授河東節度使已而敗璠子遐休直弘文館所善學士令狐定及劉軻劉軿仲無頗柳喜集其所皆被縛定等自解辯得釋遐休誅璠鑿潤州外隍得石刻曰山有石石有玉玉有瑕術家謂璠祖名崟生礎礎生璠盡遐休蓋其應云

郭行餘者元和時擢進士河陽烏重胤表掌書記重胤葬其先使誌冢辭不爲重胤怒即解去擢累京兆少尹嘗值尹劉栖楚不肯避栖楚捕導從繫之自言宰相裴度頗爲諭止行餘移書曰京兆府在漢時有尹有都尉有丞皆詔自除後循而不改開元時諸王爲牧故尹爲長史司馬即都尉丞耳今尹總牧務少尹副焉未聞道路間有下車望塵避者故事猶在栖楚不能答遷楚汝二州刺史大理卿擢邠寧節度使李訓在東都與行餘善故用之

韓約朗州武陵人本名重華志勇決略涉書有吏幹歷兩池榷鹽使虔州刺史交趾叛領安南都護再還太府卿太和九年代崔鄯爲左金吾衛大將軍居四

日起事約繇錢穀進更安南富饒地聚貲尤多

羅立言者宣州人貞元末擢進士魏博田弘正表佐其府改陽武令以治劇遷河陰立言始築城郭地所當者皆富豪大賈所占下令使自築其處吏籍其闊陿號於衆曰有不如約爲我更完民憚其嚴數旬畢民無田者不知有役設鎖絕汴流姦盜屛息河南尹丁公著上狀加朝散大夫然倨下傲上出具弓矢呵道宴賓客列倡優如大府人皆惡之以是稀遷然自放不衰改度支河陰留後坐平糴非實沒萬九千緡鹽鐵使惜其幹止奏削兼侍御史繇廬州刺史召爲司農少卿以財事鄭注亦與李訓厚善訓以京兆多吏卒擢爲少尹知府事以就其謀

李孝本宗室子元和時第進士累遷刑部郎中依訓得進於是御史中丞舒元輿引知雜事元輿入相擢權知中丞事

顧師邕字睦之少連子性恬約喜書寡游合第進士累遷監察御史李訓薦爲水部員外郎翰林學士訓遣宦官田全操劉行深周元稹薛士幹似先義逸劉

英詗按邊既行命師邕爲詔賜六道殺之會訓敗不果師邕流崖州至藍田賜死

李貞素嗣道王實子性和裕衣服喜鮮明漢陽公主妻以季女累遷宗正少卿由將作監改左金吾衞將軍韓約之詐貞素知之流儋州至商山賜死

贊曰李訓浮躁寡謀鄭注斬斬小人王涯暗沓舒元輿險而輕邀幸天功寧不殆哉李德裕嘗言天下有常勢北軍是也訓因王守澄以進此時出入北軍若以上意說諸將易如靡風而反以臺府抱關游徼抗中人以搏精兵其死宜哉文宗與宰相李石李固言鄭覃稱訓稟五常性服人倫之教不如公等然天下奇才公等弗及也德裕曰訓曾不得齒徒隸尙才之云世以德裕言爲然傳曰國將亡天與之亂人若訓等持腐株支大廈之顚天下爲寒心豎毛文宗偃然倚之成功卒爲閹謁所乘天果厭唐德哉

唐書卷一百七十九

唐書卷一百七十九考證

韓約傳○此傳及顧師邕李貞素傳舊書俱無

唐書卷一百七十九考證

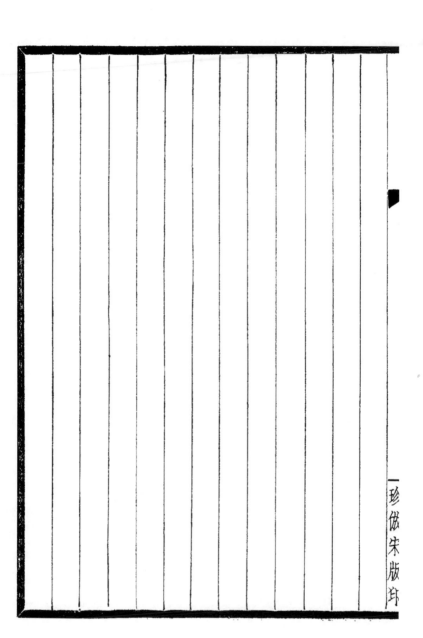

唐書卷一百八十

宋端明殿學士宋祁撰

列傳第一百五

李德裕

李德裕字文饒元和宰相吉甫子也少力于學既冠卓犖有大節不喜與諸生試有司以蔭補校書郎河東張弘靖辟爲掌書記府罷召拜監察御史穆宗卽位擢翰林學士帝爲太子時已聞吉甫名由是顧德裕厚凡號令大典冊皆更其手數召見賚獎優華帝怠荒于政故戚里多所請丐挾宦人詗禁中語關託大臣德裕建言舊制駙馬都尉與要官禁不往來開元中訶督尤切今乃公至宰相及大臣私第是等無佗材直洩漏禁密交通中外耳請白事宰相者聽至中書無輒詣第帝然之再進中書舍人未幾授御史中丞始吉甫相憲宗牛僧孺李宗閔對直言策痛詆當路條失政吉甫訴於帝且泣有司皆得罪遂與爲怨吉甫又爲帝謀討兩河叛將李逢吉沮解其言功未既而吉甫卒裴度實繼

之逢吉以議不合罷去故追銜吉甫而怨度擯德裕不得進至是間帝暗庸訹度使與元稹相怨奪其宰相而己代之欲引僧孺益樹黨乃出德裕爲浙西觀察使俄而僧孺入相由是牛李之憾結矣初潤州承王國清亂賞易直傾府庫賚軍貲用空殫而下益驕德裕自儉約以留州財贍兵雖儉而均故士無怨再朞則賦物儲牣南方信禨巫雖父母癘疾子棄不敢養德裕擇長老可語者諭以孝慈大倫患難相收不可棄之義使歸相曉敕違約者顯寘以法數年惡俗大變又按屬州非經祠者毀千餘所撤私邑山房千四百舍寇無所廋蔽天子下詔褒揚敬宗立侈用無度詔浙西上脂盝妝具德裕奏比年旱災物力未完乃三月壬子赦令常貢之外悉罷進獻此陛下恐聚斂之吏緣以成姦彫寠之人不勝其敝也本道素號富饒更李錡薛苹皆榷酒於民供有羨財元和詔書停榷酤又赦令禁諸州羨餘無送使今存者惟留使錢五十萬緡率歲經費常少十三萬軍用褊急今所須脂盝妝具度用銀二萬三千兩金百三十兩物非土產雖力營索尚恐不逮願詔宰相議何以俾臣不違詔旨不乏軍興不疲人

不斂怨則前敕後詔咸可遵承不報方是時罷進獻不閱月而求貢使者足相接于道故德裕推一以諷宅又詔索盤條繚綾千匹復奏言太宗時使至涼州見名鷹諷李大亮獻之大亮諫止賜詔嘉歎玄宗時使者抵江南捕鵁鶄翠鳥汴州刺史倪若水言之即見褒納皇甫詢織半臂造琵琶捍撥鏤牙筩於益州蘇頲不奉詔帝不加罪夫鵁鶄鏤牙微物也二三臣尚以勞人損德爲言豈二祖有臣如此今獨無之蓋有位者蔽而不聞非陛下拒不納也且立鵝天馬盤絛掬豹文彩怪麗惟乘輿當御今廣用千匹臣所未諭昔漢文身衣弋綈元帝罷輕纖服故仁德慈儉至今稱之願陛下師二祖容納遠思漢家恭約裁賜節減則海隅蒼生畢受賜矣優詔爲停自元和後天下禁毋私度僧徐州王智興紿言天子誕月請築壇度人以資福詔可即顯募江淮閒民皆曹輩奔走因牟擷其財以自入德裕劾奏智興爲壇泗州募願度者人輸錢二千則不復勘詰普加髡落自淮而右戶三丁男必一男剔髮規影傜賦所度無算臣閱度江者日數百蘇常齊民十固八九若不加禁遏則前至誕月江淮失丁男六十萬不

爲細變有詔徐州禁止時帝昏荒數游幸狎比羣小聽朝簡忽德裕上丹扆六箴表言心乎愛矣遐不謂矣此古之賢人篤於事君者也夫迹疏而言親者危地遠而意忠者忤臣竊惟念拔自先聖徧荷寵私不能竭忠是負靈鑒臣在先朝嘗獻大明賦以諷頗蒙嘉採今日盡節明主亦由是也其一曰宵衣諷視朝希晚也二曰正服諷服御非法也三曰罷獻諷斂求怪珍也四曰納誨諷侮棄忠言也五曰辨邪諷任羣小也六曰防微諷僞游輕出也辭皆明直婉切帝雖不能用其言猶敕韋處厚諄諄作詔厚謝其意然爲逢吉排笮訖不內徙時亳州浮屠詭言水可愈疾號曰聖水轉相流聞南方之人率十戶僦一人使往汲既行若飲病者不敢近葷血危老之人率多死而水斗三十千取者益它汲轉鬻於道互相欺訹往者日數十百人德裕嚴勒津邏捕絕之且言昔吳有聖水宋齊有聖火皆本妖祥古人所禁請下觀察使令狐楚填塞以絕妄源從之帝方惑佛老禱福祈年浮屠方士並出入禁中狂人杜景先上言其友周息元壽數百歲帝遣宦者至浙西迎之詔在所馳驛敦遣德裕上疏曰道之高者莫若

廣成玄元人之聖者莫若軒轅孔子昔軒轅問廣成子治身之要曰無視無聽抱神以靜形將自正無勞子形無搖子精乃可長生慎守其一以處其和故我脩身千二百歲矣形未嘗衰又曰得吾道者上爲皇下爲王玄元語孔子曰去子之驕氣與多欲態色與淫志是皆無益於子之身陛下脩軒后之術物色異人若使廣成玄元混迹而至告陛下之言亦無出於此臣慮今所得者皆迂怪之士使物淖冰以小術欺聰明如文成五利者也又前世天子雖好方士未有御其藥者故漢人稱黃金可成以爲飲食器則壽高宗時劉道合玄宗時孫甑生皆能作黃金二祖不之服豈非以宗廟爲重乎儻必致真隱願止師保和之術慎毋及藥則九廟尉悅矣息元果誕譎不情自言與張果葉靜能游帝詔畫工肖狀爲圖以觀之終帝世無宅驗文宗即位乃逐之太和三年召拜兵部侍郎裴度薦材堪宰相而李宗閔以中人助先秉政且得君出德裕爲鄭滑節度使引僧孺協力罷度政事二怨相濟凡德裕所善悉逐之於是二人權震天下黨人牢不可破矣踰年徙劍南西川蜀自南詔入寇敗杜元穎而郭釗代之病

不能事民失職無聊生德裕至則完殘奮怯皆有條次成都既南失姚協西亡維松由清溪下沫水而左盡爲蠻有始韋皐招來南詔復巂州傾內資結蠻好示以戰陣文法德裕以皐啓戎資盜其策非是養成癰疽第未決耳至元穎時遇隙而發故長驅深入蹂剔千里蕩無孑遺今瘢夷尚新非痛矯革不能刷一方恥乃建籌邊樓按南道山川險要與蠻相入者圖之左西道與吐蕃接者圖之右其部落衆寡饋餫遠邇曲折咸具乃召習邊事者與之指畫商訂凡虜之情僞盡知之又料擇伏瘴舊獠與州兵之任戰者廢遣獰耄什三四士無敢怨又請甲人於安定弓人河中弩人浙西繇是蜀之器械皆犀銳率戶二百取一人使習戰貸勿事緩則農急則戰謂之雄邊子弟其精兵曰南燕保義保惠兩河慕義左右連弩騎士曰飛星鷙擊奇鋒流電霆聲突騎總十一軍築杖義城以制大度青溪關之阻作禦侮城以控榮經犄角勢作柔遠城以阨西山吐蕃復卭崍關徙巂州治臺登以奪蠻險舊制歲抄運內粟贍黎巂州起嘉眉道陽山江而達大度乃分餉諸戍常以盛夏至地苦瘴毒輦夫多死德裕命轉卭雅

珍倣宋版印

粟以十月爲漕始先夏而至以佐陽山之運饋者不涉炎月遠民乃安蜀人多鬻女爲人妾德裕爲著科約凡十三而上執三年勞下者五歲及期則歸之父母毀屬下浮屠私廬數千以地予農蜀先主祠旁有猱村其民剔髮若浮屠者畜妻子自如德裕下令禁止蜀風大變於是二邊寖懼南詔請還所俘掠四千人吐蕃維州將悉怛謀以城降維距成都四百里因山爲固東北繇索叢嶺而下二百里地無險走長川不三千里直吐蕃之牙異時戍之以制虜入者也德裕既得之卽發兵以守且陳出師之利僧孺居中沮其功命返悉怛謀於虜以信所盟德裕終身以爲恨會監軍使王踐言入朝盛言悉怛謀死拒遠人向化意帝亦悔之卽以兵部尚書召俄拜中書門下平章事封贊皇縣伯故事丞郎詣宰相須少間乃敢通郎官非公事不敢謁李宗閔時往往通賓客李聽爲太子太傅招所善載酒集宗閔閤酣醉乃去至德裕則喻御史有以事見宰相必先白臺乃聽凡罷朝繇龍尾道趨出遂無輒至閤者又罷京兆築沙堤兩街上朝衞兵常建言朝廷惟邪正二途正必去邪邪必害正然其辭皆若可聽願審

所取舍不然二者並進雖聖賢經營無繇成功俄而宗閔罷德裕代爲中書侍郎集賢殿大學士始二省符江淮大賈使主堂廚食利因是挾貲行天下所至州鎮爲右客富人倚以自高德裕一切罷之後帝暴感風害語言鄭注始因王守澄以藥進帝少間又薦李訓使待詔帝欲授諫官德裕曰昔諸葛亮有言親賢臣遠小人先漢所以興隆也親小人遠賢士後漢所以傾穨也今訓小人頃咎惡暴天下不宜引致左右帝曰人誰無過當容其改且逢吉嘗言之對曰聖賢則有改過若訓天資姦邪尚何能改逢吉位宰相而顧愛兇回以累陛下亦罪人也帝語王涯別與官德裕搖手止涯帝適見不懌訓注皆怨即復召宗閔輔政拜德裕爲興元節度使入見帝自陳願留闕下復拜兵部尚書宗閔奏命已行不可止更徙鎮海軍以代王璠先是太和中漳王養母杜仲陽歸浙西有詔在所存問時德裕被召乃檄留後使如詔書璠入爲尚書左丞而漳王以罪廢死因與戶部侍郎李漢共譖德裕嘗賂仲陽導王爲不軌帝惑其言召王涯李固言路隋質之注璠漢三人者語益堅獨隋言德裕大臣不宜有此讒焰少

袞遂貶德裕爲太子賓客分司東都復貶袁州長史隋亦免宰相未幾宗閔以罪斥而注訓等亂敗帝追悟德裕以誣構逐乃徙滁州刺史又以太子賓客分司東都開成初帝從容語宰相朝廷豈有遺事乎衆皆以宋申錫對帝俛首涕數行下曰當此時兄弟不相保況申錫邪有司爲我褒顯之又曰德裕亦申錫比也起爲浙西觀察使後對學士禁中黎埴頓首言德裕與宗閔皆逐而獨三進官帝曰彼嘗進鄭注而德裕欲殺之今當以官與何人埴懼而出又指坐扆前示宰相曰此德裕爭鄭注處德裕三在浙西出入十年遷淮南節度使代牛僧孺僧孺聞之以軍事付其副張鷺卽馳去淮南府錢八十萬緡德裕奏言止四十萬爲鷺用其半僧孺訴于帝而諫官姚合魏蓍等共劾奏德裕挾私怨沮傷僧孺帝置章不下詔德裕覆實德裕上言諸鎮更代例殺半數以備水旱助軍費因索王播段文昌崔從相授簿最具在惟從死官下僧孺代之其所殺數最多卽自劾始至鎮失於用例不敢妄遂待罪有詔釋之武宗立召爲門下侍郎同中書門下平章事既入謝卽進戒帝辨邪正專委任而後朝廷治臣嘗爲

先帝言之不見用夫正人既呼小人為邪小人亦謂正人為邪何以辨之請借物為諭松柏之為木孤生勁特無所因倚蘿蔦則不然弱不能立必附它木故正人一心事君無待於助邪人必更為黨以相蔽欺君人者以是辨之則無惑矣又謂治亂繫信任引齊桓公問管仲所以害霸者仲對琴瑟笙竽弋獵馳騁非害霸者惟知人不能舉舉不能任任而又雜以小人害霸也太玄德憲四宗皆盛朝其始臨御自視若堯舜寖久則不及初陛下知其然乎始一委輔相故賢者得盡心久則小人並進造黨與亂視聽故上疑而不專政去宰相則不治矣在德宗最甚晚節宰相惟奉行詔書所與圖事者李齊運裴延齡韋渠牟等訖今謂之亂政夫輔相有欺罔不忠當亟免忠而材者屬任之政無它門天下安有不治先帝任人始皆回容積纖微以至誅貶誠使雖小過必知而改之君臣無猜則讒邪不干其間矣又言開元初輔相率三考輒去雖姚崇宋璟不能逾至李林甫秉權乃十九年遂及禍敗是知亟進罷宰相使政在中書誠治本也帝嘗疑楊嗣復李珏顧望不忠遣使殺之德裕知帝性剛而果於斷即率三

宰相見延英嗚咽流涕曰昔太宗德宗誅大臣未嘗不悔臣欲陛下全活之無異時恨使二人罪惡暴著天下共疾之帝不許德裕伏不起帝曰爲公等赦之德裕降拜升坐帝曰如令諫官論事雖千疏我不赦德裕重拜因追還使者嗣復等乃免時帝數出畋游暮夜乃還德裕上言人君動法於日故出而視朝入而燕息傳曰君就房有常節惟深察古誼毋繼以夜側聞五星失度恐天以是勤勤儆戒詩曰敬天之渝不敢馳驅願節田游承天意尋冊拜司空回鶻自開成時爲黠戛斯所破會昌後烏介可汗挾公主牙塞下種族大飢以弱口重器易粟於邊退渾党項利虜掠因天德軍使田牟上言願以部落兵擊之議者請可其言德裕曰回鶻於國嘗有功以窮來歸未輒擾邊遽伐之非漢宣帝待呼韓之義不如與之食以待其變陳夷行曰資盜糧非計也不如擊之便德裕曰沙陀退渾不可恃也夫見利則進遇敵則走雜虜之常態孰肯爲國家用邪天德兵素弱以一城與勁虜确無不敗請詔牟無聽諸戎計帝於是貸粟二萬斛會嗢沒斯殺赤心以降赤心兵潰去於是回鶻勢窮數丐羊馬欲藉兵復故地

又願假天德城以舍公主帝不許乃進逼振武保大柵杷頭峯以略朔川轉戰雲州刺史張獻節嬰城不出回鶻乃大掠党項退渾皆保險莫敢拒帝益知向不許田牟用二部兵之效乃復問以計德裕曰杷頭峯北皆大磧利用騎不可以步當之今烏介所恃公主爾得健將出奇奪還之王師急擊彼必走今銳將無易石雄者請以蕃渾勁卒與漢兵銜枚夜擊之勢必得帝卽以方略授劉沔令雄邀擊可汗於殺胡山敗之迎公主還回鶻遂敗進位司徒黠戛斯遣使來且言攻取安西北廷帝欲從黠戛斯求其地德裕曰不可安西距京師七千里北廷五千里異時繇河西隴右抵玉門關皆我郡縣往往有兵故能緩急調發自河隴入吐蕃則道出回鶻回鶻今破滅未知黠戛斯果有其地邪假令安西可得卽復置都護以萬人往戍何所與發何道饋輓彼天德振武於京師近力猶苦不足況七千里安西哉臣以爲縱得之無用也昔漢魏相請罷田車師賈捐之請棄珠崖近狄仁傑亦請棄四鎮及安東皆不願貪外以耗內此三臣者當全盛時尚欲棄割以肥中國況久沒甚遠之地乎是持實費市虛事滅一回

鶻而又生之帝乃止澤潞劉從諫死其從子稹擅留事以邀節度德裕曰澤潞內地非河朔比昔皆儒術大臣守之李抱真始建昭義軍最有功德宗尙不許其子繼及劉悟死敬宗方怠於政遂以符節付從諫太和時擅兵長子陰連訓注外託効忠請除君側及有狗馬疾謝醫拒使便以兵屬稹捨而不討無以示四方帝曰可勝乎對曰河朔稹所恃以脣齒也如令魏鎭不與則破矣夫三鎭世嗣列聖許之請使近臣明告以澤潞命帥不得視三鎭今朕欲誅稹其各以兵會帝然之乃以李回持節諭王元逵何弘敬皆聽命始議用兵中外交章固爭皆曰悟功高不可絕其嗣又從諫畜兵十萬粟支十年未可以破也宅宰相亦娸婴趨和德裕獨曰諸葛亮言曹操善爲兵猶五攻昌霸三越巢況其下哉然贏縮勝負兵家之常惟陛下聖策先定不以小利鈍爲浮議所搖則有功矣有如不利臣請以死塞責帝忿然曰爲我語於朝有沮吾軍議者先誅之羣論遂息元逵兵已出而弘敬逗留持兩端德裕建遣王宰以陳許精甲假道於魏以伐磁弘敬聞遽勒兵請自涉漳取磁潞會橫水戍兵叛入太原逐其帥李石

奉禕將楊弁主留事方是時稹未下朝廷益爲憂議者頗言兵皆可罷帝遣中人馬元實如太原偵其變弁厚賄中人帳飲三日還謬曰弁兵多屬明光甲者十五里德裕詰曰李石以太原無兵故調橫水卒千五百使戍榆社弁因以亂渠能列卒如此多邪則曰晉人勇皆兵也募而得之德裕曰募士當以財李石以人欠一縑故兵亂石無以索之弁何得邪太原一鎧一戟舉送行營安致十五里明光乎使者語塞德裕即奏弁賤伍不可赦如力不足請捨稹而誅弁遽趣王逢起榆社軍詔元逵趨土門會太原河東監軍呂義忠聞即日召榆社卒入斬弁獻首京師德裕每疾貞元太和閒有所討伐諸道兵出境即仰給度支多還延以困國力或與賊約令懈守備得一縣一屯以報天子故師無大功因請敕諸將令直取州勿攻縣故元逵等下邢洺磁而稹氣索矣俄而高文端歸命稱稹糧乏皆女子挼穟哺兵未幾郭誼持稹首降帝問何以處誼德裕曰稹豎子安知反職誼爲之今三州已降而稹窮蹙又販其族以邀富貴不誅後無以懲惡帝曰朕意亦爾因詔石雄入潞盡取誼等及嘗爲稹用者悉誅之策功

拜太尉進封趙國公德裕固讓言唐興太尉惟七人尚父子儀乃不敢拜近王智與李載義皆超拜保傅蓋重惜此官裴度爲司徒十年亦不遷臣願守舊秩足矣帝曰吾恨無官酬公毋固辭德裕又陳先臣封於趙冢孫寬中始生字曰三趙意將傳嫡不及支庶臣前益封已改中山臣先世皆嘗居汲願得封衛從之遂改衛國公帝嘗從容謂宰相曰有人稱孔子其徒三千亦爲黨信乎德裕曰昔劉向云孔子與顏回子貢更相稱譽不爲朋黨禹稷與皐陶轉相汲引不爲比周無邪心也臣嘗以共鯀驩兜與舜禹雜處堯朝共工驩兜則爲黨舜禹不爲黨小人相與比周迭爲掩蔽也賢人君子不然忠於國則同心聞於義則同志退而各行其己不可交以私趙宣子隨會繼而納諫司馬侯叔向比以事君不爲黨也公孫弘每與汲黯請閒黯先發之弘推其後武帝所言皆聽黯弘雖並進然廷詰齊人少情譏其布被爲詐則先發後繼不爲黨也太宗與房玄齡圖事則曰非杜如晦莫能籌之及如晦在焉亦推玄齡之策則同心圖國不爲黨也漢朱博陳咸相爲腹心背公死黨周福房植各以其黨相傾議論相軋

故朋黨始於甘陵二部及甚也謂之鉤黨繼受誅夷以王制言之非不幸也周之衰列國公子有信陵平原孟嘗春申游談者以四豪爲稱首亦各有客三千務以譎詐勢利相高仲尼之徒唯行仁義今議者欲以比之罔矣臣未知所謂黨者爲國乎爲身乎誠爲國邪隨會叔向汲黯房杜之道可行不必黨也今所謂黨者誣善蔽忠附下罔上車馬馳驅以趨權勢晝夜合謀美官要選悉引其黨爲之否則抑壓以退仲尼之徒有是乎陛下以是察之則姦僞見矣時韋弘質建言宰相不可兼治錢穀德裕奏言管仲明於治國其語曰國之重器莫重於令令重君尊君尊國安治人之本莫要於令故曰虧令者死益令者死不行令者死留令者死不從令者死五者無赦又曰令在上而論可否在下是主威下繫於人也太和後風俗寖敝令出於上非之在下此敝不止無以治國匡衡曰大臣者國家股肱萬姓所瞻仰明主所慎擇也傳曰下輕其上爵賤人圖柄臣則國家搖動而人不靜今弘質爲人所教而言是圖柄臣者也且蕭望之漢名儒爲御史大夫奏云歲首日月少光咎在臣等宣帝以望之意輕丞相下有

司詰問貞觀中監察御史陳師合上言人之思慮有限一人不可總數職太宗曰此欲離間我君臣斥之嶺外臣謂宰相有姦謀隱慝則人人皆得上論至於制置職業人主之柄非小人所得干古者朝廷之士各守官業思不出位弘質賤臣豈得以非所宜言妄觸天聽是輕宰相陛下照其邪計從黨人中來當遏絕之德裕大意欲朝廷尊臣下肅而政出宰相深疾朋黨故感憤切言之又嘗謂省事不如省官省官不如省吏能簡冗官誠治本也乃請罷郡縣吏凡二千餘員衣冠去者皆怨時天下已平數上疏乞骸骨而星家言熒惑犯上相又懇丐去位皆不許當國凡六年方用兵時決策制勝宅相無與故威名獨重於時宣宗卽位德裕奉冊太極殿帝退謂左右曰向行事近我者非太尉邪每顧我毛髮爲森豎翌日罷爲檢校司徒同中書門下平章事荊南節度使俄徙東都留守白敏中令狐綯崔鉉皆素仇大中元年使黨人李咸斥德裕陰事故以太子少保分司東都再貶潮州司馬明年又導吳汝納訟李紳殺吳湘事而大理卿盧言刑部侍郎馬植御史中丞魏扶言紳殺無罪德裕徇成其冤至爲黜御

史罔上不道乃貶爲崖州司戶參軍事明年卒年六十三德裕既没見夢令狐綯曰公幸哀我使得歸葬綯語其子滈滈曰執政皆共憾可乎既夕又夢綯懼曰衞公精爽可畏不言禍將及白于帝得以喪還德裕性孤峭明辯有風采善爲文章雖至大位猶不去書其謀議援古爲質袞袞可喜常以經綸天下自爲武宗知而能任之言從計行是時王室幾中興先是韓全義敗於蔡杜叔良敗於深皆監軍宦人制其權將不得專進退詔書一日三四下宰相不豫又諸道銳兵票士皆監軍取以自隨每督戰乘高建旗自表師小不勝輒卷旗去大兵隨以北繇是王師所向多負至討回鶻澤潞德裕建請詔書付宰司乃下監軍不得干軍要率兵百人取一以爲衞自是號令明壹將乃有功元和後數用兵宰相不休沐或繼火乃得罷德裕在位雖遽書警奏皆從容裁決率午漏下還第休沐輒如令沛然若無事時其處報機急帝一切令德裕作詔德裕數辭帝曰學士不能盡吾意伐劉稹也詔王元逵何弘敬曰勿爲子孫之謀存輔車之勢元逵等情得皆震恐思效已而三州降賊遂平帝每稱魏博功則顧德裕道

詔語容其切於事而能伐謀也三鎮每奏事德裕引使者戒敕爲忠義指意丁寧使歸各爲其帥道之故河朔畏威不敢慢後除浮屠法僧亡命多趣幽州德裕召邸吏戒曰爲我謝張仲武劉從諫招納亡命今視之何益仲武懼以刀授居庸關吏曰僧敢入者斬帝既數討叛有功德裕慮忲于武不可戢卽奏言曹操破袁紹於官渡不追奔自謂所獲已多恐傷威重養由基古善射者柳葉雖百步必中觀者曰不如少息若弓撥矢鉤前功皆棄陛下征伐無不得所欲願以兵爲戒乃可保成功帝嘉納其言方士趙歸真以術進德裕諫曰是嘗敬宗時以詭妄出入禁中人皆不願至陛下前帝曰歸真我自識顧無大過召與語養生術爾對曰小人於利若蛾赴燭向見歸真之門車轍滿矣帝不聽于是挾術詭時者進帝志衰焉所居安邑里第有院號起草亭曰精思每計大事則處其中雖左右侍御不得豫不喜飲酒後房無聲色娛生平所論著多行于世云

子燁仕汴宋幕府貶象州立山尉懿宗時以赦令徙郴州餘子皆從死貶所燁子延古乾符中爲集賢校理擢累司勳員外郎還居平泉昭宗東遷坐不朝謁

貶衛尉主簿德裕之斥中書舍人崔嘏字乾錫誼士也坐書制不深切貶端州刺史嘏舉進士復以制策歷邢州刺史劉稹叛使其黨裴問戍于州嘏說使聽命改考功郎中時皆謂濫賞至是作詔不肯巧傅以罪吳汝納之獄朝廷公卿無爲辨者惟淮南府佐魏鉶就逮吏使誣引德裕雖痛楚掠終不從竟貶死嶺外又丁柔立者德裕當國時或薦其直清可任諫爭官不果用大中初爲左拾遺既德裕被放柔立內愍傷之爲上書直其冤坐阿附貶南陽尉懿宗時詔追復德裕太子少保衛國公贈尚書左僕射距其沒十年

贊曰漢劉向論朋黨其言明切可爲流涕而主不悟卒陷亡辜德裕復援向言指質邪正再被逐終嬰大禍嗟乎朋黨之興也殆哉根夫主威奪者下陵聽弗明者賢不肖兩進進必務勝而後人人引所私以所私乘狐疑不斷之隙是引桀跖孔顏相鬬于前而以衆寡爲勝負矣欲國不亡得乎身爲名宰相不能損所憎顯擠以仇使比周勢成根株牽連賢智播奔而王室亦衰寧明有未哲歟不然功烈光明佐武中興與姚宋等矣

唐書卷一百八十

唐書卷一百八十考證

李德裕傳漳王養母○舊書作養女誤

唐書卷一百八十考證

唐書卷一百八十一

宋　端　明　殿　學　士　宋　祁　撰

列傳第一百六

陳三李曹劉

陳夷行字周道其先江左諸陳也世客潁川由進士第擢累起居郎史館修撰以勞遷司封員外郎凡再歲以吏部郎中爲翰林學士莊恪太子在東宮夷行兼侍讀五日一謁爲太子講說數遷至工部侍郎開成二年進同中書門下平章事而楊嗣復李珏相次輔政夷行介特雅不與合每議論天子前往往語相侵短夷行不能堪輒引疾求去文宗遣使者尉勞起之會以王彥威爲忠武節度使史孝章領邠寧議皆出嗣復及夷行對延英帝問除二鎭當否對曰苟自聖擇無不當者嗣復曰若用人盡出上意而當固善如小不稱下安得嘿然夷行曰比姦臣數干權願陛下無倒持太阿以鐏授人嗣復曰古者任則不疑齊桓公器管仲於讐虜豈有倒持慮邪帝以其面相觸頗不悅仙韶樂工尉遲璋

授王府率右拾遺竇洵直當衙論奏鄭覃嗣復嫌以細故謂洵直近名夷行曰諫官當衙正須論宰相得失彼賤工安足言者然亦不可置不用帝即徙璋光州長史以百縑賜洵直進門下侍郎帝嘗怪天寶政事不善問姚元崇宋璟于時在否李珏曰姚亡而宋罷珏因推言玄宗自謂未嘗殺一不辜而任李林甫種夷數十族不亦惑乎夷行曰陛下今亦宜戒以權屬人嗣復曰夷行失言太宗易暴亂爲仁義用房玄齡十有六年任魏徵十有五年未常失道人主用忠良久益治用邪佞一日多矣時用郭薳爲坊州刺史右拾遺宋邠論不可薳果坐贓敗帝欲賞邠夷行曰諫官論事是其職若一事善輒進官恐後不免有私夷行蓋專詆嗣復又素善覃陰助其力以排折朋黨是時雖天子亦惡其太過恩禮遂衰罷爲吏部尚書尋拜華州刺史武宗即位召爲御史大夫俄還門下侍郎平章事進位尚書左僕射夷行與崔珙俱拜乃奏僕射始視事受四品官拜無著令比日左右丞吏部侍郎御史中丞皆爲僕射拜階下謂之隔品致敬準禮皇太子見上臺羣官羣官先拜而後答以無二上也僕射與四品官並列

朝廷不容獨優前日鄭餘慶著僕射上儀謂隔品官無亢禮時竇易直任御史中丞議不可及易直自爲僕射乃忘前議當時鄙厭之臣等不願以失禮速誚於時且開元元年以左右僕射爲左右丞相位次三公三公上日答拜而僕射受之非是望敕所司約三公上儀著定令詔可始累朝紛議不決至夷行遂定以足疾乞身罷爲太子太保以檢校司空爲河中節度使卒

李紳字公垂中書令敬玄曾孫世宦南方客潤州紳六歲而孤哀等成人母盧躬授之學爲人短小精悍於詩最有名時號短李蘇州刺史韋夏卿數稱之葬母有烏銜芝墜輤車元和初擢進士第補國子助教不樂輒去客金陵李錡愛其才辟掌書記錡寖不法賓客莫敢言紳數諫不入欲去不許會使者召錡稱疾留後王澹爲具行錡怒陰教士臠食之即脅使者爲衆奏天子幸得留錡召紳作疏坐錡前紳陽怖栗至不能爲字下筆輒塗去盡數紙錡怒罵曰何敢爾不憚死邪對曰生未嘗見金革今得死爲幸即注以刃令易紙復然或言許縱能軍中書紳不足用召縱至操書如所欲即因紳獄中錡誅乃免或欲以聞謝

曰本激于義非市名也乃止久之從辟山南觀察府穆宗召爲右拾遺翰林學士與李德裕元稹同時號三俊累擢中書舍人稹爲宰相而李逢吉教人告于方事稹遂罷欲引牛僧孺懼紳等在禁近沮解乃授德裕浙西觀察使僧孺輔政以紳爲御史中丞顧其氣剛卞易疵累而韓愈勁直乃以愈爲京兆尹兼御史大夫免臺參以激紳紳愈果不相下更持臺府故事論詰往反詆訐紛然繇是皆罷之以紳爲江西觀察使帝素厚遇紳遣使者就第勞賜以爲樂外遷紳泣言爲逢吉中傷入謝又自陳所以然帝悟改戶部侍郎逢吉終欲陷之紳族子虞有文學名隱居華陽自言不願仕時來省紳雅與柏耆程昔範善及耆爲拾遺虞以書求薦紳惡其無立操痛誚之虞失望後至京師悉暴紳所言於逢吉逢吉滋怒乃用張又新李續等計擢虞昔範與劉栖楚皆爲拾遺以伺紳隙內結中人王守澄自助會敬宗立逢吉知紳失勢可乘使守澄從容奏言先帝始議立太子杜元穎李紳勸立深王獨宰相逢吉請立陛下而李續李虞助之逢吉乘間言紳嘗不利於陛下請逐之帝初卽位不能辨乃貶紳爲端州司馬

棲楚等怒得善地皆切齒詔下百官賀逢吉唯左拾遺吳思不往逢吉斥思令告大行喪於吐蕃此時人無敢言者惟韋處厚屢言紳枉折逢吉之姦後天子於禁中得先帝手緘書一笥發之見裴度元穎紳三疏請立帝爲嗣始大感悟悉焚逢吉黨所上謗書始紳南逐歷封康間湍瀨險澀惟乘漲流乃濟康州有媪龍祠舊傳能致雲雨紳以書禱俄而大漲寶曆赦令不言左降官與量移處厚執爭詔爲追定得徙江州長史遷滁壽二州刺史霍山多虎擷茶者病之治機穽發民跡射不能止紳至盡去之虎不爲暴以太子賓客分司東都太和中李德裕當國擢紳浙東觀察使李宗閔方得君復以太子賓客分司開成初鄭覃以紳爲河南尹河南多惡少或危帽散衣擊大毬尸官道車馬不敢前紳治剛嚴皆望風遁去遷宣武節度使大旱蝗不入境武宗卽位徙淮南召拜中書侍郎同中書門下平章事進尙書右僕射門下侍郎封趙郡公居位四年以足緩不任朝謁辭位以檢校右僕射平章事復節度淮南卒贈太尉諡文肅始澧人吳汝納者韶州刺史武陵兄子也武陵坐贓貶潘州司戶參軍死汝納家被

逐久不調時李吉甫任宰相汝納怨之後遂附宗閔黨中會昌時爲永寧尉弟湘爲江都尉部人訟湘受贓狠籍身娶民顏悅女紳使觀察判官魏鉶鞫湘罪明白論報殺之時議者謂吳氏世與宰相有嫌疑紳內顧望織成其罪諫官屢論列詔遣御史崔元藻覆按元藻言湘盜用程糧錢有狀娶部人女不實按悅嘗爲青州衙推而妻王故衣冠女不應坐德裕惡元藻持兩端奏貶崖州司戶參軍宣宗立德裕去位紳已卒崔鉉等久不得志導汝納使爲湘訟言湘素直爲人誣衊大校重牢五木被體吏至以娶妻資媵結贓且言顏悅故士族湘罪皆不當死紳枉殺之又言湘死紳令卽瘞不得歸葬按紳以舊宰相鎮一方恣威權凡戮有罪猶待秋分湘無辜盛夏被殺崔元藻銜德裕斥己卽翻其辭因言御史覆獄還皆對天子別白是非德裕權軋天下使不得對具獄不付有司但用紳奏而寘湘死是時德裕已失權而宗閔故黨令狐綯崔鉉白敏中皆當路因是逞憾以利誘動元藻等使三司結紳杖鉞作藩虐殺良平準神龍詔書酷吏歿者官爵皆奪子孫不得進宦紳雖亡請從春秋戮死者之比詔削紳三

官子孫不得仕貶德裕等擢汝納左拾遺元藻武功令始紳以文藝節操見用而屢爲怨仇所報却卒能自伸其才以名位終然所至務爲威烈或陷暴刻故雖沒而坐湘冤云

李讓夷字達心系本隴西擢進士第辟鎮國李絳府判官又從西川杜元穎幕府與宋申錫善申錫爲翰林學士薦讓夷右拾遺俄召拜學士素善薛廷老廷老不飭細檢數飲酒不治職罷去坐是亦奪職累進諫議大夫開成初起居舍人李褒免文宗謂李石曰褚遂良以諫議大夫兼起居郎今諫議誰歟可言其人石以馮定孫簡蕭俶李讓夷對帝曰讓夷可也李固言請用崔球張次宗鄭覃曰球故與李宗閔善且記注操筆在赤墀下所書爲後世法不可用黨人若裴中孺李讓夷臣不敢有言乃決用讓夷進中書舍人既而李珏楊嗣復以覃之薦終帝世不得遷武宗初李德裕復入三遷至尚書右丞拜中書侍郎同中書門下平章事潞州平檢校尚書右僕射宣宗立進司空門下侍郎爲大行山陵使未復土拜淮南節度使以疾願還卒于道贈司徒讓夷廉介不妄交位雖

顯劇以儉約自將爲世咨美

曹確字剛中河南河南人擢進士第歷踐中外官累拜兵部侍郎懿宗咸通中以本官同中書門下平章事俄進中書侍郎確邃儒術器識方重動循法度時帝薄於德昵寵優人李可及可及者能新聲自度曲辭調悽折京師媮薄少年爭慕之號爲拍彈同昌公主喪畢帝與郭淑妃悼念不已可及爲帝造曲曰歎百年教舞者數百皆珠翠襐飾刻畫魚龍地衣度用繒五千倚曲作辭哀思裴回聞者皆涕下舞闋珠寶覆地帝以爲天下之至悲愈寵之家嘗娶婦帝曰第去吾當賜酒俄而使者負二銀榼與之皆珠珍也可及憑恩橫甚人無敢斥遂擢爲威衛將軍確曰太宗著令文武官六百四十三謂房玄齡曰朕設此待天下賢士工商雜流假使技出等夷正當厚給以財不可假以官與賢者比肩立同坐食也文宗欲以樂工尉遲璋爲王府率拾遺竇洵直固爭卒授光州長史今而位將軍不可帝不聽至僖宗立始貶死方幸時惟確屢言之而神策中尉西門季玄者亦剛鯁謂可及曰汝以巧佞惑天子當族滅嘗見其受賜謂曰今

載以官車後籍沒亦當爾確居位六年進尙書右僕射以同平章事出爲鎭海節度使徙河中卒始畢諴與確同宰相俱有雅望世謂曹畢云弟汾以忠武軍節度使入爲戶部侍郎判度支卒

劉瞻字幾之其先出彭城後徙桂陽舉進士博學宏詞皆中徐商辟署鹽鐵府㮚遷太常博士劉瑑執政薦爲翰林學士拜中書舍人進承旨出爲河東節度使咸通十一年以中書侍郎同中書門下平章事同昌公主薨懿宗捕太醫韓紹宗等送詔獄逮繫宗族數百人瞻喻諫官皆依違無敢言卽自上疏固爭紹宗窮其術不能效情有可矜陛下徇愛女因平民忿不顧難取肆暴不明之謗帝大怒卽日賜罷以檢校刑部尙書同平章事爲荆南節度使路巖韋保衡從爲惡言聞帝俄斥廉州刺史於是翰林學士鄭畋以責詔不深切御史中丞孫瑝諫議大夫高湘等坐與瞻善分貶嶺南巖等殊未慊按圖視驩州道萬里卽貶驩州司戶參軍事命李庾作詔極詆將遂殺之天下謂瞻鯁正特爲讒擠舉以爲冤幽州節度使張公素上疏申解巖等不敢害僖宗立徙康虢二州刺史

以刑部尙書召復以中書侍郎平章事居位三月卒瞻爲人廉約所得俸以餘濟親舊之窶困者家不留儲無第舍四方獻饋不及門行己終始完潔弟助字元德性仁孝幼時與諸兄游至食飲取最下者及長能文辭喜黃老言年二十卒

李蔚字茂休系本隴西舉進士書判拔萃皆中拜監察御史擢累尙書右丞懿宗惑浮屠常飯萬僧禁中自爲贊唄蔚上疏切諫引狄仁傑姚元崇辛替否所言譏病時弊帝不聽但以虛禮襃答俄拜京兆尹太常卿出爲宣武節度使徙淮南代還民詣闕請留詔許一歲僖宗乾符初以吏部尙書同中書門下平章事罷爲東都留守河東亂殺其帥崔季康用邠寧李侃代之士不附以蔚嘗在太原府有惠政爲人所懷拜河東節度使同平章事至鎭三日卒始懿宗成安國祠賜寶坐二度高二丈構以沈檀塗髹鏤龍鳳葩蘤金釦之上施複坐陳經几其前四隅立瑞鳥神人高數尺磴道以升前被繡囊錦襜珍麗精絕咸通十四年春詔迎佛骨鳳翔或言昔憲宗嘗爲此俄晏駕帝曰使朕生見之死無恨

乃以金銀爲刹珠玉爲帳孔鷸周飾之小者尋丈高至倍刻檀爲檐注陛城塗黄金每一刹數百人舉之香輿前後係道綴珠瑟瑟幡蓋殘綵以爲幢節費無貲限夏四月至長安綵觀夾路其徒導衞天子御安福樓迎拜至泣下詔賜兩街僧金幣京師耆老及見元和事者悉厚賜之不逞小人至斷臂指流血滿道所過鄉聚皆裒土爲刹相望于塗爭以金翠技飾傳言刹悉震搖若有光景云京師高貲相與集大衢作繒臺縵闕注水銀爲池金玉爲樹木聚桑門羅像考鼓鳴螺繼日夜錦車繡輿載歌舞從之秋七月帝崩方人主甘心篤向如蔚言者甚多皆不能救僖宗立詔歸其骨都人耆耋辭餞或嗚咽流涕

贊曰人之惑怪神也甚哉若佛者特西域一槁人耳裸顛露足以乞食自資癯辱其身屏營山樊行一概之苦本無求于人徒屬稍稍從之然其言荒茫漫靡夷幻變現善推不驗無實之事以鬼神死生貫爲一條據之不疑掊嗜欲棄親屬大抵與黄老相出入至漢十四葉書入中國蹟夫生人之情以耳目不際爲奇以不可知爲神以物理之外爲畏以變化無方爲聖以生而死死復生回復

償報歆豔其間爲或然以賤近貴遠爲憙鞮譯差殊不可研詰華人之譎誕者又攘莊周列禦寇之說佐其高層累架騰直出其表以無上不可加爲勝妄相夸齊而倡其風於是自天子逮庶人皆震動而祠奉之初宰相王縉以緣業事佐代宗於是始作內道場晝夜梵唄冀禳寇戎大作盂蘭肖祖宗像分供塔廟爲賊臣嘻笑至憲宗世遂迎佛骨於鳳翔內之宮中韓愈指言其弊帝怒竄愈瀕死憲亦弗獲天年幸福而禍無亦左乎懿宗不君精爽奪迷復蹈前車而覆之與哀無知之場丏庇百解之眥以死自誓無有顧藉流淚拜伏雖事宗廟上帝無以進焉屈萬乘之貴自等於古胡數千載而遠以身爲徇嗚呼運痿祚殫天告之矣懿不三月而徂唐德之不競厥有來哉悲夫

唐書卷一百八十一

唐書卷一百八十一考證

李紳傳敬元曾孫○舊書作高祖敬元

唐書卷一百八十一考證

唐書卷一百八十二

宋　端　明　殿　學　士　宋　祁　撰

列傳第一百七

二李崔蕭二鄭二盧韋周二裴劉趙王

李固言字仲樞其先趙人擢進士甲科江西裴堪劍南王播皆表署幕府累官戸部郎中温造爲御史中丞表知雜事進給事中將作監王堪坐治太廟不謹改太子賓客固言上還制書曰陛下當以名臣左右太子堪以慢官斥處調護地非所宜詔改宅王傅固言再遷尚書右丞李德裕輔政出固言華州刺史俄而李宗閔復用召爲吏部侍郎州大豪何延慶橫猾譁衆遮道使不得去固言怒捕取杖殺之尸諸道既領選按籍自擬先收寒素杙吏姦進御史大夫太和九年宗閔得罪李訓鄭注用事訓欲自取宰相乃先以固言爲門下侍郎同中書門下平章事旋坐黨人出爲山南西道節度使訓自代其處訓敗文宗頗思之復召爲平章事仍判戸部羣臣請上徽號帝曰今治道猶鬱羣臣之請謂何

比州縣多不治信乎固言因白鄧州刺史王堪隋州刺史鄭襄尤無狀帝曰貞元時御史獨王堪爾鄭覃本舉堪疑固言抵己即曰臣知堪故用爲刺史舉天下不職何獨二人帝識其意不主前語因稱詩曰濟濟多士文王以寧聞德宗時多闕官寧乏才邪固言曰用人之道隨所保任觀稱與否而升黜之無乏才矣帝曰宰相用人毋計親疏竇易直爲宰相未嘗用姻戚使己才不足任天下重自宜引去苟公舉雖親何嫌用所長耳帝不欲大臣有黨故語兩與之俄以門下侍郎平章事爲西川節度使詔雲韶雅樂即臨皐館送之讓還門下侍郎乃檢校尚書左僕射始置贏軍千匹又募銳士三千武備雄完武宗立召授右僕射會崔珙陳夷行以僕射爲宰相改檢校司空兼太子少師領河中節度使蒲津歲河水壞梁吏撤笮用舟邀丐行人固言至悉除之帝伐回鶻詔方鎮獻財助軍上疏固諫不從以疾復爲少師還東都留守宣宗初還右僕射後以太子太傅分司東都卒年七十八贈太尉固言吃接賓客頗謇緩然每議論人主前乃更詳辯

李珏字待價其先出趙郡客居淮陰幼孤事母以孝聞甫冠舉明經李絳爲華州刺史見之曰日角珠廷非庸人相明經碌碌非子所宜乃更舉進士高第河陽烏重胤表置幕府以拔萃補渭南尉擢右拾遺穆宗既位荒酒色景陵始復土卽召李光顏于邠寧李愬于徐州期九月九日大宴羣臣珏與宇文鼎溫畬韋瓘馮藥同進曰道路皆言陛下追光顏等將與百官高會且元朔未改陵土新復三年之制天下通喪今同軌之會適去遠夷之使未還遏密弛禁本爲齊人鐘鼓合饗不施禁內夫王者之舉爲天下法不可不慎且光顏愬忠勞之臣方盛秋屯邊如令訪謀猷付疆事召之可也豈以酒食之歡爲厚邪帝雖置其言然厚加勞遣鹽鐵使王播增茶稅十之五以佐用度珏上疏謂榷率本濟軍與而稅茶自貞元以來有之方天下無事忽厚斂以傷國體一不可茗爲人飲與鹽粟同資若重稅之售必高其敝先及貧下二不可山澤之產無定數程斤論稅以售多爲利若價騰踊則市者稀其稅幾何三不可陛下初卽位詔懲聚斂今反增茶賦必失人心帝不納方是時禁中造百尺樓土木費鉅萬故播亟

斂陰中帝欲珏以數諫不得留出爲下邽令武昌牛僧孺辟署掌書記還爲殿中侍御史宰相韋處厚曰清廟之器豈擊搏才乎除禮部員外郎僧孺還相以司勳員外郎知制誥爲翰林學士加戶部侍郎始鄭注以醫進文宗一日語珏曰卿亦知有鄭注乎宜與之言珏曰臣知之姦回人也帝愕然曰朕疾愈注力也可不一見之注由是怨珏及李宗閔以罪去珏爲申辨貶江州刺史徙河南尹復爲戶部侍郎開成中楊嗣復得君引珏同中書門下平章事與李固言皆善三人者居中秉權乃與鄭覃陳夷行等更持議一好惡相影和朋黨益熾矣珏數辭位不許帝嘗自謂臨天下十四年雖未至治然視今日承平亦希矣珏曰爲國者如治身及身康寧調適以自助如恃安而忽則疾生天下當無事思所闕禍亂可至哉杜悰領度支有勞帝欲拜戶部尚書以問宰相陳夷行答曰恩權予奪願陛下自斷珏曰祖宗倚宰相天下事皆先平章故官曰平章事君臣相須所以致太平也苟用一吏處一事皆決於上將焉用彼相哉隋文帝勞於小務以疑待下故二世而亡陛下嘗謂臣曰竇易直勸我凡宰相啓擬五取

三二取一彼宜勸我擇宰相不容勸我疑宰相帝曰易直此言殊可鄙帝又語貞元初政事誠善珏曰德宗晚喜聚財方鎮以進奉市恩吏得賦外求索此其敝也帝曰人君輕所賦節所用可乎珏曰貞觀時房杜王魏爲文皇帝謀固此耳帝頗向納進封贊皇縣男始莊恪太子薨帝意屬陳王旣而帝崩中人引宰相議所當立珏曰帝旣命陳王矣已而武宗卽位人皆爲危之珏曰臣下知奉所言安與禁中事帝新聽政珏數稱道無逸篇以勸時潞州劉從諫獻犬馬滄州劉約獻白鷹珏請卻之以示四方遷門下侍郎爲文宗山陵使會秋大雨梓宮至安上門陷于濘不前罷爲太常卿終以議所立貶江西觀察使再貶昭州刺史宣宗立內徙郴舒二州以太子賓客分司東都還河陽節度使罷橫賦宿逋百餘萬以吏部尙書召珏去鎮而府庫十倍於初俄檢校尙書右僕射淮南節度使珏顧己大臣誼不以內外自異表請立皇太子維天下心江淮旱發倉稟賑流民以軍羨儲糓半價與人卒年六十九贈司空謚曰貞穆始淮南三節度皆卒於鎮人勸易署寢珏曰上命我守揚州是實正寢若何去之及疾亟官

屬見臥內惟以州有稅酒直而神策軍常爲豪商占利方論奏未見報爲恨一不及家事性寡欲早喪妻不置妾侍門無餽餉淮南之人德之珏已歿叩闕下願立碑刻其遺愛云

贊曰天子待宰相以不疑是矣雖然於賢不肖當别白分明乃可與言治文宗無知人之明但以不疑責宰相是時善惡混淆故黨人成於下主聽亂於上王室之衰由此爲之階劉向所云持不斷之慮者開羣枉之門殆文宗爲邪

崔珙其先博陵人父頲官同州刺史生八子皆有才世以擬漢荀氏八龍珙爲人有威重精吏治以拔萃異等累擢至泗州刺史由太府卿爲嶺南節度使入對延英文宗訪治撫後先珙對精亮有理趣帝咨嗟迂久時徐州以王智興後軍驕數犯法節度使高瑀未能制天子思材望威烈者檢革其弊見珙意慷慨又知治泗得士心卽謂宰相曰欲武寧節度使者無易珙才更詔王茂元帥嶺南而以珙代瑀居二歲徐人戢畏入爲右金吾大將軍還京兆尹會大旱奏析滻入禁中者取十九漑民田仇士良使盜擊宰相李石於親仁里迹出禁軍珙

坐不能捕以爲負望少衰開成末累進刑部尚書諸道鹽鐵轉運使俄同中書門下平章事仍領鹽鐵即拜中書侍郎會昌二年進位尚書左僕射明年以兄瑨喪被疾求解以所守官罷與崔鉉故有怨及鉉宰相代爲使即奏珙妄費宋滑院鹽鐵錢九十萬緡又劾與劉從諫厚數護其姦貶澧州刺史再斥恩州司馬宣宗立徙商州刺史以太子賓客分司東都起爲鳳翔節度使鉉復執政珙懼以疾自乞方是時西戎歸故地邊奏係驛議所以綏接珙坐不自力避事下除太子少師分司東都就拜留守復節度鳳翔卒于官

子涓性開敏爲杭州刺史受署未盡識卒史乃以紙各署姓名傳襟上過前一閱後數百人呼指無誤終御史大夫

瑨字從律珙兄舉進士賢良方正皆高第累辟諸使府入朝稍歷吏部員外郎李德裕任御史中丞引知雜事進給事中太和初持節宣慰盧龍使有指及與元殺李絳復往尉撫軍皆按堵還遷工部侍郎京兆尹宋申錫爲讒所危宦豎切齒時罕敢辨者瑨與大理卿王正雅固請出獄付外與衆治之天下重其賢

以尚書右丞出爲荆南節度使進左丞時弟珙任京兆尹並據顯劇處世以爲榮俄判兵部西銓吏部東銓徙東都留守以吏部尚書召辭疾不拜會昌中終山南西道節度使贈尚書左僕射琯行方介有器藴人屬以爲相而卒不至當時共咨云弟璪璵尤顯璪位刑部尚書璵河中節度使

璵子澹舉止秀峙時謂玉而冠者擢進士第累進禮部員外郎當時士大夫以流品相尚推名德者爲之首咸通中世推李都爲大龍甲涓豪放不得預雖自抑下猶不許而澹與焉終吏部侍郎

子遠有文而風致整峻世慕其爲目曰飣座梨言座所珍也乾寧中以兵部侍郎同中書門下平章事還中書侍郎從還洛罷爲尚書右僕射柳璨忌衣冠有望者貶爲白州長史被殺於白馬驛家没掖庭諸崔自咸通後有名歷臺閣藩鎮者數十人天下推士族之冠始其曾王母長孫春秋高無齒祖母唐事姑孝每旦乳姑一日病召長幼言吾無以報婦願後子孫皆若爾孝世謂崔氏昌大有所本云

蕭鄴字啓之梁長沙宣王懿九世孫及進士第累進監察御史翰林學士出爲衡州刺史大中中召還翰林拜中書舍人遷戶部侍郎判本司以工部尚書同中書門下平章事懿宗初罷爲荆南節度使仍平章事進檢校尚書左僕射徙劍南西川南詔內寇不能制下遷檢校右僕射山南西道觀察使歷戶部吏部二尚書拜右僕射還以平章事節度河東在官無足稱道卒

鄭肅字乂敬其先滎陽人以儒世家肅力于學有根柢第進士書判拔萃補興平尉累擢太常少卿博士有疑議往咨必據經條答文宗高擇魯王府屬肅以諫議大夫兼長史王爲皇太子遷給事中進尚書右丞出爲陝虢觀察使開成二年召拜吏部侍郎帝以肅嘗輔導東宮詔兼賓客爲太子授經既而太子母愛弛爲讒所乘廢斥有端肅因入見言天下大本不可輕動意致深切帝爲動容然內寵方煽太子終以憂死出爲檢校禮部尚書河中節度使武宗知太子無罪特困於讒而朝廷謂肅臨義不可奪侃侃有大臣節召爲太常卿還山南東道節度使五年以檢校尚書右僕射同中書門下平章事與李德裕叶心輔

政宣宗卽位遷中書侍郎罷爲荆南節度使卒贈司空諡曰文簡子洎仕至州刺史洎子仁規仁表皆豪爽有文仁規位中書舍人仁表累擢起居郎嘗以門閥文章自高曰天瑞有五色雲人瑞有鄭仁表傲縱多所陵藉人畏薄之劉鄴未仕往謁洎而仁表等鄙詆其文鄴爲相因罪貶仁表死嶺外始肅罷政事帝以盧商代之

商字爲臣蚤孤家窶困能以學自奮舉進士拔萃皆中由校書郎佐宣歙西川幕府入朝累十餘遷至大理卿爲蘇州刺史吏以鹽法求贏貲民愈困商令計口售鹽無常領人便之歲貲返增宰相上其勞進浙西觀察使召爲刑部侍郎京兆尹方伐潞芻糧踰太行餉軍環六七鎭詔商以戶部侍郎判度支又詔杜悰兼鹽鐵度支幷二使財以贍兵乃不乏出爲東川節度使以兵部侍郎還判度支擢中書侍郎同中書門下平章事范陽郡公大中元年春旱詔商與御史中丞封敖理囚繫於尚書省誤縱死罪罷爲武昌軍節度使以疾解拜戶部尚書卒

盧鈞字子和系出范陽徙京兆藍田舉進士中第以拔萃補祕書正字從李絳爲山南府推官調長安尉又從裴度爲太原觀察支使遷監察御史爭宋申錫獄知名進吏部郎中出爲常州刺史遷給事中有大詔令必反覆省審駮奏無私拜華州刺史關輔驛馬疲耗鈞爲市健馬率三歲一易自是無乏事擢嶺南節度使海道商舶始至異時帥府爭先往賤售其珍鈞一不取時稱絜廉專以清靜治蕃獠與華人錯居相婚嫁多占田營第舍吏或撓之則相挻爲亂鈞下令蕃華不得通婚禁名田產闔部肅壹無敢犯貞元後流放衣冠其子姓窮弱不能自還者爲營棺槥還葬有疾若喪則經給醫藥殯斂孤女稚兒爲立夫家以奉稟資助凡數百家南方服其德不徼而化又除采金稅華蠻數千走闕下請爲鈞生立祠刻石頌德鈞固辭以戶部侍郎召判戶部會昌中漢水害襄陽拜鈞山南東道節度使築隄六千步以障漢暴王師伐劉稹武宗以鈞寬厚能得衆詔兼節度昭義軍會稹死敕乘馹往進檢校兵部尚書專領昭義鈞及潞石雄兵已入而稹將白惟信率餘卒三千保潞城未下雄召之使往十餘輩皆

死鈞次高平惟信獻款且曰不即降者畏石尙書爾鈞與約而遣方雄欲盡夷潞兵鈞不聽坐治堂上左右皆雄親卒擊鼓傳漏鈞自居甚安雄引去乃召惟信至送闕下餘衆悉原俄而與士五千戍代北鈞坐城門勞遣帷家人以觀戍卒驕顧家屬不欲去酒酣反攻城迫大將李文矩爲帥鈞倉卒奔潞城文矩投地僵臥稍諭叛者衆乃悔服即相與謝鈞迎還府斬首惡乃定詔趣戍者行密使盡戮之鈞請徐乘其變而使者不發須報時戍人已去潞一舍鈞選牙卒五百壯騎百以騎載兵夜趨遲明至太平驛盡斬之即拜檢校尙書左僕射宣宗即位改吏部尙書會劉約自天平徙宣武未至暴死家僮五百無所仰衣食思亂乃授鈞宣武節度使人情妥然召入復爲吏部尙書遷檢校司空太子少師封范陽郡公節度河東大中九年召爲左僕射鈞宿齒數外遷而後來多至宰相始被召自以當輔政既失志故內怨望數移病不事事遨游林墅累日一還令狐綯惡之罷僕射以檢校司空守太子太師帝元日大饗含元殿鈞年八十升降如儀音吐鴻暢舉朝咨歎以鈞耆碩長者顧不任職咎綯爲媢賢綯聞言

于帝郎以鈞同中書門下平章事爲山南西道節度使俄檢校司徒爲東都留守懿宗初復節度宣武辭不拜以太保致仕卒年八十七贈太傅諡曰元鈞與人交始若澹薄既久乃益固所居官必有績大抵根仁恕至誠而施於事玩服不爲鮮明位將相沒而無贏財

盧簡方失其系世不知所以進盧鈞鎮太原表爲節度府判官會党項羌叛鈞使簡方督兵乘邊旁河相險集樹堡鄣自神山至鹿泉縣三百里扈遏其衝賊不得騁候邏便之累還江州刺史徙大同軍防禦使大開屯田練兵後闞沙陀畏附擢義昌節度使入拜太僕卿領大同節度久之徙振武軍道病卒

韋琮字禮玉世顯仕琮進士及第稍進殿中侍御史坐訊獄不得實改太常博士擢累戶部侍郎翰林學士承旨以中書侍郎同中書門下平章事遷門下侍郎兼禮部尚書無功罷爲太字賓客分司卒

周墀字德升本汝南人少孤事母孝及進士第辟湖南團練府巡官入爲監察御史集賢殿學士長史學屬辭高古文宗雅重之李宗閔鎮山南表行軍司馬

閔歲召還太和末訓注亂政以黨語汙搢紳有名士分逐之獨墀雖嘗爲宗閔
所禮不能以罪誣也遷起居舍人改考功員外郎兼舍人事帝御紫宸與宰相
語事已或召左右史咨質所宜墀最爲天子欽矚俄知制誥入翰林爲學士武
宗卽位以疾改工部侍郎出爲華州刺史徙江西觀察使劾舉部刺史翦捕劇
賊出兵戍彭蠡湖禁止剽劫進拜義成節度使封汝南縣男宿將暴驁不循令
者墀命鞭其背一軍大治以兵部侍郎召判度支進同中書門下平章事遷中
書侍郎建言故宰相德裕重定元和實錄竄寄宅事以廣父功凡人君尙不改
史取必信也遂削新書河東節度使王宰重賂權幸求同平章事領宣武墀言
天下大鎭如幷汴者纔幾宰之求何可厭宣宗納之駙馬都尉韋讓求爲京兆
持不與繇是妄進者少衰會吐蕃微弱以三州七關自歸帝召宰相議河湟事
墀對不合旨罷爲劍南東川節度使駙馬都尉鄭顥言于帝曰世謂墀以直言
相亦以直言免帝悟加拜檢校尙書右僕射卒年五十九贈司徒

裴休字公美孟州濟源人父肅貞元時爲浙東觀察使劇賊栗鍠誘山越爲亂

陷州縣蕭引州兵破禽之自記平賊一篇上之德宗嘉美生三子休仲子也操守嚴正方兒童時兄弟偕隱家墅晝講經夜著書終年不出戶有饋鹿者諸生共薦之休不食曰蔬食猶不足今一啖肉後何以繼擢進士第舉賢良方正異等歷諸府辟署入爲監察御史更內外任至大中時以兵部侍郎領諸道鹽鐵轉運使六年進同中書門下平章事卽奏言宰相論政上前知印者次爲時政記所論非一詳己辭略它議事有所缺史氏莫得詳請宰相人自爲記合付史官詔可進中書侍郎太和後歲漕江淮米四十萬斛至渭河倉者纔十三舟檝僨敗吏乘爲姦冒沒百端劉晏之法盡廢休分遣官詢按其弊乃命在所令長兼董漕褒能者謫怠者由江抵渭舊歲率雇緡二十八萬休悉歸諸吏敕巡院不得輒侵牟著新法十條又立稅茶十二法人以爲便居三年粟至渭倉者百二十萬斛無留壅時方鎮設邸閣居茶取直因視商人宅貨橫賦之道路苛擾休建言許收邸直毋擅賦商人又收山澤寶冶悉歸鹽鐵隸政凡五歲罷爲宣武軍節度使封河東縣子久之由太子少保分司東都復起歷昭義河東鳳翔

荆南四節度卒年七十四贈太尉休不爲皦察行所治吏下畏信能文章書楷遒媚有體法爲人醞藉進止雍閑宣宗嘗曰休真儒者然嗜浮屠法居常不御酒肉講求其說演繹附著數萬言習歌唄以爲樂與紇干臮素善至爲桑門號以相字當世嘲薄之而所好不衰

劉瑑字子全高宗宰相仁軌五世孫第進士鎮國陳夷行表爲判官入遷左拾遺諫罷武宗方士言多懇愊大中初擢翰林學士宣宗始復關隴裁處叢繁書詔夜數十雖捉筆遽成辭皆允切會伐党項詔爲行營宣慰使還刑部侍郎乃裒彙敕令可用者由武德訖大中凡二千八百六十五事類而析之參訂重輕號大中刑律統類以聞法家推其詳繇河南尹進宣武軍節度使先時大饗雜進倡舞瑑曰豈軍中樂邪取壯士千人被鎧擁矛盾習擊刺與吏士臨觀又下令不何止夜行使民自便境內以安徙河東節度使未幾以戶部侍郎召判度支始瑑在翰林帝素器遇至是手詔追還外無知者既發太原人方大驚後請閒帝視案上曆謂瑑爲朕擇一令日瑑跪曰某日良帝笑曰是日卿可遂相即

詔同中書門下平章事仍領度支嘗與崔愼由議帝前愼由請甄別流品瑑質曰王夷甫相晉崇尙浮虛以述流品卒致淪夷今日不循名責實使百吏各稱職而先流品未知所以致治也愼由不得對繇是罷宰相俄而瑑大病加工部尙書拜臥內猶手疏陳政事居位半歲卒年六十三贈尙書左僕射瑑以名節自將凡議論處事不私趨於當乃止未嘗以言色借貴近與瑑同知政者夏侯

孜

孜字好學亳州譙人累遷婺絳等州刺史繇兵部侍郞諸道鹽鐵轉運使爲同中書門下平章事仍領鹽鐵懿宗立進門下侍郞譙郡侯俄以同平章事出爲西川節度使召拜尙書左僕射還執政進司空爲貞陵山陵使坐隧壞出爲河中節度使猶同平章事初堂史署制仆孜懷中卽死不數日孜罷咸通時蠻犯蜀深入士乏糧追責孜治蜀無素備以太子少保分司東都卒

趙隱字大隱京兆奉天人祖植當德宗出狩變倉卒羽衞單寡朱泚攻城急植率家人奴客以死拒守獻家財勞軍帝嘉之賊平渾瑊引在幕府累擢鄭州刺

史鄭滑節度使李融奏以自副融疾病委以軍政大將宋朝晏火其營夜爲亂植列卒不動須之遲明而潰捕斬皆盡優詔嘉慰累擢嶺南節度使終于官父存約辟署興元李絳府值軍亂方與絳燕閒吏報賊至絳麾存約使去對曰荷公德厚誼不當獨免卽部勒左右捍之而同被害隱以父死難與兄隲廬墓幾十年闔門誦書不應辟召親友更敦勉令仕會昌中擢進士第歷州刺史河南尹以兵部侍郎領鹽鐵轉運使咸通末進同中書門下平章事還中書侍郎封天水縣伯性仁悌不敢以貴權自處始布衣時家無貲與隲同耕以養雖姻宗之富未嘗干以財宦寖顯還家易衣侍左右猶布衣也隲終宣歙觀察使既輔政宅宰相及百官皆詣第升堂慶母歲時公卿必參訊懿宗誕日宴慈恩寺隱侍母以安輿臨觀宰相方率百官拜恩於廷卽回班候夫人起居搢紳以爲榮後崔彥昭張濬當國皆有母遂踵其禮僖宗初罷爲鎭海軍節度使王郢之亂坐撫御失宜下除太常卿廣明初爲吏部尚書居母喪卒子光逢光裔光胤皆第進士歷臺省華劇光逢尤規矱自持以中書舍人爲翰林學士時光裔由膳

部郎中知制誥對掌內外命書士歆羨之

裴坦字知進隋營州都督世節裔孫父乂福建觀察使坦及進士第沈傳師表置宣州觀察府召拜左拾遺史館修撰歷楚州刺史令狐綯當國薦爲職方郎中知制誥而裴休持不可不能奪故事舍人初詣省視事四丞相送之施一榻堂上壓角而坐坦見休重愧謝休勃然曰此令狐丞相之舉休何力顧左右索肩輿亟出省吏駭以爲唐興無有此辱人爲坦羞之再進禮部侍郎拜江西觀察使華州刺史召爲中書侍郎同中書門下平章事不數月卒坦性簡儉子取楊收女齎具多飾金玉坦命撤去曰亂我家法世清其槩從子贄

贄字敬臣及進士第擢累右補闕御史中丞刑部尚書昭宗引拜中書侍郎兼本官同中書門下平章事尋兼戶部尚書帝疑其外風檢而暱帷薄逮問翰林學士韓偓偓曰贄咸通大臣坦從子內雍友合疏屬以居故臧獲猥衆出入無度殆此致謗言者帝每聞咸通事必肅然斂衽故偓稱之爲贄地帝幸鳳翔爲大明宮留守罷俄進尚書左僕射以司空致仕朱全忠將簒貶青州司戶參軍

殺之
鄭延昌字光遠咸通末得進士第遷監察御史鄭畋鎮鳳翔表在其府黃巢亂京師畋倚延昌調兵食且諭慰諸軍畋再秉政擢司勳員外郎翰林學士進累兵部侍郎兼京兆尹判度支拜戶部尚書以中書侍郎同中書門下平章事兼刑部尚書無宅功以病罷拜尚書左僕射卒
王溥字德潤失其何所人第進士擢累禮部員外郎史館脩撰崔胤鎮武安表署觀察府判官胤不赴鎮溥留充集賢殿直學士御史中丞趙光逢奏爲刑部郎中知雜事昭宗蒙難東內溥與胤說衞軍執劉季述等殺之帝反正驟拜翰林學士戶部侍郎以中書侍郎同中書門下平章事判戶部不能有所裨益罷爲太子賓客分司東都未幾召拜太常卿工部尚書會朱温侵逼貶淄州司戶參軍賜自盡與裴樞等投尸于河
盧光啓字子忠不詳何所人第進士爲張濬所厚擢累兵部侍郎昭宗幸鳳翔宰相皆不從以光啓權總中書事兼判三司進左諫議大夫參知機務復拜兵

部侍郎同中書門下平章事俄罷爲太子少保改吏部侍郎初光啓執政韋貽範蘇檢相繼爲宰相貽範字垂憲以龍州刺史貶通州檢爲洋州刺史二人奔行在貽範還給事中用李茂貞薦閱旬爲工部侍郎同中書門下平章事判度支倚權臣恣驁不恭會母喪免踰月奪服不數月卒檢初拜中書舍人貽範薦於茂貞即拜工部侍郎同中書門下平章事茂貞與朱全忠通好乃求尚主取檢女爲景王妃以固恩帝還京師檢長流環州光啓賜死

唐書卷一百八十二

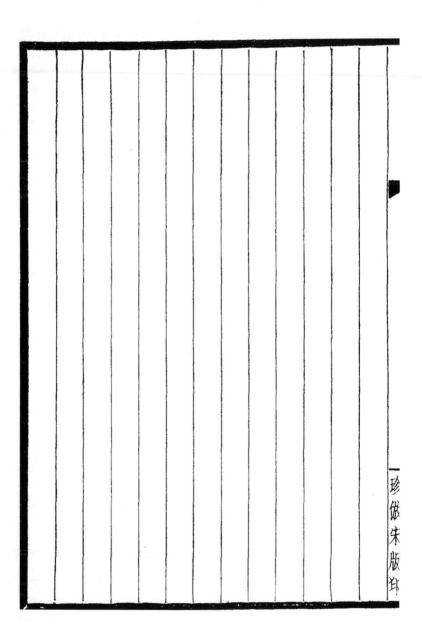

唐書卷一百八十二考證

鄭肅傳荆南節度○舊書作河中節度

劉瑑傳居位半歲卒○舊書罷相又歷方鎮卒沈炳震曰案懿宗紀咸通時未見瑑爲方鎮文當從新書

唐書卷一百八十二考證

唐書卷一百八十三

宋　端　明　殿　學　士　宋　祁　撰

列傳第一百八

畢崔劉陸鄭朱韓

畢誠字存之黃門監構從孫構弟栩生凌凌生勻世失官爲鹽估勻生誠蚤孤夜然薪讀書母卹其疲奪火使寐不肯息遂通經史工辭章性端慤不妄與人交太和中舉進士書判拔萃連中辟忠武杜悰幕府悰領度支表爲巡官又從辟淮南入拜侍御史李德裕始與悰同輔政不協故出悰劍南東川節度使故吏惟誠餞訊如平日德裕忌之出爲慈州刺史累官駕部員外郎倉部郎中故事要家勢人以倉駕二曹爲辱誠沛然如處美官無異言宰相知之以職方郎中兼侍御史知雜事召入翰林爲學士党項擾河西宣宗嘗召訪邊事誠援質古今條破羌狀甚悉帝悅曰吾將擇能帥者孰謂頗牧在吾禁署卿爲朕行乎誠唯唯即拜刑部侍郎出爲邠寧節度河西供軍安撫使誠到軍遣吏懷諭羌

人皆順向時戍兵常苦調鑲乏誠募士置屯田歲收穀三十萬斛以省度支經費詔書嘉美俄徙昭義又還河東河東尤近胡復脩杷頭七十烽謹候虜寇不敢入懿宗立遷宣武節度使召爲戶部尚書判度支未幾以禮部尚書同中書門下平章事再期固稱疾改兵部尚書罷旋兼平章事節度河中卒年六十二

誠於吏術尤所長既貴所得祿奉養護宗屬之乏無間然始誠被知於宣宗嘗許以相令狐綯忌之自邠寧凡三徙不得還誠思有以結綯至太原求麗姝盛飾使獻綯曰太原於我無分今以是餌將破吾族矣不受使者留於邸誠亦放之太醫李玄伯者帝所喜以錢七十萬聘之夫婦日自進食得其歡心乃進之帝嬖幸冠後宮玄伯又治丹劑以進帝餌之疽生於背懿宗立收玄伯及方士王岳虞紫芝等俱誅死

崔彥昭字思文其先清河人淹貫儒術擢進士第數應帥鎭辟奏於吏治精明所至課最累進戶部侍郎繇河陽節度使徙河東先是沙陀諸部多犯法彥昭撫循有威惠三年境內大治耆老叩闕願留詔可僖宗立授兵部侍郎諸道鹽

鐵轉運使俄同中書門下平章事仍判度支初楊收路巖韋保衡皆坐朋比賄賂得罪死蕭倣秉政矯革之而彥昭協力故百職修舉察不至苛不六月遷門下侍郎帝因下詔暴收等過惡申勵丁寧以成其美彥昭雖宰相退朝侍母膳與家人齒順色柔聲在左右無違士人多其孝與王凝外昆弟也凝大中初先顯而彥昭未仕嘗見凝凝倨不冠帶嫚言曰不若從明經舉彥昭爲憾至是凝爲兵部侍郎母聞彥昭相敕婢多製屨襪曰王氏妹必與子皆逐吾將共行彥昭聞之泣且拜不敢爲怨而凝竟免伶人李可及爲懿宗所寵橫甚彥昭奏逐死嶺南累拜兼尙書右僕射以疾去位授太子太傅卒

劉鄴字漢藩潤州句容人父三復以善文章知名少孤母病廢三復丐粟以養李德裕爲浙西觀察使奇其文表爲掌書記德裕三領浙西及劍南淮南未嘗不從會昌時位宰相擢三復刑部侍郎弘文館學士鄴六七歲能屬辭德裕憐之使與其子共師學德裕既斥鄴無所依去客江湖閒陝虢高元裕表署推官高少逸又辟鎭國幕府咸通初擢左拾遺召爲翰林學士賜進士第歷中書舍

人選承旨鄴傷德裕以朋黨抱誣死海上令狐綯久當國更數赦不爲還官爵至懿宗立綯去位鄴乃申直其冤復官爵世高其義進戶部侍郎諸道鹽鐵轉運使以禮部尚書同中書門下平章事判度支僖宗嗣位再遷尚書左僕射初韋保衡路巖與鄴同秉政爲迹親俄而蕭倣崔彥昭得相罷鄴爲淮南節度使同平章事黃巢方熾詔高駢代之徙節度鳳翔固辭還左僕射帝西狩追乘輿不及與崔沆豆盧瑑匿將軍張直方家賊捕急三人不肯臣俱見殺

豆盧瑑者字希貞河南人仕歷翰林學士戶部侍郎與崔沆皆拜同中書門下平章事是日宣告于廷大風雷雨拔樹未幾及禍初咸通中有治歷者工言禍福或問比宰相多不至四五謂何答曰紫微方災然其人又將不免後楊收韋保衡路巖盧攜劉鄴于琮瑑與沆皆不得終云

陸扆字祥文宰相贄族孫客於陜遂爲陜人光啓二年從僖宗幸山南擢進士第累進翰林學士中書舍人扆工屬辭敏速若注射然一時書命同僚自以爲不及昭宗優遇之帝嘗作賦詔學士皆和獨扆最先就帝覽之嘆曰貞元時陸

贊吳通玄兄弟善內廷文書後無繼者今朕得之始得舉進士時方遷幸而六月牓出至是每甚暑它學士輒戲曰造牓天也以譏扆進非其時累爲尚書左丞封嘉興縣男徙戶部侍郎同中書門下平章事故事自三省得宰相有光署錢留爲宴資學士院未始有至扆送光院錢五十萬以榮近司進中書侍郎判戶部嗣覃王以兵伐鳳翔扆諫曰國步方安不宜加兵近輔必爲它盜所乘無益也且親王而屬軍事必有後害帝顧軍興責扆沮撓貶峽州刺史師果敗久之授工部尚書從天子自華州還以兵部尚書復當國封吳郡公天復初帝密語韓偓曰陸扆裴贄孰忠於我偓曰扆等皆宰相安有它腸帝曰外言扆不喜我復位元日易服奔啓夏門信不偓曰孰爲陛下言此曰崔胤令狐渙偓曰設扆如是亦不足責且陛下反正扆素不知謀忽聞兵起欲出奔耳陛下責其不死難則可以爲不喜乃讒言也帝遂悟累兼戶部尚書帝至自鳳翔大赦天下諸道皆賜詔獨不及李茂貞扆曰國西鳳翔爲最近迹其罪固不可赦然尚修職貢朝廷未之絕無宜於詔書有以異也始崔胤罷相扆代之胤內怨望及是

議以爲陰有黨附貶沂王傅分司東都胤死復授吏部尚書從遷洛柳璨始附朱全忠謀去朝廷衣冠有望者貶扆濮州司戶參軍殺之白馬驛年五十九扆初名允迪後改云

鄭綮字蘊武及進士第歷監察御史擢累左司郎中困窶甚丐補廬州刺史黃巢掠淮南綮移檄請無犯州境巢笑爲斂兵州獨完僖宗嘉之賜緋魚歲滿去贏錢千緡藏州庫後宅盜至終不犯鄭使君錢及楊行密爲刺史送都還綮王徽爲御史大夫以兵部郎中表知雜事遷給事中杜弘徽任中書舍人綮以其兄讓能輔政不宜處禁要上還制書不報輒移病去召爲右散騎常侍往往條摘失政衆讙傳之宰相怒改國子祭酒議者不直復還常侍大順後王政微綮每以詩謠託諷中人有誦之天子前者昭宗意其有所蘊未盡因有司上班簿遂署其側曰可禮部侍郎同中書門下平章事綮本善詩其語多俳諧故使落調世共號鄭五歇後體至是省吏走其家上謁綮笑曰諸君誤矣人皆不識字宰相亦不及我史言不妄俄聞制詔下歎曰萬一然笑殺天下人既視事宗戚

諸慶播首曰歟後鄭五作宰相事可知矣固讓不聽立朝偘然無復故態自以不爲人所瞻望纔三月以疾乞骸拜太子少保致仕卒

朱朴襄州襄陽人以三史舉繇荆門令進京兆府司錄參軍改著作郎乾寧初太府少卿李元實欲取中外九品以上官兩月俸助軍與朴上疏執不可而止擢國子毛詩博士上書言當世事議遷都曰古王者不常厥居皆觀天地興衰隨時制事關中隋家所都我實因之凡三百歲文物資貨奢侈僭僞皆極焉廣明巨盜陷覆宮闕局署帑藏里閈井肆所存十二比幸石門華陰十二之中又亡八九高祖太宗之制蕩然矣夫襄鄧之西夷漫數百里其東漢輿鳳林爲之關南蔛潭環屈而流屬於漢西有上洛重山之險北有白崖聯絡乃形勝之地沃衍之墟若廣浚漕渠運天下之財可使大集自古中興之君去已衰之衰就未王而王今南陽漢光武雖起而未王也臣視山河壯麗處多故都已盛而衰難可興已江南土薄水淺人心囂浮輕巧不可以都河北土厚水深人心彊愎狠戾不可以都惟襄鄧實惟中原人心質良去秦咫尺而有上洛爲之限永無

夷狄侵軼之虞此建都之極選也不報朴爲人木彊無宅能方是時天子失政

思用特起士任之以中興而朴所普方士許巖士得幸出入禁中言朴有經濟

才又水部郎中何迎亦表其賢帝召與語擢左諫議大夫同中書門下平章事

以素無聞人人大驚俄判戸部進中書侍郎帝銳治兵所處可一委朴朴移檄

四方令近者出甲士資饋饟遠者以羨餘上後數月巖士爲韓建所殺朴罷爲

祕書監三貶郴州司戸參軍卒與朴皆相者孫偓

孫偓字龍光父景商爲天平軍節度使偓第進士歷顯官以戸部侍郎同中書

門下平章事遷門下爲鳳翔四面行營都統俄兼禮部尚書行營節度諸軍都

統招討處置等使始家第堂柱生槐枝期而茂旣而偓秉政封樂安縣侯與朴

皆貶衡州司馬卒偓性通簡不矯飭嘗曰士苟有行不必以己長形彼短己清

彰彼濁每對客奴童相詬曳仆諸前不之責曰苦持怒心卽自撓矣兄儲歷天

雄節度使終兵部尚書

韓偓字致光京兆萬年人擢進士第佐河中幕府召拜左拾遺以疾解後遷累

左諫議大夫宰相崔胤判度支表以自副王溥薦爲翰林學士遷中書舍人偓嘗與胤定策誅劉季述昭宗反正爲功臣帝疾宦人驕横欲盡去之偓曰陛下誅季述時餘皆赦不問今又誅之誰不懼死含垢隱忍須後可也天子威柄今散在方面若上下同心攝領權綱猶冀天下可治宦人忠厚可任者假以恩倖使自翦其黨蔑有不濟今食度支者乃八千人公私牽屬不減二萬雖誅六七巨魁未見有益適固其逆心耳帝前膝曰此一事終始屬卿中書舍人令狐渙任機巧帝嘗欲以當國俄又悔曰渙作宰相或誤國朕當先用卿辭曰渙再世宰相練故事陛下業已許之若許渙可改許臣獨不可移乎帝曰我未嘗面命亦何憚偓因薦御史大夫趙崇勁正雅重可以準繩中外帝知偓崇門生也嘆其能讓初李繼昭等以功皆進同中書門下平章事時謂三使相後稍稍更附韓全誨周敬容皆忌胤胤聞召鳳翔李茂貞入朝使留族子繼筠宿衛偓聞以爲不可胤不納偓又語令狐渙渙曰吾屬不惜宰相邪無衛軍則爲閹豎所圖矣偓曰不然無兵則家與國安有兵則家與國不可保胤聞憂未知所出李彥

弼見帝倨甚帝不平偓請逐之赦其黨許自新則狂謀自破帝不用彥弼譖偓及渙漏禁省語不可與圖政帝怒曰卿有官屬日夕議事奈何不欲我見學士耶繼昭等飲殿中自如帝怒偓曰三使相有功不如厚與金帛官爵毋使豫政事今宰相不得顓決事繼昭輩所奏必聽它日遽改則人人生怨初以衞兵檢中人今敕使衞兵爲一臣竊寒心願詔茂貞還其衞軍不然兩鎮兵鬬闕下朝廷危矣及胤召朱全忠討全誨汴兵將至偓勸胤督茂貞還衞卒又勸表暴內臣罪因誅全誨等若茂貞不如詔卽許全忠入朝未及用而全誨等已刦帝西幸偓夜追及鄠見帝慟哭至鳳翔遷兵部侍郎進承旨宰相韋貽範母喪詔還位偓當草制上言貽範處喪未數月遽使視事傷孝子心今中書事一相可辦陛下誠惜貽範才俟變縗而召可也何必使出峨冠廟堂入泣血柩側毀瘠則廢務勤恪則忘哀此非人情可處也學士使馬從皓逼偓求草偓曰腕可斷麻不可草從皓曰君求死耶偓曰吾職內署可默默乎明日百官至而麻不出宦侍合譟茂貞入見帝曰命宰相而學士不草麻非反邪艴然出姚洎聞曰使我

當直亦繼以死既而帝畏茂貞卒詔貽範還相洎代草麻自是宦黨怒偓甚從皓讓偓曰南司輕北司甚君乃崔胤王溥所薦今日北司雖殺之可也兩軍樞密以君周歲無奉入吾等議救接君知之乎偓不敢對茂貞疑帝間出依全忠以兵衞行在帝行武德殿前因至尚食局會學士獨在宮人招偓偓至再拜哭曰崔胤甚健全忠軍必濟帝喜偓曰願陛下還宮無爲人知帝賜以麪豆而去全誨誅宮人多坐死帝欲盡去餘黨偓曰禮人臣無將將必誅宮婢負恩不可赦然不三十年不能成人盡誅則傷仁願去尤者自內安外以靜羣心帝曰善崔胤請以輝王爲元帥帝問偓它日累吾兒否偓曰陛下在東內時天陰霧王聞烏聲曰上與后幽困烏雀聲亦悲陛下聞之惻然有是否帝曰然是兒天生忠孝與人異意遂決偓議附胤類如此帝反正勵精政事偓處可機密率與帝意合欲相者三四讓不敢當蘇檢復引同輔政遂固辭初偓侍宴與京兆鄭元規威遠使陳班並席辭曰學士不與外班接主席者固請乃坐既元規班至終絕席全忠胤臨陛宣事坐者皆去席偓不動曰侍宴無輒立二公將以我爲知

禮全忠怒偓薄己悻然出有譖偓喜侵侮有位胤亦與偓貳會逐王溥陸扆帝

以王贊趙崇爲相胤執贊崇非宰相器帝不得已而罷贊崇皆偓所薦爲相者

全忠見帝斥偓罪帝數顧胤胤不爲解全忠至中書欲召偓殺之鄭元規曰偓

位侍郎學士承旨公無遽全忠乃止貶濮州司馬帝執其手流涕曰我左右無

人矣再貶榮懿尉徙鄧州司馬天祐二年復召爲學士還故官偓不敢入朝挈

其族南依王審知而卒

兄儀字羽光亦以翰林學士爲御史中丞偓貶之明年帝宴文思毬場全忠入

百官坐廡下全忠怒貶儀棣州司馬侍御史歸藹登州司戶參軍

贊曰懿僖以來王道日失厥序腐尹塞朝賢人遁逃四方豪英各附所合而奮

天子塊然所與者惟佞愎庸奴乃欲鄭橫流支已顛寧不殆哉觀綮朴輩不次

而用捭豚臑拒貙牙趣亡而已一韓偓不能容況賢者乎

唐書卷一百八十四

宋　端　明　殿　學　士　宋　祁　撰

列傳第一百九

馬楊路盧

馬植字存之鳳州刺史勛子也第進士又擢制策科補校書郎綠壽州團練副使三遷饒州刺史開成初爲安南都護精吏事以文雅緣飾其政清淨不煩洞夷便安羈縻諸首領皆來納款遣子弟詣府請賦租約束植奏以武陸縣爲陸州即東首領爲刺史既而州部廢池珠復生以政最檢校左散騎常侍徙黔中觀察使會昌中召拜光祿卿還大理植自以譽望在當時諸公右久補外還朝不得要官爲宰相李德裕所抑內怨望宣宗嗣位白敏中當國凡德裕所不善悉不次用之故植以刑部侍郎領諸道鹽鐵轉運使遷戶部俄同中書門下平章事進中書侍郎初左軍中尉馬元贄最爲帝寵信賜通天犀帶而植素與元贄善至通昭穆元贄以賜帶遺之它日對便殿帝識其帶以詰植植震恐具言

狀於是罷爲天平軍節度使既行詔捕親吏下御史獄盡得交私狀貶常州刺史以太子賓客分司東都起爲忠武宣武節度使卒初植兼集賢殿大學士校理楊收道與三院御史遇不肯避朝長馮緘錄其騶僕辱之植怒奏言開元中麗正殿賜酒大學士張說以下十八人不知先舉者說以學士德行相先遂同舉酒今緘辱收與大學士等請斥之中丞令狐綯援故事論救宣宗釋不問因著令三館學士不避行臺自植始臺制三院還臺以一人爲朝長云

楊收字藏之自言隋越國公素之裔世居馮翊父遺直德宗時以上書闕下仕爲濠州錄事參軍客死姑蘇收七歲而孤處喪若成人母長孫親授經十三通大義善屬文所賦輒就吳人號神童里人多造門觀賦詩至壓敗其藩收嘲之曰爾非羸角者奚用觸吾藩切當率類此及壯長六尺二寸廣顙深頤疏眉目寡言笑博學彊記至宅藝無不通解貧甚以母奉浮屠法自幼不食肉約曰爾得進士第乃可食涔陽耕得古鐘高尺餘收扣之曰此姑洗角也既劘拭有刻在兩欒果然嘗言琴通黃鍾姑洗無射三均側出諸調由羅蔦附灌木然時有

安涗者世稱善琴且知音收問五絃外其二云何涗曰世謂周文武二王所加者收曰能爲文王操乎涗即以黃鍾爲宮而奏之以少商應大絃收曰止如子之言少商武絃也且文世安得武聲乎涗大驚因問樂意收曰樂亡久矣上古祀天地宗廟皆不用商周人歌大呂舞雲門以祀天神歌太蔟舞咸池以祀地祇大呂黃鍾之合陽聲之首而雲門黃帝樂也咸池堯樂也不敢用黃鍾而以太蔟次之然則祭天者圜鍾爲宮黃鍾爲角太蔟爲徵姑洗爲羽祭地者函鍾爲宮太蔟爲角姑洗爲徵南呂爲羽訖不用商及二少蓋商聲剛而二少聲下所以取其正裁其繁也漢祭天則用商而宗廟不用謂鬼神畏商之剛西京諸儒惑圜鍾函鍾之說故其自受命郊祀宗廟樂唯用黃鍾一均章帝時太常丞鮑業始旋十二宮夫旋宮以七聲爲均均言韻也古無韻字猶言一韻聲也始以某律爲宮某律爲商某律爲角某律爲徵某律爲羽某律少宮某律少徵亦曰變曰比一均成則五聲爲之節族此旋宮也乃取律次之以示涗涗時七十餘以爲未始聞而收未冠也以兄假未仕不肯舉進士既假褫褐乃入京師明

年擢進士杜悰表署淮南推官悰領度支又節度劍南東西川輒隨府三遷宰相馬植表爲渭南尉集賢校理議補監察御史收又以假方外遷諠不可先固辭植嗟美爲止復爲悰節度府判官蜀有可縣直巂州西南地寬平多水泉可灌秔稻或謂悰計與屯田省轉饋以飽邊士悰將從之收曰田可致兵不可得且地當蠻衝本非中國今輟西南屯士往耕則姚巂兵少賊得乘間若調兵捍賊則民疲士怨假令大穫蠻得長驅是資賊糧豈國計耶乃止始周墀罷宰相節度東川表其弟嚴掌書記俄而墀卒悰辟爲觀察府判官兄弟並在幕府未幾假自浙西判官擢監察御史而收亦自西川還兄弟同臺世榮其友以詳禮學改太常博士而嚴亦自揚州召爲監察御史收因建言漢制總羣官而聽曰省分務而專治曰寺太常分務專治者也所以藏天子之旗常今旗常因車飾隸太僕非是未及行以母喪免服除從淮南崔鉉府爲支使還拜侍御史夏侯孜以宰相領度支引判度支案還長安令懿宗時擢累中書舍人翰林學士承旨以中書侍郎同中書門下平章事始南蠻自大中以來火邕州掠交趾調華

人往屯涉氛瘴死者十七戰無功蠻勢益張收議豫章募士三萬置鎮南軍以拒蠻悉教蹋張戰必注滿蠻不能支又峙食汎舟餉南海天子嘉其功進尚書右僕射封晉陽縣男既益貴稍自盛滿爲夸侈門吏童客倚爲姦中尉楊玄价得君而收與之厚收之相玄价實左右之乃招四方賕餉數千諉收不能從玄价以負己大恚陰加毀短知政凡五年罷爲宣歙觀察使不敢當兩使稟料但受刺史俸留公藏錢七百萬韋保衡又劾收前用嚴譔爲江西節度使受謝百萬及宅隱盜明年貶端州司馬吏具大舟以須收不從曰方謫去可乎以二小舸趨官又明年流驩州俄詔內養追賜死收得詔謝曰輔政無狀固宜死今獨一弟嚴以奉先人之祀使者能假須臾使秉筆乎使者從之收自作書謝天子丐弟嚴死奉先臣後以書授使者卽仰鴆死帝見書惻然乃宥嚴坐收流死者十一人後三年詔追雪其辜復官爵子鉅鏻鉅乾寧初爲翰林學士從入洛終散騎常侍鏻至戶部尚書

收兄發字至之登進士又中拔萃累官左司郎中宣宗追加順憲二宗尊號有

司議改造廟主署新謚詔百官議發與都官郎中盧摶以爲改作主求古無文執不可知禮者韙之改太常少卿爲蘇州刺史治以恭長慈幼爲先徙福建觀察使又以能政聞朝廷意有治劇才拜嶺南節度使承前寬弛發操下剛嚴軍遂怨起爲亂囚傳舍貶婺州刺史假字仁之仕終常州刺史收與昆弟護喪葬偃師會者千人

嚴字凜之舉進士時王起選士三十人而楊知至竇緘源重鄭朴及嚴五人皆世胄起以聞詔獨收嚴累遷至工部侍郎翰林學士收知政請補外拜浙東觀察使收貶嚴亦斥爲邵州刺史徙吉王傅乾符中以兵部侍郎判度支卒子涉注

涉昭宗時仕至吏部侍郎哀帝時進同中書門下平章事爲人端重有禮法方賊臣陵慢王室殘蕩賢人多罹患涉受命與家人泣語其子凝式曰世道方極吾嬰網羅不能去將重不幸禍且累汝然以謙靖終免于禍注爲翰林學士涉已相辭內職爲戶部侍郎

路巖字魯瞻魏州冠氏人父羣字正夫通經術善屬文性志純潔親殁終身不肉食累官中書舍人翰林學士承旨文宗優遇之居循循謙飭若不在勢位者所與交雖褐衣之賤待以禮始終一節巖幼惠敏過人及進士第父時故人在方鎮者交辟之久乃答懿宗咸通初自屯田員外郎入翰林爲學士以兵部侍郎同中書門下平章事年三十六居位八歲進至尚書左僕射於是王政秕僻宰相得用事巖顧天子荒闇且以政委己乃通賂遺奢肆不法俄與韋保衡同當國二人勢動天下時目其黨爲牛頭阿旁言如鬼陰惡可畏也既權侔則爭故與保衡還相惡俄罷巖爲劍南西川節度使承蠻盜邊後巖力拊循置定邊軍於卭州扼大度治故關取壇丁子弟教擊刺使補屯籍由是西山八國來朝以勞遷兼中書令封魏國公始爲相時委事親吏邊咸會至德令陳蟠叟奏書願請閒言財利帝召見則曰臣願破邊咸家可佐軍興帝問咸何人對曰宰相巖親吏也帝怒斥蟠叟自是人無敢言咸乃與郭籌者相依倚爲姦巖不甚制軍中惟邊將軍郭司馬爾妄給與以結士心嘗閱武都場咸籌莅之其議事以

書相示則焚之軍中驚以有異圖恟恟遂聞京師巖坐是徙荆南節度使道貶新州刺史至江陵免官流儋州籍入其家巖體貌偉麗美須髯至江陵兩昔皆白捕誅咸籌等巖至新州詔賜死剔取喉上有司或言巖嘗密請三品以上得罪誅殛剔取喉驗其已死俄而自及

保衡者京兆人字蘊用父慤宣宗時終武昌軍節度使保衡咸通中以右拾遺尙同昌公主遷起居郎駙馬都尉主郭淑妃所生懿宗所愛而妃有寵故恩禮最異悉宮中珍玩資予之俄歷翰林學士承旨以兵部侍郎同中書門下平章事自尙主至是裁再朞又進門下侍郎尙書右僕射性浮淺既恃恩據權以嫌愛自肆所悅即擢不悅擠之保衡舉進士王鐸第于籍蕭遘與同升以嘗薄于己皆見斥逐楊收傾路巖人益畏之主薨而寵遇不衰僖宗立進司徒俄爲怨家白發陰罪貶賀州刺史再貶澄邁令遂賜死弟保乂自兵部侍郎貶賓州司戸參軍而劉瞻等坐主薨見貶者偕復起

盧攜字子升其先本范陽世居鄭擢進士第被辟浙東府入朝爲右拾遺歷臺

省累進戶部侍郎翰林學士承旨乾符五年進同中書門下平章事俄拜中書侍郎刑部尚書弘文館大學士攜姿陋而語不正與鄭畋俱李翺甥同位宰相然所處議多駮初王仙芝起河南攜表宋威齊克讓曾衮皆善將爲招討使及威殺尚君長賊熾結益不制乃以王鐸鎮荆南爲諸道都統攜不悅是時黄巢已破廣州勢張甚表求天平節度使詔宰相百官議攜素厚高駢屬令立功乃固不可巢請又欲激巢使戰而敗鐸因授率府率又徇駢與南詔和親與畋爭相恨詈罣是罷爲太子賓客分司東都俄爲兵部尚書會駢將張璘破賊帝復召攜以門下侍郎同平章事及鐸失守以駢代之卽按關東諸將爲鐸畋所任者悉易置內倚田令孜而外寄戎政於駢與奪惟所愛惡後病風足蹇神智瞑塞事多決於親吏楊温李脩賄賂顯行及巢破淮南璘戰死忠武兵亂天下危懼人皆咎攜始下詔以巢爲天平節度使詔下賊已破潼關明日以太子賓客罷分司東都是夜仰藥死巢入京師斲棺磔尸於長安市子晏天祐初爲河南尉柳璨殺之

贊曰盧攜之敗王鐸私高駢賊遂卷咸鎬而西易若舉毛可謂朝無人焉唐將亡攜爲之鴟梟宜天之假手於賊而磔其枯胔也

唐書卷一百八十四

唐書卷一百八十四考證

路巖傳置定邊軍于卭州○沈炳震曰巖咸通十二年罷相出鎮西川定邊軍乃咸通九年李師望所置十一年竇滂兵敗已廢矣皆在巖未罷相前此處誤

盧攜傳乾符五年○舊書作四年　臣浩按昭宗紀在元年三處互異

唐書卷一百八十四考證

珍倣宋版印

唐書卷一百八十五

宋　端　明　殿　學　士　宋　祁　撰

列傳第一百一十

鄭二王韋張

鄭畋字台文系出滎陽父亞字子佐爽邁有文舉進士賢良方正書判拔萃三中其科李德裕爲翰林學士高其才及守浙西辟署幕府擢監察御史李回任中丞薦爲刑部郎中知雜事拜給事中德裕罷宰相出爲桂管觀察使坐吳湘獄不能直冤貶循州刺史死於官畋舉進士時年甚少有司上第籍武宗疑索所試自省乃可奏爲宣武推官以書判拔萃擢渭南尉父喪免宣宗時白敏中令狐綯繼當國皆怨德裕其賓客並廢斥故畋不調幾十年外吏帥鎮幕府綯去位始爲虞部員外郎右丞鄭薫誣畋罪不可任郎官出之久乃入爲刑部員外郎劉瞻爲宰相薦授戶部郎中入翰林爲學士俄知制誥會討徐州賊龐勛書詔紛委畋思不淹晷成文粲然無不切機要當時推之勛平以戶部侍郎進

學士承旨贍以諫迕懿宗賜罷畋草制書多褒言韋保衡等怨之以為附下罔上貶梧州刺史僖宗立内徙郴絳二州以右散騎常侍召還故事兩省轉對延英獨常侍不與畋建言宜備顧問詔可遂著於令以兵部侍郎進同中書門下平章事故時宰相騶哄聯數坊呵止行人畋敕導者止百步禁百官僕史不得擅至宰相府交廣邕南兵舊取嶺北五道米往餉之船多敗沒畋請以嶺南鹽鐵委廣州節度使韋荷歲煮海取鹽直四十萬緡市虔吉米以贍安南罷荊洪等漕役軍食遂饒後以王師甫為嶺南供軍副使師甫請兼總兵而歲加獻錢二十萬緡畋曰苟且有功而師甫以利啖朝廷謀奪其兵不可罷之再遷門下侍郎封滎陽郡侯以星變求去位不許乾符六年黃巢勢寖盛據安南騰書求天平節度使帝令羣臣議咸請假節以紓難畋欲因授嶺南節度使而盧攜方倚高駢使立功乃曰駢才略無雙淮南天下勁兵又諸道之師方至蕞爾賊奈何捨之令四方解體邪畋曰不然巢之亂本於饑其衆以利合故能與江淮根蔓天下國家久平士忘戰所在閉壘不敢出如以恩釋罪使及歲豐其下思歸

衆一離巢即机上肉耳法謂不戰而屈人兵也今不伐以謀而怖以兵恐天下憂未艾也僕射于琮言南海以寶產富天下如與賊國藏竭矣天子內亦屬騈乃然攜議畋曰安危屬吾等而公倚淮南用兵吾不知所稅駕會騈奏南蠻方彊請如西戎以公主下嫁攜又議從之畋以爲損國威靈不可即抗論至相詬嫚攜怒拂衣去裾襪於硯因抵之帝以大臣爭口語無以示百官乃俱罷以畋爲太子賓客分司東都俄召拜吏部尚書明年爲鳳翔隴西節度使募銳兵五百號疾雷將境中盜不敢發發輒得會巢陷東都遣兵戍京師以家財勞行妻自紉戎衣給戰士帝出梁洋畋上謁斜谷泣曰將相悞國臣請死以懲無狀帝勞遣之且曰公謹扼賊衝無令得西向畋曰方艱虞時事有機急不可中覆請便宜從事臣當以死報國帝曰利社稷無不可畋還蒐士卒繕器械濬城隍使於梁者道相屬俄而賊使至諸將皆欲附賊畋開諭不可即悉出金帛請得脫身去復不聽而使以僞赦令示軍中乃去明日詔使至畋召監軍袁敬柔以逆順曉諸將乃聽命刺血以盟畋遣子凝績從帝有詔進同中書門下平章事賊

將又至畋斬于軍餘黨數百人皆捕誅之遷檢校尚書右僕射西面行營都統軍中承制除拜乃以前靈武節度使唐弘夫爲行軍司馬中和元年賊將王璠率衆三萬來攻畋使弘夫設伏以待璠內輕畋儒柔縱步騎鼓而前畋以銳卒數千當賊疏陣而多旗幟乘高伐鼓賊不測衆寡陣未整伏發衆皆囂曰暮軍四合鏖戰龍尾坡殺賊二萬級積尸數十里多獲鎧仗璠遁去禽璠子斬之威動京師時諸鎭兵在寰內尚數萬無所歸畋招來之厚加慰結乃與涇原程宗楚秦州仇公遇鄜延李孝恭夏州拓拔思恭約盟傳檄天下時王命不出劍門四方謂王室微不能復與及畋檄至遠近感聳各治兵思立功奔問行在巢大懼不敢西謀當此時微畋天子幾殆帝聞捷曰朕知畋不盡儒者之勇乃爾弘夫取咸陽以桴濟兵渭水賊伏甲僞走弘夫與宗楚乘勝入都門爲賊所覆畋數勅無輕進二人不聽果敗以鄜夏兵屯東渭橋再進司空兼門下侍郎京城四面行營都統賜御袍犀帶拜而不賀行軍司馬李昌言者屯興平遣麾下求爲南面都統輒引兵趨府畋不意見襲登城好語曰吾方入朝公能戢兵愛人

爲國滅賊乎能則守此矣遂委軍去昌言自爲留後衞畋出境旣半道內慚負卽辭疾詔授太子少傅分司東都便醫於興元明年召至行在以王鐸將兵復拜畋司空門下侍郎平章事軍務一以咨決興州戍將孫鄴坐贓抵死畋奏言方關輔失守鄴護褒斜有功請免死陳秋兒保嵯峨山拒賊農不廢耕請以檢校散騎常侍隸奉天軍制皆可舊制使府校書郎以上滿三歲遷監察御史裏行至大夫常侍滿三十月遷雖節度兼宰相亦不敢越自軍興有歲內數遷者畋以爲不可請行營節度繇裏行至大夫許滿二十月遷校書郎以上滿二歲乃奏非軍興者如故事從之時田令孜恃權有所干請畋不應陳敬瑄欲以官品居宰相上畋曰外宰相安得論品乎卒不肯處其下令孜敬瑄內常銜之賊平帝將還而李昌言自以襲畋而奪之鎮今畋當國內不喜故三人相結而遣客上畋過咎帝得其情不許畋乃引疾去位入見帝曰乘輿東還繇大散關幸鳳翔供張頓峙一委昌言乃可安臣若以宰相從彼且猜阻非所以靖反側也請以散官養疾或羣臣有疑願出臣章示之使知天子於臣無纖芥者帝以其

誠乃授檢校司徒太子太保罷政事以凝績爲壁州刺史留養徙龍州卒年六十三贈太尉後帝思畋忠力又贈太傅凝績數歲亦卒始李茂貞以博野禆將戍奉天畋召隸麾下委以游邏厚禮之茂貞感其飾擢及畋還葬鄭表爲請諡曰文昭天復初與李思恭配饗僖宗廟廷又贈宗楚弘夫官畋爲人仁恕姿采如峙玉凡與布衣交至貴無少易鄭穀者薰子也方畋秉政擢爲給事中至侍郎其損怨類如此巢之難先諸軍破賊雖功不終而還相天子坐籌帷幄終能復國云

王鐸字昭範宰相播昆弟子也會昌初擢進士第累遷右補闕集賢殿直學士白敏中辟署西川幕府咸通後仕寖顯歷中書舍人禮部侍郎所取多才實士爲世稱挹拜御史中丞以戶部侍郎判度支十二年繇禮部尚書進同中書門下平章事加門下侍郎尚書左僕射超拜司徒韋保衡緣恩倖輔政始由鐸得進士故謹事之雖竊政權將大斥不附者病鐸持其事不得肆搢紳賴焉鐸亦上疏祈解乃以檢校左僕射出爲宣武節度使僖宗初以左僕射召始鐸當國

練制度智慮周密時論推允會河南盜起天下歧鐸入輔又鄭畋數言其賢復拜門下侍郎平章事乾符六年賊破江陵宋威無功諸將觀望不進天下大震朝廷議置統帥鐸因請自率諸將督羣盜帝卽以鐸爲侍中荊南節度使諸道行營都統封晉國公綏納流冗益募軍完器鎧武備張設李係者西平王晟諸孫敏辯善言兵然中無有鐸信之舉爲將分精兵使守湖南俄而賊捨廣州鼓而北係望風未戰輒潰鐸退營襄陽於是以高駢代之貶太子賓客分司東都未幾召拜太子少師從天子入蜀拜司徒門下侍郎平章事加侍中復以太子太保平章事是時誅討大計悉屬駢駢內幸多難數偃蹇而外逗撓鐸感慨王室每入對必噫嗚流涕固請行時中和二年也乃以檢校司徒中書令爲義成節度使諸道行營都統判延資戶部租庸等使於是表崔安潛自副鄭昌圖裴贄裴樞王摶等在幕府以周岌王重榮諸葛爽康實安師儒時溥六節度爲將佐而中尉西門思恭爲監軍率衛兵洎梁蜀師三萬壁盩厔移檄天下先是諸將雖環賊莫肯先及鐸檄至號令殷然士氣皆起爭欲破賊故巢戰數衂官人

田令孜策賊必破欲使功出于己乃搆鐸於帝罷爲檢校司徒以義成節度還屯鐸功危就而讒見奪然卒因其勢困賊後數月復京師策勳居關東諸鎮第一四年徙義昌節度使鐸世貴出入裘馬鮮明妾侍且衆過魏樂彥禎子從訓心利之李山甫者數擧進士被黜依魏幕府內樂禍且怨中朝大臣導從訓以詭謀使伏兵高雞泊劫之鐸及家屬吏佐三百餘人皆遇害朝廷微弱不能治其冤天下痛之

弟鐐累官汝州刺史乾符中王仙芝來攻鐐拒之自督勇士與別將董漢勳守南北門城陷漢勳力戰死鐐貶韶州司馬終太子賓客

王徽字昭文京兆人第進士授校書郎沈詢判度支徐商領鹽鐵皆辟署使府始宣宗詔宰相選可尙主者或以徽聞徽本澹聲利聞不喜往見宰相劉瑑曰徽年過四十又多病不應在選瑑爲言乃罷從令狐綯署宣武淮南掌書記召授右拾遺書二十餘上言無回忌公議浩然歸重徐商罷政事守江陵心欲表徽在幕府恐其不樂外忍不言徽自往曰公知徽安得不從商大喜表爲殿中

侍御史署節度府判官御史中丞高湜薦知雜事進考功員外郎故事考簿以朱注上下爲殿最歲久易漫吏輒竄易爲姦徽始用墨遂絶妄欺擢翰林學士廣明元年盧攜罷宰相以徽爲戶部侍郎同中書門下平章事是日黃巢入關僖宗西狩冒夜出徽與崔沆豆盧瑑僕射于琮詰朝乃知追帝不及墮崖檝間爲賊所執迫還將汙以官徽陽瘖不答以刃環脅卒不動賊令歸第使醫護視久之守者懈乃奔河中裂縑書章遣人間走蜀詔拜兵部尚書京城四面宣慰催陣使昭義高潯與賊戰石橋敗績其將劉廣擅還據潞州別將孟方立殺廣因取邢洺磁三州貳于己昭義所隸唯澤一州帝以兵部侍郎鄭昌圖權守潞士心多附方立昌圖不能制朝議以大臣鎮撫即授徽檢校尚書左僕射同中書門下平章事領昭義節度使是時李克用亦爭澤潞徽啇朝廷力未能以兵抗之奏表固辭詔可更爲諸道租庸供軍使因說行營都監楊復光請赦沙陀罪令赴難其夏沙陀會諸軍遂平京師徽助爲多遷右僕射大亂之後宮觀焚殘園陵皆發掘鞠爲丘莽乘輿未有東意詔徽充大明宮留守京畿安撫制置

脩奉使徽外調兵食內撫綏流亡踰年稍稍完聚與復殿寢裁制有宜即奉表請帝東還又進檢校司空御史大夫仍權京兆尹宦要家爭遣人治第侵冒齊民訟訴滿前徽不屈勢倖一平以法繇是爲帝左右所憎以其黨薛杞爲少尹輕其權杞方居喪徽奏止不使到府衆忿共譖罷徽令赴行在俄授太子少師徽遂移疾河中滿百日免帝還京師復申前授稱疾不任奉謁宰相疾其怨望貶集州刺史會帝避沙陀出次寶雞帝念徽無罪拜吏部尚書封琅邪郡侯未行而嗣襄王熅作亂帝進次漢中熅遍召徽以厓廢自言及熅僭號迫羣臣作誓牒徽託手弱卒不肯署熅平帝至鳳翔召徽爲御史大夫固辭足痺復拜太子少師昭宗立見便殿進對詳洽帝顧宰相曰徽神氣尚彊可用乃復授吏部尚書是時銓選失序吏肆爲姦補調重複不可檢徽爲手籍一一驗實之遂無姦濫進右僕射大順元年卒贈司空謚曰貞譜言其先本魏諸公子秦滅魏至漢徙關中霸陵以其故王家爲王氏十世祖羆仕周爲同州刺史死葬咸陽鳳政原子孫因家杜陵曾祖擇從昆弟四人曰易從朋從言從皆擢進士第至鳳閣

舍人者三人故號鳳閣王氏自是訖大中時登進士者十八人位臺省牧守者三十餘人儆有雅望拜宰相一日而京師亂故其設施無可道者

韋昭度字正紀京兆人擢進士第踐歷華近累遷中書舍人僖宗西狩以兵部侍郎翰林學士承旨從未幾進同中書門下平章事還京授司空再狩山南還次鳳翔李昌符亂與倉卒昭度質家族於禁軍誓共討賊士感動乃平昌符還太保兼侍中昭宗卽位守中書令封岐國公閬州刺史王建攻陳敬瑄於成都以昭度爲西川節度使敬瑄不內詔東川顧彥朗與建合兵以討拜昭度兼行營招撫使乃建幢節行城下諭其衆曰毋久閉壘敬瑄遣人詈曰鐵券先帝所命若何違之淹半歲始拔漢州建紿昭度曰公暴師遠出事蠻夷地方山東兵連禍結朝廷不能治腹心疾也宜亟還定之敬瑄小醜當責建等可辦昭度信之請還未半道建以重兵守劒門急攻成都囚敬瑄自稱留後罷昭度爲東都留守杜讓能既被害以司徒門下侍郎復爲平章事進太傅王行瑜求爲尚書令昭度建言太宗由是卽位後人臣無復拜者郭子儀有大功嘗授之固辭免

況行瑜乎乃更號尚父行瑜怨會用李磎輔政而崔昭緯密語行瑜曰前公已爲尚書令昭度持不可今又引磎叶力此姦人務立黨與惑上聽恐事復有如杜太尉時行瑜乃與李茂貞數上書譏詆朝政昭度懼稱疾罷爲太傅致仕行瑜茂貞韓建聯兵至闕下言昭度伐蜀失謀請貶之未及報而行瑜收昭度於都亭驛殺之天子不得已下詔暴其罪行瑜誅乃追復官爵許其家收葬贈太尉

張濬字禹川本河間人性通脫無檢汎知書史喜高論士友擯薄之不得志乃羸服屏居金鳳山學從橫術以揣闔干時樞密使楊復恭遇之以處士薦爲太常博士進度支員外郎黃巢之亂稱疾挾其母走商山僖宗西出衞士食不給漢陰令李康獻糗餌數百馱士皆厭給帝異之曰爾乃及是乎對曰臣安知爲此張濬教臣也乃急召濬至行在再進諫議大夫宰相王鐸任行營都統奏署都統判官時王敬武在平盧軍最彊累召不肯應濬往說之而敬武已臣賊不迎使者濬責之曰公爲天子守藩今使者賫詔至不北面俯伏而敢侮慢公乃

未識君臣大分何以長吏民哉敬武愕貽愧謝濬宣詔已士按兵默默濬召將佐至鞠場倡言忠義之士當審利害黄巢販鹽虜耳捨天子而臣之何利耶今諸侯勤王者踵相接公等據一州以觀成敗後賊平將安往誠能此時共誅大盜迎天子功名富貴可反手而取吾憐公等捨安而蹈危也諸將雜然曰諫議語是敬武卽引軍從濬西擢濬爲會軍使賊平以戶部侍郎判度支後再狩山南拜同中書門下平章事仍判度支濬始繇復恭進復恭中失權更依田令孜故復恭銜之及爲中尉數被離間昭宗卽位復恭恃援立功專任事帝稍不平當時多言濬有方略善處大計乃復見委信嘗問致治之要對曰在彊兵兵彊天下服矣天子繇是甘心於武功後與論古今事濬輒曰漢晉之遠無可道陛下春秋鼎富天資英特內偪宦臣外迫彊臣故不能安此臣所以痛心而泣血也是時朱全忠威振關東而安居受殺李克恭以潞州歸全忠全忠乃與幽州李匡威雲州赫連鐸上言先帝幸梁繇李克用與朱玫連和請舉兵誅之願帥兵爲掎角帝詔文武四品以上議皆言王室未寧雖得太原猶非所有濬固爭

先帝時身播屯亂蓋克用全忠不相下也請因其弱討之斷兩雄勢帝曰平巢克用功第一今乘危伐之天下其謂我何久不決孔緯曰濬言萬世之利陛下所顧一時事爾臣見師度河賊必破今軍中費尚足支數年幸聽勿疑既濬緯相倡和帝乃決出師詔濬爲河東行營兵馬招討制置使京兆尹孫揆爲昭義節度使副之韓建爲供軍使以全忠匡威鎔並爲招討使樞密使駱全瓘爲行營都監以汴甲三千爲帳下發五十二軍邠寧鄜夏雜虜合五萬帝置酒安喜樓臨餞濬飲酣泣下曰陛下偪於賊臣願以死除之復恭聞不懌率中尉等餞長樂坂以酒屬濬濬不肯舉是役也濬外幸成功而內制復恭故銜之先是汴華邠岐兵絕河會平陽汴將朱崇節已戍潞濬慮汴人遂據有之乃令揆分兵趨潞以中人韓歸範持節護送至軍會太原將李存孝方攻潞揆至長子爲存孝所禽汴人亦棄城去濬次陰地關諸軍壁平陽存孝擊之皆大北委仗械去濬斂衆夜遁比明軍失太半存孝進掠晉絳慈隰其鋒甚盛濬間道出王屋奔河清桴而濟麾下略盡全瓘飲藥死建遁去克用上書請罪其辭悖慢因韓歸

範以聞朝廷震動卽日下詔罷濬爲武昌軍節度使三貶繡州司戶參軍全忠爲申請詔聽使便濬乃至藍田依韓建及韋昭度死復用緯爲宰相故濬亦拜兵部尙書領天下租庸使將復用克用上言若朝以濬爲相暮請以兵見乃止乾寧中罷使拜尙書右僕射上疏乞骸骨遷左僕射致仕居洛長水墅雖自屛處然朝廷得失時時言之劉季述亂濬徒步入洛泣諭張全義幷致書諸藩請謀王室之難王師範起兵青州欲取濬爲謀主不克全忠脅帝東遷濬聞曰乘輿卜洛則大事去矣蓋知其將篡也全忠畏濬搆它鎭兵使全義遣牙將如盜者夜圍墅殺之屠其家百餘人實天復二年十二月始濬素厚永寧史葉彥彥知其謀以告濬子格濬度不免父子相持泣曰留則俱死不如去以存吾嗣格拜而辭彥率士三十人送之泝漢入蜀後事王建少子播閒道走淮南依楊行密時行密得承制除拜播請每除吏必紫極宮玄宗像前致制誥于按乃出之示不忘朝廷且欲雪家冤而不克終廣陵

贊曰唐之季嗣君暗庸天穢其德久矣纖人柄朝靡謀不乖如畋鐸皆社稷之

才當大過之世爲天下倡扶支王室幾致中興俄而爲逆豎亂宦所乘功業無所成就濬以亂止亂悖繆厥心悲夫

唐書卷一百八十五

唐書卷一百八十六

宋　端　明　殿　學　士　宋　祁　撰

列傳第一百一十一

周王鄧陳劉趙二楊顧

周寶字上珪平州盧龍人曾祖待選爲魯城令安祿山反率縣人拒戰死之祖光濟事平盧節度希逸爲牙將每戰得攻魯城者必手屠之歷左贊善大夫從李洧以徐州歸天子父懷義通書記擢累檢校工部尚書天德西城防禦使以徙城事不爲宰相李吉甫所助以憂死寶藉蔭爲千牛備身天平節度使殷侑嘗爲懷義參軍寶從之爲部將會昌時選方鎮才校入宿衛與高駢皆隸右神策軍歷良原鎮使以善擊毬俱備軍將駢以兄事寶寶彊毅未嘗詘意於人官不進自請以毬見武宗稱其能擢金吾將軍以毬喪一目進檢校工部尚書涇原節度使務耕力聚糧二十萬斛號良將黃巢據宣歙徙寶鎮海軍節度兼南面招討使巢聞出采石略揚州僖宗入蜀加檢校司空時羣盜所在盤結柳超

據常熟王敖據崑山王騰據華亭宋可復據無錫寶練卒自守發杭州兵戍縣鎮判八都石鏡都董昌主之清平都陳晟主之於潛都吳文舉主之鹽官都徐及主之新登都杜稜主之唐山都饒京主之富春都文禹主之龍泉都凌文舉主之中和二年進同中書門下平章事兼天下租庸副使封汝南郡王寶和裕喜接士以京師陷賊將赴難益募兵號後樓都明年董昌據杭州柳超自常熟入睦州刺史韋諸殺之四年餘杭鎮使陳晟攻諸諸以州授晟寶子璵統後樓都孱不能馭軍部伍橫肆寶亦稍惑聲色不卹事以壻楊茂實爲蘇州刺史重斂人不聊田令孜以趙載代之茂實不受命寶表留不聽乃殘郛署汙垣牖去詔以王蘊代載載留潤州初鎮海將張郁以擊毬事寶光啓初劇賊剽崑山寶遣郁領兵三百戍海上郁醉而叛王蘊謂州兵還休不設備郁遂大掠蘊嬰城守寶遣將拓拔從討定之郁保常熟因攻常州刺史劉革迎降衆稍集寶遣將丁從實督兵攻之郁走海陵依鎮遏使高霸從實遂據常州及董昌徙義勝軍節度使寶承制擢杭州都將錢鏐領州事宣州賊李君旺陷義興守之是時右

散騎常侍沈誥使至江南負田令孜勢震暴州縣嗣襄王下令捜令孜黨寶收
誥及趙載殺之高駢領鹽鐵辟寶子佶爲支使寶亦表駢從子在幕府駢爲都
統寖不禮寶寶銜之帝在蜀淮西絶貢賦謾言道浙西爲寶剽阻帝知其誣不
直駢自是顯隙駢出屯東塘約西定京師寶喜將赴之或曰高氏欲圖公地寶
未信駢遣人請會金山謀執寶寶答曰平時且不聞境上會況上蒙塵宗廟焚
辱寧高會時耶我非李康不能爲人作功勳欺朝廷也駢遣人切讓寶亦詬絶
之會部將劉浩刁頵與度支催勘使太子左庶子薛朗叛寶方寢外兵格鬭火
照城中寶驚出諭曰爲吾用則吾兵否則寇也六州皆我鎭何往不適乃自青
陽門出奔士大掠官屬崔綰陸鍔田倍皆死浩奉朗領府事寶至奔牛埭駢饋
以虀葛諷其且亡也寶抵于地曰公有呂用之難方作無誚我卽奔常州依丁
從實召後樓都無一士至者錢鏐遣杜稜成及攻薛朗稜子建徽攻從實聲言
迎寶擊破賊君旺取船八百艘遂圍常州從實奔海陵鏐具櫜鞬迎寶舍樟亭
未幾殺之不淹月而駢爲畢師鐸所囚寶死年七十四贈太保鏐以杜稜守常

州文德元年拔潤州劉浩亡不知所在執朗剖其心祭寶使阮結守潤州楊行密殺高霸而張郁丁從實皆死初黃巢平時溥遣小史李師悅上符璽拜湖州刺史昭宗時遷忠國軍節度使董昌反師悅連和與鏐有隙而結好於行密安仁義次潤州復助之乾寧三年卒子繼徽代以地附行密其將沈攸謂不可繼徽乃奔揚州陳晟據睦州十八年死弟詢代立畏鏐忌己因徐綰亂與田頵通鏐割桐廬隸杭州詢遂絕鏐攻蘭溪鏐使方永珍擊詢天祐元年行密遣將闞晊陶雅救之執鏐弟鎰大將王求顧全武等未幾鏐將楊習攻婺州詢乃奔楊渥渥以金師會守之及鏐破衢州師會走鏐取其地

王處存京兆萬年人世籍神策軍家勝業里為天下高貲父宗巧射利侈靡自奉僮千人以此奮累除檢校司空金吾大將軍遙領興元節度使處存自右軍鎮使歷檢校刑部尚書定州制置使累遷義武節度使黃巢陷京師處存號哭不俟詔分麾下兵二千間道至山南衛乘輿外約王重榮連盟進屯渭橋而涇州行軍司馬唐弘夫亦屯渭北詔處存檢校尚書右僕射督戰俄拜東南面行

營招討使中和二年授京城東面都統每痛國難未夷語輒流涕軍中多處存義愈爲之用素善李克用又故婚好遣使十輩曉譬迎勸卒共平京師王鐸差興復功以勤王舉義處存爲第一收城破賊克用爲第一遷檢校司空復出兵三千屬大將張公慶會諸軍捕巢泰山滅之進檢校司徒同中書門下平章事田令孜討王重榮徙處存節度河中上書言重榮有大功不可改易搖諸侯之心不納趣上道軍次晉州刺史冀君武閉門不內而重榮拒詔處存臨事通便宜有大將風幽鎮兵悍馬彊其地埶也而易定介於其間侵軼歲至及李匡威得志謀幷取之處存善修鄰驩內撫民有恩痛折節下賢協穆太原以自助遠近同心歲時講兵與諸鎮抗無能侵軋者累加侍中檢校太尉卒年六十五贈太子太師謚曰忠肅三軍迹河朔舊事推子郜由副使爲留後昭宗從之累拜節度使加檢校司空同中書門下平章事又進太保光化三年朱全忠使張存敬攻幽州以瓦橋濘潦道祁溝關郜方與劉守光厚乃畀叔處直兵擾其尾令騎將甄瓊章次義豐而存敬游奕騎已至且戰且引十餘里執瓊章而氏叔琮

下深澤執大將馬少安圍祁州屠之斬刺史楊約休兵十日處直壁沙河存敬
軍河北挑戰處直不出涉河乃戰處直大敗亡大將十五士死者數萬存敬收
械甲以賦戰士而焚其餘遂圍定州郜斬親吏梁汶移書存敬且請盟俄而外
郛陷郜以其族奔太原使處直主留後全忠亦至處直辭曰敝邑事上未嘗不
忠事鄰未嘗不禮弗虞君之見攻也全忠責何故事克用答曰太原藉兄弟之
舊修好往來常道也君茍爲罪請改圖全忠許之處直以從孫爲質上所持節
即獻絹三十萬具牛酒犒師存敬取成而還全忠表處直爲節度留後檢校尚
書左僕射郜至太原克用表爲檢校太尉卒處直字允明天復初爲太原郡王
鄧處訥字沖韞邵州龍潭人少從江西人閔頊防秋安南中和元年還道潭州
逐觀察使李裕召諸州戍校徇曰天下未定今與君等安護州邑以待天子命
若何衆稱善乃推頊爲留後請諸朝僖宗方在蜀遣使者撫慰當是時撫州刺
史鍾傳據洪州議者欲二盜相噬即復置鎮南軍擢頊節度使頊悟不受命更
爲檢校尚書右僕射欽化軍節度使以處訥爲邵州刺史朗州武陵人雷滿者

本漁師有勇力時武陵諸蠻數叛荊南節度使高駢擢滿爲裨將將鎮蠻軍從駢淮南逃歸與里人區景思獵大澤中嘯亡命少年千人署伍長自號朗團軍推滿爲帥景思爲司馬襲州殺刺史崔翥詔授朗州兵馬留後歲略江陵焚廬落刦居人俄進武貞軍節度使先是陬溪人周岳與滿狎因獵宰肉不平而鬭欲殺滿不克見滿已據州悉衆趨衡州逐刺史徐顥詔授衡州刺史石門峒酋向瓌聞滿得志亦集夷獠數千屠牛勞衆操長刀柘弩寇州縣自稱朗北團陷澧州殺刺史呂自牧自稱刺史頊既彊大且治人有恩哀徐顥窮率兵納之向瓌召梅山十峒獠斷邵州道頊掩其營周岳羸軍誘戰頊墮伏中故大敗淮西將黃皓殺頊岳聞亂以輕兵入潭州自稱欽化軍節度使處訥聞之哭諸將入弔處訥曰與君等荷僕射恩若合一州之兵問周岳罪奈何衆曰善於是礪甲訓兵積八年結雷滿爲援攻岳斬之自稱留後昭宗詔拜武安軍節度使不三日會劉建鋒馬殷兵至攻澧陵處訥遣邵州豪傑蔣勛鄧繼崇率兵三千斷龍回關勛以牛酒犒師殷說勛曰劉公勇智絕人術家言當與翼軫間今精兵十

萬攻必下戰必克收敗衆以餉軍公宴鄉兵扞關殆矣不如下之富貴可得也勛謂然又其下畏建鋒虐夜棄甲走建鋒至關曰此天意也盡用邵旗鎧趨潭州守者以爲勛軍納之既入處訥方宴執而殺之建鋒許勛賞未及行遣請弗許勛怒率鄧繼崇攻湘鄉取邵州進壁定勝武安建鋒使殷督諸將擊之殷大敗走江滸鄉人夏侯陟教殷以奇兵出迪田踰澗山據江爲壁伏兵于莽誘勛度江勛見士未陣爭出鬬殷分兵襲其壁麾瀕江軍夾擊勛大敗拔定勝一壁進圍邵州未下而建鋒死殷代爲節度使勛請和不許卒禽勛斬之是時道州蠻酋蔡結何庚衡人楊師遠各據州叛宿人魯景仁從黃巢爲盜至廣州病不能去以千騎留連州衆飢從蔡結求糧乃相倚杖與州戍將黃行存誘工商四五千人據連州郴人陳彥謙殺刺史董岳發官帑募士自稱都統勝兵四千零陵人唐行旻乘巢亂脅衆自防盜永州殺刺史鄭蔚與景仁合從數遣諜殷虛實完壘自守殷遣將李瓊攻永州殺行旻李瑭攻道州蔡結約峒獠爲援久不勝謀曰蠻所恃林藪耳乃屯大川伐山焚林獠驚走城陷執蔡結何庚殷斬之

李瓊出來陽常寧攻郴州陳彥謙出戰軍亂不能陣斬彥謙進圍連州魯景仁乘城守三日不下夜焚其門入之景仁自刺死項字公謹滿字秉仁岳字峻昭行旻字昌圖滿不修飭每宴使客抵寶器潭中曰此水府也蛟龍所憑吾能沒焉乃裸入水俄取器以出累遷檢校太尉同中書門下平章事天復元年卒子彥威自立閒荊南節度使成汭兵出襲江陵入之焚樓船殘墟落數千里無人跡弟彥恭結忠義節度趙匡凝以逐彥威據江陵匡凝弟匡明擊之還走朗州陳儒江陵人世爲牙右職廣明元年以鄭紹業爲荊南節度使時朗州刺史段彥謩方據荊南紹業憚之踰半歲乃至僖宗入蜀召紹業還行在以彥謩代節度彥謩與監軍朱敬玫不平謀殺之敬玫覺先率兵入其府彥謩方寢拔劍縋城奔親軍壘不得入彥謩曰而等負我俄見害親屬僚佐皆死敬玫以少尹李燧爲留後且誣彥謩以罪帝遣中人似先元錫王魯琪慰撫密戒曰若敬玫可誅誅之以爾代而魯琪爲副敬玫盛兵出迎元錫等不敢發而還復詔鄭紹業爲節度使逗留不進敬玫署儒領府事明年遷檢校工部尚書爲節度使進檢

校右僕射敬玫有悍卒三千號忠勇軍暴甚儒不能制初紹業將申屠琮率兵五千援京師既歸儒告以忠勇撓治琮請除之大將程君從聞之率衆奔澧州琮追斬百餘人軍乃潰已而琮復顓軍雷滿三以兵薄城儒厚啖以利乃去淮南將張瓌韓師德據復岳二州自署刺史儒請瓌攝行軍司馬師德攝節度副使共擊滿師德兵上峽大略去瓌引兵入逐儒儒將奔行在既又劫還因之瓌滑州人暴勇而殘荆故將夷戮幾盡時以楊玄晦代敬玫監軍召敬玫還成都懼帝治前罪稱疾自解前此數殺大將富商故積賄每曝衣紈繡不可計瓌見心動遣卒賊之敬玫衣黄衣盜刺其腹死秦宗言來寇馬步使趙匡欲奉儒出瓌覺之殺匡而絕儒食七日死瓌固壘二歲樵蘇皆盡米斗錢四十千計抔而食號爲通腸疫死者爭啗其尸縣首于戶以備饑軍中甲鼓無遺夜擊闔爲警宗言不能下乃解去二年宗權遣趙德諲攻瓌瓌求救於歸州刺史郭禹禹率峽州刺史潘章解圍明年德諲又至諸將困于戰城遂陷瓌死人無識者併尸于井復州長史陳璠從瓌至江陵竊斷瓌首置囊中走京師獻之授安州刺史

劉巨容徐州人爲州大將龐勛之反自拔歸授埇橋鎮遏使浙西突陣將王郢反攻明州巨容以筒箭射郢死拜明州刺史徙楚州團練使黃巢亂江淮授蘄黃招討副使徙襄州行軍司馬檢校右散騎常侍巢據荆南俄還山南東道節度使以扞巢屯團林江西招討使曹全晸與巨容守荆門關與賊戰巨容僞北巢追之伏興林樾閒賊大敗執賊將十三人轉鬬一舍虜獲不可計巢浮江東奔巨容追之率十俘八以功還檢校禮部尚書諸將欲乘勝追斬巢巨容止曰朝家多負人有危難不愛惜官賞事平即忘之不如留賊爲富貴作地諸將謂然故巢復熾及陷兩京巨容合諸道兵討之授南面行營招討使累兼天下兵馬先鋒開道供軍糧料使檢校司空封彭城縣侯巨容明吏治時僖宗在蜀公卿多因巨容護赴行在山南西道節度使鹿晏弘爲禁軍所逐引麾下東出襄鄧秦宗權遣趙德諲合晏弘兵攻襄州巨容不能守奔成都始揚州人申屠生能化黃金高駢客之爲呂用之所譖亡奔襄漢駢遣吏捕得生見巨容自言其術巨容留不遣田令孜之弟道襄州巨容出金夸之及在蜀匿生使術不得傳

令孜恨之龍紀元年殺巨容夷其宗生弃死

巨容部將馮行襲者均州武當人以謀勇稱里中中和初鄉豪孫喜聚衆數千人謀攻城行襲伏士江隩以單舟迎喜曰州人思得將軍久矣顧將軍兵多必剽掠若留衆江北以輕騎進我爲鄉導城可下喜信之既度江吏出迎伏甲與行襲擊喜斬之衆皆潰行襲乘勝逐刺史呂燁據均州巨容因表爲刺史帝在蜀均之右有長山當襄漢貢道有劇賊據險劫獻物行襲平之武定節度使楊守忠表爲行軍司馬使領兵搤谷口以通秦蜀鳳翔李茂貞養子繼臻據金州行襲攻拔之昭宗卽授金州防禦使時山南西道節度使楊守亮將襲京師道金商行襲逆戰破之就擢戎昭軍節度使朱全忠圍鳳翔神策中尉韓全誨遣中人二十輩督江淮兵過其州行襲方附全忠盡殺之收詔書送全忠天祐二年王建遣將王思綰攻行襲敗其兵州大將金行全出降行襲奔均州建以行全爲子更名宗朗授觀察使以渠巴開三州隸之宗朗不能守焚郭邑去全忠以行襲不足禦建遣別將屯金州行襲議徙戎昭軍於均州以金房爲隸全忠

以金人不樂行襲以馮恭領州罷防禦使而廢戎昭軍

趙德諲蔡州人從秦宗權爲右將以討黄巢功授申州刺史光啓初與秦誥鹿晏弘合兵攻襄州節度使劉巨容奔成都宗權假德諲山南東道節度留後進攻荆南悉收寶貲留裨將王建肇守之遣人纔數百室明年歸州刺史郭禹來討建肇納之奔黔州德諲失荆南又度宗權必敗舉地附朱全忠全忠方爲蔡州四面行營都統即表以自副加忠義軍節度使宗權平加中書令封淮安郡王卒子匡凝嗣

匡凝字光儀由唐州刺史自爲山南東道節度留後昭宗即授節度使不三年以威惠聞累遷檢校太尉兼中書令匡凝矜嚴威飾前後持鑑自照全忠之敗清口匡凝與奉國節度使崔洪河東李克用淮南楊行密約合兵攻全忠會方城鎮遏使度軫奔全忠發其謀全忠移書切責使氏叔琮攻唐州刺史趙匡璠降進圍隋州執刺史趙匡璘斬首五千級拔鄧州執刺史國湘匡凝懼乞盟全忠使親將陳俊王紳入叔琮軍崔洪留之紳亡歸洪與行密欲邀友恭軍不克

會河東客伊超使淮南還過蔡洪亦留之因是幷俊送全忠以部將苛拘爲解
遣兄賢入質全忠還之質洪子於汴全忠使賢調蔡州卒二千出戍將行大將
崔景思不悅殺賢洪懼驅民趨申州遂奔行密麾鼓亘百餘里武昌杜洪邀之
弗及蔡士多亡去從者纔二千人天祐元年封匡凝爲楚王時諸道不上供唯
匡凝歲貢賦天子全忠方圖天下遣人諭止之匡凝流涕曰吾爲國屏翰渠敢
有他志副使王鈞勸絕全忠全忠怒出兵攻之弟匡明大破汴軍於鄧州因勸
匡凝與王建連和及荆南成汭敗匡凝取江陵表匡明爲荆南節度留後有詔
拜檢校司徒荆南節度行軍司馬全忠以其兵分可圖也乃使楊師厚攻匡凝
自將中軍繼之屯臨漢匡凝遣客謝因不遣敗荆南救兵俘其將全忠循江而
南師厚繇陰谷伐木爲粱匡凝以兵二萬瀕江戰大敗乃燔州單舸夜奔揚州
行密見之曰君在鎮輕車重馬輸於賊今敗乃歸我邪鈞自殺全忠以師厚爲
山南東道節度留後遂趨江陵匡明亦謀奔淮南子承規諫曰昔諸葛兄弟分
仕三國若適揚州是自取疑也匡明謂然乃趨成都王建待以賓禮授武信軍

節度使分其衆爲崇義勇義順義廣義四都全忠遂有荆南

楊守亮曹州人本姓訾名亮與弟信俱從王仙芝爲盜亮身長七尺餘色如鐵仙芝死又事徐唐莒劫剽洪饒二州楊復光平江西得其兄弟養爲假子以信養於弟復恭家曰守亮守信復恭收京師守亮以戰多拜山南西道節度使檢校太保守信與平軍節度使並同中書門下平章事復恭又以假子守貞爲龍劍節度使守忠爲武定軍節度使守厚爲綿州刺史初朱玫取興鳳州虢州刺史滿存以兵赴行在復收二州昭宗擢爲感義軍節度使累檢校司徒同中書門下平章事與復恭四假子及利閬觀察使席儔等共攻王建建軍已圍楊晟分軍逼守厚軍未成列而敗先是守貞守忠聞建兵出拔衆奔綿州幷力共攻東川弗勝建將華洪以兵萬人壁綿州之郊敗守忠守厚二人分道行收兵趨閬州始復恭敗依守亮而鳳翔李茂貞邠寧王行瑜鎮國韓建等共劾守亮納叛人請以鎮兵討之茂貞自爲興元節度使以書誚責宰相帝爲削守亮官爵因詔茂貞問罪滿存來救不克以衆入興元茂貞拔興鳳洋三州破守亮於西

乘勝入興元復恭挾諸假子及存奔閬州洪進圍之帝以徐彦若帥鳳翔以興元授茂貞茂貞不肯拜帝乃以其子繼密爲興元節度使俄而洪拔閬州守亮等皆挺身走將北奔太原趨商山飢甚丐食于野爲邏戍所縛見韓建守亮視建左右八百人皆常隸己語建曰此屬吾養之素厚無一爲我死公無費衣食不如殺之建許諾復曰公幸貸我俾生見天子陳先人功萬有一不死建檻車送京師吏縛以帛内毬于口帝御延喜樓閱反狀守亮不得語頷而已左右白服罪即執獻太廟斬獨柳下梟于市守厚死巴州麾下兵多歸王建存奔京師爲左武衛大將軍

楊晟不詳宗系隸鳳翔軍節度使李昌符畏其勇欲殺之妾周擿使亡去隸神策軍爲都校僖宗在陳倉邠寧朱玫遣萬騎合昌符追行在乃擢晟感義軍節度使檢校司空守大散關玫兵攻關晟數卻戰潘氏遂大敗内外無固志帝更徙與元晟西奔玫取興鳳二州晟襲文州逐刺史據成龍茂等州王建攻成都田令孜以晟故將與連和假威戎軍節度使守彭州晟擊建無功引還且畏建

圖己乃約山南西道節度使楊守亮兄弟合謀拒建掠新繁焚漢州又攻東川顧彥暉爲建兵所逐建使王宗裕率騎五萬圍晟食四郊麥掠民資產晟假子實以騎八千降於建建以奇兵襲楊守厚等皆亡去晟開門決戰大敗遂約降建饋十羊晟曰以我爲机上肉乎不出建築甬道屬陴以入斬晟首晟有仁心下懷其恩雖城中食盡無叛者初昌符死晟得其妾周母事之周請爲妻晟固辭旦夕問省乃視事愛將安師建者勇而有禮既就執建顧曰爾報楊司徒足矣能從我乎謝曰司徒誓同死生不忍復戴日月三謂不回乃戮之

顧彥朗彥暉者豐州人並爲天德軍小校其使蔡京以兄弟有封侯相每厚禮之使子贈賚稍稍進秩黃巢亂長安率軍同復京師彥朗遷累右衛大將軍光啓中擢拜東川節度使檢校太保同中書門下平章事至劍門陳敬瑄使吏奪其節彥朗不得入保利州敬瑄誣劾彥朗擅興兵掠西境僖宗下詔申曉講和乃得到軍署彥暉漢州刺史初楊守亮忌壁州刺史王建凶暴欲逐之建聞合溪洞豪酋取閬州擊利州刺史走卽據二州守亮不能制彥朗與建雅舊陰助

貲饟建攻成都彥朗挾故憾與并力道路鄭梗敬瑄告難于朝帝詔和解又敕李茂貞鐫諭會彥朗卒彥暉自知留後明年爲節度使中人送節爲綿州刺史楊守厚所留守厚發兵攻梓州彥暉告急于建建使李簡救之戒曰賊破并取彥暉無須再往也簡破守厚軍彥暉辭疾不克取建素有吞噬心以彥朗與婚婭久未忍及彥暉則交好愈疏而境上關賦相稽詬建怒景福元年遂攻彥暉彥暉請救於楊守亮遣楊子彥戍梓執建大將王宗弼彥暉責曰王公何以見討君爲大將不諫云何宗弼謝罪即解縛使就館幕帟衾服皆具更養爲子改名琛明年建將華洪破綿州守厚走得彥暉節時詔已進彥暉檢校司空東川節度使矣乾寧二年昭宗在石門督彥暉建赴行在建率兵二十萬次綿州即劾彥暉劫輜運回襲之彥暉不敢出但遣人塞建舟路建遂擊取巴閬蓬渠通果龍利八州帝遣中人爲兩川宣諭協和使建奉詔還而兵不解彥暉謀窘因大略漢眉資簡等州李茂貞亦欲爭其地使子與元節度使繼密引軍救彥暉以窺東川四年華洪率衆五萬攻彥暉取渝昌普三州壁梓州南敗彥暉兵奪

鎧馬八百凡五十戰圍遂固帝仍遣左諫議大夫李洵諭止建拒命帝以嗣鄕王戒丕鎮鳳翔徙茂貞代建皆不奉詔梓有鏡堂世稱其麗彥暉嘗會諸將堂上養子瑤尤親信彥暉以所佩劒號秝瘵賓佩之使侍左右嘗語諸將曰與公等生死同之違者先齒秝瘵賓衆曰諾及圍急瑤請聚親信飲得同死彥暉顧王琛曰爾非我舊可自求生指顙垣令逸彥暉手殺妻子乃自刎宗族諸將皆死麾下兵猶七萬初韋昭度爲招討使彥暉建皆爲大校彥暉詳緩有儒者風建左右皃髮黥面若鬼見者皆笑至是錄笑者皆殺之私署洪爲東川節度留後

贊曰詩云戎狄是膺荆舒是懲嫉其爲中國之害也春秋之世楚滅陳鄭而卒復其祀聖人善之處存平黃巢定京師功冠諸將昭宗嘗有意都襄陽依趙凝以自全大抵唐室屛翰皆爲朱温所翦覆過於夷狄荆舒之爲害也甚矣

唐書卷一百八十六

唐書卷一百八十六考證

陳儒傳計抔而食○南北監本作杯閣本作抔

唐書卷一百八十六考證

唐書卷一百八十七

宋　端　明　殿　學　士　宋　祁　撰

列傳第一百一十二

二王諸葛李孟

王重榮太原祁人父縱太和末爲河中騎將從石雄破回鶻終鹽州刺史重榮以父任爲列校與兄重盈皆以毅武冠軍擢河中牙將主伺察時兩軍士干夜禁捕而鞭之士還訴於中尉楊玄寔玄寔怒執重榮讓曰天子爪士而藩校辱之答曰夜半執者姦盜孰知天子爪士具言其狀玄寔歎曰非爾明辨孰由知之更諉於府擢右署重榮多權詭衆所嚴憚雖主帥莫不下之稍遷行軍司馬黃巢陷長安分兵略蒲節度使李都不能支乃臣賊然內憚重榮表以自副地邇京師賊調取橫斂使者至百輩坐傳舍益發兵吏不堪命重榮脅說都曰我所詭謀紓難以外援未至今賊裒責日急又收吾兵以困我則亡無日矣請絕橋嬰城自守不然變生何以制之都曰吾兵寡謀不足絕之禍且至願以節假

公遂奔行在重榮乃悉驅出賊使斬之因大掠居人以悅其下天子使前京兆尹竇潏閒道慰其軍因詔代都重榮率官屬奉迎潏至大饗士倡言曰天子以大臣守土誰得逐之爲我疏首惡者衆無敢對重榮佩刀歷階曰首謀者我也尙誰索目潏吏趣具騎潏卽奔還重榮遂主留後賊使健將朱温以舟師下馮翊黃鄴率衆自華陰合攻重榮重榮感勵士衆大戰敗之賊棄糧仗四十餘艘卽拜檢校工部尙書爲節度使會忠武監軍楊復光率陳蔡兵萬人屯武功重榮與連和擊賊將李詳於華州執以徇賊使尙讓來攻而朱温將勁兵居前敗重榮兵於西關門於是出兵夏陽掠河中漕米數十艘重榮選兵三萬攻温温懼悉鑿舟沉于河遂舉同州降復光欲斬之重榮曰今招賊一切釋罪且温武銳可用殺之不祥表爲同華節度使有詔卽副河中行營招討賜名全忠巢喪二州怒甚自將精兵數萬壁梁田重榮軍華陰復光軍渭北掎角攻之賊大敗執其將趙璋巢中流矢走重榮兵亦死耗相當懼巢復振憂之與復光計復光曰我世與李克用共憂患其人忠不顧難死義如己若乞師焉事蔑不濟乃遣

使者約連和克用使陳景斯總兵自嵐石赴河中親率師從之遂平巢復京師以功檢校太尉同中書門下平章事封琅邪郡王累加檢校太傅中人田令孜怒重榮據鹽池之饒于時巨盜甫定國用大嬰諸軍無所仰而令孜爲神策軍使建請二池領屬鹽鐵佐軍食重榮不許奏言故事歲輸鹽三千乘于有司則斥所餘以贍軍天子遣使者諭旨不聽令孜徙重榮兗海節度使以王處存代之詔克用將兵援河中重榮上書劾令孜離閒方鎮令孜遣邠寧朱玫進討壁沙苑重榮紿克用書且言奉密詔須公到使我圖公此令孜朱全忠朱玫之惑上也因示僞詔克用方與全忠有隙信之請討全忠及玫帝數詔和解克用合河中兵戰沙苑玫大敗奔邠州神策軍潰還京師遂大掠克用乘勝西天子走鳳翔俄嗣襄王熅僭位重榮不受命與克用謀定王室楊復恭代令孜領神策故與克用善遣諫議大夫劉崇望齎詔諭天子意兩人聽命即獻縑十萬願討玫自贖崇望還羣臣皆賀重榮遂斬熅長安復平然性悍酷多殺戮少縱舍嘗植大木河上内設機軸有忤意者輒置其上機發皆溺嘗辱部將常行儒行儒

怨之光啓三年引兵夜攻府重榮亡出外詰旦殺之推立重盈重盈前此已歷汾州刺史黄巢度淮擢陝虢觀察使重榮據河中三遷檢校尚書右僕射卽拜節度使未幾同中書門下平章事及代重榮留長子珙領節度事入殺行儒軍復安昭宗立進太傅兼中書令封琅邪郡王父子兄弟相繼帥守而從子蘊亦爲忠武節度使乾寧二年重盈死軍中以其兄重簡子珂出繼重榮故推爲留後珙與弟絳州刺史瑤爭河中上言珂本家蒼頭請選大臣鎮河中又與朱全忠書言之珂急乃遣使請婚於李克用克用薦之天子許嗣鎮然猶以崔胤爲河中節度使珙復構珂於王行瑜李茂貞曰珂不受代且晉親也將不利於公行瑜等約韓建共薦珙詔曰吾重已授珂矣重榮有大功不可廢行瑜怒使其弟行約攻珂克用遣李嗣昭援之敗珙於猗氏獲其將李璠三鎮銜帝之却其請也連兵犯京師謀廢帝誅執政而立吉王固請授珙河中克用聞之怒以師討三鎮瑤珙兵引去克用拔絳州斬瑤而屯渭北敗行約於朝邑行約走京師弟行實在左軍共說樞密使駱全瓘謀挾帝幸邠右軍李繼鵬以告中尉劉景

宣二人茂貞黨也欲以兵劫全瓘等請帝幸鳳翔兩軍合譟承天門街帝登樓諭和之繼鵬怒輒射帝縱火焚門帝率諸王及衞兵戰繼鵬矢及帝冑軍乃退帝出幸定州將李筠軍嗣延王戒丕嗣丹王允以鹽州六都兵從帝出啓夏門次于郊兩軍憚鹽州兵銳各走其軍帝次莎城百官繼至士民從者亦數萬帝欲入谷中自固以谷有沒唐石惡之徙石門民匿保山谷閒帝每出或獻飴糉帝駐馬爲嘗民皆流涕旣而遣嗣薛王知柔及劉光裕還京師克用遣使者奔問行在帝因詔克用珂以兵趨新平又詔涇州張鐇會克用軍以扼岐陽克用在河中未出也帝懼茂貞之逼復使嗣延王戒丕以御服玉器賜之督其西乃壁渭北進營渭橋於是行瑜壁興平茂貞壁鄠行瑜兵數卻茂貞懼斬繼鵬傳首以謝繼鵬姓閻名珪左神策軍拍張人爲茂貞養子云詔削行瑜官爵以克用爲邠寧四面行營都招討使珂爲糧料使克用遣子存貞請天子還宮詔以騎三千戍三橋帝旣還加珂檢校司空爲節度使克用以女妻之珂親迎太原以李嗣昭助守河中因攻珙珙戰數北珙任威虐殺人斷首置前而顏色泰定

下恐不敢叛然稍弱無鬭志光化二年爲部將李璠所殺自爲留後詔代珙節度又失衆凡五月爲牙將朱簡所殺挈其地入朱全忠表授節度使同中書門下平章事更名友謙珙殺給事中王柷等十餘人幕府遭戮辱甚衆人有罪輒剳斮以逞柷者故爲常州刺史避難江湖帝聞剛鯁以給事中召道出陝珙謂且柄任厚禮之柷鄙其武暴不降意既宴感列珍器音樂珙請於柷曰僕今日得在子弟列大賜也三請柷不答珙勃然曰天子召公公不可留此遂罷遣吏就道殺之族其家投諸河以溺死聞帝不能詰珙死贈太師詔陝州寃死者有司弔祭存問其家始全忠擊楊行密不能克諷荆襄青徐等道請己爲都統以討行密帝依違未報而珂與太原鎮定等道亦請加行密都統以討全忠繇是兩罷之全忠怨珂不忘也帝爲劉季述所廢珂憤見言色屢陳討賊謀既反正首獻方物帝甚倚之而全忠以克用方彊不敢加兵及王鎔詘服拔定州而克用兵折乃謂其將張存敬曰珂恃太原侮慢我爾持一繩縛之存敬以兵數萬度河由含山襲絳州刺史陶建釗晉州刺史張漢瑜皆降以何絪戍之進攻珂

全忠率師繼進郎劾珂交構克用爲方鎭生事不可赦珂乞師太原爲絪所迮不能進珂急使妻遺克用書曰賊攻我朝夕見俘乞食大梁矣克用答曰道且斷往救必俱亡不如歸朝廷珂窮遣使告李茂貞曰上初反正詔藩鎭無相侵而朱公不顧約以攻敝邑敝邑亡則邠岐非君所保天子神器斂手付人矣宜與華州韓公出精銳固潼關以張兵勢僕不武公其惠我西偏地以爲扞守蒲請公自有之關西安危國祚長短繫公此舉也茂貞不答珂益蹙會橋毀潛具舟將遁夜諭守兵無肯爲用者牙將劉訓叩寢門珂疑有變叱之訓自袒其衣曰苟有它請斷臂自明珂出問計所宜答曰若夜出人將爭舟一夫鳴張禍繫其手如旦日以情諗軍中宜有樂從者可則濟否則召諸將行成以緩敵徐圖所向上策也珂然之明日登城語存敬曰吾於朱公有父子驩君姑退舍須公至吾自聽命乃執太原諸將幷奉節印內存敬軍暨大幡城上遣兄璘與諸將樊洪等見存敬存敬解圍而戍以兵全忠自洛至全忠王出也始背賊事重榮約爲甥舅德其全己指日月曰我得志凡氏王者皆事之至是忘誓言過重榮

墓僞哭而祭次虞鄉珂欲面縛牽羊以見全忠報曰舅之恩無日可忘君若以亡國禮見黃泉其謂我何珂出迎握手泣下駢轡以入居旬日以存敬守河中舉珂室徙于汴後令入覲遣人賊之於華州自重榮傳珂凡二十年

諸葛爽青州博昌人爲縣伍伯令笞苦之乃亡命沈浮里中龐勛反入盜中爲小校勛勢蹙率百餘人與泗州守將湯羣自歸累遷汝州防禦使李琢討沙陀於雲州表爲北面招討副使徙夏綏銀節度使檢校尚書右僕射黃巢犯京師詔率代北行營兵入衞次同州降賊僞署河陽節度使代羅元杲元杲者本神策將狀短陋倚中官勢剽財輸京師凡鉅萬人怨之爽至募州人戰衆不從相率迎爽元杲奔行在爽間道奉表僖宗以自明詔拜節度使李克用援陳許道天井關爽懼不肯假道出屯萬善克用自河中趨汝洛爽累授京師東南面招討諸行營副都統左先鋒使兼中書門下平章事朱溫爲賊守同州爽率輕兵入之溫偃旗設伏以待爽謂賊遁士解甲就舍伏發爽悉棄鎧馬奔還至修武爲魏博韓簡擊敗之不敢入簡留將趙文玣戍河陽自攻鄆時中和二年也河

陽人誘爽自金商馳復入之厚禮文玠及戍人還之魏於是爽攻新鄉節自鄴來戰獲嘉西節陰窺關中其下不悅裨將樂彥禎間衆之隙引其軍先還故節兵八萬自潰相藉溺清水至不流明年詔爽爲東南面招討使伐秦宗權表李罕之自副爽雖與庸廝善吏治法令澄壹人無愁咨擢累檢校司空光啓二年卒其將劉經與澤州刺史張言共立爽子仲方爲留後爲蔡賊孫儒所攻奔于汴儒取孟州

李罕之陳州項城人少拳捷初爲浮屠行匄市窮日無得者抵鉢褫祇衼去聚衆攻剽五臺下先是蒲絳民壁摩雲山避亂羣賊往攻不克罕之以百人徑拔之衆號李摩雲隨黃巢度江降于高駢駢表知光州事爲秦宗權所迫奔項城收餘衆依諸葛爽署懷州刺史爽伐宗權即表以自副屯睢陽無功又表爲河南尹東都留守使捍蔡河東李克用脫上源之難喪氣還罕之迎謁謹甚勞餽加等厚相結罕之因府爲屯會孫儒來攻罕之不出數月走保澠池東都陷儒焚宮闕剽居民去爽遣將收東都罕之逐出之爽不能制俄而爽死其將劉經

張言共立爽子仲方欲去罕之而罕之故與郭璆有隙擅殺璆軍中不悅經問衆怒襲其壁罕之退保乾壕經追擊反爲所敗乘勝入屯洛陽苑中經戰不勝還河陽罕之屯鞏將度汜經遣張言拒河上反與罕之合攻經不克屯懷州孫儒逐仲方取河陽自稱節度使俄而宗權敗棄河陽走罕之言進收其衆勾援河東克用遣安金俊率兵助之得河陽克用表罕之爲節度使同中書門下平章事有詔與屬籍又表言爲河南尹東都留守罕之與言甚篤然性猜暴是時大亂後野無遺秆部卒日剽人以食又攻絳州下之復擊晉州王重盈欲出汴兵救罕之解圍還而言善積聚勸民力耕儲庤稍集罕之食乏仰以給求之無涯言不能厭罕之拘河南官吏笞督之又東方貢輸行在者多爲罕之邀頡重盈反間於言文德元年罕之悉兵攻晉州言夜襲河陽俘罕之家罕之窮奔河東克用復表爲澤州刺史領河陽節度使遣李存孝薛阿檀安休休率師三萬攻言城中食盡言納孥於汴求救全忠遣丁會葛從周牛存節來援戰沇河聚休休不利降全忠存孝還全忠更以丁會爲河陽節度使言歸洛陽罕之保

澤州數出鈔懷孟晉絳無休歲人匿保山谷出爲樵汲者罕之俘斬略盡數百里無舍煙克用遣罕之存孝攻孟方立拔磁州方立戍將馬溉兵數萬戰琉璃陂罕之禽溉敗其衆大順初汴將李讜鄧季筠攻罕之罕之告急於克用遣存孝以騎五千救之汴士呼罕之曰公倚沙陀絕大國今太原被圍葛司空入上黨不旬日沙陀無穴處矣存孝怒引兵五百薄讜營呼曰我沙陀求穴者須爾肉以飽吾軍請肥者出鬭季筠引兵決戰存孝奮矟馳直取季筠讜夜走追至馬牢川敗之克用討王行瑜表罕之副都統檢校侍中行瑜誅封隴西郡王檢校太尉兼侍中罕之恃功多嘗私克用愛將蓋寓求一鎮寓爲請克用不許曰鷹鸇飽則去矣我懼其翻覆也光化初昭義節度使薛志勤卒罕之夜襲潞入之自稱留後報克用曰志勤死懼宅盜至不俟命輒屯于潞克用遣李嗣昭先擊澤州拘罕之家屬送太原罕之攻沁州執刺史守將送款于汴全忠表罕之昭義節度使命丁會援之與嗣昭戰含口嗣昭不利葛從周取澤州嗣昭又攻罕之罕之暴得病不能事會代戍全忠更以罕之節度河陽三城卒于行年五

十八未幾嗣昭復取澤州以李存璋爲刺史進收懷州攻河陽汴將閻寶引兵至嗣昭還始儒去東都也井閈不滿百室言治數年人安賴之占籍至五六萬繕池壘作第署城闕復完全忠懼言異己乃徙節天平以韋震爲河南尹爽諸將無傳地者言後嗣名全義

王敬武青州人隸平盧軍爲偏校事節度使安師儒中和中盜發齊棣間遣敬武擊定已還卽逐師儒自爲留後時王鐸方督諸道行營軍復京師因承制授敬武平盧節度使趣其兵使西及京師平進檢校太尉同中書門下平章事龍紀元年卒子師範年十六自稱留後嗣領事昭宗自以太子少師崔安潛領節度師範拒命時棣州刺史張蟾迎安潛師範遣部將盧弘攻之弘與蟾連和師範以金啗之曰君若顧先人使不絕其祀君之惠也不然願死墳墓弘少之不爲備師範伏兵迎于路部將劉鄩斬弘遂攻棣州蟾請救於朱全忠全忠馳使諭解師範拔其城斬蟾而安潛不敢入師範喜儒學謹孝于法無所私舅醉殺人其家訴之師範厚賂謝訴者不置師範曰法非我敢亂乃抵舅罪母恚之師

範立堂下日三四至不得見三年拜省戶外不敢懈以青州父母所籍每縣令至具威儀入謁令固辭師範遣吏挾坐拜廷中乃出或諫不可答曰吾恭先世且示子孫不忘本也全忠已并鄆州遣兵攻師範師範下之會全忠圍鳳翔昭宗詔方鎭赴難以師範附全忠命楊行密部將朱瑾攻青州且欲代爲平盧節度師範聞之哭曰吾爲國守藩君危不持可乎乃與行密連盟遣將張居厚李彥威以甲絜二百輿紿爲獻者及華州先內十輿闔人覺衆擐甲譟殺全忠守將婁敬思是時崔胤方在華閉門拒戰執居厚還全忠劉鄩襲兗州入之師範亦潛兵入河南徐沂鄆等十餘州同日並發全忠使從子友寧率軍東討是時帝還長安故全忠并魏博軍屯齊州王茂章方以兵二萬合師範弟師誨攻密州破之以張訓爲刺史進攻沂州敗其兵還青州半舍而屯友寧方攻博昌未下全忠督戰急友寧驅民十萬負木石築山臨城中城陷屠老少投尸淸水遂圍登州茂章欲陷友寧不肯救未幾城破友寧負勝攻別屯茂章度汴軍怠與師範合擊友寧於石樓斬其首傳於行密全忠怒悉軍二十萬倍道至茂章閉

營伺軍懈毀壁出鬭還與諸將飲訖復戰全忠望見歎曰吾有將如是天下不足平於是退屯臨淄茂章畏全忠乃斂軍而南使李虔裕以五百人後拒茂章解衣寢虔裕諫曰追至將軍速去茂章曰吾共決死虔裕固請茂章乃去已而追至虔裕一軍覆茂章免全忠見虔裕欲釋之瞋目大罵而死張訓召諸將謀曰汴人至師少何以待之衆請焚城而亡訓曰不然即封府藏下縣門密引兵去汴軍見府庫完德之不追全忠留楊師厚圍青州敗師範兵於臨朐執諸將又獲其弟師克是時師範衆尚十餘萬諸將請決戰而師範以弟故乃請降全忠歸其弟假師範知節度留後事師範獻錢二十萬緡以謝軍汴將劉重霸執棣州刺史邵播得其書八百紙皆教師範戰守全忠憚而殺之葛從周圍兗州劉鄩不肯下從周以師範命招之乃盡出將士開門降從周爲辦裝使詣汴鄩但素服乘驢而往全忠賜冠帶辭曰囚請就縶不許既見慰之飲以酒固辭全忠笑曰取兗州量何大邪擢署都押衙在諸舊將上諸將趨入鄩一無讓全忠奇之歲餘徙師範于汴亦縞素請罪全忠見以禮表爲河陽節度使既受唐禪

友寧妻訴讎人于朝乃族師範于洛陽先是有司坎第左告之故師範乃與家人宴少長列坐語使者曰死固不免予懼坑之則昭穆失序不可見先人地下酒行以次受戮者二百人

孟方立邢州人始爲澤州天井戍將稍遷游奕使中和元年昭義節度使高潯擊黄巢戰石橋不勝保華州爲裨將成鄰所殺還據潞州衆怒方立率兵攻鄰斬之自稱留後擅裂邢洺磁爲鎮治邢爲府號昭義軍潞人請監軍使吳全勗知兵馬留後時王鐸領諸道行營都統以潞未定墨制假方立檢校左散騎常侍兼御史大夫知邢州事方立不受因全勗以書請鐸願得儒臣守潞鐸使參謀中書舍人鄭昌圖知昭義留事欲遂爲帥僖宗自用舊宰相王徽領節度時天子在西河關雲擾方立擅地而李克用窺潞州徽度朝廷未能制乃固讓昌圖昌圖治不三月輒去方立更表李殷銳爲刺史謂潞險而人悍數賊大帥爲亂欲銷懦之乃徙治龍岡州豪傑重遷有懟言會克用爲河東節度使昭義監軍祁審誨乞師求復昭義軍克用遣賀公雅李筠安金俊三部將擊潞州爲方

立所破又使李克修攻取之殺殷鋭遂幷潞州表克修爲節度留後初昭義有潞邢洺磁四州至是方立自以山東三州爲昭義而朝廷亦命克修以潞州舊軍畀之昭義有兩節自此始克修字崇遠克用從父弟精馳射常從征伐自左營軍使擢留後進檢校司空方立倚朱全忠爲助故克用擊邢洺磁無虛歲地爲鬬埸人不能稼光啓二年克修擊邢州取故鎭進攻武安方立將呂臻馬爽戰焦岡爲克修所破斬首萬級執臻等拔武安臨洺邯鄲沙河克用以安金俊爲邢州刺史招撫之方立匄兵於王鎔鎔以兵三萬赴之克修還後二年方立督部將奚忠信兵三萬攻遼州以金啖赫連鐸與連和會契丹攻鐸師失期忠信三分其兵鼓而行克用伏兵于險忠信前軍没旣戰大敗執忠信餘衆走脫歸者纔十二龍紀元年克用使李罕之李存孝擊邢攻磁洺方立戰琉璃陂大敗禽其二將被斧鑕徇邢壘呼曰孟公速降有能斬其首者假三州節度使方立力屈又屬州殘墮人心恐性剛急持下少恩夜自行陴兵皆倨告勞自顧不可復振乃還引酖自殺從弟遷素得士心衆推爲節度留後請援於全忠全忠

方攻時溥不卽至命王虔裕以精甲數百赴之假道羅弘信不許乃趨間入邢州大順元年存孝復攻邢遷挈邢洺磁三州降執王虔裕三百人獻之遂遷太原表安金俊爲邢洺磁團練使以遷爲邠州刺史

贊曰以亂救亂跋扈者能之以亂不能救亂險賊者能之蓋救亂似霸然而似之耳故不足與共功觀王重榮寧不信哉破黃巢佐李克用平京師若有爲當世者俄而奮私隙逼天子出奔雖戩朱玫仆僞襄王謂曰定王室實卑之也身死部將手救亂而卒于亂重榮兩得之不殺朱全忠而爲全忠誅絶其嗣宜矣餘皆庸奴下材無所訾責云

唐書卷一百八十七

唐書卷一百八十七考證

王重榮傳死義如己○如舊書作知

唐書卷一百八十七考證

唐書卷一百八十八

宋端明殿學士宋祁撰

列傳第一百一十三

楊時朱孫

楊行密字化源廬州合淝人少孤與羣兒戲常爲旗幟戰陣狀年二十亡入盜中刺史鄭棨捕得異其貌曰而且富貴何爲作賊縱之與里人田頵陶雅劉威善僖宗在蜀刺史遣通章行在日走三百里如約而還秦宗權寇廬壽間刺史募殺賊差首級爲賞行密以功補隊長都將忌之俾出戍將行都將問所乏對曰我須公頭即斬之自爲八營都知兵馬使刺史走淮南節度使高駢因表爲廬州刺史乃以田頵爲八營都將陶雅爲左衡山將討定鄉盜駢將呂用之恐行密不可制遣俞公楚以兵五千屯合淝名討黃巢而陰圖之行密擊殺公楚秦宗權遣弟度淮取舒城行密破走之時張敖據壽州許勍據滁州與行密挈戰又舒人陳儒攻刺史高澞澞來告難行密未能定賊吳迴李本逐澞據其城

行密虜之取舒州爲勍所奪光啓二年張敖遣將魏虔攻廬州大將李神福田頵破之楮城畢師鐸秦彥攻高駢呂用之以駢命署行密行軍司馬督其兵進援客袁襲說行密曰高公耄昏妖人用權彥乃以逆除暴熾其亂公亟應必得其地行密乃檄部州裒兵而東次天長而揚州陷行密薄城而屯用之以兵屬之彥以騎兵背城戰行密臥帳中令曰賊近報我俄而陷一屯別將李宗禮入曰兵相迫戰且不利請堅壁徐引歸可也李濤怒曰以順去逆何衆寡爲今尙何歸願以所部前死行密喜益甲出戰俘殺如藉彥軍不出會駢死襲勸行密舉軍縞素大臨三日進攻城未能下用之將張審晟詭伏西壕殺闇者啓外兵彥軍疲守邏皆潰去行密入據揚州未閱月孫儒奄至兵銳甚襲見行密曰公之入以少擊衆室家未完若外被重圍情見勢殆不如避之行密執海陵鎭遏使高霸殺之幷其衆聳所收財歸于廬於是朱全忠自爲淮南節度使遣將張廷範致命而授行密副使以行軍司馬李璠知留後行密大怒廷範璠不敢入全忠更請以行密知觀察留後當此時孫儒彊赫然有吞吳越意行密欲遁保

海陵襲勸還廬州治兵爲後計行密乃還旣又謀趨洪州襲不可曰鍾傳新與兵附食多未易圖也孫端據和州趙暉屯上元結此二人以圖宣州我綽綽有餘力矣行密從之端暉次采石行密自糝潭濟端等戰不勝襲勸行密速趨曷山堅壁以須宣人求戰示以弱待其怠一舉可禽宣將蘇瑭兵二萬對屯行密不戰分奇兵伐木開道四出瑭驚北遂圍宣州刺史趙鍠糧盡親將多出降初行密有銳士五千衣以黑繒黑甲號黑雲都又并盱眙曲溪二屯籍其士爲黃頭軍以李神福爲左右黃頭都尉兵銳甚曲溪將劉金策鍠必遁紿曰將軍若出願自吾壘而偕鍠喜多遺之金許妻以女明日譟城上曰劉郎不爲爾壻鍠宵遁獲之鍠全忠故人也發使求之襲曰斬首送之無後慮乃歸鍠首于汴昭宗詔行密檢校司徒宣歙池觀察使時韓守威以功拜池州刺史行密表徙湖州以兵護送而李師悅在湖州與杭州刺史錢鏐戰不解蘇湖常潤亂甚行密雖得宣州而蔡儔爲孫儒所破以廬州降儒進攻行密行密復入揚州北結時溥扞儒全忠遣龐師古將兵十萬自潁度淮助行密敗於高郵行密懼退還宣

州遣安仁義襲成及取潤州自將三萬屯丹陽仁義又取常州殺錢鏐將杜稜儒亦使劉建鋒奪潤常帝以杭州爲防禦使授鏐以宣州號寧國軍授行密節度使大順二年儒屯溧水循山構壁行密遣李神福屯廣德計曰兵倍不戰當避其銳驕之乃退舍儒衆以爲怯守者懈神福夜襲走之儒將康旺取和州安景思取滁州神福擊降旺逐景思攻腰山屯破之禽儒將李弘章俄而田頵劉威爲儒所敗行密欲守銅官神福曰儒掃境以來利速戰宜堅壁老其師則我無敵矣又出輕騎絕賊糧道使前不得戰退無仰儲不亡何待於是行密以神福爲宣池都游奕使儒始乏食常熟名賊陳可兒間儒行密之鬭竊入常州自稱制置使行密遣陶雅守潤州張訓入揚州因執楚州刺史以輕兵襲常州斬可兒孫儒圍行密宣州凡五月不解臺濛作魯陽五堰拕輕舸饋糧故行密軍不困卒破儒即表田頵守宣城長驅入揚州戰凡七年定八州生人將盡行密勞隱休息其下遂安議出鹽茗畀民輸帛幕府高勗曰瘡破之餘不可以加斂且帑貲何患不足若悉我所有易四鄰所無不積日財有餘矣行密納之始選

吏綏勸所部蔡儔以廬州叛附朱全忠納孫儒將張顒而倪章據舒州與儔連和行密遣李神福攻儔破其將儔堅壁不出顒超堞降行密以隸袁積軍積請戮之行密愛其勇更置于親軍未幾儔自殺行密先冢皆爲儔發掘吏請夷發儔世墓不許表劉威爲刺史遣田頵攻歙州於是刺史裴樞有美政民愛之爲拒戰頵兵數却樞朝廷所命者食盡欲降遣行密書請還京師行密以魯郃代樞州人不肯下請陶雅代雅於諸將最寬厚以禮歸樞于朝是歲李神福拔舒州倪章亡以神福爲舒州刺史乾寧二年行密襲濠州李簡重甲絶水縋而入執刺史張璲以劉金守之進取壽州汴將劉知俊儲穀石碭將南襲張訓屯漣水遣兵浮海掩得其廥知俊戰不勝因攻漣水大敗身僅免詔拜行密淮南節度副大使知節度事檢校太傅同中書門下平章事封弘農郡王董昌爲錢鏐所攻來告窮行密遣臺濛攻蘇州安仁義田頵攻杭州身督戰别將張崇爲鏐執行密欲嫁其妻答曰崇不負公願少待俄而還自是行密終身倚愛明年五月破蘇州執鏐將成及以朱黨守之朱延壽拔蘄光二州行密以霍丘當南北

走集以邑豪朱景爲鎭將景驍毅絕人諸盜莫敢犯汴將寇彥卿以騎三千襲之致全忠厚意景不許苦戰彥卿敗而去田頵魏約張宣共圍嘉興鏐大將顧全武救之執宣約逐頵於驛亭埭未幾泰寧節度使朱瑾率部將侯瓚來歸太原將李承嗣史儼史建章亦來奔行密推赤心不疑皆以爲將於是兵銳甚彊天下帝惡武昌節度使杜洪與全忠合手詔授行密江南諸道行營都統討洪汴將朱友恭聶金率騎兵萬人與張崇戰泗州金敗瞿章守黃州聞友恭至南走武昌柵行密遣將馬珣以樓船精兵助章守友恭次樊港章據險不得前友恭鑿崖開道以彊弩叢射殺章別將遂圍武昌章率軍薄戰不勝友恭斬章拔其壁全忠率葛從周萬騎攻光州柴再用遣小校王稔以輕騎覘賊汴兵圍之候者請救再用曰稔必殺賊第無往稔解鞍自如暮依檝步戰殺傷多汴兵乃解時亡馬法峻稔追汴軍得馬乃還從周涉淮圍壽州而龐師古聶金以衆七萬壁清口朱延壽擊從周軍敗之行密欲汴圍解乃擊師古李承嗣曰公能潛師趨清口破其衆則從周不擊而潰行密出車西門緣北門去以銳士萬二千

虧雪馳追清口不進壅淮上流灌師古軍張訓自漣水來行密使將羸兵千人爲前鋒師古易之方圍棋軍中不顧朱瑾侯瓚以百騎持汴旌幟直入師古壘舞槊而馳訓亦登岸超其栅汴軍大囂即斬師古士死十八全忠聞之與從周皆遁走追及壽陽大破之叩淠水方涉爲瑾所乘溺死萬餘瑾徙屯安豐汴將牛全節苦鬬後軍乃得度會大雪士多凍死潁州刺史王敬堯燎薪屬道汴軍免者數千人未幾復圍壽州七日走馬珣收散卒三百自黄州間道趨分寧絶山谷襲撫州鏐將危全諷列四壁皆萬人珣謂諸將曰爲諸君擊中壁食其穀以歸乃夜擊之全諷走明日珣高會廣旗幟伐鼓循山而下連營潰既還行密駡曰豎子不遂據其城邪光化元年秦裴取鏐崑山鎮顧全武圍之行密諸將數敗全武遂圍蘇州臺濛固守鏐自以舟師至濛食盡行密遣李簡蔣勳迎之敗全武兵濛得還後軍潰裴援絶全武勸其降決水灌城城壞裴乃降鏐喜具千人食以待既至士不及百鏐曰軍寡何拒之久裴曰糧盡歸死非僕素也初成及之執行密閲其室唯圖書藥劑將辟爲行軍司馬固辭引刀欲自刺行密

乃止厚禮而歸之鏐亦遣魏約等還全忠攻蔡州奉國節度使崔洪來丐師明年遣朱瑾率兵萬人攻徐州屯呂梁洪遂來奔會兩霖瑾引還行密攻徐州汴將李禮壁宿州以援全忠自將次輝州行密戰不勝乃解青州將陳漢賓擁兵送款行密王綰張訓周本率兵迎之漢賓中悔綰訓入見漢賓紿麾下饗我不過日中若不至可攻城漢賓釋甲聽命光州叛行密自攻之汴將朱友裕來救撤圍還全忠諭馬殷成汭雷滿合兵攻行密汭滿猶豫汭惡殷事全忠掠其境滿來結好行密壁黃鄂閒杜洪寘鴆于酒于井棄城去行密知不入全忠又遣使者督殷汭滿連兵解圍行密還詔加檢校太尉兼侍中天復元年傳言盜殺錢鏐李神福急攻臨安顧全武列八壁相望神福伏軍青山僞若引去諜奔告全武悉衆躡之神福返鬬與伏夾攻斬首五千級執全武明日遂圍臨安鏐將秦昶以步兵三千降神福乃令軍中護鏐先墓禁樵采鏐遣使者厚謝神福以鏐不死臨安未可下納犒而還明年大將劉存率兵二萬戰艫七百伐湖南殷伏軍長磧洲以樓艓據上流乘風颺沙彊弩射之存軍熾行密歸顧全武於鏐

鏐亦釋秦裴以報帝在鳳翔以左金吾大將軍李儼爲江淮宣諭使授行密東面諸道行營都統檢校太師守中書令封吳王承制封拜且告難時已削奪全忠封爵詔西川河東忠義幽州保大横海義武大同八道攻之詔朱瑾爲平盧節度使緜海州取青齊馮弘鐸爲感化節度使出漣水攻徐宿使朱延壽圍蔡州田頵捍錢鏐行密討杜洪馬殷以分全忠勢行密乃以李神福爲鄂岳招討使劉存副之遣泠業攻馬殷杜洪戰屢敗嬰城請救於全忠全忠使韓勍率步兵萬人屯灄口荆南節度使成汭亦悉衆救洪神福逆戰敗之汭溺死勍引衆走泠業屯平江爲三壁殷將許德勳以鋭卒號定南刀夜襲業擊三壁皆破禽業掠上高唐年而去是時杜洪困甚且禽會田頵安仁義絶行密行密召神福存還討事洪復振頵之敗更以臺濛爲宣州觀察使復遣神福存攻鄂州順義軍使汪武與頵連和歙州刺史陶雅攻鍾傳兵過武所迎謁縛武於軍無錫當浙衝行密使票將張可悰守之鏐勁兵三千夜襲城可悰以百騎擊走之吏皆賀答曰未也方勞諸軍一戰乃蔽火斂旗以須覘者以告鏐兵復至可悰大破

之臺濛卒行密以子渥爲宣州觀察使天祐二年王彥章李德誠拔潤州殺安仁義以王茂章爲潤州團練使聶彥章等率舟師復伐殷攻岳州許德勳詹佶以舟千二百枕入蛤子湖琦山之南爲木龍鎖舟夜徙三百舸斷楊林岸彥章入荊江將趨江陵佶躡之德勳以梅花海鶻迅舸進斷木龍舟蔽江車弩亂發執彥章溺死萬人殷釋彥章還德勳謂曰爲我謝吳王僕等數人在湖湘不可糞也行密寬易善遇下能得士死力每宴使人負劍侍陳人張洪因以劍擊行密不中近將李友禽斬之他日侍劍如故行密蚤出有盜斷馬鞅不之問以故人人懷恩始乘孫儒亂府庫殫空能約己省費不三年而軍富雄嘗過楚州臺濛盛供帳待之行密一夕去遺衣臥內皆經補浣濛還之行密曰吾與細微不敢忘本君笑我邪濛大慚登城見王茂章營第曰天下未定而茂章居寢鬱然渠肯爲我忘身乎茂章遽毀損方帝困鳳翔再遣使督兵以爲行密可亢全忠者然兵至宿州紿言糧盡乃還全忠脅帝東還行密恥憤被病全忠亦知天子倚行密爲重乃弒帝以絕人望行密聞之發喪不視事三日因是病篤召將吏

付家事問嗣於其佐周隱對曰宣州司徒易而信讒唯涇酗是好不可以嗣不如擇賢者時劉威以宿將有威名隱意屬威行密不答因以王茂章代渥使亟還行密召所親嚴求曰我使周隱召吾兒而不至奈何求往見隱召檄仍在几始渥守宣州押牙徐溫王令謀約渥曰王且疾而君出外此殆姦人計他日有召非我二人勿應也及是二人以符召渥渥至行密承制授檢校太尉同中書門下平章事淮南節度使留後行密諗渥曰左衙都將張顥王茂章李遇皆怙亂不得爲兒除之卒年五十四遺令穀葛爲衣桐瓦爲棺夜葬山谷人不知所在諸將謚曰武忠張顥議歸都統印於宣諭使李儼行節度事諸將畏顥無敢對渥流涕騎軍都尉李濤曰都統印先帝所以賜王父子安得授人諸將唯唯顥投袂去乃共請於儼承制授渥兼侍中淮南節度副大使東面諸道行營都統封弘農郡王渥好騎射初與許玄膺爲刎頸交及嗣位事皆決之諸將莫敢忤渥求王茂章親兵不得及去宣輦帷帟以行茂章嫚罵不與踰年遣兵五千襲之茂章奔杭州秦裴執鍾匡時渥授以江西制置使朱思勍范師從陳璠以

兵戍洪州渥爲張顥所制二人者渥腹心也顥脅以爲有異謀遣陳祐疾馳懷短兵微服入秦裴帳中裴大驚命飲召三將入皆色動酒行祐數其罪皆斬之渥召周隱曰君嘗以孤爲不可嗣何也隱不對遂殺之

贊曰行密興賤微及得志仁恕善御衆治身節儉無大過失可謂賢矣然所據淮楚士氣剽而不剛行密無霸材不能提兵爲四方倡以輿王室熟視朱溫劫天子而東謀窮意沮憤死牖下可爲長太息矣

時溥徐州彭城人爲州牙將黃巢亂京師節度使支詳遣溥與陳璠率兵五千西討次河陰軍亂剽居人溥招戢其衆引還屯境上疑不敢歸詳以牛酒犒士約悉貰其罪軍乃入共推溥爲留後逐詳客館溥厚具貲裝遣璠護還京師夜駐七里亭璠擅殺詳屠其家溥怒署璠宿州刺史俄殺之別遣將引銳兵三千入關僖宗因以武寧節度命之巢敗東走圍陳州營濉水秦宗權方據淮西相聯結溥地介於賊乃悉師討之軍鋒甚盛連戰輒克授東面兵馬都統遂合許兖鄆兵逐尙讓於太康斬首數萬級讓以所部萬人降溥遣將李師悅等追尾

巢至萊蕪大破之諸將爭得巢首而林言斬之持歸溥以獻天子故破賊溥功第一加檢校司徒同中書門下平章事進檢校太尉兼中書令鉅鹿郡王宗權阻兵拜溥蔡州行營兵馬都統賊平與朱全忠爭功嫌惎日構孫儒方與楊行密爭揚州詔全忠爲淮南節度使平其亂溥自以先起功名顯朝廷位都統顧不得而全忠得之頗悵恨全忠使司馬李璠郭言等東兵道宿州遺溥書請假道溥辭不可間其隨以兵襲之言戰甚力解而還全忠怨自是連歲略徐泗師不弛甲全忠自將及其郊未得志引去溥窮乞師於李克用克用爲攻碭山朱友裕救之各亡其大將友裕進攻宿州不能拔時大順元年也明年丁會築堤閼汴水灌宿郛三月拔之使劉瓚守而溥將劉知俊引兵二千降全忠軍益不振民失田作又大水荐飢死喪十七以上乃請和於全忠全忠約徙地而罷兵昭宗以宰相劉崇望代之授溥太子太師溥慮去徐且見殺惶惑不受命諭軍中固留有詔聽可泗州刺史張諫聞溥已代即上書請隸全忠納質子焉溥既復留諫大懼全忠爲表徙鄭州刺史諫畏兩怨集己乃奔楊行密行密以諫爲

楚州刺史幷其民徙之以兵屯泗朱友裕率軍攻溥嬰城不出有語全忠曰軍行非吉日故師無功全忠遣參謀徐璠至軍責諭友裕荅曰溥困且破乃徇妖辭士心墮矣焚其書督餫饋急攻之溥將徐汶出降溥求救於朱瑾全忠自以兵屯曹將去留精騎數千授霍存曰事急可倍道趨之瑾兵二萬與溥合攻友裕存引兵疾戰瑾溥還壁明日復戰霍存敗死之進逼友裕友裕堅營不出瑾食盡還兗州全忠使龐師古代友裕溥分兵固守石佛山師古攻拔之自是完壘不戰王重師牛存節等梯其堞以入溥徙金玉與妻子登燕子樓自焚死實景福二年全忠遂有其地私置守焉

朱宣宋州下邑人父以豪猾聞里中坐鬻鹽抵死宣亡命去青州爲王敬武牙軍黄巢之亂敬武遣將曹存實率兵西入關而宣爲軍候道鄆州是時節度使薛崇拒王仙芝戰死其將崔君裕攝州事存實揣知兵寡襲殺之據其地遂稱留後以宣功多署濮州刺史留總帳下兵中和初魏博韓簡東窺曹鄆引兵濟河存實迎戰死于陣宣收殘卒嬰城簡圍之六月不能拔引兵去僖宗嘉其守

拜宣天平節度使累加同中書門下平章事宣有衆三萬弟瑾勇冠三軍陰有爭天下心瑾睹殘殺光啓中求婚於兖州節度使齊克讓託親迎載兵竊發逐克讓據府自稱留後天子卽授以帥節兄弟雄張山東時秦宗權悉兵攻朱全忠使秦賢列三十六壁自將督戰全忠大恐求救于宣宣與瑾身率師往擊宗權宗權敗走全忠厚德宣兄事之情好篤密而內忌其雄且所據皆勁兵地欲造怨乃圖之卽聲言宣納汴亡命移書詆讓宣以新有恩於全忠故答檄恚望全忠由是顯結其隙使朱珍先攻瑾取曹州壁乘氏宣救曹不克奔還范珍圍濮州宣使弟罕救濮全忠自將擊罕斬之拔濮州朱裕奔歸鄆使珍薄鄆挑戰宣不出裕爲書紿降導珍入信之夜以兵數千傅城裕開門軍入縣門發死者數千縱礧石擊未入者殺裨將百餘人復取曹以郭詞爲刺史大將郭銖斬詞奔全忠瑾謀悉兵襲汴全忠乃自攻瑾瑾以兵掠單父與全忠將丁會轉戰不勝去景福初復伐宣令從子友裕先驅自繼之次衞南宣以輕兵夜掩友裕軍走之據其營全忠未知運糧以入乃覺走瓠河與友裕相失距濮十五里舍明

曰友裕乃至宣留濮州全忠令友裕馳壯騎諜鄆虛實身將而北會宣引還縱兵戰全忠南走絶塹去幾不脫大將多死乃謀持久徼極取宣歲一再暴其鄙奪之食俘其工織勵有存者宣令賀瓌守濮州爲友裕所攻委城走友裕進擊徐州時溥求援於宣戰不勝而還溥遂亡全忠即遣龐師古攻齊州宣瑾皆戍以兵久不下乾寧元年全忠身往薄清河結壘宣瑾三分其兵出擊之全忠迎戰東阿南風急汴軍居下甚懼俄而風返全忠得縱火焚其旁熛熏漲天宣等大北是夏全忠壁曹州南宣薄戰禽其將三人全忠還明年使朱友恭擊兗州瑾堅壁乃塹而守宣饟瑾友恭奪其糧全忠自軍單父會宣求救於李克用友恭退壁曹南數月全忠自伐宣刈其麥敗克用將李承嗣等乃還宣追之大鈔曹州其秋全忠復攻鄆壁梁山宣克用挑戰全忠設伏破之斬首數千級引而南克用躡全忠後至柏和大寒全忠軍多死不閱月復圍兗州因略地鉅丘賀瓌以奇兵擊全忠輜重不及戰鉅野東瓌大敗見禽師無孑餘軍道大陂風暴起全忠曰豈殺人有遺邪乃搜軍中復斬數千人風亦止執瓌示城下瑾之兄

瓊守齊州見勢屈以州歸全忠結同姓懽全忠許之輕騎至軍全忠勞苦加禮因使招瑾瑾領精騎鬲池笑語如平生歡乃使將胡規僞送款欲得瓊躬上符節全忠不之虞瑾伏壯士橋下瓊單騎至方交語士突起挾瓊以入斬其首棄城下汴軍大震全忠恚數日乃去三年克用使其將李瑭以兵屯莘援宣爲羅弘信所破全忠大喜度宣可困遣龐師古伐宣宣逆戰敗于馬頰河師古廹其西門兵不出全忠之攻宣凡十與師四敗績宣才將皆盡益內沮度不能與全忠确則固守增堞深溝爲不可逼明年葛從周密造舟于塹師人踰而升宣出奔爲民所縛追至執以獻全忠斬之而納其妻使師古攻兗州二月食盡瑾自出督芻粟轉掠豐沛閒而子用貞及大將康懷英等舉城降瑾引麾下走沂州刺史尹懷賓不納乃趨海州刺史朱用芝以其衆與瑾奔楊行密行密迎之高郵解玉帶以賜表領徐州節度使畀以兵師古從周以兵七萬討行密瑾敗之清口擊殺師古而從周還師至溿水方涉瑾追及殺傷溺死幾盡瑾事行密尤盡力

孫儒河南河南人以隸卞橫里中隸忠武軍爲裨校與劉建鋒害黃巢亂以兵屬秦宗權爲都將光啓初宗權遣儒攻東都留守李罕之出奔儒焚宮闕屠居人河陽節度使諸葛爽與儒戰洛水爽敗儒亦東團鄭州朱全忠屯中牟救之不敢前儒衆夜登城刺史李璠走儒進拔河橋遂取河陽留後諸葛仲方出奔全忠壁河陰儒掠汴鄙全忠兵卻屯胙城東南列僞旗鼓疑之儒乃還會全忠與宗權戰宗權敗走儒聞殺孟人沉尸於河焚井邑乃去宗權又遣儒鈔淮南乘高駢之亂儒留濠州會楊行密得揚州宗權使弟宗衡爭淮南以儒爲副建鋒爲前鋒儒常曰丈夫不能苦戰萬里賞罰繇己奈何居人下生不能富貴死得廟食乎未幾汴兵攻蔡宗權召之儒稱疾不往宗衡督之即大會帳下酒酣斬宗衡并其衆與建鋒許德勳等盟有騎七千因略定傍州不淹旬兵數萬號土團白條軍文德元年破揚州自爲淮南節度使與時溥連和初全忠嘗以書招儒故又納款於汴且送宗衡秦彥畢師鐸首全忠藉以聞昭宗授儒檢校司空全忠署爲招討副使龍紀初悉兵攻宣州行密取淮南儒還行密走始得潤

常蘇三州兵益彊使建鋒守潤常全忠約行密圖之儒謀定江南乃北爭天下畏全忠擣虛乃遣人卑辭厚賄全忠薦於朝詔授淮南節度使大順元年行密取潤州以安仁義守之常州以李友守之儒怒三分其軍度江建鋒復拔常潤仁義走全忠遣將龐從等軍十萬奄至高郵儒悉師禦之故仁義間取潤州劉威田頵等敗建鋒於武進取常州杭州錢鏐將沈粲自蘇州奔儒行密諸將在潤常者皆爲建鋒所逐仁義頵棄潤州走明年儒引兵自京口轉戰召建鋒皆行行密諸將屯險者聞儒至皆走頵威等合兵三萬邀儒黃池儒遣馬殷擊走之儒營廣德乘勝至東溪淮人大恐行密遣臺濛屯西溪自引軍逆戰儒軍圍之數重黑雲將李簡以騎馳之行密乃免儒遂圍宣州行密乞師於錢鏐會谿潦暴湧廣德黃池諸壁皆沒儒分兵取和滁二州其秋儒焚揚州引而西傳檄遠近號五十萬旌旗相屬數百里所過燒廬舍殺老弱以給軍行密懼將遁去戴規曰儒軍數敗今掃地而至決死於我若吾遣降者間至揚州撫尉衣食使儒軍聞其家尙完人人思歸不戰可禽也行密乃遣親將入揚州取儒營糧數

十萬斛以稟飢民儒屯廣德陶雅以騎軍破儒前鋒屯嚴公臺十二月頵威與儒決戰皆大敗儒連屯稍西行密使陶雅屯潤州扼其歸路景福元年儒復圍宣州屯陵陽行密戰不利謀出奔時劉威方繫獄且死行密窮更召問計對曰儒焚倉隤壘以來糧盡將爲我禽若勁兵背城坐制其困李神福亦請據險邀儒糧行密乃分兵攻廣德壁而絕饟道軍適大疫儒病痁遣建鋒殷鈔諸縣行密知城下兵寡乃晨出率仁義頵背城決戰破五十壁會暴澍且冥儒軍大敗儒病甚殷弁不能與頵執儒獻行密諸將皆降儒就刑于市見劉威曰中君之謀儒嘗引鑑搔首曰此頭不久當入京師至是傳首闕下建鋒殷哭之相語曰公常有志廟食吾等有土當廟以報德及殷據湖南表儒贈司徒樂安郡王立廟以祀

唐書卷一百八十八考證

楊行密傳左衡○閣本作左衡

二人者渥腹心也○臣酉按上文云朱思勍范師從陳鐇以兵戍洪州下文云三將入皆色動則此二人當作三人爲是然諸本俱作二未詳

孫儒傳仁義走○臣酉按上文行密取潤州以安仁義守之常州以李友守之則儒復拔常潤二州守將當皆走今但云仁義走而不及李友疑有脫文

仁義顙棄潤州走○臣酉按上文仁義間取潤州劉威田顙等取常州此處不應云仁義顙棄潤州走

唐書卷一百八十八考證

唐書卷一百八十九

宋　端　明　殿　學　士　宋　祁　撰

列傳第一百一十四

高趙田朱

高仁厚亡其系出初事劍南西川節度使陳敬瑄爲營使黃巢陷京師天子出居成都敬瑄遣黃頭軍部將李鋋鞏咸以兵萬五千戍興平數敗巢軍賊號蜀兵爲鵶兒每戰輒戒曰毋與鵶兒鬬敬瑄喜其兵可用益選卒二千使仁厚將而東先是京師有不肖子皆著疊帶冒持挺剽閭里號閑子京兆尹始視事輒殺尤者以怖其餘竄濤治京兆至殺數十百人稍稍憚戢巢入京師人多避難寶雞閑子掠之吏不能制仁厚素知狀下約入邑閭縱擊軍入閑子聚觀嗤侮於是殺數千人坊門反閉欲亡不得故皆死自是閭里乃安會邛州賊阡能衆數萬略諸縣列壁數十涪州刺史韓秀昇等亂峽中韓求反蜀州諸將不能定敬瑄召仁厚還使督兵四討屯永安阡能遣諜者入軍中吏執以獻諜自言父

母妻子囚於賊約不得軍虛實且死仁厚哀之曰爲我報賊明日我且戰有能
釋甲迎我者署背曰歸順皆得復農矣縱諜去命諸將毁柵鼓而前賊渠羅渾
擎設伏詐降仁厚遣將不持兵入諭其衆皆真降渾擎詐窮而逸吏執之仁厚
曰愚人不足語降衆署背得免則告諸壁大軍至賊帥句胡僧大驚斬之莫能
禁衆執胡僧以降韓求知大賊已禽徇諸壁曰敢出者斬衆罵之求赴水死衆
鉤出斬以徇餘柵皆下仁厚按轡裴回視賊壘吏請焚之仁厚命取財糧乃縱
火尸賊成都仁厚還天子御樓勞軍授仁厚檢校尚書左僕射眉州刺史敬瑄
與仁厚謀曰秀昇未禽貢輸梗奪百官乏奉民不鹽食公能破賊當以東川待
公仁厚許之詔拜行軍司馬仁厚聞賊儲械子女皆在屯乃以銳兵泝江伐木
穎水礙舟道負岸而陣使游軍逼賊久不戰則夜以千卒持短刀彊弩直薄營
火而譟之秀昇率舟兵救火仁厚遣人鶩没鑿舟皆沈衆懼多潰秀昇斬潰兵
欲脅止之衆怒執秀昇以降仁厚問狀對曰天子蒙塵反者何獨我仁厚檻車
送行在斬於市東川節度使楊師立初隸神策軍累遷檢校司空同中書門下

平章事聞敬瑄以仁厚代己有望言敬瑄諷帝召師立以本官兼尚書右僕射師立益怒移檄言敬瑄十罪殺監軍田繪屯涪城遣兵攻緜州不克又檄劍州刺史姚卓文共攻成都假卓文爲指揮應接使卓文不應帝乃下詔削官爵敬瑄卽表仁厚爲東川節度留後楊茂言爲行軍副使楊棠爲諸軍都虞候率兵二萬討之師立遣大將張士安鄭君雄守鹿頭關仁厚次漢州前軍戰德陽師立嬰城閱四旬夜出兵擾北柵仁厚設兩翼而伏披柵門列炬賊不敢進伏發擊走之楊茂言謂仁厚且敗引兵走久乃還明日會諸將仁厚曰副使當以死報天子斬而徇於是士安不敢出師立自督士十戰皆北仁厚約城中斬首惡者賞君雄譁于軍曰天子所討反者耳吾等何與乃與士安譁而進以仁厚書示師立曰請以死謝衆自沈于池死君雄悉誅其家獻首天子仁厚入府縱繫囚賑貧絕詔拜劍南東川節度使光啓二年遂據梓州絕敬瑄君雄時爲遂州刺史亦陷漢州攻成都敬瑄使部將李順之逆戰君雄死又發維茂州羌軍擊仁厚斬之乾寧中皆追贈司徒

趙犫陳州宛丘人世爲忠武軍牙將犫資警健兒弄時好爲營陣行列自號令指顧羣兒無敢亂父叔文見之曰是當大吾門稍長喜書學擊劍善射會昌中從伐潞州收天井關又從征蠻忠武軍功多遷大校黃巢入長安所在盜與陳人詣節度府請犫爲刺史表于朝授之既視事會官屬計曰巢若不死長安必東出關陳其衝也乃培城疏塹實倉庫峙藁薪爲守計民有貲者悉內之繕甲兵募悍勇悉補子弟領兵巢敗果東奔賊將孟楷以萬人寇項犫擊禽之僖宗嘉其功遷累檢校司空巢聞楷死驚且怒悉軍據溵水與秦宗權合兵數十萬繚長壕五周百道攻之州人大恐犫令曰士貴建功立名節今雖衆寡不敵男子當死地求生徒懼無益也且死國不愈生爲賊乎吾家食陳祿誓破賊以保陳異議者斬衆聽命引銳士出戰屢破賊巢益怒將必屠之乃起八仙營於州左僭象宮闕列百官曹署儲糧爲持久計宗權輸鎧仗軍須賊益張犫小大數百戰勝負相當故人心固乃間道乞師於朱全忠未幾汴軍至壁西北陳人思奮犫引兵急擊賊破之圍凡三百日而解中和五年擢彰義軍節度使巢雖敗

宗權始熾略地數千里屠二十餘州唯陳賴犨獨完以功檢校司徒加泰寧浙西兩節度皆在陳幷領之龍紀初進同中書門下平章事忠武軍節度仍治陳州流亡踵還與弟昶至友愛後將老悉以軍事付之乃卒贈太尉犨悉忠力以孤城抗賊巢卒敗亡然附全忠亦賴其力復振故委輸調發助全忠常先它鎮云

昶字大東神采軒異而內沈厚有法度破孟楷功多巢之圍昶夜掫師疲而寢如有神相之者犂曙決戰士爭奮死鬭禽賊酋數人斬級千餘犨領泰寧以昶爲州刺史檢校尚書右僕射當時方鎮言忠壯吏治舉言犨昶犨之老乃授留後還忠武節度使亦留陳進檢校司徒劭勸農桑於人有恩惠加同中書門下平章事乾寧二年卒年五十三贈太尉

犨子珝字有節雄毅喜書善騎射巢之難激厲麾下約皆死以先冢邇賊畏見殘齧卽夜縋死士取柩以入庫有巨弩機牙壞不能張珝以意調治激矢至五百步人馬皆洞賊畏不敢逼以勞檢校尚書右僕射遙領處州刺史昶帥忠武

珝遷行軍司馬䘏之喪知忠武留後政簡濟上下安之全忠表爲忠武軍節度使陳士惡善圯珝壘甓表墉遂無患三加檢校太保光化三年同中書門下平章事進兼侍中封天水郡公按鄧艾故蹟決翟王渠溉稻以利農一家三節度相繼二十餘年陳人宜之天復初韓建帥忠武以珝知同州節度留後昭宗還長安詔入朝賜號迎鑾功臣以檢校太傅爲右金吾衞上將軍從東遷歲餘以疾免卒年五十五贈侍中陳人爲罷市

田頵字德臣廬州合肥人略通書傳沈果有大志與楊行密同里約爲兄弟應州募屯邊還主將行密據廬州頵謀爲多攻趙鍠於宣州鍠出東溪乘暴流以逸阻水解甲謂追騎不能及頵乘輕舠追之鍠驚遂見禽行密表頵爲馬步軍都虞候沙陀叛將安仁義奔淮南行密大喜屬以騎兵使在頵右兩人名冠軍中共攻常州殺刺史杜稜錢鏐方屯潤州一夕潰會孫儒南略頵等屯丹陽儒火揚州壁廣德頵破其屯與戰頵走行密怒奪其兵或諫行密曰彊敵傅壘不用頵非計也行密復將頵儒詒書仁義通好以疑行密行密待益厚署行軍副

使卒用此二人功禽儒乃表仁義爲潤州刺史顒寧國軍節度使累遷檢校太保同中書門下平章事仁義至檢校太保顒已平馮弘鐸至揚州謝行密左右求貲不已獄吏亦有請顒怒曰吏覬吾入獄邪又求池歙爲屬州行密不許顒始怨將還指府門曰吾不復入此是時錢鏐部將徐綰叛鏐入杭州逐綰綰屯靈隱山迎顒顒遣客何曉見鏐曰王宜東保會稽無爲虛屠士衆也鏐曰軍中小叛常然公爲人長何助逆耶顒攻北門鏐登城與語射中麾下顒築壘絕往來道鏐患之出金幣十輿募能奪地者陳璋以死士三百免胄馳擊奪其地鏐授璋衢州刺史顒攻城未能克將濟江絕西陵爲鏐將所却圍益急先是行密欲女鏐子鏐急乃遣元璙迎女且告行密曰顒得志爲患必大請以子爲質願召還顒行密使人謂顒曰不還我遣人代守宣州顒不從鏐輸錢二百萬緡犒軍顒又請鏐子元瓘出質乃與綰引兵還然內怨行密與鏐因移書曰侯王守方以奉天子譬百川不朝于海雖狂奔澶漫終爲涸土不若順流無窮也東南揚爲大刀布金玉積如阜願公上天子常賦顒請悉儲峙單車以從行密答曰

貢賦繇汴而達適足資敵爾於是頵絕行密大募兵李神福白行密頵必叛宜先圖之行密曰頵有大功而反狀未明殺之諸將不爲用頵遣其佐杜荀鶴至汴通好全忠喜屯宿州須變行密以康儒在頵所故授廬州刺史以間之頵怒族其家儒曰公不用吾謀死無地矣頵與安仁義連和攻昇州劫刺史李神福妻息厚養之神福方與劉存攻鄂州行密召之神福謂諸將曰頵反此心腹疾宜速攻之頵遣李皐詒書神福曰公家在此茍從我當分地以王答曰吾以一卒從吳王任上將終不以妻子易意乃斬皐破頵兵於曷山始頵將王壇等以舟師躡神福後至吉陽磯不戰會日暮壇掩神福軍半濟神福反舟順流急擊大破之因縱火士多死明日壇復戰敗於皖口頵乃自將來戰神福曰賊棄城而來此天亡也乃瀕水堅壁不出請行密以兵塞頵走道仁義焚東塘戰艦夜攻常州不克轉戰至夾岡立二幟解甲而息追兵莫敢嚮頵陳舟蕪湖行密遣將王茂章攻潤州仁義以善射冠軍中當時稱朱瑾槊米志誠弩皆爲第一仁義嘗曰志誠弩十不當瑾槊之一瑾槊十不當吾弓之一人以爲然又其治軍

嚴善得士心戰卒數百濠梁不毀開門鬭先告所當中然後射之茂章等不敢與确行密遣使謂曰吾不忘公功能自歸當復爲行軍副使但不可處兵仁義欲降其子固諫乃止行密召其將臺濛泣語曰人嘗告頵必反我不忍負人頵果負我吾思爲將者非公莫可濛頓首謝率騎度江爲陣以行士笑其怯濛曰頵宿將多謀備之何害與王壇等戰廣德濛以行密書遺壇諸將皆再拜氣奪濛麾兵擊之壇走神福既以不戰困頵頵紿言母病還至蕪湖聞壇敗留精兵二萬屬郭行琮身走城濛之行爲狹營小舍覘者以爲才容二千人頵輕之不復召兵與戰黄池矢石始交而濛遁兵爭逐北遇伏頵大敗召蕪湖兵不得入行琮及壇皆歸行密頵恚自料死士數百號爪牙都身薄戰濛退軍示弱士超隍濛殊死戰軍潰頵奔城橋陷爲亂兵所殺年四十六其下猶鬭示頵首乃潰頵始以元瓘歸戰不勝輒欲殺之頵母護免及鏐與行密合頵曰今日不勝必殺元瓘已而頵死傳首至淮南行密泣下葬以庶人禮亦葬康儒還元瓘於杭頵善爲治資寬厚通利商賈民愛之善遇士若楊夔康軿夏侯淑殷文圭王希

羽等皆爲上客文圭有美名全忠繆交辟不應頵置田宅迎其母以甥事之故文圭爲盡力夔知頵不足亢行密著溺賦以戒頵不用行密使王茂章穴地取潤州安仁義以家屬保城樓兵不敢登召李德誠曰汝可以委命乃抵弓矢就縛父子斬揚州市濛字頂雲亦合淝人頵破行密表爲檢校太保宣州觀察使天祐初卒

朱延壽者廬州舒城人事行密破秦彥畢師鐸趙鍠孫儒功居多行密欲以寬恕結人心而延壽敢殺時揚州多盜捕得者行密輒賜所盜遣之戒曰勿使延壽知已而陰許延壽殺之初壽州刺史高彥温舉州入朱全忠行密襲之諸將憚城堅不可拔延壽鼓之拔其城卽表爲淮南節度副使全忠猶屯壽春延壽以新軍出每旗五伍爲列遣李厚以十旗擊西偏不勝將斬之厚請益五旗殊死戰全忠引去於是取黃蘄光三州以功還壽州團練使昭宗在鳳翔詔延壽圍蔡以披全忠勢擢奉國軍節度使全忠兵每至延壽開門不設備而不敢逼也延壽用軍常以寡鬬衆敗還者盡斬之田頵之附全忠延壽陰約曰公有所

爲我願執鞭頵喜二人謀絶行密行密憂甚紿病目行觸柱僵妻延壽姊也掖之行密泣曰吾喪明諸子幼得舅代我無憂矣遣辯士召之延壽疑不肯赴姊遺婢報故延壽疾走揚州拜未訖士禽殺之而廢其妻

贊曰全忠唐之盜也行密志梟其元而後已田頵使出軍賦而助之此其謀責難而絶之非忠於唐也棄所附而覬尊大亦已妄矣孔子稱孟公綽爲趙魏老則優不可以爲滕薛大夫如仁厚田朱材不足爲吳蜀之老可與專天子哉

唐書卷一百八十九

唐書卷一百八十九考證

田頵傳侯王守方以奉天子譬百川不朝于海雖狂奔澶漫終爲洄土○天子下疑有闕文

唐書卷一百八十九考證

唐書卷一百九十

宋端明殿學士宋祁撰

列傳第一百一十五

三劉成杜鍾張王

劉建鋒字銳端蔡州朗山人爲忠武軍部將與孫儒馬殷同事秦宗權儒之敗建鋒殷收散卒轉寇江西有衆七千推建鋒爲主殷爲前鋒張佶爲謀主略洪虔數州衆遂十餘萬乾寧元年取潭州殺武安節度使鄧處訥自稱節度留後奏表京師詔卽拜檢校尚書左僕射武安軍節度使建鋒已得志卽嗜酒不事事新息小史陳贍爲建鋒御者妻美且豔乃私之贍怒袖鐵撾擊建鋒死斷其喉衆推張佶爲帥佶固辭馬踶傷佶左髀下令曰吾非而主時馬殷攻邵州未克於是遣人迎殷磔贍于市殷至佶坐受其謁既而率將吏推殷爲留後詔卽除檢校太傅潭州刺史殷以成汭楊行密劉隱皆養士以圖王霸謂其屬高郁曰吾欲重幣以奉四鄰而固吾境計安出郁曰荊南闇弱焉能患我淮南我讎

也固不吾援公若寘邸京師歸天子職貢王人來錫命四方畏服然後按兵討
不廷覇業成矣殷悟厚結宣武朱全忠以請于朝乃拜湖南節度兵馬留後郁
又教殷鑄鉛鐵錢十當銅錢一民得自摘山收茗算募高戶置邸閣居茗號八
牀主人歲入算數十萬用度遂饒於是收邵衡永道郴連六州進攻桂州執留
後劉士政諸城望風奔潰盡得昭賀梧象柳宜蒙等州又攻容管執寧遠節度
使龐巨曦虜其衆及貴昭宗在鳳翔難方亟遣中人間道賜朱書密詔使殷與
楊行密攻汴州殷兵訖不出
殷弟賨沈勇知書史從孫儒爲盜晚事楊行密爲黑雲軍使與錢鏐戰數有功
夜臥常有光怪行密知之曰吾今歸汝于兄辭曰賨一敗卒公待以不死湖南
在宇下朝亡夕至但誼不忍舍公行密具齎以遣曰爾還與兄共食湘楚然何
以報我答曰願通二國好使商賈相資行密喜既至殷表以自副每勸殷與行
密連和殷畏全忠卒不克殷與建鋒同里人凡宗權黨散爲盜者皆以酷烈相
矜時通名蔡賊云

成汭青州人少無行使酒殺人亡為浮屠後入蔡賊中為賊帥假子更姓名為
郭禹當戍江陵亡為盜保火門山後詣荊南節度使陳儒降署裨校久之張瓌
因儒以禹凶慓欲殺之禹結千人奔入峽夜有蛇環其所祝曰有所負者死生
唯命既而蛇亡禹乃襲歸州入之自稱刺史招還流亡訓士伍得勝兵三千秦
宗權故將許存奔禹禹以青州剽卒三百畀之使討荊南部將牟權于清江禽
權取其衆禹又破其將王建肇建肇奔黔州昭宗拜禹荊南節度留後始改名
汭復故姓宗權餘黨常厚攻夔州是時西川節度使王建遣將屯忠州與夔州
刺史毛湘相脣齒厚屯白帝汭率存乘二軍之間攻之二軍使人誶辱汭韓楚
言尤劇汭恥之曰有如禽賊當支解以逞會存夜斬營襲厚破之厚奔萬州為
刺史張造所拒走綿州存入夔州楚言妻李語夫曰君常辱軍且支解不如前
死楚言不決李礪刀席下方共食復語之夫曰未可知李取刀斷其首幷殺三
子乃自剄汭畏其烈禮葬之刻石表曰烈女即使司馬劉昌美守夔率存泝江
略雲安建將皆奔存按兵渝州盡下瀕江州縣時王建肇據黔州自守帝以建

肇爲武泰軍節度使汭遣將趙武率存攻之建肇走汭乃以武爲留後存爲萬州刺史存不得志汭遣客伺之方蹴毬汭曰存必叛自試其力矣遣將襲之存夜率左右超堞走與王建肇皆降於王建汭頗知吏治嘗錄囚盡其情墊江賊陰殺令其主簿疑小史導之訊不承臨刑曰我且訟地下踰月吏暴死汭聞益詳於獄始治州民版無幾未再朞自占者萬餘帝數詔刻石頌功輒固辭時鎮國節度使韓建亦以治顯號北韓南郭汭進累檢校太尉中書令上谷郡王雲安榷鹽本隸鹽鐵汭擅取之故能畜兵五萬初任賀隱隱賢者也故汭所舉少過晚得妻父任之譖害諸子汭皆手殺之至絕嗣澧朗本荆南隸州爲雷滿所據別爲節度汭數請之宰相徐彥若不許及彥若罷道江陵汭出怨言彥若曰公專一面自視桓文一賊不能取而怨朝廷乎汭大慚晚喜術士餌藥瀕死而蘇天復三年帝詔淮南節度使楊行密圍鄂州朱全忠使韓勍救之諷汭與馬殷雷彥威掎角汭身自將而行下知汭不足亢行密無敢諫惟親吏楊師厚勸之汭爲巨艦堂皇悉備行至公安卜不吉欲還師厚曰公舉全軍中道還何以

見百姓汭乃行彥威潛師略江陵汭諸將念私無鬬志淮南將李神福壁沙橋望汭軍曰戰艦雖盛首尾斷絕可取也擊汭君山敗之火其船衆大潰汭投江死士民皆爲彥威所劫韓勍走還王建遂取夔施忠萬四州天祐中全忠表汭死國事請與杜洪皆立廟云

杜洪鄂州人爲里俳兒乾符末黃巢亂江南永興民皆亡爲盜刺史崔紹募民彊雄者爲士團軍賊不敢侵於是人人知兵杭州刺史路審中爲董昌所拒走客黃州中和末聞紹卒募士三千入鄂州以守洪爲州將有功亦逐岳州刺史居之光啓二年安陸賊周通率兵攻審中審中亡去洪乘虛入鄂自爲節度留後僖宗卽拜本軍節度使是時永興民吳討據黃州駱殷據永興二人皆隸土團者也故軍剽甚洪雖得節制而附朱全忠絕東南貢路乾寧初身自將擊討乞師淮南楊行密遣朱延壽助之洪引還延壽拔黃州俘討獻京師駱殷棄永興走行密取其地洪得駱殷倚爲心腹間取永興守之全忠方圍鳳翔昭宗遣使者東出道武昌洪皆殺之時行密略光州詔洪出兵與忠義趙匡凝武安馬

殷襲安州行密使李神福劉存率舟師萬人討洪駱殷棄永興走縣民方詔守以待命神福已得詔大喜以永興壯縣饋餉所仰旣得鄂半矣遂進圍鄂州洪嬰城請救於汴全忠率兵五萬營霍丘行密禦之汴兵不利引還使別將吳章以三千兵解圍神福迎破之時全忠方與河東軍薄戰故不能救洪洪乃求助於馬殷殷不答洪計窮復走全忠全忠遣曹延祚合吳章兵萬三千救洪淮南將劉存濬坎傅城殷爲洪謀曰淮兵深入仰永興以濟若奇兵取之賊不戰而潰洪以精兵合汴人間道掩永興三十里而舍存以方詔苗璘當之汴士卒走淮壁言軍虛實曰鄂軍懦可取開道軍不可當也璘曰殺強則弱者撓矣乃自擊開道軍敗之禽汴士三百人徇城下洪軍氣沮存使辯士臨說洪恃汴方強無降意或勸存急擊援兵則城自下存曰擊之賊入則城固矣若縱其遁城可取也俄而汴軍走是日城陷執洪及曹延祚窮斬其餘行密見洪責曰爾同逆賊弒主與孤爲仇吾軍還而復爲賊後拒今定何如洪謝曰不忍負朱公與延祚皆斬揚州市以劉存守鄂州行密死馬殷遂取其地

鍾傳洪州高安人以負販自業或勸其爲盜必大顯時王仙芝猖狂江南大亂衆推傳爲長乃鳩夷獠依山爲壁至萬人自稱高安鎮撫使仙芝遣柳彥璋略撫州不能守傳入據之言諸朝詔卽拜刺史中和二年逐江西觀察使高茂卿遂有洪州撫民危全諷閭傳之去竊州以叛使弟仔昌據信州僖宗擢傳江西團練使俄拜鎮南節度使檢校太保中書令爵穎川郡王又徙南平傳率兵圍撫州天火其城士民讙驚諸將請急攻之傳曰乘人之險不可乃祝曰全諷罪無害民者火卽止全諷聞謝罪聽命以女女傳子匡時傳以匡時爲袁州刺史繫馬殷又以彭玕爲吉州刺史玕健將也傳倚以爲重廣明後州縣不鄉貢惟傳歲薦士行鄉飲酒禮率官屬臨觀資以裝齎故士不遠千里走傳府傳少射獵醉遇虎與鬬虎搏其肩而傳亦持虎不置會人斬虎然後免旣貴悔之戒諸子曰士處世尚智與謀勿效吾暴虎也乃畫搏虎狀以示子孫凡出軍攻戰必禱佛祠積餌餅爲犀象高數尋晚節重斂商人至棄其貨去天祐三年卒匡時自立爲節度觀察留後次子匡範爲江州刺史怨兄立挈州附淮南因言兄結

汴人圖揚州楊渥使秦裴攻匡時圍洪州匡時城守不出凡三月城陷淮軍大掠三日止執匡時及司馬陳象歸揚州渥切責匡時頓首請死渥哀赦之斬象于市彭玕既失援厚結馬殷且覘虛實使者還曰殷將校輯睦未可圖也遂歸款玕通左氏春秋嘗募求西京石經厚賜以金揚州人至相語曰十金易一筆百金償一篇況得士乎故士人多往依之始危全諷聞匡時立喜曰聽鍾郎爲節度三年我自取之及渥兵盛不敢救潛謀攻渥會淮南亡將王茂章過州請曰聞公欲大舉願見諸將軍才否全諷蒐衆十萬邀茂章觀之對曰揚州有士三等公衆正當其下盍更益之全諷不能答後爲楊氏所幷

劉漢宏本兗州小史從大將擊王仙芝劫輜重叛去乾符末略江陵焚民室廬壥無完家於是都統王鐸遣將崔鍇降之表爲宿州刺史漢宏恨賞薄有望言會浙東觀察使柳瑫得罪乃授漢宏觀察使代之僖宗在蜀貢輸踵驛而西帝悅寵其軍爲義勝軍即授節度使漢宏既有七州志侈大輒曰天下方亂卯金刀非吾尚誰哉鵶噪諸廷命斫樹或曰巨木不可伐怒曰吾能斬白蛇何畏一

木中和二年遣弟漢宥率諸將攻杭州壁西陵爲董昌所敗復遣兵七萬瀕江而屯昌使錢鏐宵濟襲破之明年漢宏屯黃嶺發洞獠同攻昌鏐出富陽擊諸營多潰去漢宏大沮悉軍十萬列艦西陵謀宵濟襲昌禱於江有一矢墜前惡之俄與鏐遇鏐俘馘五千漢宏羸服走或執之紿而免明日復戰鏐斬其弟漢容將辛約時鍾季文守明州盧約處州蔣瓌婺州杜雄台州朱褒温州褒兵最彊故漢宏使褒治大艦習戰以史惠施堅實韓公汶將其軍帝聞杭越拏戰遣中人焦居璠持節詔通好皆不奉詔光啓二年鏐率諸將攻越自趨導山破公汶於曹娥埭與褒戰燒其艦進屯豐山堅實詣鏐降漢宏率麾下六百人走台州鏐斬其母妻于屯杜雄饗其軍皆醉執漢宏以畀董昌漢宏曰自古豈有不亡國邪昌使斬于市叱刑者曰吾節度使非庸人可殺我嘗夢持金殺我者必錢鏐也昌命鏐斬之

張雄泗州漣水人與里人馮弘鐸皆爲武寧軍偏將弘鐸爲吏辱雄爲辯數弁見疑於節度使時溥二人懼禍乃合兵三百度江壁白下取蘇州據之稍稍嘯

會戰艦千餘兵五萬乃自號天成軍鎮海節度使周寶之敗奔常州聞高駢將徐約兵銳甚誘之使擊雄與之蘇州雄匿衆海中使別將趙暉據上元貸以舟械寶兵散多降暉衆數萬雄即以上元爲西州負其才欲治臺城爲府旌旗衣服僭王者楊行密圍揚州畢師鐸厚齎寶幣啗雄連和雄率軍浮海屯東塘是時揚州圍久皮囊革帶食無餘軍中殺人代糧纔千錢聞雄至間道挾珍走軍以銀二斤易斗米逮糠籺以差爲直雄軍富過所欲即不戰去暉數剽江道雄擊殺之坑其衆自屯上元大順初以上元爲昇州詔授雄刺史未幾卒雄善馭衆人思之爲立廟弘鐸代爲刺史弘鐸善騎射侃侃若儒者行密已得淮南弘鐸納好然倚兵艦完利謀取潤州遣客尙公迺進說行密行密不從客曰公不見聽未知勝幾樓船時行密大將田頵在宣州陰圖弘鐸募工治艦工曰上元爲舟市木遠方堅緻可勝數十歲頵曰我爲舟於一用不計其久取木於境可也弘鐸介宣揚間不自安而州數有怪天復二年大風發屋巨木飛舞州人駭曰州且易主大將馮暉等勸弘鐸悉軍南鄕聲言討鍾傳實襲頵行密知之遣

客說止不聽額逆擊於曷山弘鐸大敗收殘士欲入海行密懼復振遣人迎犒東塘好謂曰兵有勝負今衆尚彊乃自棄于海奈何吾府雖隘尚可以居若欲揚州我且讓公弘鐸舉軍盡哭行密挐飛艫不持兵入其軍執弘鐸手尉勉遂以歸表爲淮南節度副使見尚公迺曰頗憶爲馮公求潤州否何多尚邪謝曰臣爲君恨其未遂行密笑曰吾得君尚何憂

徐約者曹州人已得蘇州有詔授刺史錢鏐遣弟銶攻之約驅民壘鑱其彤曰願戰南都從事或曰都者國稱杭終有國乎約後寖窘與其下哭而別入海死鏐使沈粲守蘇州約衆降潤州阮結結不能定鏐以成及討之盡殲其衆

王潮字信臣光州固始人五代祖曄爲固始令民愛其仁留之因家焉世以貲顯僖宗入蜀盜與江淮壽春亡命王緒劉行全合羣盜據壽州未幾衆萬餘自稱將軍復取光州劫豪傑置軍中潮自縣史署軍正主廩庾士推其信緒提二州籍附秦宗權宅日賦不如期宗權切責緒懼與行全拔衆南走略潯陽贛水取汀州自稱刺史入漳州皆不能有也初以糧少故兼道馳約軍中曰以老孺

從者斬潮與弟審邽審知奉母以行緒切責潮曰吾聞軍行有法無不法之軍對曰人皆有母不聞有無母之人緒怒欲斬其母三子同辭曰事母猶事將軍也殺其母焉用其子緒赦之會母死不敢哭夜殯道左時望氣者言軍中當有暴興者緒潛視魁梧雄才皆以事誅之衆懼次南安潮語行全曰子美須眉才絕衆吾不知子死所而行全怪寤亦不自安與左右數十人伏叢翳伺縛緒以徇衆呼萬歲推行全爲將軍辭曰我不及潮請以爲主潮苦讓不克乃除地剚劍祝曰拜而劍三動者我以爲主至審知劍躍於地衆以爲神皆拜之審知讓潮自爲副緒歎曰我不能殺是子非天乎潮令于軍曰天子蒙難今當出交廣入巴蜀以斡王室於是悉師將行會泉州刺史廖彥若貪暴聞潮治軍有法故州人奉牛酒迎潮乃圍城歲餘克之殺彥若遂有其地初黃巢將竊有福州王師不能下建人陳巖率衆拔之又逐觀察使鄭鎰自領州詔卽授刺史久之巖卒其壻范暉擁兵自稱留後巖舊將多歸潮言暉可取潮乃遣從弟彥復將兵審知監之攻福州審知乘白馬麾行陣望者披靡號白馬將軍暉守彌年不下

潮令曰兵盡益兵將盡益將兵將盡則吾至矣於是彥復急攻暉亡入海追斬之建汀二州皆舉籍聽命潮乃盡有五州地昭宗假潮福建等州團練使俄遷觀察使乃作四門義學還流亡定賦斂遣吏勸農人皆安之乾寧中寵福州爲威武軍卽拜潮節度使檢校尚書左僕射卒贈司空潮病以審知權節度讓審邽不許詔審知檢校刑部尚書節度觀察留後厚事朱全忠全忠薦爲節度使同中書門下平章事帝在鳳翔賜審知朱詔自三品皆得承制除授天祐初進瑯邪郡王

審邽字次都爲泉州刺史檢校司徒喜儒術通書春秋善吏治流民還者假牛犂與完廬舍中原亂公卿多來依之振賦以財如楊承休鄭璘韓偓歸傳懿楊贊圖鄭戩等賴以免禍審邽遣子延彬作招賢院以禮之

劉知謙壽州上蔡人避亂客封州爲清海牙將節度使韋宙以兄女妻之衆謂不可宙曰若人狀貌非常吾以子孫託之黃巢自嶺表北還湖湘間羣盜蟻結知謙因據封州有詔卽授刺史兼賀水鎮使以遏梧桂知謙撫納流亡愛嗇用

度養士卒未幾得精兵萬人多具戰艦境內肅然久之疾病召諸子曰今五嶺盜賊方興吾有精甲犀械爾勉建功時哉不可失也知謙卒共推其子隱爲嗣清海軍節度使劉崇龜表爲封州刺史嗣薛王知柔代領節度未至而牙將盧琚叛隱率兵奉迎知柔直趨廣州禽琚獻之於是知柔以聞昭宗拜隱本軍行軍司馬俄遷副使天復初節度徐彥若死隱自稱留後虔人盧光稠者有衆數萬據州自爲留後又取韶州隱與爭之戰不勝悉師攻虔州光稠伏軍掉戰隱縱軀伏發挺身免天祐初始詔隱權節度留後乃遣使者入朝重賂朱全忠以自固是歲光稠死子延昌自稱刺史爲其下所殺更推李圖總州事圖死鍾傳盡劫其衆欲遣子匡時守之不克州人自立譚全播爲刺史附全忠云

唐書卷一百九十

唐書卷一百九十一

宋　端　明　殿　學　士　宋　祁　撰

列傳第一百一十六

忠義上

夫有生所甚重者身也得輕用者忠與義也後身先義仁也身可殺名不可死志也大凡捐生以趣義者寧豫期垂名不朽而爲之雖一世成敗亦未必濟也要爲重所與終始一操雖頹嵩岱不吾壓也夷齊排周存商商不害亡而周以興兩人至餓死不肯屈卒之武王蒙慚德而夷齊爲得仁仲尼變色言之不敢少損焉故忠義者眞天下之大閑歟姦鈇逆鼎搏人而肆其毒然殺一義士則四方解情故亂臣賊子䶵然疑沮而不得逞何哉欲所以爲彼者而爲我也義在與在義亡與亡故王者常推而褒之所以砥礪生民而窒不軌也雖然非烈丈夫曷克爲之彼委靡輭熟偷生自私者眞畏人也哉故次叙夏侯端以來凡三十三人于左方

夏侯端壽州壽春人梁尚書左僕射詳孫也仕隋爲大理司直高祖微時與相友大業中討賊河東表端爲副端邃數術密語高祖曰玉牀搖帝坐不安晉得歲真人將興安天下之亂者其在公乎但上性沈忌內惡諸李今金才已誅次且取公宜早爲計帝感其言義師興端在河東吏捕送長安帝入京師釋囚引入臥內擢祕書監李密之降關東地未有所屬端請假節招諭乃拜大將軍爲河南道招慰使即傳檄州縣東薄海南捷淮二十餘州遣使順附次譙州會亳汴二州刺史已降王世充道塞無所歸計窮彷徨麾下二千人糧盡不忍委端去端乃殺馬宴大澤中謂衆曰我奉王命義無屈公等有妻子徒死無益吾丐若首持與賊以取富貴衆號泣不忍視端亦泣欲自刎爭持之乃止行五日餓死十四三遇賊衆潰從者纔三十餘人遂東走擷豐豆以食端持節臥起歎曰平生不知死地乃在此縱其下令去毋俱沒會李公逸守杞州勒兵迎端時河南地悉入世充公逸感端之節亦固守世充遣人以淮南郡公尚書少吏部印綬召端解所服衣以贈端曰吾天子使寧汙賊官耶非持首去不可見即焚書

及衣因解節毛懷之閒道走宜陽歷崖峭榛莽比到其下僅有在者皆體髮𤸃焦人不堪視端入謁自謝無功不及危困狀帝憫之復拜秘書監出爲梓州刺史散祿稟周孤窮不爲子孫計貞觀元年卒

劉感岐州鳳泉人後魏司徒豐生孫也武德初以驃騎將軍戍涇州爲薛仁杲所圍糧盡殺所乘馬啖士而煑骨自飲至和木屑以食城垂陷長平王叔良救之賊乃解與叔良出戰爲賊執還圍涇州令感約城中降感紿諾至城下大呼曰賊大飢亡在朝暮秦王數十萬衆且至勉之無苦仁杲怒執感埋其半土中馳射之至死詈益甚賊平高祖購得其尸祭以少牢贈瀛州刺史爵平原郡公封戶二千謚忠壯詔其子嗣封爵賜田宅焉

常達陝州陝人仕隋爲鷹擊郎將嘗從高祖征伐與宋老生戰霍邑軍敗自匿帝意已死久乃自歸帝大悅命爲統軍拜隴州刺史時薛舉方強達敗其子仁杲斬首千級舉遣將仵士政紿降達不疑厚加撫接士政伺隙劫之并其衆二千歸賊舉指其妻謂達曰識皇后乎答曰彼癭老嫗何所道舉奴張貴又曰亦

識我否達瞋目曰若乃奴耳責忿舉笏擊其面達不爲懾亦拔刀逐之趙弘安爲蔽捍乃免仁杲平帝見達勞曰君忠節正可求之古人爲執士政殺之賜達布帛三百段以達幷劉感事授史臣令狐德棻云終隴西刺史

敬君弘絳州絳人北齊尚書右僕射顯儁曾孫也累功歷驃騎將軍封黔昌侯以屯營兵守玄武門隱太子之死左右解散其車騎將軍馮立者有材武歎曰生賴其寵死不共難我無以見士大夫乃與巢王親將謝叔方率兵攻玄武門殊死鬬君弘挺身出或曰事未可判當按兵待變成列而鬬可也不從與中郎將呂世衡呼而進皆戰歿立顧其下曰足以報太子矣遂解兵走君弘等敗秦府兵不振尉遲敬德擲巢王首示叔方叔方下馬慟亦出奔明日自歸太宗曰義士也置之俄而立又至帝讓曰汝離我兄弟罪一也殺我將士罪二也何所逃死答曰出身事主當戰之日不知其宅因伏地悲不自勝帝亦勞遣之詔贈君弘左屯衛大將軍世衡右驍衛將軍立已蒙貸歸語人曰上赦吾罪吾當以死報未幾突厥犯便橋立引數百騎與虜薄敗之咸陽帝喜授廣州都督前日

牧守苛肆爲蠻夷患故數叛立至不事家産衣食弗求羸嘗見貪泉曰此豈隱之所酌邪吾雖曰汲庸易吾性哉遂劇飲去在職不三年有惠愛卒于官

叔方歷伊州刺史善治軍戎華愛之累加銀青光祿大夫徙洪廣二州都督卒謚曰勤本萬年人從巢王征討有功王表爲屈咥真府左軍騎云

呂子臧蒲州河東人剛直健于吏隋大業末爲南陽郡丞捕擊盜賊有功高祖入京師遣馬元規慰輯山南獨子臧堅守元規遣士諷曉子臧殺之及煬帝已弑帝更使其壻薛君倩齎詔言隋所以亡諭子臧子臧爲故君發喪訖卽送款就拜鄧州刺史封南陽郡公武德初朱粲新衂子臧率兵與元規幷力元規兵不進子臧曰乘賊新敗上下惶沮一戰可禽若還延其衆稍集吾食盡致死於我不可當也不納子臧請以所部兵獨進又不許俄而粲得衆復張元規嬰城子臧扼腕曰謀不見用坐公死矣賊圍固會霖雨雉堞崩剝或勸其降子臧曰我天子方伯且降賊乎乃率麾下數百人赴敵死城亦陷元規死之元規安陸人初以隊正從帝征伐持節下南陽得兵萬餘然無謀以至于敗

王行敏幷州樂平人隋末爲盜長高祖興來降拜潞州刺史遷屯衛將軍劉武周入幷州寇上黨取長子壺關或言刺史郭子武懦不支且失潞帝遣行敏馳往既至與子武不叶賊圍急儲偫空乏衆恫懼行敏患之會有告子武謀反遂斬之州民陳正謙者以信義稱鄉里出粟千石濟軍由是人自奮賊乃去行敏又敗竇建德兵於武陟武德四年督兵徇燕趙與劉黑闥戰歷亭破之既而釋甲不設備爲黑闥所掩縛致麾下終不屈賊遂斬之且死西向跪曰臣之忠惟陛下知之帝聞而悼惜黑闥之亂死事者又有盧士叡李玄通

士叡客韓城隋亂結納英豪高祖與之舊及兵興率數百人上謁汾陰又使兄子諭降劇賊孫華與劉弘基敗隋將桑顯和於飲馬泉擢累右光祿大夫爲瀛州刺史黑闥遣輕騎破其郛拒戰半日士見親屬係虜乃潰士叡爲賊禽欲使說下城堡不從見殺

玄通藍田人爲隋鷹揚郎將高祖入關率所部自歸拜定州總管爲黑闥所破愛其才欲以爲將玄通曰吾當守節以報烏能降志賊邪不聽因之故吏有餉

飲餽者玄通曰諸君見哀吾能一醉遂縱飲謂守者曰吾能劍舞可借刀守士與之曲終仰天太息曰大丈夫撫方面不能保所守尙何視息邪乃潰腹死帝爲流涕擢其子伏護大將軍

羅士信齊州歷城人隋大業時長白山賊王薄左才相孟讓攻齊郡通守張須陁率兵擊賊士信以執衣年十四短而悍請自效須陁疑其不勝甲少之士信怒被重甲左右鞬上馬顧眄須陁許之擊賊濰水上陣纔列執長矛馳入賊營刺殺數人取一級擲之承以矛戴而行賊皆眙懼無敢亢須陁乘之大破賊士信逐北每殺一賊輒劓鼻納諸懷暨還驗以代級須陁歎伏遺以所乘馬凡戰須陁先登士信副以爲常煬帝遣使圖須陁士信陣法上內史後須陁爲李密所殺士信與裴仁基歸密署總管俾統所部討王世充身被重創見獲於世充世充愛其才厚遇之與同寢食後得密將邴元眞等故士信稍稍疏斥士信恥與伍率所部千餘人來降高祖拜陝州道行軍總管因謀世充士信行則先鋒反則殿有所獲悉散戲下有功者或脫衣解馬賜之士以故用命然持法嚴至

親舊無少貸其下亦不甚附師次洛陽攻千金堡堡有惡言詬軍士信怒夜遣百人載嬰兒號譟堡下若自東都出奔者既而陽悟曰非也此千金堡耳因散去堡兵開門追掠士信伏入屠之無類賊平授絳州總管封鄭國公從秦王擊劉黑闥洺水上得一城王君廓戍之賊急攻潰而出王語諸將孰能守此士信曰願以守乃命之士信已入賊悉衆攻方雨雪救軍不得進城陷黑闥欲用之不屈而死年二十八王隱悼購其尸以葬諡曰勇初士信爲仁基所禮及東都平出家財斂葬北邙以報德且曰我死當墓其側至是如所志

張道源幷州祁人名河以字顯年十四居父喪士人賢其孝縣令郭湛署所居曰復禮鄉至孝里道源嘗與客夜宿客暴死道源恐主人怨怖臥尸側至曙乃告又徒步護送還其家隋末政亂辭監察御史歸閭里高祖興署大將軍府戶曹參軍至賈胡堡復使守幷州京師平遣撫慰山東下燕趙有詔褒美封累范陽郡公淮安王神通略定山東令守趙州爲竇建德所執會建德寇河南間遣人詣朝請乘虛擣賊心脅卽詔諸將率兵影接俄而賊平還拜大理卿時何稠

得罪籍其家屬賜羣臣道源曰禍福何常安可利人之亡取其子女自奉仁者不爲也更資以衣食遣之天子見其年耆拜綿州刺史卒贈工部尚書諡曰節

道源雖官九卿無貲產比亡餘粟二斛詔賜帛三百段

族孫楚金有至行與兄越石皆舉進士州欲獨薦楚金固辭請俱罷都督李勣歎曰士求才行者也旣能讓何嫌皆取乎乃並薦之累進刑部侍郎儀鳳初彗見東井上疏陳得失高宗欽納賜物二百段武后時歷秋官尚書爵南陽侯有清槪然尚文刻當時亦少之爲酷吏所構流死嶺表

李育德趙州人祖諤仕隋通州刺史爲名臣世富于財家僮百人天下亂乃私完械甲嬰武陟城自保人多從之遂爲長劇賊來掠不能克隋亡與柳燮等歸李密私署總管密爲王世充所破以郡來降卽拜陟州刺史兄厚德自賊所逃歸度河復被執賊使招育德陽許之故兄不死賊帥段太師令裨校以兵守厚德陰得其驢乃與州人賈慈行謀逐賊慈行夜登城呼曰唐兵登矣厚德自獄擁羣囚譟而出斬長史衆不敢動太師縋城走卽拜殷州刺史厚德省親留育

德以守引兵拔賊河內堡三十一所世充怒悉銳士攻之城陷猶力戰與三弟皆歿時死節者又有李公逸張善相凡三人

公逸者與族弟善行居雍丘以才雄爲衆所歸始附王世充策其必敗乃獻款高祖因其地置杞州即拜總管封陽夏郡公以善行爲刺史世充遣其弟將徐亳兵攻之公逸請援未報因使善行守身入朝言狀至襄城爲賊邏送洛陽世充曰君越鄭臣唐何哉答曰我於天下唯聞有唐賊怒斬之善行亦死帝悼惜封其子襄邑縣公

善相襄城人大業末爲里長督兵迹盜爲衆附賴乃據許州奉李密密敗挈州以來詔即授伊州總管王世充攻之屢困賊遣使三輩請救朝廷未暇也會糧盡衆餓死善相謂僚屬曰吾爲唐臣當效命君等無庸死斬吾首以下賊可也衆泣不肯曰與公同死愈於獨生城陷被執罵賊見殺高祖歎曰吾負善相善相不負我乃封其子襄城郡公

高叡京兆萬年人隋尚書左僕射熲孫也舉明經稍遷通義令有治勞人刻石

載德歷趙州刺史平昌縣子聖曆初突厥默啜入寇圍嬰城拒虜攻益急長史唐波若度且陷卽與虜通圍覺之力不能制卽自經不得死爲虜執使降諭諸縣不肯應見殺初虜至有爲圍計者突厥鋒銳所向無完公不能亢且當下之答曰我刺史不戰而降罪大矣武后歎息贈冬官尚書謚曰節詔誅波若籍其家下制暴圍忠節波若臣賊使天下知之

子仲舒通故訓學擢明經爲相王府文學王所欽器開元初宋璟蘇頲當秉多咨訪焉時舍人崔琳練達政宜璟等禮異之常語人曰古事問高仲舒時事問崔琳何復疑終太子右庶子

安金藏京兆長安人在太常工籍睿宗爲皇嗣少府監裴匪躬中官范雲仙坐私謁皇嗣皆殊死自是公卿不復見唯工優給使得進俄有誣皇嗣異謀者武后詔來俊臣問狀左右畏慘楚欲引服金藏大呼曰公不信我言請剖心以明皇嗣不反也引佩刀自剚腹中腸出被地眩而仆武后聞大驚輿致禁中命高醫內腸褫桑皮線紩之閱夕而蘇后臨視歎曰吾有子不能自明不如爾之忠也

卽詔停獄睿宗乃安當是時朝廷士大夫翕然稱其誼自以爲弗及也神龍初母喪葬南闕口營石墳晝夜弗息地本卬燥泉忽湧流廬之側季冬有華犬鹿相擾本道使盧懷慎上其事詔表闕于閭景雲時遷右武衛中郎將玄宗屬其事於史官擢右驍衛將軍爵代國公詔鑱其名於泰華二山碑以爲榮卒配饗睿宗廟廷大曆中贈兵部尙書謚曰忠以子承恩爲廬州長史中和中擢其遠孫敬爲太子右諭德

王同皎相州安陽人陳駙馬都尉寬曾孫也陳亡徙河北長安中尙太子女安定郡主拜典膳郎太子中宗也桓彥範等誅二張遣同皎與李湛李多祚卽東宮迎太子請至玄武門指授諸將太子拒不許同皎進曰逆豎反道顯肆不軌諸將與南衙執事刻期誅之須殿下到以係衆望太子曰上方不豫得無不可乎同皎曰將相毀家族以安社稷奈何欲內之鼎鑊乎太子能自出諭之衆乃止太子猶豫同皎卽扶上馬從至玄武門斬關入兵趨長生殿太后所環侍嚴定因奏誅易之等狀帝復位擢右千牛將軍封琅邪公食實戶五百主進封公

主拜同皎駙馬都尉遷光祿卿神龍後武三思烝濁王室同皎惡之與張仲之祖延慶周憬李悛冉祖雍謀須武后靈駕發伏弩射殺三思會播州司兵參軍宋之遜以外妹妻延慶延慶辭之遜固請乃成昏延慶心厚之不復疑故之遜子曇得其實之遜兄之問嘗舍仲之家亦得其謀令曇密語三思三思遣悛上急變且言同皎欲擁兵闕下廢皇后帝殊不曉大怒斬同皎於都亭驛籍其家同皎且死神色自如仲之延慶皆死憬遁入比干廟自剄將死謂人曰比干古忠臣神而聰明其知我乎后三思亂朝虐害忠良滅亡不久可干吾頭國門見其敗也憬壽春人後太子重俊誅三思天下共傷同皎之不及見也睿宗立詔復官爵謚曰忠壯誅祖雍悛等先是許州司戶參軍燕欽融再上書斥韋后擅政且逆節已萌后怒勸中宗召至廷撲殺之宗楚客復私令衛士極力故死又博陵人郎岌亦表后及楚客亂被誅至是俱贈諫議大夫備禮改葬賜欽融一子官

同皎子繇尚永穆公主生子潛字弘志生三日賜緋衣銀魚幼莊重不喜兒弄

以帝外孫補千牛復選尙公主固辭元和中擢累將作監吏或籍名北軍輒驕

墮不事濳悉奏罷之故不戒而辦監無公食而息錢舊皆私有至濳取以具食

遂爲故事遷左散騎常侍拜涇原節度使憲宗與對大悅曰吾知而善職我自

用之濳至鎭繕壁壘積粟構高屋偫兵利而嚴遂引師自原州踰硤石取虜將

一人斥烽候築歸化潘原二壘請復城原州度支沮議故原州復陷穆宗卽位

封瑯琊郡公更節度荊南疏吏惡榜之里閭殺尤縱者分射三等課士習之不

能者罷故無冗軍太和初檢校尙書左僕射卒于官贈司空

吳保安字永固魏州人氣挺特不俗睿宗時姚巂蠻叛拜李蒙爲姚州都督宰

相郭元振以弟之子仲翔託蒙蒙表爲判官時保安罷義安尉未得調以仲翔

里人也不介而見曰願因子得事李將軍可乎仲翔雖無雅故哀其窮力薦之

蒙表掌書記保安後往蒙已深入與蠻戰沒仲翔被執蠻之俘華人必厚責財

乃肯贖聞仲翔貴胄也求千縑會元振物故保安留巂州營贖仲翔苦無貲乃

力居貨十年得縑七百妻子客遂州閒關求保安所在困姚州不能進都督楊

安居知狀異其故嘗以行求保安得之引與語曰子棄家急朋友之患至是乎吾請貸官貲助子之乏保安大喜即委縑于蠻得仲翔以歸始仲翔爲蠻所奴三逃三獲乃轉鬻遠酋酋嚴遇之晝役夜囚役凡十五年乃還安居亦丞相故吏嘉保安之誼厚禮仲翔遺衣服儲用檄領近縣尉久乃調蔚州錄事參軍以優遷代州戶曹母喪服除喟曰吾賴吳公生吾死今親歿可行其志乃求保安于時保安以彭山丞客死其妻亦沒喪不克歸仲翔爲服縗絰囊其骨徒跣負之歸葬魏州廬墓三年乃去後爲嵐州長史迎保安子爲娶而讓以官

李憕并州汶水人或言其先出與聖皇帝譜系疏晦不復傳父希倩神龍初右臺監察御史憕少秀敏舉明經高第授成安尉張說罷宰相爲相州刺史坐有善相者說徧問官屬後孰當貴工指憕及臨河尉鄭巖說以女妻巖而歸其甥陰於憕會母喪免自武功尉以政尤異遷主簿說在并州引憕置幕府及執政爲長安尉宇文融括天下田高選官屬多致賢以重其柄表假憕監察御史分道檢覈以課真拜御史坐小累下除晉陽令三遷給事中力于治有任事稱明

簿最下無敢紿失李林甫意出爲河南少尹尹蕭炅内倚權亂法植私憕裁抑其謬吏下賴之道士孫甑生以左道幸託祠事往來嵩少間干請亂吏治憕不爲應故挾炅譖諸朝天寶初除清河太守舉美政還廣陵長史民爲立祠賽祝歲時不絶以捕賊負徙彭城太守封酒泉縣侯連徙襄陽河東並兼採訪處置使入爲京兆尹楊國忠惡之改光祿卿東京留守安祿山反玄宗遣封常清募兵東京憕與留臺御史中丞盧弈河南尹達奚珣繕城壘綏勵士卒將遏賊西鋒帝聞擢禮部尚書祿山度河號令嚴密候詗不能知已陷陳留滎陽殺張介然崔無詖不數日薄城下常清兵皆白徒戰不勝輒北憕收殘士數百裒斷弦折矢堅守人不堪鬬憕約弈吾曹荷國重寄雖力不敵當死官部校皆夜縋去憕坐留守府弈守臺城陷祿山鼓而入殺數千人矢著闕門執憕弈及官屬蔣清害之有詔贈司徒謚曰忠懿河洛平再贈太尉拜一子五品官憕通左氏春秋頗殖産伊川占膏腴自都至闕口疇墅彌望時謂地癖巖仕終少府監産利埒憕云憕十餘子江涵渢瀛等同遇害唯源彭脫

源八歲家覆俘爲奴轉側民閒及史朝義敗故吏識源於洛陽者贖出之歸其宗屬代宗聞授河南府參軍遷司農主簿以父死賊手常悲憤不仕不娶絕酒葷惠林佛祠者憕舊墅也源依祠居闔戸日一食祠殿其先寢也每過必趨未始踐階自營墓爲終制時時偃臥埏中長慶初年八十矣御史中丞李德裕表薦源曰賈誼稱守圉扞敵之臣死城郭封疆天寶時士罕伏節逆羯始興委符組棄城郭者不爲恥而憕約義同列守位自加抵刃就終臣節之光由憕始而源天與至孝絕心祿仕五十餘年常守沈默理契深要一辭開析百慮洗然抱此真節棄於清世臣竊爲陛下惜之穆宗下詔曰昔盜起幽陵振蕩河洛贈太尉憕處難居首正色就死兩河聞風再固危壁殊節卓焉到今稱之源有曾參之行巢父之操泊然無營汔此高年夫褒忠所以勸臣節也旌孝所以激人倫也鎮澆浮莫如尚義厚風俗莫如尊老舉是四者大儆于時其以源守諫議大夫賜緋魚袋河南尹遣官敦諭上道帝自遣使者持詔書袍笏即賜又賜絹二百匹源頓首受詔謂使者伏疾年耄不堪趨拜即附表謝辭吐哀慤一無受尋

卒敬宗時擢㽦孫爲河南兵曹參軍

彭擢明經第天寶中選名臣子可用者自咸寧丞遷右補闕從天子入蜀後㽦

數年卒有孫景讓景莊景温別傳

武德功臣十六人貞觀功臣五十三人至德功臣二百六十五人德宗即位錄

武德以來宰相及實封功臣子孫賜一子正員官史館考勳名特高者九十二

人以三等條奏第一等以其歲授官第二等以其次年第三等子孫數訟於朝

有詔差爲二等增至百八十七人每等武德以來宰相爲首功臣次之至德以

來將相又次之大中初又詔求李峴王珪戴冑馬周褚遂良韓瑗郝處俊婁師

德王及善朱敬則魏知古陸象先張九齡裴寂劉文靜張柬之袁恕己崔玄暐

桓彥範劉幽求郭元振房琯袁履謙李嗣業張巡許遠盧弈南霽雲蕭華張鎬

李勉張鎰蕭復柳渾賈耽馬燧李㽦三十七人畫像續圖淩煙閣云

司空太子太傅知門下省事梁國公房玄齡

尚書右僕射檢校侍中萊國公杜如晦

太子太保同中書門下三品宋國公蕭瑀
開府儀同三司同中書門下三品知政事上柱國申國公高士廉
太子太師知政事特進鄭國公魏徵
侍中永寧郡公王珪
吏部尚書參預朝政道國公戴冑
中書令江陵縣子岑文本
中書令兼太子左庶子檢校吏部尚書高唐縣公馬周
侍中兼太子左庶子檢校吏部禮部民部尚書事清苑縣男劉洎
尚書右僕射同中書門下三品河南郡公褚遂良
太子太師同中書門下三品燕國公于志寧
尚書右僕射同中書門下三品兼太子少傅北平縣公張行成
中書令行侍中兼太子少保蓨縣公高季輔
侍中兼太子賓客襄潁川縣公韓瑗

中書令兼太子詹事南陽縣侯來濟
侍中兼太子賓客張文瓘
侍中甑山縣公郝處俊
中書侍郎同中書門下三品兼太子右庶子酒泉縣公李義琰
內史河東縣侯裴炎
文昌左相同鳳閣鸞臺三品温國公蘇良嗣
內史梁國公狄仁傑
納言檢校并州大都督府長史天兵軍大總管隴右諸軍大使譙縣子婁師德
鳳閣侍郎同鳳閣鸞臺平章事石泉縣公王方慶
文昌左相同鳳閣鸞臺三品襲邢國公王及善
尚書右僕射兼中書令知兵部尚書事齊國公魏元忠
紫微令梁國公姚崇
正諫大夫同鳳閣鸞臺平章事朱敬則

尙書左僕射同中書門下平章事許國公蘇瓌
吏部尙書兼侍中廣平郡公宋璟
黃門監梁國公魏知古
中書侍郎同中書門下平章事兖國公陸象先
紫微侍郎同紫微黃門平章事許國公蘇頲
中書令河東縣侯張嘉貞
中書侍郎同中書門下平章事清水縣公李元紘
黃門侍郎同中書門下平章事宜陽縣子韓休
中書令始興縣伯張九齡
司空河東郡公裴寂
納言上柱國魯國公劉文靜
太尉檢校中書令同中書門下三品揚州大都督趙國公長孫無忌
禮部尙書河間郡王孝恭

尚書右僕射檢校中書令行太子左衞率上柱國衞國公李靖
司空兼太子太師英國公李勣
開府儀同三司鄜州都督鄂國公尉遲敬德
左光祿大夫洛州都督蔣國公屈突通
陝東道大行臺吏部尚書鄖國公殷開山
衞尉卿夔國公劉弘基
澤州刺史邳國公長孫順德
民部尚書上柱國莒國公唐儉
右驍衞大將軍駙馬都尉譙國公柴紹
右驍衞大將軍褒國公段志玄
洪州都督渝國公劉政會
左武候將軍相州都督郯國公張公謹
右武衞大將軍盧國公程知節

左武衛大將軍上柱國胡國公秦叔寶

弘文館學士祕書監永興縣公虞世南

右衛大將軍兼太子右衛率工部尚書武陽縣公李大亮

右武衛大將軍邢國公蘇定方

夏官尚書同中書門下三品清邊道行軍總管耿國公王孝傑

中書令漢陽郡公張柬之

中書令博陵郡公崔玄暐

侍中平陽郡公敬暉

侍中譙國公桓彥範

中書令南陽郡公袁恕己

右武衛大將軍同中書門下三品韓國公張仁愿

尚書左丞相兼黃門監徐國公劉幽求

黃門侍郎參知機務脩文館學士齊國公崔日用

兵部尚書同中書門下三品代國公郭元振
尚書左丞相兼中書令集賢院學士燕國公張說
紫微侍郎上柱國趙國公王琚
兵部尚書同中書門下三品持節朔方軍節度大使中山郡公王晙
尚書左僕射同中書門下平章事兼河南江淮副元帥東都留守冀國公裴冕
文部尚書同中書門下平章事清河縣公房琯
門下侍郎同中書門下平章事衞國公杜鴻漸
鎮西北廷行營節度使開府儀同三司衞尉卿兼懷州刺史虢國公李嗣業
平盧軍節度使柳城郡太守劉正臣
恆州刺史衞尉少卿兼御史中丞顏杲卿
常山郡太守袁履謙
河南節度副使左金吾衞將軍檢校主客郎中兼御史中丞張巡
睢陽郡太守兼御史中丞許遠

御史中丞留臺東都知武選盧弈
睢陽郡太守特進左金吾衛將軍南霽雲
右第一
內史令延安郡公竇威
將作大匠判納言陳國公竇抗
侍中兼太子左庶子江國公陳叔達
納言觀國公楊恭仁
判吏部尚書參議朝政安吉郡公杜淹
中書令虞國公温彥博
中書侍郎檢校刑部尚書參知機務崔仁師
中書令兼檢校太子詹事上柱國安國公崔敦禮
戶部尚書平恩縣公許圉師
兵部尚書同中書門下三品浿江道行軍總管任雅相

度支尚書同中書門下三品范陽郡公盧承慶
西臺侍郎同東西臺三品兼弘文館學士楚國公上官儀
右相廣平郡公劉祥道
左侍極兼檢校左相嘉興縣子陸敦信
文昌左相同鳳閣鸞臺三品樂城縣公劉仁軌
荆州大都督府長史安平郡公李安期
尙書右僕射同中書門下三品兼太子賓客襲道國公戴至德
司列少常伯太子右中護兼正諫大夫同東西臺三品趙仁本
中書令趙國公李敬玄
中書令兼太子左庶子薛元超
中書令同中書門下三品崔知温
侍中同中書門下三品襲廣平郡公劉齊賢
納言樂平縣男王德真

地官尚書檢校納言鉅鹿縣男魏玄同
文昌左相同鳳閣鸞臺三品特進輔國大將軍鄧國公岑長倩
鳳閣侍郎同鳳閣鸞臺三品臨淮縣男劉禕之
納言博昌縣男韋思謙
地官尚書同鳳閣鸞臺平章事格輔元
司禮卿判納言事渤海縣子歐陽通
內史李昭德
鸞臺侍郎同鳳閣鸞臺平章事陸元方
鳳閣侍郎同鳳閣鸞臺三品杜景佺
尚書右僕射兼太子賓客同中書門下三品鄖國公韋安石
左散騎常侍同中書門下三品知東都留守趙郡公李懷遠
中書令逍遙公韋嗣立
守侍中同中書門下三品兼太子右庶子常山縣男李日知

檢校黃門監漁陽縣伯盧懷慎
中書令左丞相兼侍中安陽郡公源乾曜
黃門侍郎同紫微黃門平章事魏縣侯杜暹
侍中趙城侯裴耀卿
左武衛大將軍開府儀同三司淮安王神通
特進太常卿江夏王道宗
荆州都督周國公武士䕶
右屯衛大將軍檢校晉州都督總管譙國公竇琮
少府監葛國公劉義節
右光祿大夫羅國公張平高
洛州都督右衛大將軍鄭國公竇軌
夔州都督息國公張長遜
金紫光祿大夫夷國公李子和

左監門衞大將軍檢校右武候將軍滎國公樊興

左監門衞大將軍巢國公錢九隴

右驍衞大將軍歸國公安興貴

右武衞大將軍申國公安脩仁

殿中監郢國公宇文士及

右武衞大將軍沔陽郡公公孫武達

荆州都督懷寧郡公杜君綽

右驍衞將軍濮國公龐卿惲

代州都督同安郡公鄭仁恭

右翊衞將軍遂安郡公李安遠

幽州都督歷陽郡公獨孤彥雲

始州刺史左屯衞大將軍襄武郡公劉師立

右威衞大將軍濟東郡公李孟嘗

右監門衛大將軍河南縣公元仲文
右監門衛將軍廬陵郡公秦師行
左領軍大將軍新興公馬三寶
右衛大將軍駙馬都尉畢國公阿史那社尒
鎮軍大將軍虢國公張士貴
左衛大將軍瑯邪郡公牛進達
鎮軍大將軍嘉州郡公周護
陜州刺史天水郡公丘行恭
潭州都督吳興郡公沈叔安
散騎常侍豐城縣男姚思廉
太子少師同中書門下三品特進朔方道行軍大總管宋國公唐休璟
左羽林軍大將軍遼陽郡王李多祚
左領軍大將軍趙國公李湛

刑部尚書太子賓客魏國公楊元琰
殿中監兼知總監汝南郡公翟無言
冠軍大將軍左羽林軍大將軍光祿卿天水縣公趙承恩
將作大匠裴思諒
右羽林軍將軍弘農郡公楊執一
左衛將軍河東郡公薛思行
光祿卿駙馬都尉瑯邪郡公王同皎
中書令越國公鍾紹京
太僕卿立節郡王薛崇簡
右金吾衛大將軍涼國公李延昌
太子中允同正冀國公馮道力
少府監趙國公崔諤之
左監門衛中候光祿卿申國公許輔乾

左金吾衞大將軍鄧國公張暐
朔方道行軍大總管左羽林軍大將軍平陽郡公薛訥
河南副元帥太尉兼侍中臨淮郡王李光弼
河東節度副大使守司空兼兵部尚書霍國公王思禮
左相豳國公韋見素
太保韓國公苗晉卿
中書令趙國公崔圓
太原節度使檢校尚書左僕射同中書門下平章事金城郡王辛雲京
河西隴右副元帥兵部尚書同中書門下平章事涼國公李抱玉
太子太師檢校尚書右僕射知省事信都郡王田神功
四鎮北庭涇原節度使檢校尚書左僕射知省事扶風郡王馬璘
左羽林軍大將軍檢校戶部尚書兼御史大夫薛景仙
右散騎常侍檢校禮部尚書兼御史大夫尚衡

太原尹兼御史大夫北都留守河東節度副大使南陽郡公鄧景山

河東節度副使兼鴈門郡太守光祿卿賈循

禮部尙書東京留守酒泉縣侯李憕

東平郡太守姚誾

右第二

盧弈黃門監懷愼少子也疏眉目豐下謹重寡欲斤斤自脩與兄奐名相上下而剛毅過之天寶初爲鄠令所治輒最積功擢給事中拜御史中丞自懷愼奐及弈三居其官清節似之時傳其美俄留臺東都兼知武部選安祿山陷東都吏亡散弈前遣妻子懷印間道走京師自朝服坐臺被執將殺之卽數祿山罪徐顧賊徒曰爲人臣者當識逆順我不蹈失節死何恨觀者恐懼弈臨刑西向再拜而辭罵賊不空口逆黨爲變色肅宗詔贈禮部尙書下有司諡時以爲洛陽亡操兵者任其咎執法吏去之可也委身寇讎以死誰懟博士獨孤及曰荀息殺身於晉不食其言也玄冥勤其官水死守位忘躬也伯姬待姆而火死先

禮後身也彼死之日皆於事無補然則祿山亂大於里丕弈廉察之任切於玄冥之官分命所繫不啻保姆逆黨兵威烈於水火于斯時也能與執干戈者同其戮力挽之不來推之不去全操白刃之下孰與夫懷安偷生者同其風請謚曰貞烈詔可子杞別有傳杞子元輔

元輔字子望少以清行聞擢進士補崇文校書郎杞死德宗念之不忘拜元輔左拾遺歷杭常絳三州刺史課當最召授吏部郎中進累兵部侍郎爲華州刺史卒元輔端靜介正能紹其祖故歷顯劇而人不以杞之惡爲累云

張介然者猗氏人本名六朗性愼愿長計畫始爲河隴支郡太守王忠嗣皇甫惟明哥舒翰踵領節度並署營田支度等使入奏稱旨賜與頁渥介然啓曰臣位三品當給棨戟若列於京師雖富貴不爲鄉人知願得列戟故里玄宗許之別賜戟京師第門仍賜絹五百匹宴閭里長老本鄉得列戟自介然始翰薦爲少府監歷衞尉卿祿山反授河南節度採訪使守陳留陳留據水陸劇居民孳夥而太平久不知戰介然到屯不三日賊已度河車騎蹂騰煙塵漫數十里日

爲奪色士聞鉦鼓聲皆褫氣不能授甲凡旬六日城陷初有詔購賊首而暴誅

慶宗狀祿山入陳留見詔書拊膺大哭曰我何罪吾子亦何罪乃殺之卽大恚

憤殺陳留降者萬人以逞血流成川斬介然於軍門以僞將李廷望爲節度使

守陳留祿山已拔陳留則鼓而前無敢亢中宿攻滎陽太守崔無詖率衆乘城

聞師譟自墜如雨無詖與官屬皆死賊手以僞將武令珣戍焉無詖者本韋后

外家博陵舊望也始無詖娶蕭至忠女至忠敗被貶久乃爲益州司馬素善楊

國忠旣用事引爲少府監守滎陽有詔贈禮部尚書諡曰毅勇

唐書卷一百九十一

珍倣宋版印

唐書卷一百九十二

宋　端　明　殿　學　士　宋　祁　撰

列傳第一百一十七

忠義中

顏杲卿字昕與真卿同五世祖以文儒世家父元孫有名垂拱間為濠州刺史杲卿以蔭調遂州司法參軍性剛正蒞事明濟嘗為刺史詰讓正色別白不為屈開元中與兄春卿弟曜卿並以書判超等吏部侍郎席豫咨嗟推伏再以最遷范陽戶曹參軍安祿山聞其名表為營田判官假常山太守祿山反杲卿及長史袁履謙謁于道賜杲卿紫袍履謙緋袍令與假子李欽湊以兵七千屯土門杲卿指所賜衣謂履謙曰與公何為著此履謙悟乃與真定令賈深內丘令張通幽定謀圖賊杲卿入稱疾不視事使子泉明往返計議陰結太原尹王承業為應使平盧節度副使賈循取幽州謀泄祿山殺循以向潤客牛廷玠守杲卿陽不事事委政履謙潛召處士權渙郭仲邕定策時真卿在平原素聞賊逆

謀陰養死士爲拒守計李憕等死賊使段子光傳首徇諸郡真卿斬子光遣甥盧逖至常山約起兵斷賊北道杲卿大喜以爲兵掎角可挫賊西鋒乃矯賊命召欽湊計事欽湊夜還杲卿辭城門不可夜開舍之外郵使履謙及參軍馮虔郡豪翟萬德等數人飲勞既醉斬之并殺其將潘惟慎賊黨殲投尸滹沱水履謙以首示杲卿則喜且泣先是祿山遣將高邈召兵范陽未還杲卿使藁城尉崔安石圖之邈至滿城虔萬德皆會傳舍安石紿以置酒邈捨馬虔叱吏縛之而賊將何千年自趙來虔亦執之日未中送二賊杲卿乃遣萬德深通幽傳欽湊首械兩賊送京師與泉明偕至太原王承業欲自以爲功厚遣泉明還陰令壯士翟喬賊於路喬不平告之故乃免玄宗擢承業大將軍送吏皆被賞已而事顯乃拜杲卿衛尉卿兼御史中丞履謙常山太守深司馬郎傳檄河北言王師二十萬入土門遣郭仲邕領百騎爲先鋒馳而南曳柴揚塵望者謂大軍至日中傳數百里賊張獻誠方圍饒陽棄甲走於是趙鉅鹿廣平河間並斬僞刺史傳首常山而樂安博陵上谷文安信都魏鄴諸郡皆自固杲卿兄弟兵大振

祿山至陝聞兵興大懼使史思明等率平盧兵度河攻常山蔡希德自懷會師不涉旬賊急攻城兵少未及爲守計求救於河東承業前已攘殺賊功兵不出杲卿晝夜戰井竭糧矢盡六日而陷與履謙同執賊脅使降不應取少子季明加刃頸上曰降我當活而子杲卿不答遂并盧逖殺之杲卿至洛陽祿山怒曰吾擢爾太守何所負而反杲卿瞋目罵曰汝營州牧羊羯奴耳竊荷恩寵天子負汝何事而乃反乎我世唐臣守忠義恨不斬汝以謝上乃從爾反耶祿山不勝忿縛之天津橋柱節解以肉啗之詈不絕賊鉤斷其舌曰復能詈否杲卿含胡而絕年六十五履謙既斷手足何千年弟適在傍咀血噴其面賊臠之見者垂泣杲卿宗子近屬皆被害杲卿已虜諸郡復爲賊守張通幽以兄相賊譖杲卿於楊國忠故不加贈肅宗在鳳翔真卿表其枉會通幽爲普安太守上皇杖殺之李光弼郭子儀收常山出杲卿履謙二家親屬數百人於獄厚給遺令行喪乾元初贈杲卿太子太保謚曰忠節封其妻崔清河郡夫人初博士裴郁以杲卿不執政但謚曰忠議者不平故以二字謚焉逖季明及宗子等皆贈五品

官建中中又贈杲卿司徒初杲卿被殺徇首于衢莫敢收有張湊者得其髮持謁上皇是昔見夢帝寤爲祭後湊歸髮于其妻妻疑之髮若動云後泉明購尸將葬得刑者言死時一足先斷與履謙同坎瘞指其域得之乃葬長安鳳栖原季明遜同塋泉明有孝節喜振人之急旣爲承業所遣未至而常山陷故客壽陽史思明圍李光弼獲泉明裹以革送幽州閒關得免思明歸國而真卿方爲蒲州刺史令泉明到河北求宗屬始一女及姑女並流離賊中及是并得之悉錢三萬贖姑女還取貲復往則己女復失之履謙及父故將妻子奴隸尚三百餘人轉徙不自存泉明悉力贍給分多勻薄相扶挾度河託真卿真卿隨所歸資送之泉明之殯父與履謙分柩護還長安履謙妻疑歛具儉狹發視之與杲卿等乃號踊待泉明如父肅宗拜泉明郫令政化清明誅宿盜人情翕然成都尹舉其課第一遷彭州司馬家貧居官廉而孤藐相從百口飦鬻不給無慍歎居母喪毀骨立其行義當世以爲難

春卿倜儻美姿儀通當世務十六舉明經拔萃高第調犀浦主簿嘗送徒於州

亡其籍至廷口記物色凡千人無所差長史陸象先異之轉蜀尉蘇頲代爲長史被譖繫獄爲櫻櫚賦自託頲遽出之魏徵遠孫瞻罪抵死春卿爲請玉眞公主得不死時人高其節終偃師丞臨終捉眞卿臂曰爾當大吾族顧我不得見以諸子諉汝後眞卿主其昏嫁沈盈者亦杲卿甥有行義明黄老學解褐博野尉與杲卿同死難贈大理正官其二子遙達

賈循者京兆華原人其先家常山父會有高節嘗稱疾不答辟署里中號一龍親亡負土成墓廬其左手蒔松柏時號關中曾子卒縣人私諡曰廣孝徵君循有大略禮部尙書蘇頲嘗謂今頗牧及爲益州表署列將敗吐蕃於西山三遷靜塞軍營田使張守珪北伐次灤河屬凍泮欲濟無梁循揣廣狹爲橋以濟破虜而還以功擢游擊將軍榆關守捉使地南負海北屬長城林埌岑翳寇所蔽伏循調士斬木開道賊遁去苑陽節度使李適之薦爲安東副大都護安祿山兼平盧節度表爲副還博陵太守祿山欲擊奚契丹復奏循光祿卿兼副使知留後九姓叛祿山兼節度河東而循亦兼鴈門副之母亡將葬宅有枯桑一夕

再生芝出北墉人以爲瑞玄宗以循有功詔贈其父常山太守祿山反使循守
幽州故杲卿招之以傾賊巢穴循許可爲向潤客等發其謀賊縊之建中二年
贈太尉謚曰忠
從子隱林爲永平兵馬使當入衞屬朱泚難率衆扈行在德宗見隱林偉其貌
問家世答曰故范陽節度副使循臣從父也帝異之引至臥內以手板畫地陳
攻守計即奏曰臣嘗夢日墜以首承之帝曰非朕耶因令糾察行在還檢校右
散騎常侍封武威郡王賊圍急隱林與侯仲莊冒矢石死戰已而解從臣稱慶
隱林流涕前曰泚已奔羣臣大慶宗社無疆之休然陛下資性急不能容掩若
不悛雖今賊亡憂未艾也帝不以爲忤拜神策統軍卒帝思其質直贈尚書左
僕射以實戶三百封其家
張巡字巡鄧州南陽人博通羣書曉戰陣法氣志高邁略細節所交必大人長
者不與庸俗合時人叵知也開元末擢進士第時兄曉已位監察御史皆以名
稱重一時巡繇太子通事舍人出爲清河令治績最而負節義或以困阨歸者

傾貲振護無吝秩滿還都於是楊國忠方專國權勢可炙或勸一見且顯用答曰是必爲國怪祥朝宦不可爲也更調真源令土多豪猾大吏華南金樹威恣肆邑中語曰南金口明府手巡下車以法誅之赦餘黨莫不改行遷善政簡約民甚宜之安祿山反天寶十五載正月賊酋張通晤陷宋曹等州譙郡太守楊萬石降賊逼巡爲長史使西迎賊軍巡率吏哭玄元皇帝祠遂起兵討賊從者千餘初靈昌太守嗣吳王祗受詔合河南兵拒祿山有單父尉賈賁者閬州刺史璿之子率吏稱吳王兵擊宋州通晤走襄邑爲頓丘令盧戭所殺賁引軍進至雍丘巡與之合有衆二千是時雍丘令令狐潮舉縣附賊遂自將東敗淮陽兵虜其衆反接在廷將殺之暫出行部淮陽囚更解縛起殺守者迎賁等入潮不得歸巡乃屠其妻子磔城上祗聞承制拜賁監察御史潮怨賁還攻雍丘賁趨門爲衆躪死巡馳騎決戰身被創不顧士乃奉巡主軍間道表諸朝騰牋祗府祗乃舉兗以東委巡經略潮以賊衆四萬薄城人大恐巡諭諸將曰賊知城中虛實有輕我心今出不意可驚而潰也乘之勢必折諸將曰善巡乃分千人

乘城以數隊出身前驅直薄潮軍軍却明日賊攻城設百樓巡柵城上束芻灌
膏以焚焉賊不敢向巡伺隙擊之積六旬大小數百戰士帶甲食裹瘡鬬潮遂
敗走追之幾獲潮怒復率衆來然素善巡至城下情語巡曰本朝危蹙兵不能
出關天下事去矣足下以羸兵守危堞忠無所立盍相從以苟富貴乎巡曰古
者父死於君義不報子乃銜妻孥怨假力于賊以相圖吾見君頭于通衢爲百
世笑奈何潮赧然去當此時王命不復通大將六人白巡以勢不敵且上存亡
莫知不如降六人者皆官開府特進巡陽許諾明日堂上設天子畫像率軍士
朝人人盡泣巡引六將至責以大誼斬之士心益勸會糧乏潮餉賊鹽米數百
艘且至巡夜壁城南潮悉軍來拒巡遣勇士銜枚濱河取鹽米千斛焚其餘而
還城中矢盡巡縛藁爲人千餘被黑衣夜縋城下潮兵爭射之久乃藁人還得
箭數十萬其後復夜縋人賊笑不設備乃以死士五百斫潮營軍大亂焚壘幕
追奔十餘里賊慚益兵圍之薪水竭巡紿潮欲引衆走請退軍二舍使我逸潮
不知其謀許之遂空城四出三十里撤屋發木而還爲備潮怒圍復合巡徐謂

潮曰君須此城歸馬三十匹我得馬且出奔請君取城以藉口潮歸馬巡悉以給驍將約曰賊至人取一將明日潮責巡答曰吾欲去將士不從奈何潮怒欲戰陣未成三十騎突出禽將十四斬百餘級收器械牛馬潮遁還陳留不復出七月潮率賊將瞿伯玉攻城遣僞使者四人傳賊命招巡巡斬以徇餘縶送祇所圍凡四月賊常數萬而巡衆纔千餘每戰輒克於是河南節度使嗣虢王巨屯彭城假巡先鋒俄而魯東平陷賊濟陰太守高承義舉郡叛巨引兵東走臨淮賊將楊朝宗謀趨寧陵絶巡餉路巡外失巨依拔衆保寧陵馬裁三百兵三千至睢陽與太守許遠城父令姚誾等合乃遣將雷萬春南霽雲等領兵戰寧陵北斬賊將二十殺萬餘人投尸于汴水爲不流朝宗夜去有詔拜巡主客郎中副河南節度使巡籍將士有功者請于巨巨纔授折衝果毅巡諫曰宗社尙危圍陵孤外渠可吝賞與貲巨不聽至德二載祿山死慶緒遣其下尹子琦將同羅突厥奚勁兵與朝宗合凡十餘萬攻睢陽巡勵士固守日中二十戰氣不衰遠自以材不及巡請稟軍事而居其下巡受不辭遠專治軍糧戰具前此遠

將李滔救東平遂叛入賊大將田秀榮潛與通或以告遠曰晨出戰以碧幘爲
識視之如言盡覆其衆還輒曰我誘之也請以精騎往易錦幘遠以告巡巡召
登城讓之斬首示賊因出薄戰子琦敗獲車馬牛羊悉分士秋毫無入其家有
詔拜巡御史中丞遠侍御史閭吏部郎中巡欲乘勝擊陳留子琦聞復圍城巡
語其下曰吾蒙上恩賊若復來正有死耳諸君雖捐軀而賞不直勳以此痛恨
聞者感槪乃椎牛大饗悉軍戰賊望兵少大笑巡遠親鼓之賊潰追北數十里
其五月賊刈麥乃濟師巡夜鳴鼓嚴隊若將出賊申警俄息鼓賊覘城上兵休
乃弛備巡使南霽雲等開門徑抵子琦所斬將拔旗有大酋被甲引拓羯千騎
麾幟乘城招巡巡陰縋勇士數十人隍中持鉤陌刀彊弩約曰聞鼓聲而奮酋
恃衆不爲備城上譟伏發禽之弩注矢外向救兵不能前俄而縋士復登陴賊
皆愕眙乃按甲不出巡欲射子琦莫能辨因剡蒿爲矢中者喜謂巡矢盡走白
子琦乃得其狀使霽雲射一發中左目賊還七月復圍城初睢陽穀六萬斛可
支一歲而巨發其半餫濮陽濟陰遠固爭不聽濟陰得糧卽叛至是食盡士日

賊米一勺齕木皮鬻紙而食才千餘人皆癯劣不能彀救兵不至賊知之以雲衝傅堞巡出鉤干拄之使不得進篝火焚梯賊以鉤車木馬進巡輒破碎之賊服其機不復攻穿壕立柵以守巡士多餓死存者皆痍傷氣乏巡出愛妾曰諸君經年乏食而忠義不少衰吾恨不割肌以啖衆寧惜一妾而坐視士饑乃殺以大饗坐者皆泣巡彊令食之遠亦殺奴僮以哺卒至羅雀掘鼠煑鎧弩以食

賊將李懷忠過城下巡問君事胡幾何曰二朞巡曰君祖父官乎曰然君世受官食天子粟奈何從賊關弓與我確懷忠曰不然我昔爲將數死戰竟沒賊此殆天也巡曰自古悖逆終夷滅一日事平君父母妻子並誅何忍爲此懷忠掩涕去俄率其黨數十人降巡前後說降賊將甚多皆得其死力御史大夫賀蘭進明代巨節度屯臨淮許叔冀尚衡次彭城皆觀望莫肯救巡使霽雲如叔冀請師不應遺布數千端霽雲嫚罵馬上請決死鬭叔冀不敢應巡復遣如臨淮告急引精騎三十冒圍出賊萬衆遮之霽雲左右射皆披靡既見進明進明曰睢陽存亡已決兵出何益霽雲曰城或未下如已亡請以死謝大夫叔冀者進

明麾下也房琯本以牽制進明亦兼御史大夫勢相埒而兵精進明懼師出且見襲又忌巡聲威恐成功初無出師意又愛霽雲壯士欲留之爲大饗樂作霽雲泣曰昨出睢陽時壯士不粒食已彌月今大夫兵不出而廣設聲樂義不忍獨享雖食弗下咽今主將之命不達霽雲請置一指以示信歸報中丞也因拔佩刀斷指一坐大驚爲出涕卒不食去抽矢回射佛寺浮圖矢著甎曰吾破賊還必滅賀蘭此矢所以志也至真源李賁遺馬百匹次寧陵得城使廉坦兵三千夜冒圍入賊覺拒之且戰且引兵多死所至才千人方大霧巡聞戰聲曰此霽雲等聲也乃啓門驅賊牛數百入將士相持泣賊知外援絕圍益急衆議東奔巡遠議以睢陽江淮保障也若棄之賊乘勝鼓而南江淮必亡且師饑衆行必不達十月癸丑賊攻城士病不能戰巡西向拜曰孤城備竭弗能全臣生不報陛下死爲鬼以癘賊城遂陷與遠俱執巡衆見之起且哭巡曰安之勿怖死乃命也衆不能仰視子琦謂巡曰聞公督戰大呼輒眥裂血面嚼齒皆碎何至是答曰吾欲氣吞逆賊顧力屈耳子琦怒以刀抉其口齒存者三四巡罵曰我

爲君父死爾附賊乃犬彘也安得久子琦服其節將釋之或曰彼守義者烏肯爲我用且得衆心不可留乃以刃脅降巡不屈又降霽雲未應巡呼曰南八男兒死爾不可爲不義屈霽雲笑曰欲將有爲也公知我者敢不死亦不肯降乃與姚誾雷萬春等三十六人遇害巡年四十九初子琦議生致一人慶緒所或曰用兵拒守者巡也乃送遠洛陽至偃師亦以不屈死巨之走臨淮巡有姊嫁陸氏遮王勸勿行不納賜百縑弗受爲巡補縫行間軍中號陸家姑先巡被害巡長七尺鬚髯每怒盡張讀書不過三復終身不忘爲文章不立槀守睢陽士卒居人一見問姓名其後無不識更潮及子琦大小四百戰斬將三百卒十餘萬其用兵未嘗依古法勒大將教戰各出其意或問之答曰古者人情敦樸故軍有左右前後大將居中三軍望之以齊進退今胡人務馳突雲合鳥散變態百出故吾止使兵識將意將識士情上下相習人自爲戰爾其械甲取之於敵未嘗自修每戰不親臨行陣有退者巡已立其所謂曰我不去此爲我決戰士感其誠皆一當百待人無所疑賞罰信與衆共甘苦寒暑雖廝養必整衣見之

下爭致死力故能以少擊衆未嘗敗被圍久初殺馬食既盡而及婦人老弱凡食三萬口人知將死而莫有叛者城破遺民止四百而已始肅宗詔中書侍郎張鎬代進明節度河西率浙東李希言浙西司空襲禮淮南高適青州鄧景山四節度掎角救睢陽巡亡三日而鎬至十日而廣平王收東京鎬命中書舍人蕭昕誄其行時議者或謂巡始守睢陽衆六萬既糧盡不持滿按隊出再生之路與夫食人寧若全人於是張澹李紓董南史張建封樊晃朱巨川李翰咸謂巡蔽遮江淮沮賊勢天下不亡其功也翰等皆有名士由是天下無異言天子下詔贈巡揚州大都督遠荊州大都督霽雲開府儀同三司再贈揚州大都督並寵其子孫睢陽雍丘賜徭稅三年巡子亞夫拜金吾大將軍遠子玫婺州司馬皆立廟睢陽歲時致祭德宗差次至德以來將相功效尤著者以顏杲卿袁履謙盧弈及巡遠霽雲爲上又贈姚誾潞州大都督官一子貞元中復官巡宅子去疾遠子峴贈巡妻申國夫人賜帛百自是訖僖宗求忠臣後無不及三人者大中時圖巡遠霽雲像于淩煙閣睢陽至今祠享號雙廟云

許遠者右相敬宗曾孫寬厚長者明吏治初客河西章仇兼瓊辟署劍南府欲以子妻之固辭兼瓊怒以事劾貶高要尉更赦還會祿山反或薦遠於玄宗召拜睢陽太守遠與巡同年生而長故巡呼爲兄大曆中巡子去疾上書曰孽胡南侵父巡與睢陽太守遠各守一面城陷賊所入自遠分尹子琦分郡部曲各一方巡及將校三十餘皆割心剖肌慘毒備盡而遠與麾下無傷巡臨命歎曰嗟乎人有可恨者賊曰公恨我乎答曰恨遠心不可得誤國家事若死有知當不赦於地下故遠心向背梁宋人皆知之使國威喪衄巡功業墮敗則遠於臣不共戴天請追奪官爵以刷寃恥詔下尚書省使去疾與許峴及百官議皆以去疾證狀最明者城陷而遠獨生也且遠本守睢陽凡屠城以生致主將爲功則遠後巡死不足惑若曰後死者與賊其先巡死者謂巡當叛可乎當此時去疾尚幼事未詳知且艱難以來忠烈未有先二人者事載簡書若日星不可妄輕重議乃罷然議者紛紜不齊元和時韓愈讀李翰所爲巡傳以爲闕遠事非是其言曰二人者守死成名先後異耳二家子弟材下不能通知其父志使世

疑遠畏死而服賊遠誠畏死何苦守尺寸地食其所愛之肉抗不降乎且見援不至人相食而猶守雖甚愚亦知必死矣然遠之不畏死甚明又言城陷自所守此與兒童之見無異且人之將死其臟腑必有先受病者引繩而絕之其絕必有處今從而尤之亦不達於理矣愈於襃貶尤慎故著之

南霽雲者魏州頓丘人少微賤爲人操舟祿山反鉅野尉張沼起兵討賊拔以爲將尙衡擊汴州賊李廷望以爲先鋒遣至睢陽與張巡計事退謂人曰張公開心待人眞吾所事也遂留巡所巡固勸歸不去衡齎金帛迎霽雲謝不受乃事巡巡厚加禮始被圍築臺募萬死一生者數日無敢應俄有喑嗚而來者乃霽雲也巡對泣下霽雲善騎射見賊百步內乃發無不應弦斃子承嗣歷涪州刺史劉闢叛以無備謫永州

雷萬春者不詳所來事巡爲偏將令狐潮圍雍丘萬春立城上與潮語伏弩發六矢著面萬春不動潮疑刻木人諜得其實乃大驚遥謂巡曰向見雷將軍知君之令嚴矣潮壁雍丘北謀襲襄邑寧陵巡使萬春引騎四百壓潮先爲賊所

包巡突其圍大破賊潮遁去萬春將兵方略不及霽雲而彊毅用命每戰巡任之與霽雲鈞

姚闇者開元宰相崇從孫父弇楚州刺史闇性豪蕩好飲謔善絲竹歷壽安尉素善巡及爲城父令遂同守睢陽累加東平太守巡之遣霽雲萬春敗城於寧陵也別將二十有五石承平李辭陸元鍠朱珪宋若虛楊振威耿慶禮馬日昇張惟清廉坦張重孫景趨趙連城王森喬紹俊張恭默祝忠李嘉隱翟良輔孫廷皎馮顏其後皆死巡難四人逸其姓名

贊曰張巡許遠可謂烈丈夫矣以疲卒數萬嬰孤墉抗方張不制之虜鯁其喉牙使不得搏食東南牽掣首尾豗潰梁宋間大小數百戰雖力盡乃死而唐全得江淮財用以濟中興引利償害以百易萬可矣巡先死不爲遽遠後死不爲屈巡死三日而救至十日而賊亡天以完節付二人畀名無窮不待留生而後顯也惟宋三葉章聖皇帝東巡過其廟留駕裴回咨巡等雄挺盡節異代著金石刻贊明厥忠與夷齊餓踣西山孔子稱仁何以異云

唐書卷一百九十二

唐書卷一百九十三

宋　端　明　殿　學　士　宋　祁　撰

列傳第一百一十八

忠義下

程千里京兆萬年人長七尺魁岸有力應募磧西累官安西副都護天寶末兼北廷都護安西北廷節度使突厥首領阿布思內附本隸朔方賜氏李名獻忠後屬幽州素與安祿山有怨內懼故叛還磧外數盜邊玄宗患之詔千里將兵討捕千里諭葛邏祿除令掎角獻忠果以窮歸葛邏祿縛之并妻子帳下數千人送千里所乃獻俘勤政樓詔斬以徇擢千里右金吾衛大將軍留宿衛祿山反詔募兵河東即拜節度副使雲中太守遷上黨長史賊來攻鏖戫多累加開府儀同三司禮部尙書至德二載賊將蔡希德圍上黨輕騎挑戰千里恃勇開縣門率百騎欲直禽希德幾得而救至乃退會橋壞馬顛爲賊執仰首敕諸騎使還曰爲我報諸將可失帥不可失城軍中皆爲泣下增備固守賊不能下乃

還囚千里至東都安慶緒僞署特進囚客省慶緒敗爲嚴莊所害後赦令數下追褒死難者惟千里生見執不及云初祿山搆難西北戍兵悉入援故河隴郡縣皆陷吐蕃惟河西戍將袁光廷爲伊州刺史固守歷年雖游說百緒終不降諸下同心無攜畔者及糧竭手殺妻子自焚死建中初贈工部尙書

龐堅京兆涇陽人四世祖玉事隋爲監門直閤李密據洛口玉以關中銳兵屬王世充擊之百戰不衂世充歸東都秦王東徇洛玉率萬騎降高祖以隋舊臣禮之玉魁梧有力明軍法久宿衞習知朝廷制度帝顧諸將多不閑儀檢故授玉領軍武衞二大將軍使衆觀以爲模矱出爲梁州總管巴山獠叛玉梟其首餘黨四奔屬縣獠與反者州里親戚爲賊游說言不可窮蹋玉不聽下令軍中曰穀熟吾盡收以饋軍非盡賊吾不反聞者懼相謂曰軍不止吾穀盡且餓死乃共入賊營與所親相結斬渠長以降衆遂潰徙越州都督召爲監門大將軍太宗以耆厚令主東宮兵雖老不怠小大之務無不親卒帝爲廢朝贈幽州都督工部尙書堅歷潁川太守安祿山反南陽節度使魯炅表堅爲長史兼防禦

副使以薛愿爲潁川太守共守潁川時陳留滎陽已陷賊南陽被圍而潁川當往來劇賊將阿史那承慶悉銳攻之傅城百里樹木皆刊城中士單寡糧少而愿堅晝夜戰諸郡兵無援者自正月盡十一月賊設木鵝衝車飛梯薄城矢如雨士皆雷譟夜半踰城入二人不肯降賊縛致東京將磔解之有說祿山曰義士也彼爲其主殺之不祥乃縛于樹比且死見者哭之愿汾陰人父紹太常卿兄崇一娶惠宣太子女其女弟爲太子瑛妃瑛廢貶愿嶺外久乃得還

張興者束鹿人長七尺一飯至斗米肉十斤悍譎而辯爲饒陽裨將祿山反攻饒陽興開張禍福譬曉敵人而嬰城彌年衆心遂固滄趙已陷史思明引衆傅城興擐甲持陌刀重五十斤乘城賊將入興一舉刀輒數人死賊皆氣懾城破思明縛之馬前好謂曰將軍壯士能屈節當受高爵對曰昔嚴顏一巴郡將猶不降張飛我大郡將安能委身逆虜今日幸得死然願以一言爲誡思明曰云何興曰天子遇祿山如父子今乃反大丈夫不能爲國掃除反爲其下何哉思明曰將軍不觀天道邪吾上起兵二十萬直趣洛陽天下大定以偏師叩函谷

守將面縛唐亡固矣興曰桀紂秦隋窮人力舉四海與爲怨故商周漢唐因得代之而有神器皇帝無違德祿山非數帝賢是苟延歲月終卽禽耳思明怒鋸解之且死罵曰吾能夏彊死兵敗賊衆軍中凜然爲改容

蔡廷玉幽州昌平人事安祿山未有聞與朱泚同里閈少相狎近泚爲幽州節度使奏署幕府廷玉有沉略善與人交內外愛附泚多所叩咨數遣至京師嘗是時幽州兵最彊財雄士驕悍日思吞并不知有上下禮法廷玉閒語泚曰古未有不臣而能推福及子孫者公南聯趙魏北奚虜兵多地險然非永安計一日趙魏反噬公乃沸鼎魚耳不如奉天子剗多難可勒勳鼎彝若何泚善之廷玉陰欲耗其力則諷泚出金幣禮士又勸歸貢賦助天子經費獻牛馬係道儲廥爲單因勸泚入朝泚將聽諸校怒縛廷玉辱之廷玉無撓辭泚不忍殺因歲餘出之謂曰而亦悔乎廷玉曰導公爲逆卽悔勉公以義何悔爲復縶滿歲間曰能省過否不爾且死對曰不殺我公得名殺我吾得名泚不能屈待如初又有朱體微者亦泚腹心廷玉有建白體微輒左右之故泚愈信桀傲稍革廷玉

遂蔵朝事泚乃奏涿州爲永泰軍薊州靜塞軍瀛州清夷軍莫州唐興軍置團練使以支郡隸屬盧龍軍稍削而泚內畏弟滔偪己滔亦勸泚入朝乃以軍屬滔廷玉體微共白泚公入朝爲功臣首後務至重須誠信者乃可付滔雖大弟多變不情如假以兵是嫁之禍也泚不聽二人隨泚到朝德宗爲太子時知廷玉名及見禮眷殊渥泚統幽州行營爲涇原鳳翔節度使詔廷玉以大理少卿爲司馬體微爲要籍滔有請於泚或不順廷玉必折之俾循故法滔已破田悅寖傲肆自用左右有惡廷玉者妄云素毀滔欲四分燕廷玉倡之體微和之滔表言二人離間骨肉請殺於有司亦遺泚書云云泚恚滔奪其軍不從會滔以幽州叛帝示滔表而泚亦自發其書乃歸罪於二人貶廷玉柳州司戶參軍體微南浦尉以慰滔滔使諜伺諸朝曰上若不殺廷玉當讁去得東出洛我且縛致麾下支解之將行帝勞廷玉曰爾姑行爲國受屈歲中當還廷玉至藍田驛人白左巡使鄭詹商於道險不可往詹追使趨潼關廷玉告子少誠少良曰我爲天子不血刃下幽十一城欲裂其壤使不得桀而敗於將成天助逆耶今吏

使我出東都此殆滔計吾不可以辱國比至靈寶自投于河宰相盧杞方疾御史大夫嚴郢欲逐之得廷玉死狀即抵詹死而斥出郢帝閔廷玉忠歸其柩厚賻之李晟平朱泚少誠等適終喪晟表丐追贈廷玉并官二子而帝方招來滔寢其奏遂已

符令奇沂州臨沂人初爲盧龍軍裨將會幽州亂挈子璘奔昭義節度使薛嵩署爲軍副嵩卒田承嗣盜其地引令奇爲右職田悅拒命馬燧敗之洹水令奇密語璘曰吾閱世事多矣自安史干紀無噍類吾觀田氏覆亡無時安用苟且夕係纍京師宗族屠地汝能委質朝廷爲唐忠臣吾亦名揚後世矣璘泣曰悅忍人也近禍可畏答曰今王師四合吾屬俎中醢兒今行吾死不朽不行吾亦死尸疊逆地云何璘俯泣不能對初悅與李納會濮陽因乞師納分麾下隨之至是納兵歸齊使璘以三百騎護送璘與父嚙臂別乃以衆降燧璘之出與三子同降悅怒引令奇切讓令奇罵曰爾忘義背主旦夕死吾教子以順殺身庸何悔鈞死愈爾遠矣悅怒奮而起令奇臨刑色不變年七十九夷其家燧署璘

爲軍副詔拜特進封義陽郡王旣聞父見害號絶泣血燧表其寃加檢校左散騎常侍賜晉陽第一區祁田五十頃贈令奇戸部尚書

璘字元亮李懷光反詔燧討之璘介五千兵先濟河與西師合從燧入朝爲輔國大將軍賜靖恭里第一區藍田田四十頃璘之降母匿里中獨免及悅死詔迎於魏賜宴别殿璘居環衞十三年卒年六十五贈越州都督

劉迺字永夷河南伊闕人少警頴闇誦六經日數千言善文詞爲時推目天寶中擢進士第喪父以孝聞服終中書舍人宋昱知銓事迺方調因進書曰書稱知人則哲能官人則惠此唐虞以爲難今文部始掄材終授位是知人官人兩任其責昔禹稷皋陶之聖猶曰載采有九德考績以九載今有司獨委一二小宰察言於一幅之判觀行於一揖之内何其易哉夫判者以狹詞短韻爲體是以小冶鼓衆金雖欲爲鼎鏞不可得已故雖有周公尼父圖書易象之訓以判責之曾不及徐庾雖有至德以喋喋取之曾不若嗇夫故干霄蔽日巨樹也求尺寸之材必後於椓杙龍吟虎嘯希聲也尙頰舌之感必下於蛙黽豈不悲乎

執事誠能先政事次文學退觀其治家進察其臨節則厖鴻深沉之事亦可窺其門閾矣昱嘉之補剡尉劉晏在江西奏使巡覆充留後大曆中召拜司門員外郎德宗初進郭子儀爲尚父時冊禮廢視詔文者不適所宜宰相崔祐甫召迺至閣草之少選成文詞義典裁俄擢給事中權知兵部侍郎楊炎盧杞當國五歲不遷建中四年眞拜兵部侍郎帝狩奉天迺臥疾私第朱泚遣人召之固稱篤復遣僞相蔣鎮慰誘迺佯瘖不答炙無完膚鎮再至知不可脅乃太息曰我嘗忝曹郎不能死寧以自辱羶腥復欲汙賢哲乎遂止迺聞車駕如梁州自投於牀搏膺呼天不食卒年六十帝聞其忠贈禮部尚書謚曰貞惠子伯芻別傳

孟華史失其何所人初事李寶臣爲府官屬論議婞婞不回同舍疾之王武俊斬李惟岳遣華至京師陳事德宗問河朔利害華對稱旨擢檢校兵部郎中兼侍御史朱滔與武俊謀解田悅之圍帝詔華還諭欲亂其謀華至讓武俊曰安史未覆滅時大夫觀其兵自謂天下可取今日何汩汩且上於大夫恩甚厚將

還康中丞他州而歸我深趙自古忠臣未有不先大功而後得高官者大夫何望於失地邪夫藥苦口者利病大夫後日思愚言悔無逮或曰華入朝私奏便宜欲傾我故得顯職武俊惑之然以華舊人未忍奪其職卒進援悅華從至臨清稱病還恆州武俊令子察所爲乃闔門謝賓客武俊知不足忌無殺華意既僭稱王授禮部侍郎不肯起嘔血死

張伾者本爲澤潞將守臨洺田悅攻之乘城固守累月士死糧且盡救不至伾悉召部將立軍門命女出偏拜因曰諸君戰良苦吾無貲爲賞願以是女賣直爲衆士一日費士皆哭曰請死戰會馬燧自河東將兵擊悅城下敗之伾乘勝出戰無不一當百以功遷泗州刺史居州十年擢右金吾衞大將軍未拜卒贈尚書右僕射軍中議立其子重政母徐及兄號訴不肯從奔告淮南節度使王鍔乃免詔嘉其忠起爲金吾衞大將軍委鍔處以劇職封徐魯國夫人

周曾者本李希烈部將與王玢姚憺韋清志相善號四公子希烈反曾密得其計一二以告李勉玢爲許州鎮遏使會哥舒曜拔汝州希烈遣曾往拒曾欲引

軍據蔡使玢爲應憺清居中謀取希烈密求藥毒希烈不死曾之行希烈使假
子十人從攻襄城知其謀以告希烈使李克誠率騾軍千人劫曾殺之而收其
兵并殺玢憺始約事覺毋相引清懼陽說希烈曰今兵寡恐不能就事請乞師
朱滔希烈然之至襄邑奔劉洽德宗贈曾太尉玢司徒憺工部尚書擢清安定
郡王實封戶二百又有呂賁康秀琳梁與朝賈樂卿侯仙欽皆死希烈之難贈
賁秀琳尚書左右僕射與朝等皆秩尚書遣蕭昕致祭境上命李勉哥舒曜訪
其家子孫詔雖三世有罪常降一等曾無後貞元中女及曾兄子酆爭襲封有
司奏曾首謀歸順身死賊手陛下錫眞食不幸絕嗣宜令酆以五十戶奉祀女
亦封五十戶

張名振本事李懷光爲都將始懷光已立功德宗賜鐵劵奉詔倨甚名振到軍
門大言曰太尉見賊不擊使到不迎將反耶且安史僕固等今皆族滅公欲何
爲是資忠義士立功耳懷光召見諭以賊彊須蓄銳俟時誘爲不反及引軍入
咸陽又曰公不反來此何邪不急攻泚收京城欲以賊誰遺懷光怒曰病狂人

也使左右拉殺之

石演芬者本西域胡人事懷光至都將尤親信畜爲假子懷光軍三橋將與朱泚連和演芬使客郜成義到行在言懷光無破賊意請罷其總統成義走告懷光子璀懷光召演芬罵曰爾爲我子奈何欲破吾家今日負我宜即死對曰天子以公爲股肱公以我爲腹心公乃負天子我何不負公且我胡人無異心惟知事一人不呼我爲賊死固吾分懷光使士臠食之皆曰烈士也可令快死以刀斷其頸德宗聞贈演芬兵部尚書賜其家錢三百萬斬成義於朔方

吳溆者章敬皇后之弟代宗立詔贈后祖神泉爲司徒父令珪太尉擢叔父令瑤太子家令濮陽郡公令瑜太子諭德濟陽郡公溆太子詹事濮陽郡公並開府儀同三司令瑤兄弟故爲縣令郎將矣而溆用盛王府參軍進俄遷鴻臚少卿金吾將軍建中初遷大將軍溆循循有禮讓無倨氣矜色見重朝廷時以爲材當所位不自戚屬者朱泚反盧杞白志貞皆謂泚有功不宜首難得大臣一人持節慰曉惡且悛德宗顧左右無敢行溆曰陛下不以臣亡能願至賊中諭

天子至意帝大悅瀲退謂人曰吾知死無益而決見賊者人臣食祿死其難所
也方危時安得自計且不使陛下恨下無犯難者卽日齎詔見泚具道帝待以
不疑者而泚業僭逆故留瀲客省不遣卒被害帝悲梗甚贈太子太保謚曰忠
賜其家實戶二百一子五品正員官京師平官庀其葬子士矩別傳
高沐者渤海人父憑事宣武李靈耀假守曹州靈耀反憑密遣人奏賊纖悉有
詔卽拜曹州刺史會李正己盜有曹濮憑不能自通朝廷死官下沐貞元中擢
進士第以家託鄆故李師古辟署判官師道叛沐率其僚郭旼郭航李公度引
古今成敗前後鐫說不能入師道所厚吏李文會林英等乘閒訴曰比悉心憂
公家事而爲沐等所疾公奈何舉十二州地成沐輩千載名乎由是疏斥沐令
守濮州沐上書盛夸山東貢海之饒得其地可以富國師道謀皆露後英奏事
京師脅邸史言沐以誠款結天子師道怒誅沐而囚旼濮州守衞苛嚴凡十年
吳元濟拒命師道引兵攻彭城敗蕭沛數縣而還以緩王師旼爲繒書藏衣絮
間使郭航間道走武寧軍見李愿請奇兵三千浮海擣萊淄賊倚海不爲備且

居皆罪人無與守始卭畏事泄署師道所信吏劉諒名以遣愿白諸朝議者疑師道使爲之不得報航不敢循故道間關回遠還卭所未幾師道召航卭疑事露欲引決航曰事覺吾獨死君無患航卒自殺遂絶及王師討師道諸節度兵四入而彭城兵下魚臺金鄉李聽軍取海州若拾遺頗用卭策初淮西平師道勢蹙內甚懼李公度與大將李英曇教獻三州使長子入侍師道然可俄中悔欲殺英曇賈直言諷師道嬖奴曰高沐寃氣在天禍且至英曇復死是益其祟也乃止逐于萊州俄殺之又有崔承寵楊偕陳佑崔清皆抗節忤賊李文會指爲沐黨沐之死皆被囚劉悟既平師道捉卭臂歔欷流涕辟置幕成節度府亦請公度爲僚屬元和十四年贈沐吏部尚書委馬總備禮收葬恤其家航萊州人以氣聞師道署右職與卭世居齊初卭舉進士權德輿將取之聞其家賊中乃罷遂爲賊聘二人卒能忠顯

賈直言河朔舊族也史失其地父道冲以藝待詔代宗時坐事賜鴆將死直言紿其父曰當謝四方神祇使者少怠輒取鴆代飲迷而踣明日毒潰足而出久

乃蘇帝憐之減父死俱流嶺南直言由是𨌺後署師道府屬及師道不軌提刀負棺入諫曰願前死不見城之破又畫縛載檻車狀而妻子係纍者以獻師道怒囚之劉悟既入釋其禁辟署義成府後徙潞亦隨府遷監軍劉承偕與悟不平陰與慈州刺史張汶謀縛悟送闕下以汶代節度事洩悟以兵圍承偕殺小使直言遽入責曰司空縱兵脅天子使者是欲効李司空邪宅日復爲軍中所指笑悟聞感悔匿承偕於第以免悟每有過必爭故悟能以臣節光明於朝穆宗召爲諫議大夫羣情灑然稱允而悟固留得聽始悟子從諫貴甚見直言輒衣紫擁笏以兵自衞直言諫悟曰郎少年毋使襲山東態朝服可擅著邪悟死從諫不發喪召大將劉武德等矯悟遺言與隣道使共表求襲位直言入讓曰父死不哭何顏面見山東義士乎從諫曰欲反耳直言仰天哭曰爾父提十二州地歸朝廷爲功臣然以張汶故自謂不潔淋頭卒羞死郎今日乃欲反邪從諫起抱直言項哭曰計窮而然直言曰君何憂無土地今脅朝廷正速死耳若從武德謀吾見劉氏爲元濟矣從諫拜曰唯大夫救之直言乃自攝留後使從

諫居喪初從諫惟鄆兵二千同謀直言既折之軍中遂安太和九年卒贈工部尚書

辛讜者太原尹雲京孫也學詩書能擊劍重然諾走人所急初事李嶧主錢穀性廉勁遇事不處文法皆與之合罷居揚州年五十不肯仕而慨然常有濟時意龐勛反攻杜慆於泗州讜聞之拏舟趨泗口貫賊柵以入慆素聞其名握手曰吾僚李延樞嘗爲吾道夫子爲人何意臨教吾無憂矣讜亦謂慆可共事乃請還與妻子決同慆生死時賊張甚衆皆南走獨讜北行讜未至慆憂之延樞知必來曰讜至可表爲判官慆許諾俄而至慆喜曰圍急飛鳥不敢過君乃冒白刃入危城古人所不能乃勸解白衣被甲賊將李圓焚淮口讜曰事棘矣獨出可以求援乃與楊文播李行實戊夜踰淮坎岸登馳三十里至洪澤見戍將郭厚本告急厚本許出兵大將袁公弁等曰賊衆我寡不可往讜拔劍瞋目呼曰泗州陷在旦夕公等被詔來乃逗留不進欲何爲大丈夫孤國恩雖生可羞且失泗則淮南爲寇場君尚能獨存吾今斷左臂殺君去推劍直前厚本持之

公昇等僅免讜望泗慟哭帳下皆流涕厚本決許付兵五百讜曰足矣徧問士曰能行乎皆曰諾讜仆面于地泣以謝衆既叩淮有人語曰賊破城矣讜將斬之衆爲請讜曰公等登舟吾赦其死士遽登已濟慆亦出兵表裏擊賊大敗讜入人心遂固浙西杜審權遣將翟行約赴援壁蓮塘慆欲遣人延勞諸吏憚不敢出讜獨往犒而還圍三月救兵外敗城益危讜復請乞兵淮南與壯士徐珍十人持斧夜斬賊柵出見節度使令狐綯復詣浙西見審權時皆傳泗州已陷疑讜爲賊計因之讜引李嶧自明嶧時爲大同防禦使稱其忠可信審權乃許救合淮南兵五千鹽粟具方淮路梗不得進讜引兵決戰斬賊六百級乃克入城上譟叫慆與下迎泣表其功于朝授監察御史圍凡十月乃解卒完一州初讜求救也過家十餘未嘗見妻子得糧累二十萬讜子及兄子客廣陵託慆曰使先人不乏祀公之惠也後以功第一拜亳州刺史徙曹泗二州乾符末終嶺南節度使方讜之少耕于野有牛鬭衆畏奔踐讜直前兩持其角牛不能動久而引觸竟折其角里人駭異屠牛以飯讜然讜癯短才及中人後貴力亦少衰

云

黃碣閩人也初爲閩小將喜學問軒然有志向同列有假其筆者碣怒曰是筆宅日斷大事不可假後戰安南有功高駢表其能爲漳州刺史徙婺州治有績劉漢宏遣兵攻之兵寡不可守棄州去客蘇州董昌爲威勝軍節度使表碣自副久乃應及昌反碣諫曰大王拔田畝席貢輸之勤位將相非有勳業可紀今不能盡忠王朝乃自尊大一日誅滅無種矣桓文不侮周室曹操弗敢危漢今王僻嬰一城乃爲大逆何邪碣請舉族先死不能見王之滅昌怒曰碣不順我邪斥出之碣移書幕府李滔曰順天建元以愚策之針可爲稍邪或竊其書示昌昌令使者斬之使以首至昌詬曰賊負我三公不肯爲而求死邪抵溷中夷其家百口坎鏡湖之南同瘞焉昌敗有詔贈司徒求其後不能得昌已殺碣滔亦遇害乃召會稽令吳鐐問策鐐曰王爲真諸侯遺榮子孫而不爲乃作僞天子自取滅亡昌叱斬之族其家又召山陰令張遜知御史臺固辭曰王自棄爲天下笑且六州勢不助逆王據孤州以速死謂何遜不敢以身許王也昌惡之

曰遜不知天意以邪說拒我因之他日謂人曰我無碣鐐遜何乏事卽害之

孫揆字聖圭刑部侍郎遜五世從孫也第進士辟戸部巡官歷中書舍人刑部侍郎京兆尹昭宗討李克用以揆爲兵馬招討制置宣慰副使旣而更授昭義軍節度使以本道兵會戰克用伏兵刀黄嶺執揆厚禮而將用之曰公輩當從容廟堂何爲自履行陣也揆大駡不詘克用怒使以鋸解之鋸齒不行揆謂曰死狗奴解人當束之以板汝輩安知行刑者如其所言詈聲不輟至死昭宗憐之贈左僕射

唐書卷一百九十三

唐書卷一百九十三考證

辛讜傳袁公弃○舊書作王公弁

唐書卷一百九十三考證

珍倣宋版印

唐書卷一百九十四

宋　端　明　殿　學　士　宋　祁　撰

列傳第一百一十九

卓行

元德秀字紫芝河南河南人質厚少緣飾少孤事母孝舉進士不忍去左右自負母入京師既擢第母亡廬墓側食不鹽酪藉無茵席服除以窶困調南和尉有惠政黜陟使以聞擢補龍武軍錄事參軍德秀不及親在而娶不肯婚人以爲不可絕嗣答曰兄有子先人得祀吾何娶爲初兄子襁褓喪親無資得乳媼德秀自乳之數日湩流能食乃止既長將爲娶家苦貧乃求爲魯山令前此墮車足傷不能趨拜太守待以客禮有盜繫獄會虎爲暴盜請格虎自贖許之吏白彼詭計且亡去無乃爲累乎德秀曰許之矣不可負約即有累吾當坐不及餘人明日盜尸虎還舉縣嗟歎玄宗在東都酺五鳳樓下命三百里縣令刺史各以聲樂集是時頗言帝且第勝負加賞黜河內太守輦優伎數百被錦繡或

作犀象環譎光麗德秀惟樂工數十人聯袂歌于蔿于于蔿于者德秀所爲歌也帝聞異之歎曰賢人之言哉謂宰相曰河內人其塗炭乎乃黜太守德秀益知名所得奉祿悉衣食人之孤遺者歲滿笥餘一縑駕柴車去愛陸渾佳山水乃定居不爲牆垣扃鑰家無僕妾歲饑日或不爨嗜酒陶然彈琴以自娛人以酒肴從之不問賢鄙爲酣飫是時程休邢宇宇弟宙張茂之李崿崿族子丹叔惟岳喬潭楊拯房垂柳識皆號門弟子德秀善文辭作蹇士賦以自況房琯每見德秀歎息曰見紫芝眉宇使人名利之心都盡蘇源明常語人曰吾不幸生衰俗所不恥者識元紫芝也天寶十三載卒家惟枕履簞瓢而已潭時爲陸渾尉庀其葬族弟結哭之慟或曰子哭過哀禮歟結曰若知禮之過而不知情之至大夫弱無固性無專老無在死無餘人情所耽溺喜愛可惡者大夫無之生六十年未嘗識女色視錦繡未嘗求足無茍辭佚色未嘗有十畝之地十尺之舍十歲之僮未嘗完布帛而衣具五味之餐吾哀之以戒荒淫貪佞綺紈粱肉之徒耳李華兄事德秀而友蕭穎士劉迅及卒華謚曰文行先生天下高其行

不名謂之元魯山華於是作三賢論或問所長華曰德秀志當以道紀天下迅當以六經諧人心穎士當以中古易今世德秀欲齊愚智迅感一物不得其正穎士呼吸折節而獲重祿不易一刻之安易於孔子之門皆達者歟使德秀據師保之位瞻形容乃見其仁迅被卿佐服居賓友謀治亂根源參乎元精乃見其妙穎士若百鍊之剛不可屈使當廢興去就一生一死間而後見其節德秀以爲王者作樂崇德天人之極致而辭章不稱是無樂也於是作破陣樂辭以訂商周迅世史官述禮易書春秋詩爲古五說條貫源流備古今之變穎士尤罪子長不編年而爲列傳後世因之非典訓也自春秋三家後非訓齊生人不錄然各有病元病酒劉病賞物蕭病貶惡太亟獎能太重若取其節皆可爲人師也世世謂篤論休字士美廣平人字字紹宗宙字次宗河間人茂之字季豐南陽人𡌴字伯高丹叔字南誠惟岳字謨道趙人潭字源梁人垂字翼明清河人拯字齊物隋觀王雄後舉進士終右驍衛騎曹參軍𡌴擢制科遷南華令大水他縣飢人至相屬𡌴爲具餐饘及去糗糧送之吏爲立碑安祿山亂𡌴客清河

為乞師平原太守顏真卿一郡獲全歷廬州刺史拯與粵名最著潭識以文傳
後

權皐字士繇秦州略陽人徙潤州丹徒晉安丘公翼十二世孫父倕與席豫蘇源明以藝文相友終羽林軍參軍皐擢進士第為臨清尉安祿山籍其名表為薊尉署幕府皐度祿山且叛以其猜虐不可諫欲行慮禍及親天寶十四載使獻俘京師還過福昌尉仲謩謩妻皐妹也密約以疾召之謩來皐陽喑直視謩而瞑謩為盡哀自含斂之皐逸去人無知者吏以詔書還皐母母謂實死慟哭感行路故祿山不之虞歸其母皐潛候於淇門奉侍晝夜南奔客臨淮為驛亭保以詗北方既度江而祿山反天下聞其名爭取以為屬高適表試大理評事淮南採訪判官永王舉兵脅士大夫皐詭姓名以免玄宗在蜀聞之拜監察御史會母喪得風痺疾客洪州南北梗否踰年詔命不至有中人過州頗求取無厭南昌令王遘欲按之謀於皐皐良久不答泣曰今何由致天子使而遽欲治之掩面去遘悟厚謝浙西節度使顏真卿表為行軍司馬召拜起居舍人固辭

嘗曰吾潔身亂世以全吾志欲持是受名邪李季卿爲江淮黜陟使列其高行以著作郎召不就自中原亂士人率度江李華柳識韓洄王定皆仰皐節與友善洄定常評皐可爲宰輔師保華亦以爲分天下善惡一人而已卒年四十六洄等制服行哭詔贈祕書少監元和中謚爲貞孝子德輿至宰相別傳

甄濟字孟成定州無極人叔父爲幽涼二州都督家衞州宗屬以伉俠相矜濟少孤獨好學以文雅稱居青巖山十餘年遠近伏其仁環山不敢畋漁採訪使苗晉卿表之諸府五辟詔十至堅臥不起天寶十載以左拾遺召未至而安祿山入朝求濟於玄宗授范陽掌書記祿山至衞使太守鄭遵意致謁山中濟不得已爲起祿山下拜鈞禮居府中論議正直久之察祿山有反謀不可諫濟素善衞令齊玘因謁歸具告以誠密置羊血左右至夜若歐血狀陽不支舁歸舊廬祿山反使蔡希德封刀召之曰即不起斷其頭見我濟色不動左手書曰不可以行使者持刀趨前濟引頸待之希德獻欷嗟歎止刀以實病告後慶緒復使彊輿至東都安國觀會廣平王平東都濟詣軍門上謁泣涕王爲感動肅宗

詔館之三司署使汙賊官羅拜以媿其心授祕書郎或言太薄更拜太子舍人來瑱辟爲陜西襄陽參謀拜禮部員外郎宜城楚昭王廟墺地廣九十畝濟立墅其左瑱死屏居七年大歷初江西節度使魏少游表爲著作郎兼侍御史卒濟生子因其官字曰禮闈曰憲臺而禮闈死憲臺更名逢幼而孤及長耕宜城野自力讀書不謁州縣歲飢節用以給親里大穰則振其餘於鄉黨貧狹者朋友有緩急輒出家貲周贍以義聞逢常以父名不得在國史欲詣京師自言元和中袁滋表濟節行與權皋同科宜載國史有詔贈濟祕書少監而逢與元稹善稹移書於史館修撰韓愈曰濟棄去祿山及其反有名號又逼致之執不起卒不汙其名夫辨所從於居易之時堅其操於利仁之世而猶選懦者之所不爲蓋怫人之心難而害己之避深也至天下大亂死忠者不必顯從亂者不必誅而眷眷本朝甘心白刃難矣哉若甄生者弁冕不加其身祿食不進其口直布衣一男子耳及亂則延頸受刃分死不回不以不必顯而廢忠不以不必誅而從亂在古與今蓋百一焉愈答曰逢能行身幸於方州大臣以標目其先人

事載之天下耳目徹之天子追爵其父第四品赫然驚人逢與其父俱當得書矣由是父子俱顯名

陽城字亢宗定州北平人徙陝州夏縣世爲官族資好學貧不能得書求爲吏隸集賢院竊院書讀之晝夜不出戶六年無所不通及進士第乃去隱中條山與弟堦域常易衣出年長不肯娶謂弟曰吾與若孤惸相育既娶則間外姓雖共處而益疏我不忍弟義之亦不娶遂終身城謙恭簡素遇人長幼如一遠近慕其行來學者跡接于道閭里有爭訟不詣官而詣城決之有盜其樹者城過之慮其恥退自匿嘗絕糧遣奴求米奴以米易酒醉臥于路城怪其故與弟迎之奴未醒乃負以歸及覺痛咎謝城曰寒而飲何責焉寡妹依城居其子四十餘癡不知人城常負以出入始妹之夫客死遠方城與弟行千里負其柩歸葬歲饑屏跡不過鄰里屑榆爲粥講論不輟有奴都兒化其德亦方介自約或哀其餒與之食不納後致糠覈數桮乃受山東節度府聞城義者發使遺五百縑戒使者不令返城固辭使者委而去城置之未嘗發會里人鄭俶欲葬親貸於

人無得城知其然舉縑與之佽既葬還曰蒙君子之施願爲奴以償德城曰吾子非也能同我爲學乎佽泣謝卽教以書佽不能業城更徙遠阜使顓其習學如初慚縊而死城驚且哭厚自咎爲服緦麻瘞之陝虢觀察使李泌數禮餉城受之泌欲辟致之府不起乃薦諸朝詔以著作佐郎召幷賜緋魚泌使參軍事韓傑奉詔至其家城封還詔自稱多病老憊不堪奔奉惟哀憐泌不敢彊及爲宰相又言之德宗於是召拜右諫議大夫遣長安尉楊寧賚束帛詣其家城褐衣到闕下辭讓帝遣中人持緋衣衣之召見賜帛五十匹初城未起縉紳想見風采既興草茅處諫諍官士以爲且死職天下益憚之及受命宅諫官論事苛細紛紛帝厭苦而城寖聞得失且熟猶未肯言韓愈作爭臣論譏切之城不屑方與二弟延賓客日夜劇飲客欲諫止者城揣知其情彊飲客客辭卽自引滿客不得已與酬酢或醉仆席上城或先醉臥客懷中不能聽客語無得關言常以木枕布衾質錢人重其賢爭售之每約二弟吾所俸入而可度月食米幾何薪菜鹽幾錢先具之餘送酒家無留也服用無贏副客或稱其佳可愛輒喜舉

授之有陳萇者候其得俸常往稱錢之美月有獲焉居位八年人不能窺其際及裴延齡誣逐陸贄張滂李充等帝怒甚無敢言城聞曰吾諫官不可令天子殺無罪大臣乃約拾遺王仲舒守延英閤上疏極論延齡罪慷慨引誼申直贄等累日不止聞者寒懼城愈勵帝大怒召宰相抵城罪順宗方爲皇太子爲開救良久得免敕宰相諭遣然帝意不已欲遂相延齡城顯語曰延齡爲相吾當取白麻壞之哭於廷帝不相延齡城力也坐是下遷國子司業引諸生告之曰凡學者所以學爲忠與孝也諸生有久不省親者乎明日謁城還養者二十輩有三年不歸侍者斥之簡孝秀德行升堂上沈酗不率教者皆罷躬講經籍生徒斤斤皆有法度薛約者狂而直言事得罪謫連州吏捕迹得之城家城坐吏於門引約飲食訖步至都外與別帝惡城黨有罪出爲道州刺史太學諸生何蕃季償王魯卿李讜等二百人頓首闕下請留城柳宗元聞之遺蕃等書曰詔出陽公道州僕聞悒然幸生不諱之代不能論列大體聞下執事還陽公之南也今諸生愛慕陽公德懇悃乞留輒用撫手喜甚昔李膺嵇康時太學生徒仰

闕執訴僕謂訖千百年不可復見乃在今日誠諸生見賜甚厚將亦陽公漸漬導訓所致乎意公有博厚恢大之德并容善僞來者不拒有狂惑小生依託門下飛文陳愚論者以爲陽公過於納汙無人師道仲尼吾黨狂狷南郭獻譏曾參徒七十二人致禍負芻孟軻館齊從者竊屨彼聖賢猶不免如之何其拒人也俞扁之門不拒病夫繩墨之側不拒枉材師儒之席不拒曲士且陽公在朝四方聞風貪冒苟進邪薄之夫沮其志雖微師尹之位而人實瞻望焉與其化一州其功遠近可量哉諸生之言非獨爲己也於國甚宜蕃等守闕下數日爲吏遮抑不得上既行皆泣涕立石紀德至道州治民如治家宜罰罰之宜賞賞之不以簿書介意月俸取足則已官收其餘日炊米二斛魚一大鬵置甌杓道上人共食之州產侏儒歲貢諸朝城哀其生離無所進帝使求之城奏曰州民盡短若以貢不知何者可供自是罷州人感之以陽名子前刺史坐罪下獄吏有幸於刺史者拾不法事告城欲自脫城輒榜殺之賦稅不時觀察使數誚責州當上考功第城自署曰撫字心勞追科政拙考下下觀察府遣判官督賦至

州怪城不迎以問吏吏曰刺史以爲有罪自囚於獄判官驚馳入謁城曰使君何罪我奉命來候安否耳留數日城不敢歸仆門闔寢館外以待命判官遽辭去府復遣官來按舉義不欲行乃載妻子中道逃去順宗立召還城而城已卒年七十贈左散騎常侍賜其家錢二十萬官護喪歸葬蕃和州人事父母孝學太學歲一歸父母不許間二歲乃歸復不許凡五歲慨然以親且老不自安揖諸生去乃共閉蕃空舍中衆共狀蕃義行白城請留會城罷亦止初朱泚反諸生將從亂蕃正色叱不聽故六館之士無受汙者蕃居太學二十年有死喪無歸者皆身爲治喪償魯人魯卿第進士有名

司空圖字表聖河中虞鄉人父輿有風幹當大中時盧弘正管鹽鐵表爲安邑兩池榷鹽使先是法疏闊吏輕觸禁輿爲立約數十條莫不以爲宜以勞再遷戶部郎中圖咸通末擢進士禮部侍郎王凝特所獎待俄而凝坐法貶商州圖感知己往從之凝起拜宣歙觀察使乃辟置幕府召爲殿中侍御史不忍去凝府臺劾左遷光祿寺主簿分司東都盧攜以故宰相居洛嘉圖節常與游攜還

朝過陝虢屬於觀察使盧渥曰司空御史高士也渥卽表爲僚佐會擕復執政召拜禮部員外郎尋遷郎中黃巢陷長安將奔不得前圖弟有奴段章者陷賊執圖手曰我所主張將軍喜下士可往見之無虛死溝中圖不肯往章泣下遂奔咸陽間關至河中僖宗次鳳翔卽行在拜知制誥遷中書舍人後狩寶雞不獲從又還河中龍紀初復拜舊官以疾解景福中拜諫議大夫不赴後再以戶部侍郎召身謝闕下數日卽引去昭宗在華召拜兵部侍郎以足疾固自乞會還洛陽柳璨希賊臣意誅天下才望助喪王室詔圖入朝圖陽墮笏趣意野耄璨知無意於世乃聽還圖本居中條山王官谷有先人田遂隱不出作亭觀素室悉圖唐興節士文人名亭曰休休作文以見志曰休美也旣休而美具故量才一宜休揣分二宜休耄而聵三宜休又少也惰長也率老也迂三者非濟時用則又宜休因自目爲耐辱居士其言詭激不常以免當時禍災云豫爲冢棺遇勝日引客坐壙中賦詩酌酒裴回客或難之圖曰君何不廣邪生死一致吾寧暫游此中哉每歲時祠禱鼓舞圖與閭里耆老相樂王重榮父子雅重之數

饋遺弗受嘗爲作碑贈絹數千圖置虞鄉市人得取之一日盡時寇盜所過殘暴獨不入王官谷士人依以避難朱全忠已篡召爲禮部尚書不起哀帝弒圖聞不食而卒年七十二圖無子以甥爲嗣嘗爲御史所劾昭宗不責也

贊曰節誼爲天下大閑士不可不勉觀皋濟不汙賊據忠自完而亂臣爲沮計天下士知大分所在故傾朝復支不有君子果能國乎德秀以德城以鯁峭圖知命其志凜凜與秋霜爭嚴眞丈夫哉

唐書卷一百九十四

唐書卷一百九十五

宋　端　明　殿　學　士　宋　祁　撰

列傳一百二十

孝友

唐受命二百八十八年以孝悌名通朝廷者多閭巷刺草之民皆得書于史官萬年王世貴長安嚴待封涇陽田伯明華原韓難陀華州王瞿曇鄭縣辛法汪郭士舉張長郭士度鄭迪柳仁忠能君德劉崇甘元爽韓子尙韓思約下邽張萬徹朝邑申屠思恭呂昂鶉觚張元亮靈臺孫智和新平馮猛將宜川司馬芬洛交周崇俊洛川何善宜博陵崔定仁冀州燕遺倩貝州馬衡滄州鄭士才清池孫楚信劉賢渤海邊鳳舉瀛州朱寶積樂陵蘇伏念邯鄲章徵雞澤馮仁海郭守素文安董相武邑王達多張丘感張藝郎暨孫師才張義節沙河趙君惠南樂谷感德魏縣毛仁武城茹智達歷亭王師威李肆仁臨河李文綢湯陰后斥奴鼓城鼓思義陳屺田堤岳太原盧遺仁王知道蒲州賈孝才解縣衞玄表

南岳張利見安邑曹文行孫懷應相里志降楊王操邵玄同張衡曹存勳李文
褒董文海李文秀張仙兒張公憲虞鄉董敬直河東張金城呂神通呂雲呂志
挺呂元光趙舉張祐姚熾張師德馮巨源杜山藏河西郭文政伊闕任仲濟源
滎璧汴州張士嚴陳留家師諒董允恭尉氏楊思貞中牟潘艮瑗暨子季通陽
武時惠珣封丘楊蒿珪許田李頤道胙城蔡洪石善雄暨孫彥威朗山胡君才
徐州皇甫恆彭城尹務榮荊州劉寶長壽史摶益州焦懷肅郭景華鄞縣曹少
微涪城趙烟資陽趙光寓黃昇梓潼馬冬王秦舉王與嗣依政樊漪巴西韋士
宗文博滎暨子詮南鄭李貞古巢縣張進昭萬載廖洪南陵蘇仲方鄱陽張讚
樂平謝惟勤沈普姜嵎上饒鮑嘉福虞鎔真句容張常洧弋陽張球李營暨子
凝孫楚賁溪黃舟建昌熊士贍臨江袁鳴贛縣謝俊餘杭何公弁章成緬方宗
建德何起門桐廬祝希進諸暨張萬和蕭山李渭許伯會戴恭俞僅信安徐知
新徐惠謹東陽應先唐君祐睦州許利川建陽劉常邵武黃亘張巨錢吳海泉
山黃嘉猷永泰王頡皆事親居喪著至行者萬年宋興貴奉先張郛澧陽張仁

興櫟陽董思寵湖城閻旻高平雍仙高湖城閻鄷正平周思藝張子英曲沃張君密秦德方馬玄操李君則太平趙德儼隴西陳嗣北海呂元簡經城宋洸之單父劉九江無棣徐文亮樂陵吳正表河閒劉宣董永安邑任君義衞開龍門梁神義賀見涉張奇異鄭縣王元緒寇元童舒城徐行周睦州方良琨桐盧戴元益高安宋練涇縣萬旻弋陽李植繁昌王丕皆數世同居者天子皆旌表門閭賜粟帛州縣存問復賦稅有授以官者唐時陳藏器著本草拾遺謂人肉治羸疾自是民閒以父母疾多刲股肉而進又有京兆張阿九趙言奉天趙正言滑清泌羽林飛騎啖榮祿鄭縣吳孝友華陰尹義華潞州張光玭解縣南鍛河東李忠孝韓放鄠陵任客奴絳縣張子英平原楊仙朝樂工段日昇河東將陳涉襄陽馮子城固雍孫八虞鄉張抱玉胥英秀楡次馮秀誠封丘楊嵩珪劉浩清池朱庭玉弟庭金繁昌朱悖歙縣黄芮左千牛薛鋒及河陽劉士約或給帛或旌表門閭皆名在國史善乎韓愈之論也曰父母疾亨藥餌以是爲孝未聞毀支體者也苟不傷義則聖賢先衆而爲之是不幸因而且死則毀傷滅絕之

罪有歸矣安可旌其門以表異之雖然委巷之陋非有學術禮義之資能忘身以及其親出於誠心亦足稱者故列十七八焉廣明後方鎮淩法夸地千里事不上聞孝悌篤行之士旌命所不及載小說者名字不參見他書不可錄若李知本張志寬之屬承上順下有禮讓君子之風故輯而序之張士巖父病藥須鯉魚冬月冰合有獺銜魚至前得以供父父遂愈母病癰士巖吮血父亡廬墓有虎狼依之焦懷肅母病每嘗其唾若味異輒悲號幾絶母終水漿不入口五日負土成墳廬守日一食杖然後起繼母沒亦如之張進昭母患狐刺左手墮而終及殯進昭截左腕廬于墓張公藝九世同居北齊東安王永樂隋大使梁子恭躬慰撫表其門高宗有事太山臨幸其居問本末書忍字以對天子爲流涕賜縑帛而去四人名頗著詳見于篇

李知本趙州元氏人元魏洛州刺史靈六世孫父孝端仕隋爲獲嘉丞與族弟太沖俱有世閥而太沖官婚最高鄉人語曰太沖無兄孝端無弟知本涉經術事親篤至與弟知隱雍順子孫百餘至貲用僮僕無間也大業末盜賊過閭不

入相戒曰無犯義門往依者五百餘室皆以免貞觀初知隱爲伊闕丞知本夏津令開元中孫瑱爲給事中揚州長史知隱孫顒有文辭至太常少卿從祖兄弟位給事中凡四人

張志寬蒲州安邑人居父喪而毀州里稱之王君廓兵略地不暴其閭倚全者百許姓後爲里正忽詣縣稱母疾求急令問狀對曰母有疾志寬輒病是以知之令謂其妄繫於獄馳驗如言乃慰遣之母終負土成墳手蒔松柏高祖遣使者就弔拜員外散騎常侍賜物四十段表其閭

劉君良瀛州饒陽人四世同居族兄弟猶同産也門內斗粟尺帛無所私隋大業末荒饉妻勸其異居因易置庭樹鳥雛令鬭且鳴家人怪之妻曰天下亂禽鳥不相容況人邪君良卽與兄弟別處月餘密知其計因斥去妻曰爾破吾家召兄弟流涕以告更復同居天下亂鄉人共依之衆築爲堡因號義成堡武德中深州別駕楊弘業至其居凡六院共一庖子弟皆有禮節歎挹而去貞觀六年表異門閭

王少玄博州聊城人父隋末死亂兵遺腹生少玄甫十歲問父所在母以告卽哀泣求尸時野中白骨覆壓或曰以子血漬而滲者父胔也少玄鑱膚閱旬而獲遂以葬創甚彌年乃與貞觀中州言狀拜徐王府參軍

任敬臣字希古棣州人五歲喪母哀毀天至七歲問父英曰若何可以報母英曰揚名顯親可也乃刻志從學汝南任處權見其文驚曰孔子稱顏回之賢以爲弗如也吾非古人然見此兒信不可及十六刺史崔樞欲舉秀才自以學未廣遯去又三年卒業舉孝廉授著作局正字父亡數殞絕繼母曰而不勝喪謂孝可乎敬臣更進饘粥服除遷祕書郎休沐闔門誦書監虞世南器其人歲終書上考固辭召爲弘文館學士俄授越王府西閣祭酒當代王再表留進朝請郎舉制科擢許王文學復爲弘文館學士終太子舍人

支叔才定州人隋末荒饉夜丐食野中還進母爲賊執欲殺之告以情賊閔其孝爲解縛母病癰叔才吮瘡注藥及亡廬墓有白鵲止廬傍高宗時表異其家

至德間有常州人王遇弟遐俱爲賊執將釋一人兄弟相讓死賊感其意盡縱

之

程袁師宋州人母病十旬不褫帶藥不嘗不進代弟戍洛州母終聞訃日走二百里因負土築墳號癯人不復識改葬曾門以來閱二十年乃畢常有白狼黃蛇馴墓左每哭羣鳥鳴翔永徽中刺史狀諸朝詔吏敦駕既至不願仕授儒林郎還之

武弘度士𧦬兄之子補相州司兵參軍永徽中父卒自徐州被髮徒跣趨喪所負土築塋晨夕號日一溢米素芝產廬前貍擾其旁高宗下詔褒美旌其門

宋思禮字過庭事繼母徐爲聞孝補蕭縣主簿會大旱井池涸母羸疾非泉水不適口思禮憂懼且禱忽有泉出諸庭味甘寒日不乏汲縣人異之尉柳晃爲刻石頌其孝感

鄭潛曜者父萬鈞駙馬都尉滎陽郡公母代國長公主開元中主寢疾潛曜侍左右造次不去累三月不靧面主疾侵刺血爲書請諸神丐以身代火書而神許二字獨不化翌日主愈戒左右無敢言後尚臨晉長公主歷太僕光祿卿

元讓雍州武功人擢明經以母病不肯調侍膳不出閭數十年母終廬墓次廢櫛沐飯菜飲水咸亨中太子監國下令表闕于門永淳初巡察使表讓孝悌卓越擢太子右內率府長史歲滿還鄉里人有所訟皆詣讓判中宗在東宮召拜司議郎入謁武后望謂曰卿孝於家必能忠於國宜以治道輔吾子尋卒

裴敬彝絳州聞喜人曾祖子通隋開皇中以太中大夫居母喪哭喪明有白烏巢冢樾兄弟八人皆為名孝詔表門闕世謂義門裴氏敬彝七歲能文章性謹敏宗族重之號甘露頂父智周補臨黃令為下所訟敬彝年十四詣巡察使唐臨直枉臨奇之試命作賦賦工父罪已釋表敬彝于朝補陳王府典籤一日忽泣涕謂左右曰大人病痛吾輒然今心悸而痛事叵測乃請急倍道歸而父已卒羸毀踰禮乾封初遷累監察御史母病醫許仁則者躄不能乘敬彝自為輿往迎既居喪詔贈縑帛官為作靈轝終服以著作郎兼修國史歷中書舍人太子左庶子武后時為酷吏所陷死嶺南

梁文貞虢州閿鄉人少從軍守邊逮還親已亡自傷不得養即穿壙為門晨夕

汎掃廬墓左喑默三十年家人有所問畫文以對會官改新道出文貞廬前行旅見之皆爲流涕有甘露降塋木白兔馴擾縣令刊石紀之開元中刺史許景先表文貞孝絕倫類詔付史官

沈季詮字子平洪州豫章人少孤事母孝未嘗與人爭皆以爲怯季詮曰吾怯乎爲人子者可遺憂於親乎哉貞觀中侍母度江遇暴風母溺死季詮號呼投江中少選持母臂浮出水上都督謝叔方具禮祭而葬之

許伯會越州蕭山人或曰玄度十二世孫舉孝廉上元中爲衡陽博士母喪負土成墳不御絮帛嘗滋味野火將逮塋樹悲號于天俄而雨火滅歲旱泉湧廬前靈芝生

陳集原瀧州開陽人世爲酋長父龍樹爲欽州刺史有疾卽集原輒不食及亡嘔血數升卽塋作廬盡以田貲讓兄弟里人高之武后時歷右豹韜衞大將軍

陸南金蘇州吳人祖士季從同郡顧野王學左氏春秋司馬史班氏漢書仕隋爲越王侗記室兼侍讀侗稱制擢著作郎時王世充將篡逆侗謂士季曰隋有

天下三十年朝果無忠臣乎士季對曰見危授命臣宿志也請因啓事爲陛下殺之謀洩停侍讀乃不克貞觀初終太學博士兼弘文館學士南金仕爲太常奉禮郎開元初少卿盧崇道抵罪徙嶺南逃還東都南金居母喪崇道僞稱弔客入而道其情南金匿之俄爲讎人跡告詔侍御史王旭捕按南金當重法弟趙璧詣旭自言匿崇道者我也請死南金固言弟自誣不情旭怪之趙璧曰母未葬妹未歸兄能辦之我生無益不如死旭驚上狀玄宗皆宥之南金知書史履操謹完張說陸象先以賢謂之由庫部員外以痼疾改太子洗馬卒

張琇河中解人父審素爲巂州都督有陳纂仁者誣其冒戰級私庸兵玄宗疑之詔監察御史楊汪卽按纂仁復告審素與總管董堂禮謀反於是汪收審素繫雅州獄馳至巂州按反狀堂禮不勝忿殺纂仁以兵七百圍汪脅使露章雪審素罪既而吏共斬堂禮汪得出遂當審素實反斬之沒其家琇與兄瑝尙幼徙嶺南久之逃還汪更名萬頃瑝時年十三琇少二歲夜狙萬頃於魏王池瑝斫其馬萬頃驚不及鬬爲琇所殺條所以殺萬頃狀繫于斧奔江南將殺構父

罪者然後詣有司道汜水吏捕以聞中書令張九齡等皆稱其孝烈宜貸死侍中裴耀卿等陳不可帝亦謂然謂九齡曰孝子者義不顧命殺之可成其志赦之則虧律凡爲子孰不願孝轉相讎殺遂無已時卒用耀卿議議者以爲寃帝下詔申諭乃殺之臨刑賜食瑝不能進琇色自如曰下見先人復何恨人莫不閔之爲誄揭于道斂錢爲葬北邙尚恐仇人發之作疑冢使不知其處太宗時有卽墨人王君操父隋末爲鄉人李君則所殺亡命去時君操尚幼至貞觀時朝世更易而君操窶孤仇家無所憚詣州自言君操密挾刃殺之刳其心肝噉立盡趨告刺史曰父死凶手歷二十年不克報乃今刷憤願歸死有司州上狀帝爲貸死高宗時絳州人趙師舉父爲人殺師舉幼母改嫁仇家不疑師舉長爲人庸夜讀書久之手殺讎人詣官自陳帝原之永徽初同官人同蹄智壽父爲族人所害智壽與弟智爽候諸塗擊殺之相率歸有司爭爲首有司不能決者三年或言弟始謀乃論死臨刑曰讎已報死不恨智壽自投地委頓身無完膚舐智爽血盡乃已見者傷之武后時下邽人徐元慶父爽爲縣尉趙師韞所

殺元慶變姓名爲驛家保久之師韞以御史舍亭下元慶手殺之自囚詣官后欲赦死左拾遺陳子昂議曰先王立禮以進人明罰以齊政枕干讎敵人子義也誅罪禁亂王政綱也然無義不可訓人亂綱不可明法聖人修禮治內飭法防外使守法者不以禮廢刑居禮者不以法傷義然後暴亂銷廉恥興天下所以直道而行也元慶報父讎束身歸罪雖古烈士何以加然殺人者死畫一之制也法不可二元慶宜伏辜傳曰父讎不同天勸人之教也教之不苟元慶宜赦臣聞刑所以生遏亂也仁所以利崇德也今報父之仇非亂也行子之道仁也仁而無利與同亂誅是曰能刑未可以訓然則邪由正生治必亂作故禮防不勝先王以制刑也今義元慶之節則廢刑也跡元慶所以能義動天下以其忘生而趨其德也若釋罪以利其生是奪其德虧其義非所謂殺身成仁全死忘生之節臣謂宜正國之典寘之以刑然後旌閭墓可也時韙其言後禮部員外郎柳宗元駁曰禮之大本以防亂也若曰無爲賊虐凡爲子者殺無赦刑之大本亦以防亂也若曰無爲賊虐凡爲治者殺無赦其本則合其用則異旌與

誅不得並也誅其可旌玆謂濫黷刑甚矣旌其可誅玆謂僭壞禮甚矣若師韞獨以私怨奮吏氣虐非辜州牧不知罪刑官不知問上下蒙冒籲號不聞而元慶能處心積慮以衝讎人之胸介然自克即死無憾是守禮而行義也執事者宜有慚色將謝之不暇而又何誅焉其或父不免於罪師韞之誅不愆於法是非死於吏也是死於法也法其可讎乎讎天子之法而戕奉法之吏是悖驁而凌上也執而誅之所以正邦典而又何旌焉禮之所謂讎者冤抑沉痛而號無告也非謂抵罪觸法陷于大戮而曰彼殺之我乃殺之不議曲直暴寡脅弱而已春秋傳曰父不受誅子復讎可也父受誅子復讎此推刃之道復讎不除害今若取此以斷兩下相殺則合於禮矣且夫不忘讎孝也不愛死義也元慶能不越於禮服孝死義是必達理而聞道者也夫達理聞道之人豈其以王法爲敵讎者哉議者反以爲戮黷刑壞禮其不可以爲典明矣請下臣議附于令有斷斯獄者不宜以前議從事憲宗時衢州人余常安父叔皆爲里人謝全所殺常安八歲已能謀復仇十有七年卒殺全刺史元錫奏輕比刑部尚書李鄘執

不可卒抵死又富平人梁悅父爲秦果所殺悅殺仇詣縣請罪詔曰在禮父讎不同天而法殺人必死禮法王教大端也二說異焉下尚書省議職方員外郎韓愈曰子復父讎見于春秋于禮記周官若子史不勝數未有非而罪者最宜詳于律而律無條非闕文也蓋以爲不許復讎則傷孝子之心許復讎則人將倚法顓殺無以禁止夫律雖本於聖人然執而行之者有司也經之所明者制有司者也丁寧其義於經而深沒其文於律者將使法吏一斷於法而經術之士得引經以議也周官曰凡殺人而義者令勿讎讎之則死義者宜也明殺人而不得其宜者子得復讎也此百姓之相讎者也公羊子曰父不受誅子復讎可也不受誅者罪不當誅也誅者上施下之辭非百姓相殺也周官曰凡報仇讎者書於士殺之無罪言將復讎必先言於官則無罪也復讎之名雖同而其事各異或百姓相讎如周官所稱可議於今者或爲官吏所誅如公羊所稱不可行於今者周官所稱將復讎先告於士若孤稚羸弱抱微志而伺敵人之便恐不能自言未可以爲斷於今也然則殺之與赦不可一宜定其制曰有復父

讎者事發具其事下尚書省集議以聞酌處之則經無失指矣有詔以悅申寃請罪詣公門流循州穆宗世京兆人康買得年十四父憲責錢於雲陽張莅莅醉拉憲危死買得以莅趫悍度救不足解則舉鍤擊其首三日莅死刑部侍郎孫革建言買得救父難不爲暴度不解而擊不爲凶先王制刑必先父子之親春秋原心定罪周書諸罰有權買得孝性天至宜賜矜宥有詔減死

侯知道程俱羅者靈州靈武人居親喪穿壙作冢皆身執其勞鄉人助者卽哭而卻之廬墳次哭泣無節知道七年俱羅三年不止知道垢塵積首率夜半傳墳踴而哭鳥獸爲悲號李華作二孝贊表其行曰厥初生人有君有親孝親爲子忠君爲臣兆自天命降及人倫背死不義忘生不仁過及智就爲之禮文至哉侯氏創巨病殷手足胼胝以成高墳夜黑飈動如臨鬼神哭無常聲迥徹蒼旻苴斬三年爾獨終身嗟嗟程生其哀也均顧後絕配瞻前無鄰又有何澄粹者池州人親病日錮俗尚鬼病者不進藥澄粹剔股肉進親疾爲瘳後親沒伏于墓哭踊無數以毀卒當時號青陽孝子士爲作誄甚衆壽州安豐李興亦有

至行柳宗元爲作孝門銘曰壽州刺史臣承思言九月丁亥安豐令上所部編戸甿與父被惡疾歲月就亟與自刃股肉假託饋獻父老病已不能啖宿而死輿號呼撫臆口鼻垂血捧土就墳沾漬涕洟墳左作小廬蒙以苫茨伏匿其中扶服頓踊晝夜哭訴孝誠幽達神爲見異廬上產紫芝白芝廬中醴泉湧此皆陛下孝治神化陰中其心而克致斯事謹按與匹庶賤陋循習淺下性非文字所導生與耨耒爲業而能鍾彼醇孝超出古烈天意神道猶錫瑞物以表殊異伏惟陛下有唐堯如神之德宜加旌褒合于上下請表其里閭刻石明白宣延風美觀示後祀永永無極臣昧死請制曰可銘曰懿厥孝思茲惟淑靈稟承粹和篤守天經泣侍羸疾默禱隱冥引刃自嚮殘肌敗形羞膳奉進憂勞孝誠惟時高高曾不視聽創巨痛仍號于穹旻捧土濡涕頓首成墳搯膺腐眦寒暑在廬草木悴死鳥獸踟躕殊類異族亦相其哀肇有二位孝道爰與克脩厥猷載籍是登在帝有虞以孝烝烝仲尼述經以教于曾惟昔魯侯見命夷宮亦有考叔寤莊稱純顯顯李氏實與之倫哀嗟道路涕慕里鄰神錫祕祉三秀靈泉帝

命荐加亦表其門統一上下交贊天人建此碑號億齡揚芬

許法愼滄州淸池人甫三歲已有知時母病不飲乳慘慘有憂色或以珍餌詭悅之輒不食還以進母後親喪常廬于塋有甘露嘉禾靈芝木連理白兔之祥天寶中表異其閭

林攢泉州莆田人貞元初仕爲福唐尉母羸老未及迎而病攢聞棄官還及母亡水漿不入口五日自埏甓作冢廬其右有白烏來甘露降觀察使李若初遣官屬驗實會露晞里人失色攢哭曰天所降露禍我邪俄而露復集烏亦回翔詔作二闕于母墓前又表其閭蠲徭役時號闕下林家

陳饒奴饒州人年十二親併亡窶弱居喪又歲飢或教其分弟妹可全性命饒奴流涕身丐訴相全養刺史李復異之給資儲署其門曰孝友童子

王博武許州人會昌中侍母至廣州及沙涌口暴風母溺死博武自投于水嶺南節度使盧貞俾吏沉罟獲二屍焉乃葬之表其墓曰孝子墓詔爲刻石

萬敬儒廬州人三世同居喪親廬墓刺血寫浮屠書斷手二指輒復生州改所

居曰成孝鄉廣孝聚大中時表其家

章全益梓州涪城人少孤爲兄全啓所鞠母病全啓刲股膳母而愈及全啓亡全益服斬衰斷手一指以報不畜妻僮僕處一室賣藥自業世傳能作黃金居成都四十年號章孝子卒年九十八

贊曰聖人治天下有道曰要在孝悌而已父父也子子也兄兄也弟弟也推而之國國而之天下建一善而百行從其失則以法繩之故曰孝者天下大本法其末也至匹夫單人行孝一概而凶盜不敢凌天子喟而旌之者以其教孝而求忠也故褎而著于篇

唐書卷一百九十五

唐書卷一百九十五考證

張琇傳同官人同蹄智壽○同蹄二字不可解舊書作周智壽疑當從舊書

唐書卷一百九十五考證

珍倣宋版印

唐書卷一百九十六

宋　端　明　殿　學　士　宋　祁　撰

列傳第一百二十一

隱逸

古之隱者大抵有三槩上焉者身藏而德不晦故自放草野而名往從之雖萬乘之貴猶尋軌而委聘也其次挈治世具弗得伸或持峭行不可屈于俗雖有所應其於爵祿也汎然受悠然辭使人君常有所慕企怊然如不足其可貴也末焉者資槁薄樂山林內審其材終不可當世取捨故逃丘園而不返使人常高其風而不敢加訾焉且世未嘗無隱有之未嘗不旌賁而先焉者以孔子所謂舉逸民天下之人歸焉唐興賢人在位衆多其遁戢不出者纔班班可述然皆下槩者也雖然各保其素非託默于語足崖壑而志城闕也然放利之徒假隱自名以詭祿仕肩相摩於道至號終南嵩少爲仕途捷徑高尚之節喪焉故裒可喜慕者類于篇

王績字無功絳州龍門人性簡放不喜拜揖兄通隋末大儒也聚徒河汾間倣古作六經又爲中說以擬論語不爲諸儒稱道故書不顯惟中說獨傳通知績誕縱不嬰以家事鄉族慶弔冠昏不與也與李播呂才善大業中舉孝悌廉潔授祕書省正字不樂在朝求爲六合丞以嗜酒不任事時天下亦亂因劾遂解去歎曰網羅在天吾且安之乃還鄉里有田十六頃在河渚間仲長子光者亦隱者也無妻子結廬北渚凡三十年非其力不食績愛其真徙與相近子光瘖未嘗交語與對酌酒懽甚績有奴婢數人種黍春秋釀酒養鳧鴈蒔藥草自供以周易老子莊子置牀頭他書罕讀也欲見兄弟輒度河還家游北山東皐著書自號東皐子乘牛經酒肆留或數日高祖武德初以前官待詔門下省故事官給酒日三升或問待詔何樂邪答曰良醞可戀耳侍中陳叔達聞之日給一斗時稱斗酒學士貞觀初以疾罷復調有司時太樂署史焦革家善釀績求爲丞吏部以非流不許績固請曰有深意竟除之革死妻送酒不絕歲餘又死績曰天不使我酣美酒邪棄官去自是太樂丞爲清職追述革酒法爲經又采杜

康儀狄以來善酒者爲譜李淳風曰君酒家南董也所居東南有盤石立杜康祠祭之尊爲師以革配著醉鄉記以次劉伶酒德頌其飲至五斗不亂人有以酒邀者無貴賤輒往著五斗先生傳刺史崔喜悅之請相見答曰奈何坐召嚴君平邪卒不詣杜之松故人也爲刺史請績講禮答曰吾不能揖讓邦君門談糟粕棄醇醪也之松歲時贈以酒脯初兄凝爲隋著作郎撰隋書未成死績續餘功亦不能成豫知終日命薄葬自誌其墓績之仕以醉失職鄉人靳之託無心子以見趣曰無心子居越越王不知其大人也拘之仕無喜色越國法曰穢行者不齒俄而無心子以穢行聞王黜之無愠色退而適茫蕩之野過動之邑而見機士機士撫髀曰嘻子賢者而以罪廢邪無心子不應機士曰願見教曰子聞蜚廉氏馬乎一者朱鬣白毳龍骼鳳臆驟馳如舞終日不釋轡而以熱死一者重頭昂尾駝頸貉膝踶齧善蹶棄諸野終年而肥夫鳳不憎山栖龍不羞泥蟠君子不茍潔以罹患不避穢而養精也其自處如此

朱桃椎益州成都人澹泊絕俗被裘曳索人莫能測其爲長史竇軌見之遺以

衣服鹿幘麂鞾逼署鄉正委之地不肯服更結廬山中夏則臝冬緝木皮葉自蔽贈遺無所受嘗織十芒屩置道上見者曰居士屩也爲鬻米茗易之置其處輒取去終不與人接其爲屩草柔細環結促密人爭躡之高士廉爲長史備禮以請降階與之語不答瞪視而出士廉拜曰祭酒其使我以無事治蜀邪乃簡條目薄賦斂州大治屢遣人存問見輒走林草自匿云

孫思邈京兆華原人通百家說善言老子莊周周洛州總管獨孤信見其少異之曰聖童也顧器大難爲用爾及長居太白山隋文帝輔政以國子博士召不拜密語人曰後五十年有聖人出吾且助之太宗初召詣京師年已老而聽視聰瞭帝歎曰有道者欲官之不受顯慶中復召見拜諫議大夫固辭上元元年稱疾還山高宗賜良馬假鄱陽公主邑司以居之思邈於陰陽推步醫藥無不善孟詵盧照鄰等師事之照鄰有惡疾不可爲感而問曰高醫愈疾奈何答曰天有四時五行寒暑迭居和爲雨怒爲風凝爲雪霜張爲虹蜺天常數也人之四支五藏一覺一寐吐納往來流爲榮衛章爲氣色發爲音聲人常數也陽用

其形陰用其精天人所同也失則烝生熱否生寒結爲瘤贅陷爲癰疽奔則喘乏竭則燋槁發乎面動乎形天地亦然五緯縮贏孛彗飛流其危診也寒暑不時其蒸否也石立土踊是其瘤贅山崩土陷是其癰疽奔風暴雨其喘乏川瀆竭涸其燋槁高醫導以藥石救以鍼劑聖人和以至德輔以人事故體有可愈之疾天有可振之災照鄰曰人事奈何曰心爲之君君尚恭故欲小詩曰如臨深淵如履薄冰小之謂也膽爲之將以果決爲務故欲大詩曰赳赳武夫公侯干城大之謂也仁者靜地之象故欲方傳曰不爲利回不爲義疚方之謂也智者動天之象故欲圓易曰見幾而作不俟終日圓之謂也復問養性之要答曰天有盈虛人有屯危不自慎不能濟也故養性必先知自慎也慎以畏爲本故士無畏則簡仁義農無畏則墮稼穡工無畏則慢規矩商無畏則貨不殖子無畏則忘孝父無畏則廢慈臣無畏則勳不立君無畏則亂不治是以太上畏道其次畏天其次畏物其次畏人其次畏身憂於身者不拘於人畏於己者不制於彼慎於小者不懼於大戒於近者不侮於遠知此則人事畢矣初魏徵等修

齊梁周隋等五家史屢咨所遺其傳最詳永淳初卒年百餘歲遺令薄葬不藏明器祭去牲牢孫處約常以諸子見思邈曰俊先顯侑晚貴佺禍在執兵後皆驗太子詹事盧齊卿之少也思邈曰後五十年位方伯吾孫爲屬吏願自愛時思邈之孫溥尚未生及溥爲蕭丞而齊卿徐州刺史

田游巖京兆三原人永徽時補太學生罷歸入太白山母及妻皆有方外志與共棲遲山水閒自蜀歷荆楚愛夷陵青溪止廬其側長史李安期表其才召赴京師行及汝辭疾入箕山居許由祠旁自號由東鄰頻召不出高宗幸嵩山遣中書侍郎薛元超就問其母賜藥物絮帛帝親至其門游巖野服出拜儀止謹樸帝令左右扶止謂曰先生比佳否答曰臣所謂泉石膏肓烟霞痼疾者帝曰朕得君何異漢獲四皓乎薛元超贊帝曰漢欲廢嫡立庶故四人者爲出豈如陛下親降巖穴邪帝悅因敕游巖將家屬乘傳赴都拜崇文館學士帝營奉天宮游巖舊宅直宮左詔不聽毀天子自書榜其門曰隱士田游巖宅進太子洗馬裴炎死坐素厚善放還山蠶衣耕食不交當世惟與韓法昭宋之問爲方外

友云時又有史德義者崐山人居虎丘山騎牛帶瓢出入廛野高宗聞其名召至洛陽俄稱疾歸天授初江南宣勞使周興薦之復召赴都擢朝散大夫與死免官歸素譽頓衰

孟詵汝州梁人擢進士第累遷鳳閣舍人他日至劉禕之家見賜金曰此藥金也燒之火有五色氣試之驗武后聞不悅出爲台州司馬頻遷春官侍郎相王召爲侍讀拜同州刺史神龍初致仕居伊陽山治方藥睿宗召將用之以老固辭賜物百段詔河南春秋給羊酒糜粥尹畢構以詵有古人風名所居爲子平里開元初卒年九十三詵居官頗刻斂然以治稱其閒居嘗語人曰養性者善言不可離口善藥不可離手當時傳其當

王友貞懷州河內人父知敬善書隸武后時仕爲麟臺少監友貞少爲司經局正字母病醫言得人肉啖㡯已友貞剔股以進母疾愈詔旌表其門素好學訓誨子弟如嚴君口不語人過重然諾時以爲君子歷長水令罷歸中宗在東宮召爲司議郎不就神龍初以太子中舍人徵固辭疾詔致珍饌給全祿終身四

時送其所州縣存問玄宗在東宮表以蒲車召不至卒年九十九贈銀青光祿

大夫敕縣令弔祭

王希夷徐州滕人家貧父母喪爲人牧羊取傭以葬隱嵩山師黃頤學養生四

十年頤卒更居兗州徂徠與劉玄博友善喜讀周易老子餌松柏葉雜華年七

十餘筋力柔強刺史盧齊卿就謁問政答曰己所不欲勿施於人此言足矣玄

宗東巡狩詔州縣敦勸見行在時九十餘帝令張說訪以政事宦官扶入宮中

與語甚悅拜國子博士聽還山敕州縣春秋致束帛酒肉仍賜絹百衣一稱

李元愷邢州人博學善天步律曆性恭愼未嘗敢語人宋璟嘗師之旣當國厚

遺以束帛將薦之朝拒不答洛州刺史元行沖邀致之問經義畢贈衣服辭曰

吾軀不可服新麗懼不稱以速咎也行沖垢衊復與之不獲已而受俄報身所

蠶素絲曰義不受無妄財也先是定州崔元鑒善禮學用張易之力授朝散大

夫家居給半祿元愷誚曰無功而祿災也卒年八十餘

衛大經蒲州解人卓然高行口無二言武后時召之固辭疾素善魏夏侯乾童

聞其母卒感暑步往弔或止之曰方夏涉遠不如致書答曰書能盡意邪比至乾童以事行乃設席行弔禮不訊其家而還開元初畢構爲刺史使縣令孔慎言就謁辭不見大經邃于易人謂之易聖豫筮死日鑿墓自爲誌如言終

武攸緒則天皇后兄惟良子也恬淡寡欲好易莊周書少變姓名賣卜長安市得錢輒委去後更授太子通事舍人累遷揚州大都督府長史鴻臚少卿后革命封安平郡王從封中岳固辭官願隱居后疑其詐許之以觀所爲攸緒廬巖下如素遁者后遣其兄攸宜敦諭卒不起后乃異之盤桓龍門少室間冬蔽茅椒夏居石室所賜金銀鐺鬲野服王公所遺鹿裘素障癭梠塵皆流積不御也市田穎陽使家奴雜作自混於民晚年肌肉消眚瞳有紫光晝能見星中宗初降封巢國公遣國子司業杜愼盈齎書以安車召拜太子賓客苦祈還山詔可安樂公主出降又遣通事舍人李邈以璽書迎之將至帝敕有司卽兩儀殿設位行問道禮詔見日山帔葛巾不名不拜攸緒至更冠帶仗入通事舍人贊就位攸緒趨就常班再拜帝愕然禮不及行朝廷歎息賜予無所受親貴來謁道

寒溫外默無所言及還中書門下學士朝官五品以上並祖城東俄而諸韋誅武氏連禍唯攸緒不及睿宗恐其不自安下詔慰諭復召拜太子賓客不就譙王重福之亂攸緒以誣被繫張說表置廬山中書令姚元崇奏攸緒在武后時未嘗輒出今州縣逼遣士爲驚嗟願詔賜嵩山舊居令州縣存問詔可開元十一年卒

白履忠汴州浚儀人貫知文史居古大梁城時號梁丘子景雲中召爲校書郎棄官去開元十年刑部尚書王志愔薦履忠博學守操可代褚無量馬懷素入閣侍讀國子祭酒楊瑒又表其賢召赴京師辭病老不任職詔拜朝散大夫乞還手詔許游京師徐返里閭履忠留數月乃去吳兢其里人也謂曰子素貧不霑斗米疋帛雖得五品亦何益履忠曰往契丹入寇家取排門夫吾以讀書縣爲免今終身高臥寬傜役豈易得哉

盧鴻字顥然其先幽州范陽人徙洛陽博學善書籀廬嵩山玄宗開元初備禮徵再不至五年詔曰鴻有泰一之道中庸之德鉤深詣微確乎自高詔書屢下

每輒辭託使朕虛心引領于今數年雖得素履幽人之介而失考父滋恭之誼豈朝廷之故與生殊趣耶將縱欲山林往而不能返乎禮有大倫君臣之義不可廢也今城闕密邇不足爲勞有司其齎束帛之具重宣茲旨想有以翻然易節副朕意焉鴻至東都謁見不拜宰相遣通事舍人問狀答曰禮者忠信所薄臣敢以忠信見帝召升內殿置酒拜諫議大夫固辭復下制許還山歲給米百斛絹五十府縣爲致其家朝廷得失其以狀聞將行賜隱居服官營草堂恩禮殊渥鴻到山中廣學廬聚徒至五百人及卒帝賜萬錢鴻所居室自號寧極云

吳筠字貞節華州華陰人通經誼美文辭舉進士不中性高鯁不耐沈浮於時去居南陽倚帝山天寶初召至京師請隸道士籍乃入嵩山依潘師正究其術南游天台觀滄海與有名士相娛樂文辭傳京師玄宗遣使召見大同殿與語甚悅敕待詔翰林獻玄綱三篇帝嘗問道對曰深於道者無如老子五千文其餘徒喪紙札耳復問神仙冶鍊法對曰此野人事積歲月求之非人主宜留意筠每開陳皆名教世務以微言諷天子天子重之羣沙門嫉其見遇而高力士

素事浮屠共短筠於帝筠亦知天下將亂懇求還嵩山詔爲立道館安祿山欲稱兵乃還茅山而兩京陷江淮盜賊起因東入會稽剡中大曆十三年卒弟子私謚爲宗元先生始筠見惡於力士而斥故文章深詆釋氏筠所善孔巢父李白歌詩略相甲乙云

潘師正者貝州宗城人少喪母廬墓以孝聞事王遠知爲道士得其術居逍遙谷高宗幸東都召見問所須對曰茂松清泉臣所須也旣不乏矣帝尊異之詔卽其廬作崇唐觀及營奉天宮又敕直逍遙谷作門曰仙游北曰尋眞時太常獻新樂帝更名祈仙望仙翹仙曲卒年九十八贈太中大夫謚體玄先生又有劉道合者亦與師正同居嵩山帝卽所隱立太一觀使居之時將封太山雨不止帝令道合禳祝俄而霽乃令馳傳先行太山祈祓得賞賜輒散貧乏無所蓄咸亨中爲帝作丹劑成而卒帝後營宮遷道合墓開其棺見骸坼若蟬蛻者帝聞恨曰爲我合丹而自服去然所餘丹無它異

司馬承禎字子微洛州溫人事潘師正傳辟穀道引術無不通師正異之曰我

得陶隱居正一法逮而四世矣因辭去徧游名山廬天台不出武后嘗召之未幾去睿宗復命其兄承禕就起之旣至引入中掖廷問其術對曰爲道日損損之又損以至於無爲夫心目所知見每損之尚不能已况攻異端而增智慮哉帝曰治身則爾治國若何對曰國猶身也故游心於淡合氣於漠與物自然而無私焉而天下治帝嗟味曰廣成之言也錫寶琴霞紋帔還之開元中再被召至都玄宗詔於王屋山置壇室以居善篆隸帝命以三體寫老子刊正文句又命玉真公主及光祿卿韋縚至所居按金籙設祠厚賜焉卒年八十九贈銀青光祿大夫謚貞一先生親文其碑自師正道合與承禎等語言諏譎似方士㓜之不錄直取其隱槩云

賀知章字季真越州永興人性曠夷善談說與族姑子陸象先善象先嘗謂人曰季真清談風流吾一日不見則鄙吝生矣證聖初擢進士超拔羣類科累遷太常博士張說爲麗正殿修書使表知章及徐堅趙冬曦入院撰六典等書累年無功開元十三年遷禮部侍郎兼集賢院學士一日併謝宰相源乾曜語說

曰賀公兩命之榮足爲光寵然學士侍郎執爲美說曰侍郎衣冠之選然要爲具員吏學士懷先王之道經緯之文然後處之此其爲間也玄宗自爲贊賜之遷太子右庶子充侍讀申王薨詔選挽郎而知章取舍不平蔭子喧訴不能止知章梯牆出首以決事人皆靳之坐徙工部肅宗爲太子知章遷賓客授祕書監而左補闕薛令之兼侍讀時東宮官積年不遷令之書壁望禮之薄帝見復題聽自安者令之即棄官徒步歸鄉里知章晚節尤誕放遨嬉里巷自號四明狂客及祕書外監每醉輒屬辭筆不停書咸有可觀未始刊飭善草隸好事者具筆研從之意有所愜不復拒然紙纔十數字世傳以爲寶天寶初病夢遊帝居數日寤乃請爲道士還鄉里詔許之以宅爲千秋觀而居又求周宮湖數頃爲放生池有詔賜鏡湖剡川一曲既行帝賜詩皇太子百官餞送擢其子僧子爲會稽郡司馬賜緋魚使侍養幼子亦聽爲道士卒年八十六肅宗乾元初以雅舊贈禮部尚書令之長谿人肅宗亦以舊恩召而令之已前卒

秦系字公緒越州會稽人天寶末避亂剡溪北都留守薛兼訓奏爲右衛率府

倉曹參軍不就客泉州南安有九日山大松百餘章俗傳東晉時所植系結廬其上穴石爲研注老子彌年不出刺史薛播數往見之歲時致羊酒而系未嘗至城門姜公輔之謫見系輒窮日不能去築室與相近忘流落之苦公輔卒妻子在遠系爲葬山下張建封聞系之不可致請就加校書郎與劉長卿善以詩相贈答權德輿曰長卿自以爲五言長城系用偏師攻之雖老益壯其後東度秣陵年八十餘卒南安人思之爲立于亭號其山爲高士峯云

張志和字子同婺州金華人始名龜齡父游朝通莊列二子書爲象罔白馬證諸篇佐其說母夢楓生腹上而產志和十六擢明經以策干肅宗特見賞重命待詔翰林授左金吾衞錄事參軍因賜名後坐事貶南浦尉會赦還以親既喪不復仕居江湖自稱烟波釣徒著玄眞子亦以自號有韋詣者爲撰內解志和又著太易十五篇其卦三百六十五兄鶴齡恐其遁世不還爲築室越州東郭茨以生草椽棟不施斤斧豹席椶屩每垂釣不設餌志不在魚也縣令使浚渠執畚無忤色嘗欲以大布製裘嫂爲躬績織及成衣之雖暑不解觀察使陳少

遊往見爲終日留表其居曰玄真坊以門隘爲買地大其閎號回軒巷先是門阻流水無梁少游爲構之人號大夫橋帝嘗賜奴婢各一志和配爲夫婦號漁童樵青陸羽嘗問孰爲往來者對曰太虛爲室明月爲燭與四海諸公共處未嘗少別也何有往來顏真卿爲湖州刺史志和來謁真卿以舟敝漏請更之志和曰願爲浮家泛宅往來苕霅間辯捷類如此善圖山水酒酣或擊鼓吹笛舐筆輒成嘗撰漁歌憲宗圖真求其歌不能致李德裕稱志和隱而有名顯而無事不窮不達嚴光之比云

孔述睿越州山陰人梁侍中休源八世孫高祖德紹事竇建德爲中書侍郎嘗草檄毀薄太宗賊平執登汜水樓責曰爾以檄謗我云何對曰犬吠非其主帝怒曰賊乃主耶命壯士捽殞樓下曾祖昌寓字廣成貞觀中對策高第歷魏州司馬有治狀帝爲不置刺史爲政三年璽書褒美進膳部郎中祖祖舜字奉先爲監察御史以累下除成武令雉馴于廷述睿少與兄克符弟克讓篤孝已孤偕隱嵩山而述睿資嗜學大曆中劉晏薦於代宗以太常寺協律郎召擢累司

勳員外郎史館修撰述睿每一遷即至朝謝俄而辭疾歸以爲常德宗立拜諫議大夫命河南尹趙惠伯齎詔書束帛備禮敦遣既至對別殿賜第宅給廄馬兼皇太子侍讀固辭弗許久乃改祕書少監兼右庶子復爲史館修撰述睿重次地理志本末最詳性退讓未始忤物雖親朋燕集至嚴默終日人皆畏之與令狐峘同職峘數抵侮然卒不校也時稱長者貞元四年帝念平涼之難尤惻怛以述睿精愨而誠故遣持祠具稱詔臨祭又以疾乞解久乃許以太子賓客還鄉賜帛五十匹衣一襲故事致仕不給公騶帝特命給焉卒年七十一贈工部尚書

子敏行字至之元和初擢進士第岳鄂呂元膺表在節度府元膺徙東都河中輒隨府還入拜右拾遺四遷司勳郎中集賢殿學士諫議大夫李絳遇害事本監軍楊叔元時無敢言敏行上書極論之叔元乃得罪以名臣子少修潔及仕宦能交當時豪俊有名一時而雅操不逮父矣卒年三十九贈工部侍郎

陸羽字鴻漸一名疾字季疵復州竟陵人不知所生或言有僧得諸水濱畜之

既長以易自筮得蹇之漸曰鴻漸于陸其羽可用爲儀乃以陸爲氏名而字之幼時其師教以旁行書答曰終鮮兄弟而絕後嗣得爲孝乎師怒使執糞除圬塓以苦之又使牧牛三十羽潛以竹畫牛背爲字得張衡南都賦不能讀危坐效羣兒囁嚅若成誦狀師拘之令薙草莽當其記文字懵懵若有遺過日不作主者鞭苦因歎曰歲月往矣奈何不知書嗚咽不自勝因亡去匿爲優人作詼諧數千言天寶中州人酺吏署羽伶師太守李齊物見異之授以書遂廬火門山貌侻陋口吃而辯聞人善若在己見有過者規切至忤人朋友燕處意有所行輒去人疑其多嗔與人期雨雪虎狼不避也上元初更隱苕溪自稱桑苧翁闔門著書或獨行野中誦詩擊木裴回不得意或慟哭而歸故時謂今接輿也久之詔拜羽太子文學徙太常寺太祝不就職貞元末卒羽嗜茶著經三篇言茶之原之法之具尤備天下益知飲茶矣時鬻茶者至陶羽形置煬突間祀爲茶神有常伯熊者因羽論復廣著茶之功御史大夫李季卿宣慰江南次臨淮知伯熊善煑茶召之伯熊執器前季卿爲再舉杯至江南又有薦羽者召之羽

衣野服挈具而入季卿不爲禮羽愧之更著毀茶論其後尙茶成風時回紇入朝始驅馬市茶

崔覲梁州城固人以儒自業身耕耨取給老無子乃以田宅財貲分給奴婢各爲業而身與妻隱南山約奴婢過其舍則給酒食夫婦嘯詠相視爲娛山南西道節度使鄭餘慶辟爲參謀敦趣就職不曉吏事餘慶稱長者文宗時左補闕王直方其里中人也上書論事見便殿訪遺逸直方薦覲高行詔以起居郎召辭疾不至

陸龜蒙字魯望元方七世孫也父賓虡以文歷侍御史龜蒙少高放通六經大義尤明春秋舉進士一不中往從湖州刺史張摶遊摶歷湖蘇二州辟以自佐嘗至饒州三日無所詣刺史蔡京率官屬就見之龜蒙不樂拂衣去居松江甫里多所論撰雖幽憂疾痛貲無十日計不少輟也文成竄稾篋中或歷年不省爲好事者盜去得書熟誦乃錄讎比勤勤朱黃不去手所藏雖少其精皆可傳借人書篇帙壞舛必爲輯褫刊正樂聞人學講論不倦有田數百畝屋三十楹

田苦下雨潦則與江通故常苦飢身畚鍤茠剌無休時或譏其勞答曰堯舜黴瘠禹胼胝彼聖人也吾一褐衣敢不勤乎嗜茶置園顧渚山下歲取租茶自判品第張又新爲水說七種其二慧山泉三虎丘井六松江人助其好者雖百里爲致之初病酒再期乃已其後客至絜壺置杯不復飲不喜與流俗交雖造門不肯見不乘馬升舟設蓬席齎束書茶竈筆牀釣具往來時謂江湖散人或號天隨子甫里先生自比涪翁漁父江上丈人後以高士召不至李蔚盧攜素與善及當國召拜左拾遺詔方下龜蒙卒光化中韋莊表龜蒙及孟郊等十人皆贈右補闕陸氏在姑蘇其門有巨石遠祖績嘗事吳爲鬱林太守罷歸無裝舟輕不可越海取石爲重人稱其廉號鬱林石世保其居云

唐書卷一百九十六考證

隱逸孟詵傳○舊書入方伎傳

潘師正傳貝州宗城人○舊書作趙州贊人

賀知章傳○舊書入文苑傳

唐書卷一百九十六考證

宋　端　明　殿　學　士　宋　祁　撰

列傳第一百二十二

循吏

治者君也求所以治者民也推君之治而濟之民吏也故吏良則法平政成不良則王道弛而敗矣在堯舜時曰九德咸事也百工惟時也在周文武時曰棫樸能官人也南山有臺樂得賢也是循吏之效也堯舜五帝之盛帝文武三王之顯王不能去是而治後世可乎哉唐與承隋亂離剗祓荒荼始擇用州刺史縣令太宗嘗曰朕思天下事丙夜不安枕永惟治人之本莫重刺史故錄姓名於屏風臥與對之得才否狀輒疏之下方以擬廢置又詔內外官五品以上舉任縣令者於是官得其人民去歎愁就悉安都督刺史其職察州縣間遣使者循行天下劾舉不職始都督刺史皆天子臨軒冊授後不復冊然猶受命日對便殿賜衣物乃遣玄宗開元時已辭仍詣側門候進止所以光寵守臣以責其

功初刺史準京官得佩魚品卑者假緋魚開元中又錮廢酷吏懲無良羣臣化之革苛嬈之風爭以惠利顯復詔三省侍郎缺擇嘗任刺史者郎官缺擇嘗任縣令者至宰相名臣莫不孜孜言長人不可輕授亟易是以授受之間雖不能皆善而所得十五故協氣嘉生薰爲太平垂祀三百與漢相埒致之之術非循吏謂何故條次治宜以著厥庸若將相大臣兼以勳閥著者名見本篇不列於玆

韋仁壽京兆萬年人隋大業末爲蜀郡司法書佐斷獄平得罪者皆自以韋君所論死無恨高祖入關遣使者徇定蜀承制擢仁壽巂州都督府長史南寧州納款朝廷歲遣使撫接至率貪沓邊人苦之多叛去帝素聞仁壽治理詔檢校南寧州都督寄治越巂詔歲一按行慰勞仁壽將兵五百人循西洱河開地數千里稱詔置七州十五縣酋豪皆來賓見卽授以牧宰威令簡嚴人人安悅將還酋長泣曰天子藉公鎮撫奈何欲去我仁壽以池壁未立爲解諸酋卽相率築城起廨甫旬略具仁壽乃告以實曰吾奉詔第撫循庸敢擅留夷夏父老乃

悲啼祖行遣子弟隨貢方物天子大悅仁壽請徙治南寧州假兵遂撫定詔可敕益州給兵護送刺史竇軌疾其功訹言山獠方叛未可以遠略不時遣歲餘卒

陳君賓陳鄱陽王伯山子也仕隋爲襄國通守武德初挈郡聽命封東陽郡公遷邢州刺史貞觀初徙鄧州州承喪亂後百姓流冗君賓加意勞徠不期月皆還自業明年四方霜潦獨君賓所治有年儲倉充羨蒲虞二州民就食其境太宗下詔勞之曰去年關內六州穀不登糇糧少令析民房逐食聞刺史與百姓識朕此懷務相安養還有贏糧出布帛贈遺行者此知水旱常數更相拯贍禮讓興行海內之人皆爲兄弟變澆薄之風朕顧何憂已命有司錄刺史以下功最百姓養戶免今年調物是歲入爲太府少卿轉少府少監坐事免起爲虔州刺史卒

張允濟青州北海人仕隋爲武陽令以愛利爲行元武民以牸牛依婦家者久之孳十餘犢將歸而婦家不與牛民訴縣縣不能決乃詣允濟允濟曰若自有

令吾何與爲民泣訴其抑允濟因令左右縛民蒙其首過婦家云捕盜牛者命盡出民家牛質所來婦家不知遽曰此壻家牛我無豫卽遣左右撤蒙曰可以此牛還壻家叩頭服罪元武吏大慚允濟過道旁有姥廬守所蒔葱因教曰第還舍脫有盜當告令姥謝歸俄大亡葱允濟召十里內男女盡至物色驗之果得盜者有行人夜發遺袍道中行十餘里乃寤人曰吾境未嘗拾遺可還取之旣而得袍舉政尤異遷高陽郡丞郡缺太守獨統郡事吏下畏悅賊帥王須拔攻郡於是糧屈吏食槐葉藁節無叛者貞觀初累遷刑部侍郎封武城縣男擢幽州刺史卒時又有李桐客者亦以治稱初仕隋爲門下錄事煬帝在江都以四方日亂謀徙都丹陽召羣臣議左右希意以爲江左且望幸若巡狩勒石紀功復禹舊跡顧不其然桐客獨曰吳會卑濕而陿不足奉萬乘給三軍吳人力屈無以堪命且踰越險阻非社稷福御史劾以誹毀幾得罪而免爲宇文化及脅將至黎陽又陷竇建德賊平授秦王府法曹參軍貞觀初累爲通巴二州刺史治尙清平民呼爲慈父桐客冀州衡水人

李素立趙州高邑人曾祖義深仕北齊爲梁州刺史父政藻爲隋水部郎使淮南死于盜素立仕武德初擢監察御史民犯法不及死高祖欲殺之素立諫曰三尺法天下所共有一動搖則人無以措手足方大業經始奈何輦轂下先棄刑書乎帝嘉納由是恩顧特異以親喪解官起授七品清要有司擬雍州司戶參軍帝曰要而不清復擬祕書郎帝曰清而不要乃授侍御史貞觀中轉揚州大都督府司馬初突厥鐵勒部內附即其地爲瀚海都護府詔素立領之於是闕泥熟別部數梗邊素立以不足用兵遣使諭降夷人感其惠率馬牛以獻素立止受酒一桮歸其餘乃開屯田立署次虜益畏威歷太僕鴻臚卿累封高邑縣侯出爲綿州刺史永徽初徙蒲州將行還所餘儲粇并什器于州齎家書就道會卒高宗特廢朝一日謚曰平

孫至遠始名鵬而素立方奉使謂家人曰古有待事名子吾此役可命子孫矣遂以名之少秀晤能治尙書左氏春秋未見杜預釋例而作編記大趣略同復撰周書起后稷至赧爲傳紀令狐德棻許其良史始調蒲州參軍累補乾封尉

上元時制策高第授明堂主簿以喪解官既除調鴻臚主簿奏戎狄簿領高宗悅擢監察御史裏行忤貴倖外遷久乃歷司勳吏部員外郎中遷天官侍郎知選事疾令史受賄謝多所絀易吏肅然斂手有王忠者被放吏謬書其姓爲士欲擬訖增成之至遠曰調者三萬無士姓此必王忠吏叩頭服罪至遠之知選以內史李昭德進人或勸其往謝答曰公以公用我奈何欲謝以私卒不詣故昭德銜之出爲壁州刺史卒年四十八至遠父休烈亦有文終鄭令年四十九世歎其父子材不盡云至遠見桓彥範力言其賢盧從愿尚少高以評目許弟從遠且貴豫言其位以驗所至蘇頲其出也少失母至遠愛視甚謹以女妻之友兄弟事寡姊有禮世稱其德從遠清密有學神龍初歷中書令太府卿累封趙郡公謚曰懿兄弟皆德望相埒又從父游道武后時冬官尚書同鳳閣鸞臺三品

至遠子畬字玉田少聰警初歷汜水主簿遇事鑑銳雖廝豎一閱輒記姓名居業黜陟使路敬潛薦其清白擢右臺監察御史裏行臺廢授監察御史累轉國

子司業事母謹累世同居長幼有禮畬妻物故時母病恐悲傷約家人無以哭
聞母所朝夕省侍無憂色母終毀而卒
從遠子巖年十餘歲會中宗祀明堂以近臣子弟執籩豆巖進止中禮授右宗
衞兵曹參軍歷洛陽尉累遷兵部郎中發扶風兵應姚巂稱旨遷諫議大夫封
贊皇縣伯終兵部侍郎巖善草隸爲參軍時製一裘服終身
薛大鼎字重臣蒲州汾陰人父粹爲隋介州長史與漢王諒同反誅大鼎貫爲
官奴流辰州用戰功得還高祖兵興謁見龍門因說帝絕龍門軍永豐倉就食
傳檄遠近據天府示豪傑爲拊背扼喉計帝奇之時諸將已決策先攻河東故
議置授大將軍府察非掾出爲山南道副大使開屯田以實倉廩趙郡王孝恭
討輔公祏以大鼎爲饒州道軍師引兵度彭蠡湖以功遷浩州刺史累徙滄州
無棣渠久廞塞大鼎浚治屬之海商賈流行里民歌曰新溝通舟檝利屬滄海
魚鹽至昔徒行今騁駟美哉薛公德滂被又疏長蘆漳衡三渠泄汙潦水不爲
害是時鄭德本在瀛州賈敦頤爲冀州皆有治名故河北稱鐺脚刺史永徽中

遷銀青光祿大夫行荊州大都督長史卒謚曰恭

子克構有器識永隆初歷戶部郎中族人黄門侍郎顗以弟紹尙太平公主問於克構答曰室有傲婦善士所惡夫惟淑德以配君子無患可矣顗不敢沮而紹卒誅陳思忠居父喪詔奪服客往弔思忠辭以辰日不見克構曰事親者避嫌可也旣孤矣則無不哭世服其言天授中遷麟臺監坐弟爲酷吏所陷流死嶺南

賈敦頤曹州寃句人貞觀時數歷州刺史資廉潔入朝常盡室行車一乘敝甚羸馬繩羈道上不知其刺史也久之爲洛州司馬以公累下獄太宗貰之有司執不貰帝曰人孰無過吾去太甚者若悉繩以法雖子不得於父況臣得事其君乎遂獲原徙瀛州刺史州瀕滹沱滱二水歲湓溢壞室廬寖洳數百里敦頤爲立堰庸水不能暴百姓利之時弟敦實爲饒陽令政清靜吏民嘉美舊制大功之嫌不連官朝廷以其兄弟治行相高故不徙以示寵永徽中還洛州洛多豪右占田類踰制敦頤舉沒者三千餘頃以賦貧民發姦擿伏下無能欺卒于

官咸亨初敦實爲洛州長史亦寬惠人心懷向洛陽令楊德幹矜酷烈杖殺人以立威敦實喻止曰政在養人傷生過多雖能不足貴也德幹爲衰減始洛人爲敦頤刻碑大市旁及敦實入爲太子右庶子人復爲立碑其側故號常棣碑歷懷州刺史有美跡永淳初致仕病篤子孫迎醫敦實不肯見曰未聞良醫能治老也卒年九十餘子膺福左散騎常侍昭文館學士以竇懷貞黨誅德幹歷澤齊汴相四州刺史有威嚴時語曰寧食三斗炭不逢楊德幹天授初子神讓與徐敬業起兵皆及誅

田仁會雍州長安人祖軌隋幽州刺史封信都郡公父弘襲封至陵州刺史仁會擢制舉仕累左武候中郎將太宗征遼東而薛延陀以數萬騎掩河內詔仁會與執失思力率兵擊敗之尾逐數百里延陀幾生得璽書嘉尉永徽中爲平州刺史歲旱自暴以祈而雨大至穀遂登人歌曰父母育我兮田使君挺精誠兮上天聞中田致雨兮山出雲倉廩實兮禮義申願君常在兮不患貧五遷勝州都督境有夙賊依山剽行人仁會發騎捕格夷之城門夜開道無寇跡入爲

太府少卿遷右金吾將軍所得祿估有贏輒入之官人以爲尙名然資殭摰疾
惡晝夜循行有絲毫姦必發廷中讁罰日數百京師無貴賤舉憚之有女巫傳
鬼道惑衆自言能活死人市里尊神仁會劾徙于邊轉右衞將軍以年老乞骸
骨卒年七十八謚曰威
子歸道明經及第累擢通事舍人內供奉左衞郎將突厥默啜請和武后詔將
軍閻知微冊可汗號持節往默啜又遣使謝知微遇諸道卽與緋袍銀帶因表
使者卽到請備禮廷賜歸道諫曰虜背惠積年今悔過入朝解辮削衽宜待天
旨而知微擅賜使朝廷何以加之宜敕初服須天子命小國使者不足備禮迓
之后從焉默啜將至單于都護府詔歸道攝司賓卿往勞默啜請六胡州及都
護府地不得大怨望執歸道將害之歸道色不撓詈且讓爲陳禍福默啜亦悔
會有詔賜默啜粟三萬石綵五萬段農器三千且許結婚於是更以禮遣歸道
既還具陳默啜不臣狀請備邊已而果反乃擢歸道夏官侍郎益親信遷左金
吾將軍司膳卿押千騎宿衞玄武門桓彥範等誅二張而歸道不豫聞及索騎

士拒不應事平彥範欲誅之以辭直免還私第然中宗壯其守召拜太僕少卿遷殿中少監右金吾將軍卒贈輔國大將軍追封原國公諡曰烈帝自爲文以祭子賓庭開元時至光祿卿

裴懷古壽州壽春人儀鳳中上書闕下補下邽主簿頻遷監察御史姚巂道蠻反命懷古馳驛往懷輯之申明誅賞歸者日千計俄縛首惡遂定南方蠻夏立石著功恆州浮屠爲其徒誣告祝詛不道武后怒命按誅之懷古得其枉爲后申訴不聽因曰陛下法與天下畫一豈使臣殺無辜以希盛旨哉即其人有不臣狀臣何情寬之后意解得不誅閻知微之使突厥懷古監其軍默啜脅知微稱可汗又欲官懷古不肯拜將殺之辭曰守忠而死與毀節以生孰愈請就斬不避也遂囚軍中因得亡而素尩弱不能騎宛轉山谷間僅達并州時長史武重規縱暴左右妄殺人取賞見懷古至爭執之有果毅嘗識懷古疾呼曰裴御史也遂免還祠部員外郎姚巂酋等叩闕下願得懷古鎮安遠夷拜姚州都督以疾辭始安賊歐陽倩衆數萬剽沒州縣以懷古爲桂州都督招慰討擊使未

踰嶺逆以書諭禍福賊迎降自陳爲吏侵而反懷古知其誠以爲示不疑可破其謀乃輕騎赴之或曰獠夷難親備之且不信況易之哉答曰忠信可通神明況裔人耶身至壁撫諭倩等大喜悉歸所掠出降雖諸洞素翻覆者亦牽連根附嶺外平徙相州刺史幷州大都督長史所至吏民懷愛神龍中召爲左羽林大將軍未至官還爲幷州人知其還攜扶老稚出迎崔宣道始代爲長史亦野次懷古不欲厚愧宣道使人驅迎者還而來者愈衆得人心類如此俄轉幽州都督綏懷兩蕃將舉落內屬會以左威衞大將軍召而孫佺代之佺不知兵遂敗其師卒于官懷古清介審慎在幽州時韓琬以監察御史監軍稱其馭士信臨財廉國名將云

韋景駿司農少卿弘機孫中明經神龍中歷肥鄉令縣北瀕漳連年泛溢人苦之舊防迫漕渠雖峭岸隨即壞決景駿相地勢益南千步因高築鄣水至堤趾輒去其北燥爲腴田又維艚以梁其上而廢長橋功少費約後遂爲法方河北飢身巡閭里勸人通有無教導撫循縣民獨免流散及去人立石著其功後爲

貴鄉令有母子相訟者景駿曰令少不天常自痛爾幸有親而忘孝邪教之不孚令之罪也因嗚咽流涕付授孝經使習大義於是母子感悟請自新遂爲孝子當時治有名者景駿與淸漳令馮元淑臨洺令楊茂謙三人景駿後數年爲趙州長史道出肥鄉民喜爭奉酒食迎犒有小兒亦在中景駿曰方兒曹未生而吾去邑非有舊恩何故來對曰耆老爲我言學廬館舍橋鄣皆公所治意公爲古人今幸親見所以來景駿爲留終日後遷房州刺史州窮險有蠻夷風無學校好祀淫鬼景駿爲諸生貢舉通隘道作傳舍罷祠房無名者景駿之治民求所以便之類如此轉奉天令未行卒茂謙擢制舉授左拾遺內供奉爲吏介而勤歷祕書郎始竇懷貞雅重其材及執政薦爲大理正左臺御史中丞開元初出爲魏州刺史河北道按察使與司馬張懷玉同鄉長相善洎晚有隙掉訐短長左遷桂州都督徙廣州卒景駿子述自有傳

李惠登營州柳城人爲平盧軍裨將安祿山亂從董秦泛海略定滄棣等州輕兵遠鬭賊不支戰輒北史思明反惠登陷賊以計挺身走山南依來瑱表試金

吾衛將軍李希烈反屬以兵二千使屯隋州惠登挈州以歸即拜刺史州數被
亂野如蓺人無處業惠登雖朴素無學術而視人所謂利者行之所謂害者去
之率心所安暗與古合政清静居二十年田畝闢戸口日增人歌舞之於是節
度使于頔狀其績詔加御史大夫升隋爲上州俄檢校國子祭酒卒贈洪州都
督
羅珦越州會稽人寶應初詣闕上書授太常寺太祝曹王皐領江西荆襄節度
使常署幕府累遷副使皐卒軍亂劫府庫珦取首惡十餘人斬以徇環棘廷中
俾投所劫庫物一日皆滿乃貰餘黨召爲奉天令中官出入倸道吏緣以犯禁
珦榜笞之雖死不置自是屏息擢廬州刺史民間病者捨醫藥禱淫祀珦下令
止之修學宫政教簡易有芝草白雀淮南節度使杜佑上治狀賜金紫服再遷
京兆尹請減平糴半以常賦充之人賴其利以老病求解徙太子賓客累封襄
陽縣男卒謚曰夷
子讓字景宣以文學蚤有譽舉進士宏辭賢良方正皆高第爲咸陽尉父喪幾

毀滅服除布衣糲飯不應辟署十餘年淮南節度使李鄘卽所居敦請置幕府除監察御史位給事中累遷福建觀察使兼御史中丞有仁惠名或以婢遺讓者問所從答曰女兄九人皆爲官所賣留者獨老母耳讓慘然爲焚券召母歸之入爲散騎常侍拜江西觀察使卒年七十一贈禮部尚書

韋丹字文明京兆萬年人周大司空孝寬六世孫高祖琨以洗馬事太子承乾諫不聽太宗才之擢給事中高宗在東宮爲中舍人封武陽縣侯孝敬爲太子琨以右中護爲詹事卒贈秦州都督謚曰貞丹蚤孤從外祖顏真卿學擢明經調安遠令以讓庶兄入紫閣山事從父能復舉五經高第歷咸陽尉張獻甫表佐邠寧幕府順宗爲太子以殿中侍御史召爲舍人新羅國君死詔拜司封郎中往弔故事使外國賜州縣十官賣以取貲號私覿官丹曰使外國不足于資宜上請安有貿官受錢卽具疏所宜費帝命有司與之因著令未行而新羅立君死還爲容州刺史教民耕織止惰游興學校民貧自鬻者贖歸之禁吏不得掠爲隸始城州周十三里屯田二十四所教種茶麥仁化大行還河南少尹未

至徙義成軍司馬以諫議大夫召有直名劉闢反議者欲釋不誅丹上疏以爲孝文世法廢人慢當濟以威今不誅闢則可使者唯兩京耳憲宗褒美會闢圍梓州乃授丹劍南東川節度使代李康至漢中上言康守方盡力不可易召還議蜀事闢去梓因以讓高崇文乃拜晉慈隰州觀察使封咸陽郡公閱歲自陳所治三州非要害地不足張職爲國家費不如屬之河東帝從之徙爲江南西道觀察使丹計口受俸委餘於官罷八州冗食者收其財始民不知爲瓦屋草茨竹椽久燥則戛而焚丹召工教爲陶聚材於場度其費爲估不取贏利人能爲屋者受材瓦于官免半賦徐取其償逃未復者官爲爲之貧不能者畀以財身往勸督置南北市爲營以舍軍歲中旱募人就功厚與直給其食爲衢南北夾兩營東西七里以廢倉爲新廄馬息不死築堤扞江長十二里竇以疏漲凡爲陂塘五百九十八所灌田萬二千頃有吏主倉十年丹覆其糧亡三千斛丹曰吏豈自費邪籍其家盡得文記乃權吏所奪丹召諸吏曰若恃權取於倉罪也與若期一月還之皆頓首謝及期無敢違有卒違令當死釋不誅去上書告

丹不法詔丹解官待辨會卒年五十八驗卒所告皆不實丹治狀愈明太和中裴誼觀察江西上言爲丹立祠堂刻石紀功不報宣宗讀元和實錄見丹政事卓然它日與宰相語元和時治民孰第一周墀對臣嘗守江西韋丹有大功德被八州歿四十年老幼思之不忘乃詔觀察使紇干臮上丹功狀命刻功于碑

子宙推廕累調河南府司錄參軍李珏表河陽幕府宣宗謂宰相墀曰丹有子否以宙對帝曰與好官乃拜侍御史三遷度支郎中盧鈞節度太原表宙爲副是時回鶻已破諸部入塞下剽殺吏民鈞欲得信重吏視邊宙請往自定襄鴈門五原絕武州塞略雲中踰句注徧見酋豪鐫諭之視亭障守卒增其稟約吏不得擅以兵侵諸戎犯者死於是三部六蕃諸種皆信悅召拜吏部郎中出爲永州刺史州方災歉乃斥官下什用所以供刺史者得九十餘萬錢爲市糧餉俗不知法多觸罪宙爲書制律并種植爲生之宜戶給之州負嶺轉餉艱險每饑人輒莩死宙始築常平倉收穀羨餘以待乏罷冗役九百九十四員縣舊置吏督賦宙俾民自輸家十相保常先期湘源生零陵香歲市上供人苦之宙爲

奏罷民貧無牛以力耕宙爲置社二十家月會錢若干探名得者先市牛以是爲準久之牛不乏立學官取仕家子弟十五人充之初俚民婚出財會賓客號破酒晝夜集多至數百人貧者猶數十力不足則不迎至淫奔者宙條約使略如禮俗遂改邑中少年常以七月擊鼓羣入民家號行盜皆迎爲辦具謂之起盆後爲解素喧呼疾鬭宙至一切禁之還爲大理少卿久之拜江西觀察使政簡易南方以爲世官遷嶺南節度使南詔陷交趾撫兵積備以幹聞加檢校尚書左僕射同中書門下平章事咸通中卒

宙弟岫字伯起亦有名宙在嶺南以從女妻小校劉謙或諫止之岫曰吾子孫或當依之謙後以功爲封州刺史生二子即隱龑盧攜舉進士陋甚岫獨謂攜必大用攜執政岫自泗州刺史擢福建觀察使云

盧弘宣字子章元和中擢進士第鄭權帥襄陽辟署幕府李愬代權二人交憾弘宣始謁愬愬敕左右謹衞既與語見其沖遠不覺洗然裴度留守東都表爲判官遷累給事中駙馬都尉韋處仁拜虢州刺史弘宣謂非所任還詔不下開

成中山南江西大水詔弘宣與吏部郎中崔瑨分道賑卹使有指還遷京兆尹刑部侍郎拜劍南東川節度使時歲饑盜賨結酋豪自王僞署官吏發斂膺招亡命聯蓬瀘嘉榮諸州詠蠻落搖亂根株磐熾弘宣下檄脅諭賊黨稍降其黠強者署軍中屛無能還之農魁長逃入峽中吏捕誅之徙義武節度使弘宣性寬厚政目簡省人便安之然犯者不甚貸河朔故法偶語軍中則死弘宣使除之初詔賜其軍粟三十萬斛貯飛狐弘宣計輓費不能滿直敕吏守之明年春大旱教民隨力往取時幽魏饑甚獨易定自如至秋悉收所貸軍食以饒歷工部尚書祕書監以太子少傅致仕卒年七十七贈尚書右僕射弘宣患士庶人家祭無定儀乃合十二家法損益其當次以爲書子告字子有及進士第終給事中

薛元賞亡里系所來太和初自司農少卿出爲漢州刺史時李德裕爲劍南西川節度使會維州降德裕受之以聞牛僧孺沮其議執還之元賞上書極言可因撫之潰虜膺腹不可失不省段文昌代德裕狀元賞治當最遷累司農卿京

兆尹出爲武寧節度使罷泗口猥稅人以爲便俄徙邠寧會昌中德裕當國復拜京兆尹都市多俠少年以黛墨鑱膚夸詭力剽敓坊閭元賞到府三日收惡少杖死三十餘輩陳諸市餘黨懼爭以火滅其文元賞長吏事能推言時弊件白之禁屯怙勢擾府縣元賞數與爭不少縱由是軍暴折戢百姓賴安就加檢校吏部尚書閱歲進工部尚書領諸道鹽鐵轉運使德裕用元賞弟元龜爲京兆少尹知府事宣宗立罷德裕而元龜坐貶崖州司戶參軍元賞下除袁王傅久之復拜昭義節度使卒

何易于不詳何所人及所以進爲益昌令縣距州四十里刺史崔朴常乘春與賓屬汎舟出益昌旁索民挽繂易于身引舟朴驚問狀易于曰方春百姓耕且蠶惟令不事可任其勞朴愧與賓客疾驅去鹽鐵官榷取茶利詔下所在毋敢隱易于視詔書曰益昌人不征茶且不可活矧厚賦毒之乎命吏閣詔吏曰天子詔何敢拒吏坐死公得免竄邪對曰吾敢愛一身移暴于民乎亦不使罪爾曹卽自焚之觀察使素賢之不劾也民有死喪不能具葬者以俸敕吏爲辦召

高年坐以問政得失凡闞民在廷易于丁寧指曉枉直杖楚遣之不以付吏獄三年無因督賦役不忍迫下戶或以俸代輸饋給往來傳符外一無所進故無異稱以中上考遷羅江令刺史裴休嘗至其邑導侍不過三人廉約蓋資性云

唐書卷一百九十七

珍倣宋版印

唐書卷一百九十七考證

李素立傳父政藻○臣酉按宰相世系表作政期政藻弟也

薛大鼎傳鄭德本在瀛州賈敦頤爲冀州○舊書作瀛州刺史賈敦頤曹州刺史鄭德本臣酉按賈敦頤傳亦作瀛州新書自相矛盾

韋景駿傳司農少卿弘機孫○臣酉按弘機子餘慶餘慶子岳岳子景駿則景駿乃弘機曾孫也此云孫誤總由以岳子景駿爲二人皆餘慶子故以景駿爲弘機孫也辨詳舊書考證

唐書卷一百九十七考證

唐書卷一百九十八

宋　端　明　殿　學　士　宋　祁　撰

列傳第一百二十三

儒學上

高祖始受命鉏類夷荒天下略定即詔有司立周公孔子廟于國學四時祠求其後議加爵土國學始置生七十二員取三品以上子弟若孫爲之太學百四十員取五品以上四門學百三十員取七品以上郡縣三等上郡學置生六十員中下以十爲差上縣學置生四十員中下亦以十爲差又詔宗室功臣子孫就祕書外省別爲小學太宗身櫜鞬風纚露沐然銳情經術即王府開文學館召名儒十八人爲學士與議天下事既即位殿左置弘文館悉引內學士番宿更休聽朝之閒則與討古今道前王所以成敗或日昃夜艾未嘗少怠貞觀六年詔罷周公祠更以孔子爲先聖顏氏爲先師盡召天下惇師老德以爲學官數臨幸觀釋菜命祭酒博士講論經義賜以束帛生能通一經者得署吏廣學

舍千二百區三學益生員幷置書算二學皆有博士大抵諸生員至三千二百自玄武屯營飛騎皆給博士授經能通一經者聽入貢限四方秀艾挾策負素坌集京師文治熠然勃興於是新羅高昌百濟吐蕃高麗等羣酋長並遣子弟入學鼓笥踵堂者凡八千餘人紆侈袂曳方履誾誾秩秩雖三代之盛所未聞也帝又雠正五經繆闕頒天下示學者與諸儒粹章句爲義疏俾久其傳因詔前代通儒梁皇侃褚仲都周熊安生沈重陳沈文阿周弘正張譏隋何妥劉炫等子孫並加引擢二十一年詔左丘明卜子夏公羊高穀梁赤伏勝高堂生戴聖毛萇孔安國劉向鄭衆杜子春馬融盧植鄭玄服虔何休王肅王弼杜預范寗二十一人用其書行其道宜有以褒大之自今並配享孔子廟庭於是唐三百年之盛稱貞觀寗不其然高宗尚吏事武后矜權變至諸王駙馬皆得領祭酒初孔穎達等始署官發五經題與諸生酬問及是惟判祥瑞案三牒卽罷玄宗詔羣臣及府郡舉通經士而褚無量馬懷素等勸講禁中天子尊禮不敢盡臣之置集賢院部分典籍乾元殿博彙羣書至六萬卷經籍大備又稱開元焉

祿山之禍兩京所藏一爲炎埃官幐私楮喪脫幾盡章甫之徒劫爲縵胡於是嗣帝區區救亂未之得安暇語貞觀開元事哉自楊綰鄭餘慶鄭覃等以大儒輔政議優學科先經誼黜進士後文辭亦弗能克也文宗定五經鑱之石張參等是正訛文寥寥一二可紀由是觀之始未嘗不成于艱難而後敗於易也嘗論之武爲救世砭劑文其膏粱歟亂已定必以文治之否者是病損而進砭劑其傷多矣然則武得之武治之不免霸且盜聖人反是而王故曰武創業文守成百世不易之道也若乃舉天下一之於仁義莫若儒儒待其人乃能光明厥功宰相大臣是已至專誦習傳授無它大事業者則次爲儒學篇

徐曠字文遠以字行南齊司空孝嗣五世孫父徹梁祕書郎尚元帝女安昌公主江陵陷俘以西客僵師貧不能自給兄文林鬻書于肆文遠日閱之因博通五經明左氏春秋時耆儒沈重講太學受業常千人文遠從之質問不數日辭去或問其故答曰先生所說紙上語耳若奧境彼有所未見者尚何觀重知其語召與反復研辯嗟嘆其能性方正舉動純重竇威楊玄感李密王世充皆從

受學隋開皇中累遷太學博士詔與漢王諒授經會諒反除名爲民大業初禮部侍郎許善心薦文遠及包愷褚徽陸德明魯達爲學官擢國子博士愷等爲太學博士世稱左氏有文遠禮有褚徽詩有魯達易有陸德明皆一時冠云文遠說經徧舉先儒異論分明是非乃出新意以折衷聽者忘勞越王侗署國子祭酒時洛陽饑文遠自出城樵拾爲李密所得密使文遠南向坐備弟子禮拜之文遠謝曰前日以先王之道授將軍今將軍擁兵百萬威振四海猶能屈體老夫此威德也安敢不盡將軍若欲爲伊霍繼絕扶傾吾雖老猶願盡力如爲莽卓乘危迫險則僕耄矣無能爲也密頓首曰幸得位上公思所以竭力先征化及刷國恥然後入見天子請罪于有司惟先生教之答曰將軍名臣子累世盡節前陷玄感黨迷未遠而復今若終之以忠天下之人所望於將軍者密頓首曰恭聞命俄而世充專制密又問焉對曰彼殘忍而意褊促必速於亂將軍非破之不可以朝密曰常謂先生儒者不學軍旅至籌大計乃明略過人密敗復入東都世充給稍異等而文遠見輒先拜或問君踞見李密而下王公何邪

答曰密君子能受鄭生之揖世充小人無容故人義相時而動可也世充僭號
以爲國子博士年七十餘長安世充恐絶其稟文遠餓幾死數矣身出樵爲羅
士信所獲[illegible]高祖幸國學觀釋奠遣文遠發春秋題論難鋒
生隨方占對莫能屈帝異之封東莞縣男卒年七十四孫有功自有傳
陸元朗字德明以字行蘇州吳人善名理言受學於周弘正陳太建中後主爲
太子集名儒入講承光殿德明始冠與下坐國子祭酒徐孝克敷經倚貴縱辯
衆多下之獨德明申答屢奪其說舉坐咨賞解褐始興國左常侍陳亡歸鄉閭
隋煬帝擢祕書學士大業閒廣召經明士四方踵至於是德明與魯達孔褒共
會門下省相酬難莫能詘遷國子助教越王侗署爲司業入殿中授經王世充
僭號封子玄恕爲漢王以明德爲師卽其廬行束脩禮德明恥之服巴豆劑僵
偃東壁下玄恕入拜牀垂德明對之遺利不復開口遂移病成皋世充平秦王
辟爲文學館學士以經授中山王承乾補太學博士高祖已釋奠召博士徐文
遠浮屠慧乘道士劉進喜各講經德明隨方立義偏析其要帝大喜曰三人者

誠辯然德明一舉輒蔽可謂賢矣賜帛五十匹遷國子博士封吳縣男卒論譔甚多傳于世後太宗閱其書嘉德明博辯以布帛二百段賜其家子敦信麟德中繇左侍極檢校右相累封嘉興縣子以老疾致仕終大司成

曹憲揚州江都人仕隋爲秘書學士聚徒教授凡數百人公卿多從之游於小學家尤邃自漢杜林衛宏以後古文亡絕至憲復興煬帝令與諸儒譔桂苑珠叢規正文字又譔廣雅學者推其該藏于秘書貞觀中揚州長史李襲譽薦之以弘文館學士召不至即家拜朝散大夫當世榮之太宗嘗讀書有奇難字輒遣使者問憲憲具爲音注援驗詳復帝咨尚之卒年百餘歲憲始以梁昭明太子文選授諸生而同郡魏模公孫羅江夏李善相繼傳授於是其學大興句容許淹者自浮屠還爲儒多識廣聞精故訓與羅等並名家羅官沛王府參軍事無錫丞模武后時爲左拾遺子景倩亦世其學以拾遺召後歷度支員外郎善

顏師古字籀其先琅邪臨沂人祖之推自高齊入周終隋黃門郎遂居關中爲

京兆萬年人父思魯以儒學顯武德初爲秦王府記室參軍事師古少博覽精故訓學善屬文仁壽中李綱薦之授安養尉尚書左僕射楊素見其年弱謂曰安養劇縣子何以治之師古曰割鷄未用牛刀素驚其言大後果以幹治聞時薛道衡爲襄州總管與之推舊佳其才每作文章令指摘疵短俄失職歸長安不得調宴甚資教授爲生高祖入關謁見長春宮授朝散大夫拜燉煌公府文學累遷中書舍人專典機密師古性敏給明練治體方軍國務多詔令一出其手冊奏之工當時未有及者太宗即位拜中書侍郎封瑯邪縣男以母喪解服除還官歲餘坐公事免帝嘗歎五經去聖遠傳習寖訛詔師古于祕書省考定多所釐正既成悉詔諸儒議於是各執所習共非詰師古師古輒引晉宋舊文隨方曉答誼據該明出其悟表人人歎服尋加通直郎散騎常侍帝因頒所定書於天下學者賴之俄拜祕書少監專刊正事古篇奇字世所惑者討析申熟必暢本源然多引後生與讎校抑素流先貴勢雖商賈富室子亦竄選中由是素議薄之斥爲郴州刺史未行帝惜其才讓曰卿之學信可稱者而事親居官

朕無聞焉今日之行自誰取之念卿曩經任使朕不忍棄後宜自戒師古謝罪
復留爲故官師古性簡峭視輩行傲然罕所推接旣負其才早見驅策意望甚
高及是頻被譴仕益不進罔然喪沮乃闔門謝賓客巾褐㚄帔放情蕭散爲林
墟之適多藏古圖畫器物書帖亦性所篤愛與譔五禮成進爵爲子又爲太子
承乾注班固漢書上之賜物二百段良馬一時人謂杜征南顏祕書爲左丘明
班孟堅忠臣帝將有事泰山詔公卿博士雜定其儀而論者爭爲異端師古奏
臣譔定封禪儀注書在十一年于時諸儒謂爲適中於是以付有司多從其說
遷祕書監弘文館學士十九年從征遼道病卒年六十五諡曰戴其所注漢書
急就章大顯於時永徽三年子揚廷爲符璽郎表上師古所譔匡謬正俗八篇
初思魯與妻不相宜師古苦諫父不聽情有所隔故帝及之
師古弟相時字睿亦以學聞爲天策府參軍事貞觀中累遷諫議大夫有爭臣
風轉禮部侍郎羸瘠多病師古死不勝哀而卒
師古叔游秦武德初累遷廉州刺史封臨沂縣男時劉黑闥初平人多彊暴比

游秦至禮讓大行邑里歌之高祖下璽書褒勞終鄆州刺史諡漢書決疑師古多資取其義

孔穎達字仲達冀州衡水人八歲就學誦記日千餘言闇記三禮義宗及長明服氏春秋傳鄭氏尚書詩禮記王氏易善屬文通步曆嘗造同郡劉焯焯名重海內初不之禮及請質所疑遂大畏服隋大業初舉明經高第授河內郡博士煬帝召天下儒官集東都詔國子祕書學士與論議穎達爲冠又年最少老師宿儒恥出其下陰遣客刺之匿楊玄感家得免補太學助教隋亂避地虎牢太宗平洛授文學館學士遷國子博士貞觀初封曲阜縣男轉給事中時帝新卽位穎達數以忠言進帝問孔子稱以能問於不能以多問於寡有若無實若虛何謂也對曰此聖人教人謙耳己雖能仍就不能之人以資所未能己雖多仍就寡少之人更資其多內有道外若無中雖實容若虛非特匹夫君德亦然故易稱蒙以養正明夷以莅衆若其據尊極之位衒聰耀明恃才以肆則上下不通君臣道乖自古滅亡莫不由此帝稱善除國子司業歲餘以太子右庶子兼

司業與諸儒議曆及明堂事多從其說以論譔勞加散騎常侍爵爲子皇太子令穎達譔孝經章句因文以盡箴諷帝知數爭太子失賜黃金一斤絹百匹久之拜祭酒侍講東宮帝幸太學觀釋菜命穎達講經畢上釋奠頌有詔褒美後太子稍不法穎達爭不已乳夫人曰太子既長不宜數面折之對曰蒙國厚恩雖死不恨剴切愈至後致仕卒陪葬昭陵贈太常卿諡曰憲初穎達與顏師古司馬才章王恭王琰受詔譔五經義訓凡百餘篇號義贊詔改爲正義云雖包貫異家爲詳博然其中不能無謬冗博士馬嘉運駮正其失至相譏詆有詔更令裁定功未就永徽二年詔中書門下與國子三館博士弘文館學士考正之於是尚書左僕射于志寧右僕射張行成侍中高季輔就加增損書始布下穎達子志終司業志子惠元力學寡言又爲司業擢累太子諭德三世司業時人美之

王恭者滑州白馬人少篤學教授鄉閭弟子數百人貞觀初召拜太學博士講三禮別爲義證甚精博蓋文懿文達皆當時大儒每講徧舉先儒義而必暢恭

所說

馬嘉運魏州繁水人少爲沙門還治儒學長論議貞觀初累除越王東閤祭酒退隱白鹿山諸方來受業至千人十一年召拜太學博士弘文館學士以孔穎達正義繁醲故掎摭其疵當世諸儒服其精高宗爲太子引爲崇賢館學士數與洗馬秦暐侍講宮中終國子博士

歐陽詢字信本潭州臨湘人父紇陳廣州刺史以謀反誅詢當從坐匿而免江總以故人子私養之貌寢侻敏悟絶人總教以書記每讀輒數行同盡遂博貫經史仕隋爲太常博士高祖微時數與游既卽位累擢給事中詢初倣王羲之書後險勁過之因自名其體尺牘所傳人以爲法高麗嘗遣使求之帝歎曰彼觀其書固謂形貌魁梧邪嘗行見索靖所書碑觀之去數步復返及疲乃布坐至宿其傍三日乃得去其所嗜類此貞觀初歷太子率更令弘文館學士封渤海男卒年八十五

子通儀鳳中累遷中書舍人居母喪詔奪哀每入朝徒跣及門夜直藉藁以寢

非公事不語還家輒號慟年饑未克葬居廬四年不釋服冬月家人以氈絮潛
置席下通覺卽徹去遷累殿中監封渤海子天授初轉司禮卿判納言事輔政
月餘會鳳閣舍人張嘉福請以武承嗣爲太子通與岑長倩等固執忤諸武意
及長倩下獄坐大逆死來俊臣幷引通同謀通雖被慘毒無異詞俊臣代占誅
之神龍初追復官爵通蚤孤母徐教以父書懼其墮嘗遺錢使市父遺跡通乃
刻意臨倣以求售數年書亞於詢父子齊名號大小歐陽體褚遂良亦以書自
名嘗問虞世南曰吾書何如智永答曰吾聞彼一字直五萬君豈得此曰孰與
詢曰吾聞詢不擇紙筆皆得如志君豈得此遂良曰然則何如世南曰君若手
和筆調固可貴尚遂良大喜通晚自矜重以狸毛爲筆覆以兔毫管皆象犀非
是未嘗書
朱子奢蘇州吳人從鄉人顧彪授左氏春秋善文辭隋大業中爲直祕書學士
天下亂辭疾還鄉里後從杜伏威入朝授國子助教太宗貞觀初高麗百濟同
伐新羅連年兵不解新羅告急帝假子奢員外散騎侍郎持節諭旨平三國之

憾子奢有儀觀夷人尊畏之二國上書謝罪贈遺甚厚初子奢行帝戒曰海夷重學鄉爲講大誼然勿入其幣還當以中書舍人處卿子奢唯唯至其國爲發春秋題納其美女帝責違旨而猶愛其才以散官直國子學累轉諫議大夫弘文館學士始武德時太廟享止四室高祖崩將祔主于廟帝詔有司詳議子奢建言漢丞相韋玄成奏立五廟劉歆議當七鄭玄本玄成王肅宗歆於是歷代廟議不能一且天子七廟諸侯五降殺以兩禮之正也若天子與子男同則間無容等非德厚游廣德薄游狹之義臣請依古爲七廟若親盡則以王業所基爲太祖虛太祖室以俟無疆迭遷乃處之於是尙書共奏自春秋以來言天子七廟諸侯五大夫三士二推親親顯尊尊爲不可易之法請建親廟六詔可乃祔弘農府君高祖神主爲六室及帝崩禮部尙書許敬宗議弘農府君廟應毀按玄成說毀廟主當瘞且四海常所宗享矣舉而瘞之非神理所愜晉范宣議別廟以奉毀廟之主或言當藏天府天府瑞異所舍也禮去祧有壇有墠臣皆所未安唐家宗廟共殿異室以右爲首若奉遷主納右夾室而得尊處祈之禱

之未絶也有詔如敬宗議然言七廟者本之子奢帝嘗詔起居紀錄臧否朕欲見之以知得失若何子奢曰陛下所舉無過事雖見無嫌然以此開後世史官之禍可懼也史官全身畏死則悠悠千載尙有聞乎池陽令崔文康坐事櫟陽尉魏禮臣刻治獄成御史言其枉禮臣訴御史阿黨乞下有司雜訊不如所言請死鞫報禮臣不實詔如請子奢曰在律上書不實有定罪今抵以死死者不可復生雖欲自新弗可得且天下惟知上書獲罪欲自言者皆懼而不敢申矣詔可子奢爲人樂易能劇談以經誼緣飾每侍宴帝令論難羣臣恩禮甚篤卒于官

張士衡瀛州樂壽人父文慶北齊國子助教士衡九歲居母喪哀慕過禮博士劉軌思見之爲泣下奇其操謂文慶曰古不親教子吾爲君成就之乃授以詩禮又從熊安生劉焯等受經貫知大義仕隋爲餘杭令以老還家大業兵起諸儒廢學唐興士衡復講教鄉里幽州都督燕王靈夔以禮邀聘北面事之太子承乾慕風迎致謁太宗洛陽宮帝賜食擢朝散大夫崇賢館學士太子以士衡

齊人也問高氏何以亡士衡曰高阿那瓌之凶險駱提婆之佞韓長鸞之虐皆奴隸才是信是使忠良外誅骨肉內離剝喪黎元故周師臨郊人莫為之用此所以亡復問事佛營福其應奈何對曰事佛在清靜仁恕爾如貪惏驕虐雖傾財事之無損於禍且善惡必報若影赴形聖人言之備矣為君仁為臣忠為子孝則福祚永反是而殃禍至矣時太子以過失聞士衡因是規之然不能用也太子廢給傳罷歸鄉里卒士衡以禮教諸生當時顯者永平賈公彥趙李玄植公彥終太學博士撰次章句甚多子大隱儀鳳中為太常博士會太常仲春告瑞太廟高宗問禮官何世而然大隱對曰古者祭以首時薦以仲月近世元日奏瑞則二月告廟告者必有薦本于始不得其時焉遷累中書舍人垂拱中博士周悰請武氏廟為七室唐廟為五下比諸侯大隱奏言秦漢母后稱制未有戾古越禮者悰損國廟數悖大義不可以訓武后不獲已爲聽之時皆服大隱沈正不詭從有大臣體終禮部侍郎公彥傳業玄植玄植又受左氏春秋於王德韶受詩於齊威該覽百家記書貞觀間為弘文館直學士高宗時數召見與

方士浮屠講說玄植以帝闇弱頗箴切其短帝禮之不寤坐事遷巴令卒

張後胤字嗣宗蘇州崑山人祖僧紹梁零陵太守父沖陳國子博士入隋爲漢王諒并州博士後胤甫冠以學行禪其家高祖鎮太原引爲客以經授秦王義寧初爲齊王文學封新野縣公武德中擢員外散騎侍郎賜宅一區太宗卽位進燕王諮議從王入朝召見初帝在太原嘗問隋運將終得天下者何姓答曰公家德業天下繫心若順天而動自河以北指撝可定然後長驅關右帝業可成至是自陳所言帝曰是事未始忘之乃賜燕月池帝從容曰今日弟子何如後胤曰昔孔子門人三千達者無子男之位臣翼贊一人乃王天下計臣之功過於先聖帝爲之笑令羣臣以春秋酬難帝曰朕昔受大誼於君今尙記之後胤頓首謝曰陛下乃生知臣叨天功爲己力罪也帝大悅遷燕王府司馬出爲睦州刺史乞骸骨帝見其彊力問欲何官因陳謝不敢帝曰朕從卿受經卿從朕求官何所疑後胤頓首願得國子祭酒授之還散騎常侍永徽中致仕加金紫光祿大夫朝朔望祿賜防閤如舊卒年八十三贈禮部尚書謚曰康陪葬昭

陵孫齊丘歷監察御史朔方節度使終東都留守謚曰貞獻子鎰別有傳
蓋文達冀州信都人博涉前載尤明春秋三家刺史竇抗集諸生講論於是劉
焯劉軌思孔穎達並以耆儒開門授業是日悉至而文達依經辯舉皆諸儒意
所未叩一坐厭歎抗奇之問安所從學焯曰若人岐嶷出自天然以多問寡則
焯爲之師抗曰冰生於水而寒於水其謂此邪武德中授國子助教爲秦王文
學館直學士貞觀初擢諫議大夫兼弘文館學士爲蜀王師王有罪文達免官
拜崇賢館學士卒
宗人文懿亦以儒學稱當時號二蓋高祖於祕書省置學以教王公子文懿爲
國子助教旣升席公卿更相質問文懿譬曉密微遠近宗仰終國子博士
谷那律魏州昌樂人貞觀中累遷國子博士淹識羣書褚遂良嘗稱爲九經庫
還諫議大夫兼弘文館學士從太宗出獵遇雨沾漬因問曰油衣若爲而無漏
邪那律曰以瓦爲之當不漏帝悅其直賜帛二百段卒
孫倚相仕爲祕書省正字讎覆圖書多所刊定子崇義天寶末爲幽州大將以

雄敢聞歷左金吾衛大將軍遂客薊門生子從政略涉儒學有風操事李寶臣
歷定州刺史封清江郡王寶臣及張孝忠妻其女兄弟也寶臣初倚任晚稍疏
忌從政乃闔門謝交游不事及惟岳知節度與田悅謀拒天子命從政諫曰上
神斷紬諸侯欲致太平爾考與燕有切骨恨天子致討命帥莫先於燕誅怨復
讎必盡力後已前日而考誅大將百餘子弟存者常不平乘危相覆誰不能爾
昔魏有洛相之圍王師四集身投零陵仰天垂泣不知所出賴爾考保佑頓兵
不進而先帝寬厚僅獲赦貸不然田氏尚有種乎今悅兇獪孰與承嗣爾又幼
富貴不出戶庭便欲旅拒且人心難知天道難欺軍中諸將乘危投隙自古豈
少哉今圖久安計莫若令而兄惟誠攝留後爾速入宿衛則福祿可保矣不納
從政塞門移疾不出惟岳所信王他奴等疑其怨望日伺之從政懼乃吐血卽
仰藥五日死曰吾不恨死而痛渠覆宗矣後惟岳被殺於王武陵如其揣云
蕭德言字文行陳吏部郎引子也系出蘭陵明左氏春秋甫冠以國子生爲岳
陽王賓客陳亡徙關中詭浮屠服亡歸江南州縣部送京師仁壽中授校書郎

貞觀時歷著作郎弘文館學士太宗欲知前世得失詔魏徵虞世南褚亮及德言裒次經史百氏帝王所以興衰者上之帝愛其書博而要曰使我稽古臨事不惑者公等力也賚賜尤渥德言晚節學愈苦每開經輒祓濯束帶危坐妻子諫曰老人何終日自苦答曰對先聖之言何復憚勞詔以經授晉王時許叔牙爲侍讀同勸講王爲太子德言又兼侍讀而叔牙亦兼弘文館學士德言請致仕太宗不許下詔敦勉封武陽縣侯進祕書少監久乃得謝高宗立拜銀青光祿大夫全給其祿遣通事舍人即家致問乘輿至肅章門引見禮遇隆重由是晉府及東宮舊臣子孫並增秩賜金卒年九十七贈太常卿謚曰博

叔牙字延基句容人貞觀時遷晉王府參軍事弘文館直學士於詩禮尤邃獻詩纂義十篇太子寫付司經御史大夫高智周見之曰欲明詩者宜先讀此

子子儒字文舉高宗時爲奉常博士初太尉長孫無忌等議祠令及禮用鄭玄六天說圓丘祀昊天上帝南郊太微感帝明堂太微五帝直據緯爲說不指蒼旻爲天而以昊天帝當北辰耀魄寶郊明堂當太微五帝唐家祀圓丘太史所

上圖昊天上帝外自有北辰令李淳風曰昊天上帝位于壇北辰斗列第二垓與緯書駮異司馬遷天官書太微宮五精之神五星所奉有人主象故名曰帝猶房心有天王象安得盡爲天乎日月麗于天草木麗于地以日月爲天草木爲地昧者不信也周官兆五帝四郊又有祀五帝皆不言天知太微之神非天也經稱郊祀后稷王肅以郊圜丘爲一玄析而二之曰圜丘曰郊非聖人意今祠令固守玄說與著式相違宜有刊正且經嚴父莫大於配天宗祀文王於明堂以配上帝明堂之祀天也星不足配之矣月令孟春祈穀上帝春秋啓蟄而郊郊而後耕故郊后稷以祈農詩春夏祈穀於上帝皆祭天也著之感帝尤爲不稽請四郊迎氣祀太微五帝郊明堂罷六天說止祀昊天方丘既祭地又祭神州北郊皆不載經請止一祠詔曰可乾封初帝已封禪復詔祀感帝神州以正月祭北郊司禮少常伯郝處俊等奏言顯慶定禮廢感帝祀而祈穀昊天以高祖配舊祀感帝神州以元皇帝配今改祈穀爲祀感帝又祀神州還以高祖配何升降紛紛焉虞氏禘黄帝郊嚳夏禘黄帝郊鯀殷禘嚳郊冥周禘嚳郊稷

玄謂禘者祭天圜丘郊者祭上帝南郊崔靈恩說夏正郊天王者各祭所出帝所謂王者禘祖之所自出以其祖配之則禘遠祖郊始祖也今禘郊同祖禮無所歸神州本祭十月以方陰用事也玄說三王之郊一用夏正靈恩謂祭神州北郊以正月諸儒所言猥互不明臣願會奉常司成博士普議於是子儒與博士陸遵楷張統師權無二等共白北郊月不經見漢光武正月建北郊咸和中議北郊以正月武德以來用十月請循武德詔書明年詔圓方二丘明堂感帝神州宜奉高祖太宗配仍祭昊天上帝及五天帝於明堂子儒長壽中歷天官侍郎弘文館學士封頳川縣男以選事委令史句直日偃臥不下筆時人語曰句直平配既而補授失序傳爲口實德言曾孫至忠自有傳

敬播蒲州河東人貞觀初擢進士第時顏師古孔穎達譔次隋史詔播詣祕書內省參纂再遷著作佐郎兼修國史從太宗伐高麗而帝名所戰山爲駐蹕播謂人曰鑾輿不復東矣山所以名蓋天意也其後果然遷太子司議郎時初置是官尤清近中書令馬周歎曰恨資品妄高不得歷此職又與令狐德棻等譔

晉書大抵凡例皆播所發也有司建言謀反大逆惟父子坐死不及兄弟請更議詔羣臣更議播曰兄弟雖孔懷之重然比於父子則輕故生有異室死有別宗今高官重爵本蔭唯逮子孫而不及昆季烏有榮隔其蔭而罪均其罰詔從播議永徽後仕益貴歷諫議大夫給事中始播與許敬宗譔高祖實錄與創業盡貞觀十四年至是又譔太宗實錄訖二十三年坐事出爲越州長史徙安州卒房玄齡嘗稱播陳壽之流乎玄齡患顏師古注漢書文繁令掇其要爲四十篇是時漢書學大與其章章者若劉伯莊秦景通兄弟劉訥言皆名家

伯莊者彭城人爲弘文館學士遷國子博士與許敬宗等論譔甚多終崇賢館學士自所著書亦百餘篇子之宏世其學武后時以著作郎兼修國史終相王府司馬睿宗立贈祕書監

景通者晉陵人與弟暐俱有名皆精漢書號大秦君小秦君當時治漢書非其授者以爲無法云景通仕至太子洗馬兼崇賢館學士暐後復踐其官及職

訥言乾封中歷都水監主簿以漢書授沛王王爲太子擢訥言洗馬兼侍讀嘗

集俳諧十五篇爲太子歡太子廢高宗見怒除名爲民復坐事流死振州

羅道琮蒲州虞鄉人慷慨尙節義貞觀末上書忤旨徙嶺表有同斥者死荆襄

間臨終泣曰人生有死獨委骨異壤邪道琮曰吾若還終不使君獨留此瘞路

左去歲餘遇赦歸會霖潦積水失其殯處道琮慟諸野波中忽若溢沸者道琮

曰若屍在可再沸祝已水復涌乃得屍負之還鄉尋擢明經仕至太學博士爲

時名儒

唐書卷一百九十八

珍倣宋版

唐書卷一百九十九

宋　端　明　殿　學　士　宋　祁　撰

列傳第一百二十四

儒學中

郎餘令定州新樂人祖熲字楚之與兄蔚之俱有名隋大業中爲尚書民曹郎蔚之位左丞煬帝語稱二郎武德時楚之以大理卿封常山郡公與李綱陳叔達定律令持節諭山東爲竇建德所獲脅以白刃終不屈賊平以老乞身諡曰平餘令博於學擢進士第授霍王元軌府參軍事從父知年亦爲王友元軌每曰郎家二賢皆入府不意培塿而松柏爲林也徙幽州錄事參軍有爲浮屠者積薪自焚長史裴煚率官屬將觀焉餘令曰人好生惡死情也彼違蔑教義反其所欲公當察之毋輕往煚試廉按果得其姦孝敬在東宮餘令以梁元帝有孝德傳更譔後傳數十篇獻太子太子嗟重改著作佐郎卒

兄餘慶爲吏清而刻於法高宗時爲萬年令道無掇遺累遷御史中丞務謙謹

下人引御史坐與議論吏部侍郎楊思玄倨貴視選者不以禮餘慶劾免其官
久之出爲蘇州刺史坐累下還交州都督驩州司馬裴敬敷與餘慶雅故以事
笞餘慶婢父婢方孿譖敬敷死獄中又裒貨無藝民詣闕訴之使者十輩臨按
餘慶謾讕不能得其情最後廣州都督陳善弘按之餘慶自恃在朝廷久明法
令輕善弘不置對善弘怒曰舞文弄法吾不及君今日以天子命治君吾力有
餘矣欲搒械之餘慶懼服罪高宗詔放瓊州會赦當還朝廷惡其暴徙春州始
餘慶治萬年父知運嫌其酷將杖之餘慶避免父歎曰國家用之矣吾尚奈何
又爲御史中丞復歎曰郎氏危矣以憂死餘慶卒以貪殘廢
徐齊聃字將道湖州長城人世客馮翊梁慈源侯整四世孫八歲能文太宗召
試賜所佩金削刀舉弘文生調曹王府參軍高宗時爲潞王府文學崇文館學
士侍皇太子講修書于芳林門時姑爲帝婕妤嫌以恩進故求出爲桃林令召
爲沛王侍讀再遷司議郎皆不就累進西臺舍人咸亨初詔突厥酋長子弟得
事東宮齊聃上書諫以爲氈裘冒頓之裔解辮削衽使在左右非所謂恭愼威

儀以近有德任官惟賢才左右惟其人之義又長孫無忌以讒死家廟毀頓齊
聃言於帝曰齊獻公陛下外祖雖後嗣有罪不宜毀及先廟今周忠孝公廟反
崇飾踰制恐非所以示海內帝籍有詔復獻公官以無忌孫延主其祀齊聃善
文誥帝愛之令侍皇太子及諸王屬文以職樞劇許間日一至坐漏禁中事貶
蘄州司馬又流欽州卒年四十四睿宗時贈禮部尚書子堅
堅字元固幼有敏性沛王聞其名召見授紙爲賦異之十四而孤及壯寬厚長
者舉秀才及第爲汾州參軍事遷萬年主簿天授三年上言書有五聽令有三
覆慮失情也比犯大逆詔使者勘當得實輒決人命至重萬有一不實欲訴無
由以就赤族豈不痛哉此不足檢下之姦亂適長使人威福耳臣請如令覆奏
則死者無恨又古者罰不逮嗣故郤芮亂國而缺升諸朝嵇康蒙戮而紹死於
難則於宅親不復致疑今選部廣責逆人親屬至無服者尚數十條且詔書與
逆同堂親不任京畿緦麻親不得侍衞臣請如詔書外一切不禁以申曠蕩聖
曆中東都留守楊再思王方慶共引爲判官方慶善禮學嘗就質疑晦堅爲申

釋常得所未聞屬文典厚再思每目爲鳳閣舍人樣與徐彥伯劉知幾張說與
修三教珠英時張昌宗李嶠總領彌年不下筆堅與說專意譔綜條彙粗立諸
儒因之乃成書累遷給事中封慈源縣子中宗怒韋月將欲卽斬之堅奏盛夏
生長請須秋乃決時申救者亦衆得以搒死俄以禮部侍郎爲修文館學士睿
宗卽位授太子左庶子兼崇文館學士修史進東海郡公遷黃門侍郎時監察
御史李知古兵擊姚州渳河蠻降之又請築城使輸賦徭堅議蠻夷羈縻以屬
不宜與中國同法恐勞師遠伐益不償損不聽詔知古發劍南兵築城堡列州
縣知古因是欲誅其豪酋入子女爲奴婢蠻懼殺知古相率潰叛姚巂路閉不
通者數年初太平公主用事武攸暨屢邀請堅堅不許又以妻岑羲女弟固辭
機密轉太子詹事曰吾非求高逃禍耳義敗不染於惡出爲絳州刺史數外徙
久乃還祕書監左散騎常侍玄宗改麗正書院爲集賢院以堅充學士副張說
知院事帝大酺集賢幔舍在百司上說令揭大榜以侈其寵堅見遽命撤之曰
君子爲取多尚人從上泰山以參定儀典加光祿大夫堅於典故多所諳識凡

七當譔次高選卒年七十餘帝悼惜遣使就弔贈太子少保謚曰文齊聃姑爲

太宗充容仲爲高宗婕妤皆明圖史議者以堅父子如漢班氏

子嶠字巨山開元中爲駕部員外郎集賢院直學士遷中書舍人內供奉河南

尹封慈源縣公父子相次爲學士自祖及孫三世爲中書舍人

沈伯儀湖州吳興人武后時爲太子右諭德初太常少卿韋萬石議明堂大享

事上言鄭玄說祀五天帝王肅謂祀五行帝貞觀禮從玄至顯慶禮祀昊天上

帝乾封詔書祀五天帝兼祀昊天上帝詔書從貞觀禮儀鳳初詔祀事一用周

制今應何樂高宗乃詔尙書省集諸儒議未能定於是大享參用貞觀顯慶二

禮垂拱元年成均助教孔玄義奏嚴父莫大配天天於萬物爲最大推父偶天

孝之大尊之極也易稱先王作樂崇德殷薦之上帝以配祖考上帝天也昊天

之祭宜祖考並配請以太宗高宗配上帝於圜丘神堯皇帝配感帝南郊祭法

祖文王宗武王祖始也宗尊也一名而有二義經稱宗祀文王文王當祖而云

宗包武王以言也知明堂以祖考配與二經合伯儀曰有虞氏禘黃帝而郊嚳

祖顓頊而宗堯夏后氏禘黃帝而郊鯀祖顓頊而宗禹殷人禘嚳而郊冥祖契而宗湯周人禘嚳而郊稷祖文王而宗武王鄭玄曰禘郊祖宗皆配食也祭昊天圜丘曰禘祭上帝南郊曰郊祭五帝五神明堂曰祖宗此爲最詳虞夏退顓頊郊嚳殷捨契郊冥去取違舛惟周得禮之序至明堂始兩配焉文王上配五帝武王下配五神別父子也經曰嚴父莫大於配天又曰宗祀文王於明堂以配上帝下言嚴武王以配天則武王雖在明堂未齊於配雖同祭而終爲一主也緯曰后稷爲天地主文王爲五帝宗若一神而兩祭之則薦獻數瀆此神無二主也貞觀永徽禮實專配由顯慶後始兼尊焉今請以高祖配圜丘方澤太宗配南北郊高宗配五天帝鳳閣舍人元萬頃范履冰等議今禮昊天上帝等五祀咸奉高祖太宗兼配以申孝也詩昊天章二后受之易薦上帝配祖考有兼配義高祖太宗既先配五祀當如舊請奉高宗歷配焉自是郊丘三帝並配云伯儀歷國子祭酒修文館學士卒

路敬淳貝州臨清人父文逸遇隋季大亂闔門死於盜文逸遁免流離辛苦自

傷家多難閉口不食行者哀其窮彊飲食之更負以行乃得脫貞觀末官申州司馬敬淳少力學足不履門居親喪倚廬不出者三年服除號慟入門形容癯毀妻不之識後擢進士第天授中再遷太子司議郎兼修國史崇賢館學士數受詔纂輯慶卹儀典武后稱之尤明姓系自魏晉以降推本其來皆有條序著姓略衣冠系錄等百餘篇後坐綦連耀交通下獄死神龍初贈祕書少監弟敬潛少與敬淳齊名歷懷州錄事參軍亦坐耀事繫獄免死後爲遂安令先是令多死敬潛欲辭妻曰君不死獄而得全非生死有命邪從之到官有梟嘯其屏鼠數十走於前左右驅之擁杖而號敬潛不爲懼久之遷衞令位中書舍人唐初姓譜學唯敬淳名家其後柳沖韋述蕭穎士孔至各有譔次然皆本之路氏

王元感濮州鄄城人擢明經高第調博城丞紀王慎爲兗州都督厚加禮敕其子東平王續往受業天授中稍遷左衞率府錄事兼直弘文館武后時已郊遂享明堂封嵩山詔與韋叔夏等草儀具衆推其練洽轉四門博士仍直弘文館

年雖老讀書不廢夜所譔書糾謬春秋振滯禮繩愆等凡數十百篇長安時上之丏官筆楮寫藏祕書有詔兩館學士成均博士議可否祝欽明郭山惲李憲等本章句家見元感詆先儒同異不懌數沮詰其言元感緣罅申釋竟不詘魏知古見其書歎曰五經指南也而徐堅劉知幾張思敬等惜其異聞每爲助理聯疏薦之遂下詔褒美以爲儒宗拜太子司議郎兼崇賢館學士中宗以東宮官屬加朝散大夫卒元感初著論三年之喪以三十有六月譏詆諸儒鳳閣舍人張柬之破其說曰三年之喪二十五月由古則然春秋僖公三十三年十二月乙巳公薨文公二年冬公子遂如齊納幣左氏曰禮也杜預謂僖喪終是年十一月納幣在十二月故謂之禮公羊傳納幣不書此何以書譏何以譏三年之內不圖婚何休曰僖以十二月薨未終二十五月故譏云杜預推曆乙巳乃在十一月經書十二月爲誤文公元年四月葬僖公傳曰緩夫諸侯之葬五月若十二月薨五月不得云緩則十一月明甚然二家所競乃一月非一歲則二十五月其一驗也書稱成湯既沒太甲元年曰惟元祀十有二月伊尹祀於先

王奉嗣王祇見厥祖孔安國曰湯以元年十一月崩此則明年祥又明年大祥故下言惟三祀十有二月朔尹以冕服奉嗣王歸于亳是十一月服除而冕顧命四月哉生魄王不懌翌日乙丑王崩丁卯命作冊度越七日癸酉伯相命士須材則成王崩至康王麻冕黼裳凡十日康王始見廟明湯崩在十一月比殯訖以十二月祇見其祖顧命見廟訖諸侯出廟門俟伊訓言祇見厥祖侯甸羣后咸在則崩及見廟周因於殷也非元年前復有一歲此二十五月之二驗禮三年之喪二十五月而畢哀痛未盡然而以是爲斷者送死有已服生有節又曰期而小祥食菜果又期而大祥有醯醬中月而禫食酒肉又曰再期之喪三年期之喪二年九月七月之喪三時五月之喪二時三月之喪一時此二十五月之三驗儀禮期而小祥又期而大祥中月而禫是月也吉祭此二十五月之四驗書春秋禮皆周公尼父所定敢問此可爲法否昔鄭玄以中月而禫者內容一月自喪至禫凡二十七月今旣用之而二十五月初無疑論大抵子於親喪有終身之痛創巨者日久痛深者愈遲何歲月而止乎故練而慨然悲慕未

盡而踊擗之情差未祥而廓然哀傷已除而孤藐之懷更劇此情之所致寧外
飾哉故先王立其中制使情文兩稱是以祥則縞帶素紕禫則無不佩夫去衰
麻襲錦縠行道之人皆不忍直爲節之以禮叵如之何故仲由不能過制爲姊
服孔鯉不能過期哭母彼詎不懷畏名教之嚴也當世謂東之言不詭聖人而
元感論遂廢
王紹宗字承烈梁左民尚書銓曾孫系本琅邪徙江都云少貧佽嗜學工草隸
客居僧坊寫書取庸自給凡三十年庸足給一月卽止不取贏人雖厚償輒拒
不受徐敬業起兵聞其行以幣劫之稱疾篤復令唐之奇彊遣不肯赴敬業怒
將殺之之奇曰彼人望也殺之沮士心不可由是免事平大總管李孝逸表其
節武后召赴東都謁殿中褒慰良厚擢太子文學累進祕書少監使侍皇太子
紹宗雅修飭當時公卿莫不慕悅其風張易之兄弟亦頗結納易之誅坐廢卒
於家嘗與人書曰鄙夫書無工者特由水墨之積習耳常精心率意虛神靜思
以取之吳中陸大夫常以余比虞君以不臨寫故也聞虞被中畫腹與余正同

虞卽世南也紹宗兄玄宗隱嵩山號太和先生傳黃老術

彭景直瀛州河間人中宗景龍末爲太常博士時獻昭乾三陵皆日祭景直上言在禮陵不日祭宗廟有月祭故王者設廟祧壇墠爲親疏多少之殺立七廟一壇一墠曰考廟曰王考廟曰皇考廟曰顯考廟皆月祭遠廟爲祧享嘗乃止去祧爲壇去壇爲墠有禱祭之無禱乃止譙周曰天子始祖高祖曾祖祖考之廟皆朔加薦以象生時朔食號日祭二祧廟不月祭則古無日祭者今諸陵朔望進食近古之殷事諸節進食近古之薦新鄭玄曰殷事月之朔半薦新奠也於儀禮朔半日猶常日朝夕也旣大祥卽四時焉此其祭皆在廟云近世始以朔望諸節祭陵寢唯四時及臘五享於廟尋經質禮無日祭於陵之文漢時京師自高祖下至宣帝與太上皇悼皇考陵旁立廟園各有寢便殿故日祭諸寢月祭諸便殿貢禹以禮節煩數白元帝願罷郡國廟丞相韋玄成等後因議七廟外寢園皆無復修議者亦以祭不欲數宜復古四時祭於廟劉歆引春秋外傳曰祖禰日祭曾高月祀二祧時享壇墠歲貢魏晉以降不祭墓唐家擇古作

法臣謂宜罷諸陵日祭如禮便帝不從因下詔有司言諸陵不當日進食夫禮以人情爲之沿革何專古而泥所聞乾陵宜朝晡進奠昭獻陵日一進或所司乏於費可減朕常膳爲之帝崩葬定陵有司議以和思皇后祔葬后爲武后所殺不得其喪所將以招魂合諸梓宮景直曰招魂古無傳不可請如橋山藏衣冠故事納后褘衣復寢宮舉衣魂輅告以太牢內之方中奉帝梓棺右覆以夷衾衆當其言制曰可景直後歷禮部郎中卒

盧粲幽州范陽人後魏侍中陽烏五世孫祖彥卿亦善著書粲始冠擢進士第神龍中累遷給事中時節愍太子立韋后疾之諷中宗以衛府封物給東宮粲駮奏太子七鬯主歲時服用宜取於百司周禮諸用財器歲終則會唯王及太子不會今乃與諸王等夷非所謂憲章古昔者詔可武崇訓死詔墓視陵制粲曰凡王公主墓無稱陵者唯永泰公主事出特制非後人所援比崇訓塋兆請視諸王詔曰安樂公主與永泰不異崇訓於主當同穴爲陵不疑粲固執以陵之稱本施尊極雖崇訓之親不及雍王雍墓不稱陵崇訓緣主而得假是名哉

詔可主大怒出粲陳州刺史粲曰苟所論得行雖遠何憚開元初爲祕書少監其從父行嘉仕爲雍王記室亦以學聞粲累封固安縣侯終邠王傅諡曰景

尹知章絳州翼城人少雖學未甚通解忽夢人持巨鑿破其心內若劑焉驚悟志思開徹遂徧明六經諸生嘗講授者更北面受大義長安中擢定王府文學遷太常博士中宗時或建言以涼武昭王爲七廟始祖知章議武昭遠世非王業所因乃止出爲陸渾令坐事輒棄官去時散騎常侍解琬亦罷歸與知章覃思經術舉訢訢然張說表諸朝擢禮部員外郎轉國子博士馬懷素緒定祕書奏知章是正文字每休沐講授未始輟於易老莊書尤縣解弟子貧者賙給之性和厚人不見有喜慍未嘗問產業其子欲廣市樵米爲歲中計知章曰如而計則貧人何以取資且吾烏應奪民利邪卒官所注傳頗多行於時門人孫季良等頌其德刻著東都國子監門外季良偃師人一名翌仕歷左拾遺集賢院直學士

張齊賢陝州陝人聖曆初爲太常奉禮郎武后詔百官議告朔於明堂講時令

布政事京官九品以上四方朝集使皆列於廷太常博士辟閭仁諝曰經無天子月告朔唯玉藻天子聽朔南門之外周太宰正月之吉布政於邦國都鄙于寶曰建子月告朔日也此玉藻聽朔同誼今元日讀時令合古聽朔事獨鄭玄以秦制月令有五帝五官因言聽朔必以特牲告時帝及神以文王武王配其言非是月令曰其帝太昊其神句芒謂宣令告人使奉時務業月皆有令故云非天子月朔以配帝祭也告朔者諸侯禮也春秋既視朔遂登臺玄又說人君月告朔於廟其祭爲朝享魯自文公始不視朔明非天子所行玄謂告帝卽人帝神卽重黎五官不言天子拜祭臣請罷告朔月祭以應古禮齊賢不韙其說質曰穀梁氏稱閏月天子不告朔宅月故告朔矣左氏言魯不告閏朔爲棄時政則諸侯雖閏告朔矣周太史頒朔於邦國玉藻閏月王居門是天子雖閏亦告朔二家去聖不遠載天子諸侯告朔事顯顯弗繆今議者乃以太宰正月之吉布治邦國而言天子元日一告朔殊失其旨一歲之元六官自布所職之典于寶謂吉爲朔故世人謬吉爲告據繆失經不得爲法議者又引左氏說專在

諸侯不知玉藻與左說正同而獨於天子言歲首一告何去取之恣也又謂時帝五人帝也玄於時帝包天人故以文武作配是並告兩五帝爲不疑諸侯受朔天子藏於廟天子受朔於天宜在明堂故告時帝配祖考議者曰天子月告祭頒朔則諸侯安得藏之故太宰歲首布一歲事太史頒之也是不然周太史頒朔邦國是總頒十二朔於諸侯天子猶月告者頒官府都鄙也內外異言之也禮不可罷鳳閣侍郎王方慶又推言明堂布政之宮所以明天氣統萬物也漢儒以明堂太廟爲一宗祀其祖而配上帝取宗祀曰清廟正室爲太室向陽爲明堂建學爲太學圜水爲辟雍異名同事古之制也天子以正月上辛總受十二月政於南郊還藏於祖廟月取一政班之明堂諸侯則受於天子藏之祖廟月取一政行之於國王者以其禮告廟謂之告朔視月之政謂之視朔玉藻玄冕而朝日東門之外聽朔南門之外鄭玄說明堂在國陽就其時之堂而聽朔焉卒事宿路寢今元日通天宮受朝有司遂讀時令布政古之禮也舊說天子歲入明堂者十八大享一月告朔十二四時迎氣四巡狩之歲一今議者唯

許歲首一入不亦隘乎陛下幸建明堂遵用告朔事若月一聽則近於煩每孟月視朔惟制定其禮臣下不敢專成均博士吳楊吾等共言秦滅學告朔廢今用四孟月季夏至明堂告五時帝堂上請兼如齊賢方慶議不數歲禮亦廢久之齊賢還博士時東都置太社禮部尚書祝欽明問禮官博士周家田主用所宜木今社主石柰何齊賢與太常少卿韋叔夏國子司業郭山惲尹知章等議春秋君以軍行祓社釁鼓祝奉以從故曰不用命戮於社社稷主用石以可奉而行也崔靈恩曰社主用石以地產最實歟呂氏春秋言殷人社用石後魏天平中遷太社石主其來尚矣周之田主用所宜木其民間之社歟非太社也於是舊主長尺有六寸方尺七寸問博士云何齊賢等議社主之制禮無傳天子親征載以行則非過重禮社祭土主陰氣韓詩外傳天子太社方五丈諸侯半之五土數社主宜長五尺以準數五方二尺以準陰偶剡其上以象物生方其下以象地體埋半土中本末均也請度以古尺云又問社稷壇隨四方用色而中不數尺冒黃土謂何齊賢等曰天子太社度廣五尺分四方上冒黃土象王

者覆被四方然則當以黃土覆壇上舊壇上不數尺覆被之狹乖於古於是以方色飾壇四面及陛而黃土全覆上焉祭牲皆太牢其後改先農曰帝社又立帝稷皆齊賢等參定中宗即位因武后東都廟改爲唐廟議滿七室以涼武昭王爲始祖齊賢上議禮天子七廟尊始封君曰太祖百代不遷始祖無聞焉殷自玄王至湯周后稷至武王皆出太祖後合食有序景皇帝始封唐實爲太祖以世數近故尚在昭穆今乃上引武昭王爲始祖異乎殷周之本卨稷也卨稷與祚景皇帝是也昭王國不世傳後嗣失守景帝實始封唐子孫是承若近捨唐遠引涼不見其可且魏不祖曹參晉不祖司馬卬宋不祖楚元王齊梁不祖蕭何陳隋不祖胡公楊震今謂昭王爲祖可乎漢以周郊后稷議欲郊堯杜林以爲周與自后稷漢業特起功不緣堯卒不果郊武德初定去昭王尤近不託祖者不可故也今而立之非祖宗意景皇失位神弗臨享殆非詒厥孫謀者博士劉承慶尹知章又言受命之君王迹有淺深代系有遠邇祖以功昭穆以親有功者不遷親盡者毀今不宜以廟數未備引當遷之主於昭穆上苟充七室

也景皇帝既號太祖以世淺猶在六室位則室未當有七非天子廟不當七也
大帝神主既祔宣皇帝當遷宣非始祖又無宗號親盡而遷不可復立請仍爲
六室詔宰相詳裁於是祝欽明等上言博士等三百人爲兩說齊賢等不祖武
昭王劉承慶等請遷宣皇帝臣等欲皆可其奏詔可俄以孝敬皇帝爲義宗列
於廟爲七室西京太廟亦如之齊賢遷累諫議大夫卒
柳沖蒲州虞鄉人隋饒州刺史莊曾孫父楚賢大業中爲河北縣長高祖兵興
堯君素據郡固守楚賢說曰隋之亡天下共知唐公名在圖籙動以誠信豪英
景赴天所贊也君子見幾而作俟終日邪君素不從楚賢潛行自歸授侍御史
貞觀中持節冊拜突厥辭其遺不受歷交桂二州都督杭州刺史皆有名沖好
學多所研總天授初爲司府寺主簿詔遣安撫淮南使有指封河東縣男中宗
景龍中遷左散騎常侍修國史初太宗命諸儒譔氏族志甄差羣姓其後門胄
興替不常沖請改修其書帝詔魏元忠張錫蕭至忠岑羲崔湜徐堅劉憲吳兢
及沖共取德功時望國籍之家等而次之夷蕃酋長襲冠帶者析著別品會元

忠等繼物故至先天時復詔沖及堅兢與魏知古陸象先劉子玄等討綴書乃成號姓系錄歷太子賓客宋王師昭文館學士以老致仕開元初詔沖與薛南金復加刊竄乃定後柳芳著論甚詳今刪其要著之左方芳之言曰氏族者古史官所記也昔周小史定繫世辯昭穆故古有世本錄黃帝以來至春秋時諸侯卿大夫名號繼統左丘明傳春秋亦言天子建德因生以賜姓胙之土命之氏諸侯以字爲氏以諡爲族昔堯賜伯禹姓曰姒氏曰有夏伯尼姓曰姜氏曰有呂下及三代官有世功則有官族邑亦如之後世或氏於國則齊魯秦吳氏於諡則文武成宣氏於官則司馬司徒氏於爵則王孫公孫氏於字則孟孫叔孫氏於居則東門北郭氏於志則三烏五鹿氏於事則巫乙匠陶於是受姓命氏粲然衆矣秦既滅學公侯子孫失其本系漢興司馬遷父子乃約世本修史記因周譜明世家乃知姓氏之所由出虞夏商周昆吾大彭豕韋齊桓晉文皆同祖也更王迭霸多者千祀少者數十代先王之封既絕後嗣蒙其福猶爲彊家漢高帝興徒步有天下命官以賢詔爵以功誓曰非劉氏王無功侯者天下

共誅之先王公卿之胄才則用不才棄之不辨士與庶族然則始尙官矣然猶徙山東豪傑以實京師齊諸田楚屈景皆右姓也其後進拔豪英論而錄之蓋七相五公之所由興也魏氏立九品置中正尊世胄卑寒士權歸右姓已其州大中正主簿郡中正功曹皆取著姓士族爲之以定門胄品藻人物晉宋因之始尙姓已然其别貴賤分士庶不可易也于時有司選舉必稽譜籍而考其真僞故官有世胄譜有世官賈氏王氏譜學出焉由是有譜局令史職皆具過江則爲僑姓王謝袁蕭爲大東南則爲吳姓朱張顧陸爲大山東則爲郡姓王崔盧李鄭爲大關中亦號郡姓韋裴柳薛楊杜首之代北則爲虜姓元長孫宇文于陸源竇首之虜姓者魏孝文帝遷洛有八氏十姓三十六族九十二姓八氏十姓出於帝宗屬或諸國從魏者三十六族九十二姓世爲部落大人並號河南洛陽人郡姓者以中國士人差第閥閱爲之制凡三世有三公者曰膏粱有令僕者曰華腴尙書領護而上者爲甲姓九卿若方伯者爲乙姓散騎常侍大中大夫者爲丙姓吏部正員郞爲丁姓凡得入者謂之四姓又詔代人諸胄初

無族姓其穆陸奚于下吏部勿充猥官得視四姓北齊因仍舉秀才州主簿郡功曹非四姓不在選故江左定氏族凡郡上姓第一則爲右姓太和以郡四姓爲右姓齊浮屠曇剛類例凡甲門爲右姓周建德氏族以四海通望爲右姓隋開皇氏族以上品茂姓則爲右姓唐貞觀氏族志凡第一等則爲右姓路氏著姓略以盛門爲右姓柳沖姓族系錄凡四海望族則爲右姓不通歷代之說不可與言譜也今流俗獨以崔盧李鄭爲四姓加太原王氏號五姓蓋不經也夫文之弊至於尙官官之弊至於尙姓姓之弊至於尙詐隋承其弊不知其所以弊乃反古道罷鄉舉離地著尊執事之吏於是乎士無鄉里里無衣冠人無廉恥士族亂而庶人僭矣故善言譜者繫之地望而不惑質之姓氏而無疑綴之婚姻而有別山東之人質故尙婚婭其信可與也江左之人文故尙人物其智可與也關中之人雄故尙冠冕其達可與也代北之人武故尙貴戚其泰可與也及其弊則尙婚婭者先外族後本宗尙人物者進庶孽退嫡長尙冠冕者略伉儷慕榮華尙貴戚者徇勢利亡禮教四者俱敝則失其所尙矣人無所守則

士族削士族削則國從而衰管仲曰爲國之道利出一孔者王二孔者彊三孔者弱四孔者亡故冠婚者人道大倫周漢之官人齊其政一其門使下知禁此出一孔也故王魏晉官人尊中正立九品鄉有異政家有競心此出二孔也故彊江左代北諸姓紛亂不一其要無歸此出三孔也故弱隋氏官人以吏道治天下人之行不本鄉黨政煩於上人亂於下此出四孔也故亡唐承隋亂宜救之以忠忠厚則鄉黨之行修鄉黨之行修則人物之道長人物之道長則冠冕之緒崇冠冕之緒崇則教化之風美乃可與古參矣晉太元中散騎常侍河東賈弼譔姓氏簿狀十八州百十六郡合七百一十二篇甄析士庶無所遺宋王弘劉湛好其書弘每日對千客可不犯一人諱湛爲選曹譔百家譜以助銓序文傷寡省王儉又廣之王僧孺演益爲十八篇東南諸族自爲一篇不入百家數弼傳子匪之匪之傳子希鏡希鏡譔姓氏要狀十五篇尤所諳究希鏡傳子執執更作姓氏英賢一百篇又著百家譜廣兩王所記執傳其孫冠冠譔梁國親皇太子序親簿四篇王氏之學本於賈氏唐興言譜者以路敬淳爲宗柳沖

韋述次之李守素亦明姓氏時謂肉譜者後有李公淹蕭穎士殷寅孔至爲世所稱初漢有鄧氏官譜應劭有氏族一篇王符潛夫論亦有姓氏一篇宋何承天有姓苑二篇譜學大抵具此魏太和時詔諸郡中正各列本土姓族次第爲舉選格名曰方司格人到于今稱之

馬懷素字惟白潤州丹徒人客江都師事李善貧無資晝樵夜輒然以讀書遂博通經史擢進士第又中文學優贍科補鄠尉積勞遷左臺監察御史長安中大夫魏元忠爲張易之搆譎嶺表太僕崔貞慎東宮率獨孤禕之祖道易之怒使人上急變告貞慎等與元忠謀反武后詔懷素按之使者促迫懷素執不從曰貞慎餞流人當得罪以爲謀反則非昔彭越以逆誅欒布奏事尸下漢不坐罪今元忠罪非越比不宜坐餞饁之人且陛下操生殺柄欲加之罪自當處決聖心既付臣按狀惟知守陛下法爾后意解貞慎等乃免宰相李迥秀藉易之勢斂賕誘法懷素劾罷之轉禮部員外郎以十道使黜陟江西處決平恕遷考功覈取實才權貴謁請不能阿撓擢中書舍人內供奉爲修文館直學士開元

初爲戶部侍郞封常山縣公進兼昭文館學士篤學手未嘗廢卷謙恭愼畏推
爲長者玄宗詔與褚無量同爲侍讀更日番入旣叩閤肩輿以進或行在遠聽
乘馬宮中每晏見帝自送迎以師臣禮有詔句校祕書是時文籍盈漫皆炱朽
蟫斷籤縢紛舛懷素建白願下紫微黃門召宿學巨儒就校繆闕又言自齊以
前舊籍王儉七志已詳請採近書篇目及前志遺者續儉志以藏祕府詔可卽
拜懷素祕書監乃詔國子博士尹知章四門助教王直直國子監趙玄默陸渾
丞吳綽桑泉尉韋述扶風丞馬利徵湖州司功參軍劉彥直臨汝丞宋辭玉恭
陵丞陸紹伯新鄭尉李子釗杭州參軍殷踐猷梓潼尉解崇質四門直講余欽
進士王愜劉仲丘右威衞參軍侯行果邢州司戶參軍袁暉海州錄事參軍晁
良右率府胄曹參軍毋煚滎陽主簿王灣太常寺太祝鄭良金等分部讎次踐
猷從弟祕書丞承業武陟尉徐楚璧是正文字懷素奏祕書少監盧俌崔沔爲
修圖書副使祕書郞田可封康子元爲判官然懷素不善著述未能有所緒別
會卒帝舉哀洛陽南城門贈潤州刺史謚曰文給輿還鄉里喪事官辦懷素卒

後詔祕書官並號修書學士草定四部人人意自出無所統一踰年不成有司疲於供擬太僕卿王毛仲奏罷內料又詔右常侍褚無量大理卿元行沖考絀不應選者無量等奏修譔有條宜得大儒綜治詔委行沖乃令煚述欽總緝部分踐猷愜治經述欽治史煚彥直治子灣仲丘治集八年四錄成上之學士無賞擢者行沖知麗正院又奏紹伯利徵彥直踐猷行果子釗直煚述灣玄默欽良金與朝邑丞馮朝隱冠氏尉權寅獻祕書省校書郎孟曉揚州兵曹參軍韓覃王嗣琳福昌令張悱進士崔藏之入校麗正書由是祕書省罷譔緝而學士皆在麗正矣愜仲丘老病還鄉里紹伯卒於官直終岐王府記室參軍事玄默集賢直學士利徵出爲山茌令儒緩無治術免官終於家子釗坐保任非人終德州長史欽至太學博士集賢院學士灣洛陽尉良金右補闕京兆府倉曹參軍事寅獻臨淮太守曉左補闕覃萊州別駕坐誣告刺史流遠方藏之膳部員外郎明年以將仕郎梁令瓚文學直書院後以右率府兵曹參軍而罷終恆王府司馬祕書省校書郎源幼良代利徵後以協律郎罷

殷踐猷字伯起陳給事中不害五世從孫博學尤通氏族曆數醫方與賀知章陸象先韋述最善知章嘗號爲五總龜謂龜千年五聚問無不知也初爲杭州參軍舉文儒異等科授祕書省學士用曹州司法參軍兼麗正殿學士以叔父喪哀慟歐血而卒年四十八

少子寅舉宏辭爲太子校書出爲永寧尉吏侮謾甚寅怒殺之貶澄城丞病且死以母蕭老不忍決及斂其子亮斷指翦髮置棺中自誓事祖母如寅在其後侍蕭疾不脫衣者數年有白鸞巢其楣後終給事中杭州刺史踐猷弟季友歷祕書郎善畫從父仲容終冬官郎中有重名子承業以謹樸稱歷太子左諭德右威衛將軍族子成己晉州長史初母顏叔父吏部郎中敬仲爲酷吏所陷率二妹割耳訴冤敬仲得減死及成己生而左耳缺云

孔若思越州山陰人陳吏部尚書奐四世孫祖紹安與兄紹新蚤知名陳亡客居鄠勵志於學外兄虞世南曰本朝淪覆吾分湮滅有弟若此知不亡矣紹安與孫萬壽皆以文辭稱時謂孫孔隋大業末爲監察御史高祖討賊河東紹安

與夏侯端同監軍禮遇尤密帝受禪端先歸拜祕書監已而紹安間道走長安帝悅擢內史舍人賜宅一區良馬二匹若思早孤其母躬訓教長以博學聞有遺以褚遂良書者納一卷焉其人曰是書貴千金何取之廉答曰審爾此爲多矣更還其半擢明經歷庫部郎中常曰仕宦至郎中足矣座右置止水一石明自足意中宗初敬暉桓彥範當國以若思多識古今凡大政事必咨質後行三遷禮部侍郎出爲衞州刺史故事以宗室爲州別駕見刺史鶩放不肯致恭若思劾奏別駕李道欽請訊狀有詔別駕見刺史致恭自若思始以淸白擢銀靑光祿大夫賜絹百匹累封梁郡公開元七年卒謚曰惠

從父禎第進士歷監察御史門無賓謁時譏其介高宗時再遷絳州刺史封武昌縣子謚曰溫子季詡字季和永昌初擢制科授祕書郎陳子昂常稱其神淸韻遠可比衞玠終左補闕

若思子至字惟微歷著作郎明氏族學與韋述蕭穎士柳沖齊名譔百家類例以張說等爲近世新族剟去之說子垍方有寵怒曰天下族姓何豫若事而妄

紛紛邪垍弟素善至以實告初書成示韋述述謂可傳及聞垍語懼欲更增損述曰止丈夫奮筆成一家書奈何因人動搖有死不可改遂罷時述及蕭士沖皆譔類例而至書稱工

唐書卷一百九十九

唐書卷二百

宋　端　明　殿　學　士　宋　祁　撰

列傳第一百二十五

儒學下

褚無量字弘度杭州鹽官人幼授經於沈子正曹福刻意墳典家瀕臨平湖有龍出人皆走觀無量尙幼讀書若不聞衆異之尤精禮司馬史記擢明經第累除國子博士遷司業兼修文館學士中宗將南郊詔定儀典時祝欽明郭山惲建言皇后爲亞獻無量與太常博士唐紹蔣欽緒固爭以爲郊祀國大事其折衷莫如周禮周禮冬至祭天圜丘不以地配唯始祖爲主亦不以妣配故后不得與又大宗伯凡大祭祀王后不與則攝而薦豆籩徹是后不應助祭又內宰職大祭祀后祼獻則贊瑤爵祭天無祼知此乃宗廟祭耳巾車內司服掌后六服與五路無后祭天之服與路是后不助祭天也惟漢有天地合祭皇后參享事末代黷神事不經見不可爲法時左僕射韋巨源佐欽明故無量議格以母

老解官玄宗爲太子復拜國子司業兼侍讀譔翼善記以進厚被禮答太子釋奠國學令講經建端樹義博敏而辯進銀青光祿大夫錫予蕃渥及即位遷左散騎常侍兼國子祭酒封舒國公母喪解詔州刺史薛瑩弔祭賜物加等廬墓左鹿犯所植松柏無量號訴曰山林不乏忍犯吾塋樹耶自是羣鹿馴擾不復棖觸無量爲終身不御其肉喪除召復故官以耆老隨仗聽徐行又爲設腰輿許乘入殿中頻上書陳得失開元五年帝將幸東都而太廟壞姚崇建言廟本苻堅故殿不宜罷行無量鄙其言以爲不足聽乃上疏曰王者陰盛陽微則先祖見變今後宮非御幸者宜悉出之以應變異舉畯良撙奢靡輕賦慎刑納諫爭察諂諛繼絕世則天人和會災異訖息帝是崇語車駕遂東無量又上言昔虞舜之狩秩山川徧羣神漢孝景祠黃帝橋山孝武祠舜九疑高祖過魏祭信陵君墓過趙封樂毅後孝章祠桓譚冢願陛下所過名山大川丘陵墳衍古帝王賢臣在祀典者並詔致祭自古受命之君必興滅繼絕崇德報功故存人之國大於救人之災立人之後重於封人之墓願到東都收敘唐初逮今功臣世

絕者雖在支庶咸得承襲帝納其言即詔無量祠堯平陽宋璟祠舜蒲坂蘇頲
祠禹安邑在所刺史參獻又求武德以來勳臣苗裔紹續其封初內府舊書自
高宗時藏宮中甲乙叢倒無量建請繕錄補第以廣祕籍天子詔於東都乾元
殿東廂部彙整比無量爲之使因表聞喜尉盧僎江夏尉陸去泰左監門率府
胄曹參軍王擇從武陟尉徐楚璧分部讎定衞尉設次光祿給食又詔祕書省
司經局昭文崇文二館更相檢讎采天下遺書以益闕文不數年四庫完治帝
詔羣臣觀書賜無量等帛有差無量又言貞觀御書皆宰相署尾臣位卑不足
以辱請與宰相聯名跋尾不從帝西還徙書麗正殿更以脩書學士爲麗正殿
直學士比京官預朝會復詔無量就麗正纂續前功皇太子及四王未就學無
量以孝經論語五通獻帝帝曰朕知之矣乃選郗常亨郭謙光潘元祚等爲太
子諸王侍讀七年太子齒胄於學詔無量升坐講勸百官觀禮厚賚賜卒年七
十五病困語人以麗正書未畢爲恨帝聞悼痛詔宰相曰無量朕師今其永逝
宜用優典於是贈禮部尚書謚曰文葬事官給所譔述百餘篇沒後有於書殿

得講史記至言十二篇上之帝歎息以絹五百匹賜其家始無量與馬懷素爲侍讀後祕書少監康子原國子博士侯行果亦踐其選雖賞賚亟加而禮遇衰矣陸去泰歷左右補闕内供奉王擇從京兆人終汜水令徐楚璧初應制舉三登甲科開元時爲中書舍人集賢院學士帝屬文多令視草終中書侍郎東海縣子在中書省久是時李林甫用事或言計議多所參助後更名安貞

元澹字行沖以字顯後魏常山王素蓮之後少孤養於外祖司農卿韋機及長博學尤通故訓及進士第累遷通事舍人狄仁傑器之嘗謂仁傑曰下之事上譬富家儲積以自資也脯腊膎胰以供滋膳參朮芝桂以防疾疢門下充旨味者多矣願以小人備一藥石可乎仁傑笑曰君正吾藥籠中物不可一日無也景雲中授太常少卿行沖以系出拓拔恨史無編年乃譔魏典三十篇事詳文約學者尚之初魏明帝時河西柳谷出石有牛繼馬之象魏收以晉元帝乃牛氏子冒司馬姓以著石符行沖謂昭成皇帝名犍繼晉受命獨此可以當之有人破古冢得銅器似琵琶身正圓人莫能辨行沖曰此阮咸所作器也命易以

木絃之其聲亮雅樂家遂謂之阮咸開元初罷太子詹事出爲岐州刺史兼關內按察使自以書生非彈治才固辭入爲右散騎常侍東都副留守嗣彭王子志謙坐讎人告變考訊自誣株蔓四十人行沖察其枉列奏見原四遷大理卿不樂法家固謝所居官改左散騎常侍封常山縣公充使檢校集賢再遷太子賓客弘文館學士先是馬懷素譔書志褚無量校麗正四部書業未卒相次物故詔行沖幷代之玄宗自註孝經詔行沖爲疏立于學官以老罷麗正校書事初魏光乘請用魏徵類禮列于經帝命行沖與諸儒集義作疏將立之學乃引國子博士范行恭四門助教施敬本采獲刊綴爲五十篇上于官於是右丞相張說建言戴聖所錄向已千載與經並立不可罷魏孫炎始因舊書擿類相比有如鈔綴諸儒共非之至徵更加整次乃爲訓注恐不可用帝然之書留中不出行沖意諸儒間己因著論自辯名曰釋疑曰客問主人小戴之學康成之注魏氏乃有刊易二經孰優主人曰小戴禮行於漢末馬融爲傳盧植合二十九篇而爲之解世所不傳鉤黨獄起康成於竄伏之中理紛挐之典雖存探究咨

謀靡所具鄭志者百有餘科章句之徒曾不是省王肅因之或多攻詆而鄭學有孫炎雖扶鄭義條例支分箴石間起增革百篇魏氏病羣言之冗陛采衆說之精簡刊正芟礱書畢以聞太宗嘉賞錄賜儲貳陛下纂業宜所循襲乃制諸儒甄分舊義豈悟章句之士堅持昔言擯壓不申疑於知新果於仍故客曰當局稱迷傍觀必審何所爲疑而不申列答曰改易章句是有五難漢孔安國注古文尚書族兄臧與書曰相如常忿俗儒淫詞冒義欲撥亂反正而未能也浮學守株衆非非正自古而然恐此道未信而獨智爲讒一也昔孔季產專古學有孔扶者與俗浮沈每誡產曰今朝廷率章句內學君獨脩古義古義非章句內學危身之道也獨善不容於世君其殆哉二也劉歆好左氏欲建學官哀帝納之諸儒遷延不肯置對歆移書誚讓諸博士皆忿恨龔勝時爲光祿大夫見歆議乃乞骸骨司空師丹因大發怒詆歆改亂前志非毀先帝所立歆懼出爲五原太守以君賓之學公仲之博猶迫同門朋黨之議卒令子駿負謗三也王肅規鄭玄數千百條鄭學馬昭詆劾肅短詔遣博士張融按經問詰融推處是

非而肅酬對疲於歲時四也王粲曰世稱伊雒以東淮漢以北康成一人而已咸言先儒多闕鄭氏道備粲竊嗟怪因求所學得尚書注退思其意意皆盡矣所疑猶未諭焉凡有二篇王邵曰魏晉浮華古道湮替歷載三百士大夫恥爲章句唯草野生專經自許不能博究擇從其善徒欲父康成兄子慎寧道孔聖誤諱言鄭服非然則鄭服之外皆讎矣五也夫物極則變比及百年當有明哲君子恨不與吾同世者道之行廢必有其時者歟何遽速近名之嫌邪俄丐致仕十七年卒年七十七贈禮部尚書諡曰獻

陳貞節穎川人開元初爲右拾遺初隱章懷懿德節愍四太子並建陵廟分八署置官列吏卒四時祠官進饗貞節以爲非是上言王者制祀以功德者猶親盡而毀四太子廟皆別祖無功於人而園祠時薦有司守衛與列帝侔金奏登歌所以頌功德詩曰鍾鼓既設一朝饗之使無功而頌不曰舞詠非度邪周制始祖乃稱小廟未知四廟欲何名乎請罷卒吏詔祠官無領屬以應禮典古者別子爲祖故有大小宗若謂祀未可絕宜許所後子孫奉之詔有司博議駕部

員外郎裴子餘曰四太子皆先帝冢嗣列聖念懿屬而爲之享春秋書晉世子曰將以晉畀秦秦將祀予此不祀也又言神不歆非類君祀無乃殄乎此有廟也魯定公元年立煬宮煬伯禽子季氏遠祖尚不爲限況天子篤親親以及旁期誰不曰然太常博士段同曰四陵廟皆天子睦親繼絶也逝者錫蘋繁猶生者之開茅土古封建子弟詎皆有功生無所議死乃援禮停祠人其謂何隱於上伯祖也服緦章懷伯父也服期懿德節愍堂昆弟也服大功親未盡廟不可廢禮部尚書鄭惟忠等二十七人亦附其言於是四陵廟惟減吏卒半宅如舊還太常博士玄宗奉昭成皇后祔睿宗室又欲肅明皇后幷升焉貞節奏言廟必有配一帝一后禮之正也昭成皇后有太姒之德宜升配睿宗肅明皇后既非子貴宜在別廟周人奏夷則歌小呂以享先妣先妣姜嫄也以生后稷故特立廟曰閟宮晉簡文帝鄭宣皇后不配食築宮於外以歲時致享肅明請準周姜嫄晉宣后納主別廟時享如儀於是留主儀坤廟詔隸太廟毋置官屬貞節又與博士蘇獻上言睿宗於孝和弟也按賀循說兄弟不相爲後故殷盤庚不

序陽甲而上繼先君漢光武不嗣孝成而上承元帝晉懷帝繼世祖不繼惠帝

故陽甲孝成出爲別廟又言兄弟共世昭穆位同則毀二廟有天下者從禰而

上事七廟尊者所統廣故及遠祖若容兄弟則上毀祖考天子不得全事七世

矣請以中宗爲別廟大祫則合食太祖奉睿宗繼高宗則禖獻永序詔可乃奉

中宗別廟升睿宗爲第七室五年太廟壞天子舍神主太極殿營新廟素服避

正寢三日不朝猶幸東都伊闕男子孫平子上書曰乃正月太廟毀此躋二帝

之驗也春秋君薨卒哭而祔祔而作主特祀於主烝嘗禘於廟今皆違之魯文

公之二年躋僖於閔上後太室壞春秋書其災說曰僖雖閔兄嘗爲之臣臣居

君上是謂失禮故太室壞且兄臣於弟猶不可躋弟嘗臣兄乃可躋乎莊公薨

閔公二年而禘春秋非之況大行夏崩而太廟冬禘不亦亟乎太室尊所若曰

魯自是陵夷墮周公之祀太廟今壞意者其將陵夷墮先帝之祀乎陛下未祭

孝和先祭太上皇先臣後君昔躋兄弟上今弟先兄祭昔太室壞今太廟毀與

春秋正同不可不察武后簒國孝和中興有功今內主別祠不得立於世亦已

薄矣夫功不可棄君不可下長不可輕且臣繼君猶子繼父故禹不先鯀周不先不窋宋鄭不以帝乙厲王不肖猶尊之也況中興邪晉太康時宣帝廟地陷梁折又三年太廟殿陷而及泉更營之梁又折天之所譴非必朽而壞也晉不承天故及於亂臣謂宜遷孝和還廟何必違禮下同魯晉哉帝異其言詔有司復議貞節獻與博士馮宗質之曰天子七廟三昭三穆與太祖而七父昭子穆兄弟不與焉殷自成湯至帝乙十二君其父子世六易乾鑿度曰殷之帝乙六世王則兄弟不爲世矣殷人六廟親廟四幷湯而六殷兄弟四君若以爲世方上毀四室乃無祖禰是必不然古者繇禰極祖雖迭毀迭遷而三昭穆未嘗闕也禮大宗無子則立支子又曰爲人後者爲之子無兄弟相爲後者故捨至親取遠屬父子曰繼兄弟曰及兄弟不相入廟尚矣借有兄弟代立承統告享不得稱嗣子嗣孫乃言伯考伯祖何統緒乎殷十二君惟三祖三宗明兄弟自爲別廟漢世祖列七廟而惠帝不與文武子孫昌衍文爲漢太宗晉景帝亦文帝兄景絕世不列於廟及告謚世祖稱景爲從祖今謂晉武帝越崇其父而廟毀

及亡何漢出惠帝而享世長久乎七廟五廟明天子諸侯也父子相繼一統也昭穆列序重繼也禮兄弟相繼不得稱嗣子明睿宗不父孝和必上繼高宗者偶室於廟則爲二穆於禮可乎禮所不可而使天子旁紹伯考棄己親正統哉孝和中興別建園寢百世不毀尙何議哉平子猥引僖公逆祀爲比殊不知孝和升新寢聖真方祔廟則未嘗一日居上也帝語宰相召平子與博士詳論博士護前言合軋平子平子援經辯數分明獻等不能屈蘇頲右博士故平子坐貶都城尉然諸儒以平子孤挺見迮於禮官不平帝亦知其直久不決然卒不復中宗於廟明年帝將大享明堂貞節惡武后所營非古所謂木不鏤土不文之制乃與馮宗上言明堂必直丙巳以憲房心布政太微上帝之所武后始以乾元正寢占陽午地先帝所以聽政故毀殿作堂撤之日有音如雷庶民謹訕以爲神靈不悅堂成災火從之后不脩德俄復營構殫用極侈詭禳厭變又欲嚴配上帝神安肯臨且密邇掖庭人神雜擾是謂不可放物者也二京上都四方是則天子聽政乃居便坐無以尊示羣臣願以明堂復爲乾元殿使人識其

舊不亦愈乎詔所司詳議刑部尙書王志愔等僉謂明堂瓌怪不法天爐之餘不容大享請因舊循制還署乾元正寢正至天子御以朝會若大享復寓圜丘

制曰可貞節以壽卒

施敬本潤州丹陽人開元中爲四門助教玄宗將封禪詔有司講求典儀舊制盥手洗爵皆侍中主之詔祀天神太祝主之敬本上言曰周制大宗伯鬱人下士二掌祼事漢無鬱人用近臣漢世侍中微甚籍孺閎孺等幸臣爲之後漢邵閎自侍中還步兵校尉秩千石其職省起居執虎子褻臣也今侍中位宰相非鬱人比祝者薦主人意於神非賤職也古二君相見卿爲上儐況天人際哉周太祝下大夫二上士四下大夫今郎中太常丞之比上士員外郎博士之比漢太祝令秩六百石今太祝乃下士以下士接天以大臣奉天子輕重不倫非禮也舊制謁者引太尉升壇謁者位下升壇禮重漢尙書御史屬有謁者僕射一秩六百石銅印青綬謁者三十五以郎中滿歲稱給事中未滿歲稱謁者光祿勳屬有謁者掌賓贊員七十秩比六百石則古謁者名秩差異等今謁者班

徵循空名忘實事非所以事天也帝詔中書令張說引敬本熟悉其議故侍中祝謁者視禮輕重以宅官攝領敬本以太常博士爲集賢院脩譔踰年遷右補闕祕書郎卒

盧履冰幽州范陽人元魏都官尚書義僖五世孫開元五年仕歷右補闕建言古者父在爲母朞徹靈而心喪武后始請同父三年非是請如禮便玄宗疑之又以舅嫂叔服未安并下百官議刑部郎中田再思曰會禮之家比聚訟循古不必是而行今未必非父在爲母三年高宗實行之著令已久何必乖先帝之旨閔人子之情愛一期服於其親使與伯叔母姑姊妹同嫂叔舅甥服太宗實制之閱百年無異論不可改履冰因言上元中父在爲母三年后雖請未用也逮垂拱始行之至有祖父母在而子孫婦沒行服再期不可謂宜禮女子無專道故曰家無二尊父在爲母服期統一尊也今不正其失恐後世復有婦奪夫之敗不可不察書留未下履冰即極陳父在爲母立几筵者一期心喪者再期父必三年而後娶以達子之志夫聖人豈蔑情於所生固有意於天下昔武后

陰儲簒謀豫自光崇升期齊抗斬衰俄而乘陵唐家以啓釁階孝和僅得反正韋氏復出酖殺天子幾亡宗社故臣將以正夫婦之綱非特母子間也議者或言降母服非詩所謂罔極者而又與伯叔母姑姊妹等且齊斬已有升降則歲月不容異也此迂生鄙儒未習先王之旨安足議夫禮哉罔極者春秋祭祀以時思之謂君子有終身之憂何限一期二期服哉聖人之於禮必建中制使賢不肖共成文理而欲釋彼伯叔姑姊爲有筳杖之制三年心喪乎母齊父斬不易之道也左散騎常侍元行沖議曰古緣情制服女天父妻天夫斬衰三年情禮俱盡者因心立極也妻喪杖期情禮俱殺者遠嫌疑尊乾道也爲嫡子三年斬衰而不去官尊祖重嫡崇其禮殺其情也孝莫大於嚴父故父在爲母免官齊而期心喪三年情已申而禮殺也自堯舜周公孔子所同而今捨尊厭之重虧嚴父之義謂之禮可乎姨兼從母之名以母之女黨加以舅服不爲無禮嫂叔不服則遠嫌也請據古爲適帝弗報是時言喪服各以所見奮交口紛騰七年乃下詔服紀一用古制自是人間父在爲母服或期而禫禫而釋心喪三年

或期而禫終三年或齊衰三年後履冰以官卒

王仲丘沂州琅邪人祖師順仕高宗議漕輸事有名當時終司門郎中仲丘開元中歷左補闕內供奉集賢脩譔起居舍人時典章差駮仲丘欲合貞觀顯慶二禮據有其舉之莫可廢之之誼卽上言貞觀禮正月上辛祀感帝於南郊顯慶禮祀昊天上帝於圜丘以祈穀臣謂詩春夏祈穀於上帝禮上辛祈穀於上帝則上帝當昊天矣鄭玄曰天之五帝遞王王者必感一以興故夏正月祭所生於郊以其祖配之因以祈穀感帝之祀貞觀用之矣請因祈穀之壇徧祭五方帝五帝者五行之精九穀之宗也請二禮皆用貞觀禮雩祀五方上帝五人帝五官於南郊顯慶禮祀昊天上帝於圜丘臣謂雩上帝爲百穀祈甘雨故月令大雩帝用盛樂鄭玄說帝上帝也乃天別號祀於圜丘尊天位也顯慶祀昊天與月令合而貞觀嘗祀五帝矣請二禮皆用貞觀禮季秋祀五方帝五官於明堂顯慶禮祀昊天上帝於明堂臣謂周郊祀后稷以配天宗祀文王於明堂以配上帝先儒以天爲感帝引太微五帝著之上帝則屬之昊天鄭玄稱周官

旅上帝祀五帝各文而異禮不容并而爲一故於孝經天上帝申之曰上帝亦天也神無二主但異其處以避后稷今顯慶享上帝合於經然貞觀嘗祀五方帝矣請二禮皆用詔可遷禮部員外郎卒贈祕書少監

康子元越州會稽人仕歷獻陵令開元初詔中書令張說舉能治易老莊者集賢直學士侯行果薦子元及平陽敬會眞於說說藉以聞並賜衣幣得侍讀子元擢累祕書少監會眞四門博士俄皆兼集賢侍講學士玄宗將東之泰山說引子元行果徐堅韋縚商裁封禪儀初高宗之封中書令許敬宗議周人尚臭故前祭而燔柴說堅子元白奏周官樂六變天神降是降神以樂非緣燔也宋齊以來皆先嚌福酒乃燎請先祭後燔如貞觀禮便行果與趙冬曦議以爲先燎降神尚矣若祭已而燔神無由降子元議挺不從說曰康子獨出蒙輪以當一隊邪議未判說請決於帝帝詔後燔乘輿自岱還減從官先次東都唯子元毋煚韋述以學士從久乃徙宗正少卿以疾授祕書監致仕卒贈汴州刺史帝嘗制贊賜說子元命工圖其像詔冬曦述煚分爲傳行果者上谷人歷國子司

業侍皇太子讀卒贈慶王傅始行果會真及長樂馮朝隱同進講朝隱能推索老莊祕義會真亦善老子每啓篇先薰盥乃讀帝曰我欲更求善易者然無賢行果云朝隱終太子右諭德會真太學博士

趙冬曦定州鼓城人進士擢第歷左拾遺神龍初上書曰古律條目千餘隋時姦臣侮法著律曰律無正條者出罪舉重以明輕入罪舉輕以明重一辭而廢條目數百自是輕重沿愛憎被罰者不知其然使賈誼見之慟哭必矣夫法易知則下不敢犯而遠機穽文義深則吏乘便而朋附盛律令格式謂宜刊定科條直書其事其以準加減比附量情及舉輕以明重不應爲之類皆勿用使愚夫愚婦相率而遠罪犯者雖貴必坐律明則人信法一則主尊當時稱是開元初還監察御史坐事流岳州召還復官與祕書少監賀知章校書郎孫季良大理評事咸廙業入集賢院脩譔是時將仕郎王嗣琳四門助教范仙廈爲校勘翰林供奉呂向東方顥爲校理未幾冬曦知史官事遷考功員外郎踰年與季良廙業知章呂向皆爲直學士冬曦俄遷中書舍人內供奉以國子祭酒卒冬

曦性放達不屑世事兄夏日弟和璧安貞居貞頤貞彙貞皆擢進士第安貞給事中居貞吳郡採訪使頤貞安西都護居貞子昌別傳王嗣琳以太子校書郎罷東方顥上書忤旨左遷高安丞廙業亦坐事左遷餘杭令仙廈詹講論後爲道士開元集賢學士又有尹愔陸堅鄭欽說盧僎名稍著

尹愔秦州天水人父思貞字季弱明春秋擢高第嘗受學於國子博士王道珪稱之曰吾門人多矣尹子叵測也以親喪哀毀除喪不仕左右史張說尹元凱薦爲國子大成每釋奠講辨三教聽者皆得所未聞遷四門助教譔諸經義樞續史記皆未就夢天官麟臺交辟寤而會親族敘訣二日卒年四十愔博學尤通老子書初爲道士玄宗尚玄言有薦愔者召對喜甚厚禮之拜諫議大夫集賢院學士兼脩國史固辭不起有詔以道士服視事乃就職顓領集賢史館圖書開元末卒贈左散騎常侍

陸堅河南洛陽人初爲汝州參軍以友壻李慈伏誅貶涪州參軍再遷通事舍人有詔起復遣中官敦諭不就以給事中兼學士詹書初名友悌玄宗嘉其剛

正更賜名從封泰山封建安男帝待之甚厚圖形禁中親制贊以祕書監卒年七十一贈吏部尚書諡曰懿

郭欽說後魏濮陽太守敬叔八世孫開元初繇新津丞請試五經擢第授鞏縣尉集賢院校理歷右補闕內供奉通歷術博物初梁太常任昉大同四年七月於鍾山壙中得銘曰龜言土蓍言水甸服黃鍾啓靈址瘞在三上庚墮遇七中己六千三百浹辰交二九重三四百圮當時莫能辨者因藏之戒諸子曰世世以銘訪通人有知之者吾死無恨昉五世孫升之隱居商洛寫以授欽說欽說出使得之於長樂驛至敷水三十里而悟曰卜宅者廋葬之歲月而先識墓圮日辰甸服五百也黃鍾十一也繇大同四年卻求漢建武四年凡五百一十一年葬以三月十日庚寅三上庚也圮以七月十二日己巳七中己也浹辰十二也建武四年三月至大同四年七月六千三百一十二月月一交故曰六千三百浹辰交二九十八也重三六也建武四年三月十日距大同四年七月十二日十八萬六千四百日故曰二九重三四百圮升之大驚服其智欽說雅爲李

林甫所惡韋堅死欽說時位殿中侍御史常爲堅判官貶夜郎尉卒子克鈞爲都官郎中吐蕃圍靈州軍餉匱竭德宗以克鈞爲靈夏二州運糧使轉米峙塞下守者遂安

盧僎吏部尚書從願三從父也自聞喜尉爲學士終吏部員外郎兄俌中宗時歷右補闕默啜入寇敗沙吒忠義詔百官陳破賊勝策獨俌上疏以爲治內可以及外賞罰明則士盡節鳴沙之役主將先遁中軍猶能死戰正法紀功則戒行可勸若忠義驍將材不可當大任宜因古法募人徙邊免行役次盧伍明教令賞虜獲近戰則守家遠戰則利貨購辯勇結諸蕃以圖攻取擇邊州刺史蒐乘積粟謹烽燧以備守中宗善其言然無施行者俌終祕書少監

啖助字叔佐趙州人後徙關中淹該經術天寶末調臨海尉丹陽主簿秩滿屏居甘足疏糗善爲春秋考三家短長縫綻漏闕號集傳凡十年乃成復攝其綱條爲例統其言孔子脩春秋意以爲夏政忠忠之敝野商人承之以敬敬之敝鬼周人承之以文文之敝僿救僿莫若忠夫文者忠之末也設教於本其敝且

末設教於末敝將奈何武王周公承商之敝不得已用之周公沒莫知所以改故其敝甚於二代孔子傷之曰虞夏之道寡怨於民商周之道不勝其敝故曰後代雖有作者虞帝不可及已蓋言唐虞之化難行於季世而夏之忠當變而致焉故春秋以權輔用以誠斷禮而以忠道原情云不拘空名不尚狷介從宜救亂因時黜陟古語曰商變夏周變商春秋變周而公羊子亦言樂道堯舜之道以擬後聖是知春秋用二帝三王法以夏爲本不壹守周典明矣又言幽厲雖衰雅未爲風逮平王之東人習餘化苟有善惡當以周法正之故斷自平王之季以隱公爲始所以拯薄勉善救周之敝革禮之失也助愛公穀二家以左氏解義多謬其書乃出於孔氏門人且論語孔子所引率前世人老彭伯夷等類非同時而言左丘明恥之丘亦恥之丘明者蓋如史佚遲任者又左氏傳國語屬綴不倫序事乖刺非一人所爲蓋左氏集諸國史以釋春秋後人謂左氏便傳著丘明非也助之鑿意多此類助門人趙匡陸質其高弟也助卒年四十七質與其子異裒錄助所爲春秋集註總例請匡損益質纂會之號纂例匡者

字伯循河東人歷洋州刺史質所稱爲趙夫子者大曆時助匡質以春秋施士匄以詩仲子陵袁彝韋彤韋茝以禮蔡廣成以易強蒙以論語皆自名其學而士匄子陵最卓異士匄吳人兼善左氏春秋以二經教授繇四門助教爲博士秩滿當去諸生封疏乞留凡十九年卒於官弟子共葬之士匄譔春秋傳未甚傳後文宗喜經術宰相李石因言士匄春秋可讀帝曰朕見之矣穿鑿之學徒爲異同但學者如浚井得美水而已何必勞苦旁求然後爲得邪子陵蜀人好古學舍峨眉山舉賢良方正擢太常博士通后蒼大小戴禮有司請正太祖東嚮位而遷獻懿二主子陵議藏主德明興聖廟其言典正後異論紛洄復爲通難示諸儒諸儒不能詘久之典黔中選補乘傳過家西人以爲榮終司門員外郎子陵以文義自怡及亡其家所存惟圖書及酒數斛而已

贊曰春秋詩易書由孔子時師弟子相傳歷暴秦不斷如系至漢興剗挾書令則儒者肆然講授經典寖與左氏與孔子同時以魯史附春秋作傳而公羊高穀梁赤皆出子夏門人三家言經各有回舛然猶悉本之聖人其得與失蓋十

五義或繆誤先儒畏聖人不敢輒改也啖助在唐名治春秋摭訕三家不本所承自用名學憑私臆決尊之曰孔子意也趙陸從而唱之遂顯于時嗚呼孔子沒乃數千年助所推著果其意乎其未可必也以未可必而必之則固持一己之固而倡茲世則誣誣與固君子所不取助果謂可乎徒令後生穿鑿詭辨詬前人捨成說而自爲紛紛助所階已

韋彤京兆人四世從祖方質爲武后時宰相彤名治禮德宗時爲太常博士先此天寶中詔尙食朔望進食太廟天子使中人侍祠有司不與也貞觀十二年帝始詔朔望食畀宗正太常合供於是彤與博士裴堪議曰禮宗廟朔望不祭園寢則有之貞觀開元間在禮若令不敢變古天寶中始有進食事殆王璵緣生事亡用燕具褻饌黷禮薦不可示遠傳曰祭非外至生于心者也是故聖人等牲牢布籩豆昆蟲草木可薦者莫不咸在所以享宗廟交神明全孝敬也潔膳羞八珍百品可嗜之饌美膬甘旨謂之褻味所以燕賓客接人情示慈惠也是則薦與宴聖人判爲二物不可亂也今若熟饗而享非以異爲敬之意且

祭不欲數亦不欲疏感時致享以制中也今園寢月二祭不爲疏廟歲五享不爲數有司奉承得盡其恭若又加盛饌於朔望是失禮之中有司不得盡其恭也故王者稽古弗敢以孝思之極而溢禮弗敢以肴品之多而黷味願罷天寶所增奉園寢以珍奉宗廟以禮兩得所宜帝曰是禮先帝裁定遽更之其謂朕何徐議其可而朔望食卒不廢會昭陵寢宮爲原火延燔而客祭瑤臺佛寺又故宮在山上乏水泉作者憚勞欲卽行宮作寢詔宰相百官議吏部員外郎楊於陵議曰園寢非三代制自秦漢以來附陵置寢或遠若邇則無聞焉韋玄成等議園陵於興廢初無適語且寢宮所占在柏城中距陵不遠使諸陵之寢皆有區限故不可徙若止柏城則故寢已燔行宮已久因以治飾亦復何嫌或曰太宗創業寢宮不輒易是不然夫陵域宅神神本靜今大與荒廢嚚役密邇非幽穸所安改之便形曰先王建都立邑不利則爲之遷況有故邪今文寢災徙而宮之非無故也神安於徙因而建寢於禮至順又宅陵皆在柏城隨便營作不越封兆力省易從帝重改先帝制還宮山顛形卒後武宗會昌五年詔京城

不許羣臣作私廟宰相李德裕等引彤所議古制廟必中門之外吉凶皆告以親而尊之不自專也今俾立廟京外不能得其意於禮宮之南九坊三坊曰圍外地荒左立廟無嫌餘六坊可禁詔不許聽準古卽居所立廟

陳京字慶復陳宜都王叔明五世孫父兼爲右補闕翰林學士京善文辭常袞稱之妻以兄子擢進士第遷累太常博士德宗在奉天聞段秀實爲賊所害七日不朝宰相以爲方多難時不宜壅萬機天下其謂何京曰丞相之言非也夫褒大節卹賢臣天下所以安況卓卓特異者乎帝曰善還京師擢左補闕帝以盧杞爲饒州刺史京與趙需裴佶宇文炫盧景亮張薦共劾杞輔政要位大臣踰時月不得對百官懍懍常若兵在頸陛下復用之姦賊唾掌復興帝不聽京等爭尤確帝大怒左右辟易諫者稍引郤京正色曰需等毋遽退極道不可以死請杞遂廢帝之立迎訪太后久不得意且怠京密白第遣使物色以求帝大悟終代不敢置初玄宗肅宗旣附室遷獻懿二祖於西夾室引太祖位東鄉禮儀使于休烈議獻懿屬尊於太祖若合食則太祖位不得正請藏二祖神主以

太宗中宗睿宗肅宗從世祖南向高宗玄宗從高祖北向禘祫不及二祖凡十八年建中初代宗喪畢當大祫京以太常博士上言春秋之義毀廟之主陳於太祖未毀廟之主合食於祖無毀廟遷主不享之言唐家祀制與周異周以后稷爲始封祖而毀主皆在后稷下故太祖東向常統其尊司馬晉以高皇太皇征西四府君爲別廟大禘祫則正太祖位無所屈別廟祭高太以降所以敘親也唐家宜別爲獻懿二祖立廟禘祫則祭太祖遂正東向位德明與聖二帝向已有廟則藏祔二祖爲宜詔百官普議禮儀使太子少師顏真卿曰今議者有三一謂獻懿親遠而遷不當祫宜藏主西室二謂二祖宜祫食與太祖並昭穆闕東向位三謂引二祖祫禘即太祖永不得全其始宜以二主祔德明廟雖然於人神未厭也景帝既受命始封矣百代不遷矣而又配天尊無與上至禘祫時蹔屈昭穆以申孝尊先實明神之意所以教天下之孝也況晉蔡謨等有成議不爲無據請大祫享奉獻主東向懿主居昭景主居穆重本尚順爲萬代法夫祫合也有如別享德明是乃分食非合食也時議者舉然於是還獻懿主祫

於廟如眞卿議貞元七年太常卿裴郁上言商周以卨稷爲祖上無餘尊故合食有序漢受命祖高皇帝故太上皇不以昭穆合食魏祖武帝晉祖宣帝故高皇處士征西等君亦不以昭穆合食景皇帝始封唐唐推祖焉而獻懿親盡廟遷猶居東向非禮之祀神所不享願下羣臣議於是太子左庶子李嵘等上言謹按晉孫欽議太祖以前雖有主禘祫所不及其所及者太祖後未毀已升藏於二祧者故雖百代及之獻懿在始封前親盡主遷上擬三代則禘祫所不及太祖而下若世祖則春秋所謂陳於太祖者漢議罷郡國廟丞相韋玄成議太上皇孝惠親盡宜毀太上主宜瘞於園惠主遷高廟太上皇在太祖前主瘞於園不及禘祫獻懿比也惠遷高廟在太祖後而及禘祫世祖比也魏明帝遷處士主置園邑歲時以令丞奉薦東晉以征西等祖遷入西除同謂之祧皆不及祀故唐初下訖開元禘祫猶虛東向位洎立九廟追祖獻懿然祝於三祖不稱臣至德時復作九廟遂不爲弘農府君主以祀不及也廣德中始以景皇帝當東向位以獻懿兩主親盡罷祫而藏顏眞卿引蔡謨議復奉獻主東向懿昭景

穆不記謨議晉未嘗用而唐一王法容可準乎臣等謂嘗禘郊社無二尊瘞毀遷藏各以義斷景皇帝已東向一日改易不可謂禮宜復藏獻懿二主於西室以本祭法遠廟爲祧去祧而壇去壇而墠壇墠有禱祭無禱止之義太祖得正無所屈吏部郎中柳冕等十二人議曰天子以受命之君爲太祖諸侯以始封之主爲祖故自太祖祖以下親盡迭毀洎秦滅學漢不暇禮晉失宋因故有連王廟之制有虛太祖之位且不列昭穆非所謂有序不建迭毀非所謂有殺連王廟非所謂有別虛太祖位非所謂一尊此禮所由廢也傳曰父爲士子爲天子祭以天子葬以士今獻懿二祖在唐未受命時猶士也故高祖太宗以天子之禮祭之而不敢奉以東向位今而易之無乃亂先帝序乎周有天下追王大王王季以天子禮及其祭則親盡而毀漢有天下尊太上皇以天子之禮及祭也親盡而毀唐家追王獻懿二祖以天子禮及其祭也親盡而毀復何所疑周官有先公之祧先王之祧先公遷主藏后稷之廟其周未受命之祧乎先王遷主藏文武之廟其周已受命之祧乎故有二祧所以異廟也今自獻而下猶先

公也自景而下猶先王也請別廟以居二祖則行周道復古制便工部郎中張薦等請自獻而降悉入昭穆虛東向位司勳員外郎裴樞曰禮親親故尊祖尊祖故敬宗敬宗故收族收族故宗廟嚴宗廟嚴故社稷重太祖之上復追尊焉則尊祖之義乖太廟之外別祭廟焉則社稷不重漢韋玄成請瘞主於園晉虞喜請瘞廟兩階閒喜據左氏自證曰先王日祭祖考月祀曾高時享及二祧歲祫及壇墠終禘及郊宗石室是謂郊宗之祖喜請夾室中爲石室以處之是不然何者夾室所以居太祖下非太祖上藏主所居未有卑處正尊居傍也若建石室於園寢安遷主采漢晉舊章祫禘率一祭庶乎春秋得變之正是時京以考功員外郎又言與聖皇帝則獻之曾祖懿之高祖以曾孫祔曾高之廟人情大順也京兆少尹韋武曰祫則大合禘則序祧當祫之歲嘗以獻東向率懿而後以昭穆極親親及禘則太祖筵於西列衆主左右於是太祖不爲降獻無所厭時諸儒以左氏子齊聖不先父食請迎獻主權東向太祖暫還穆位同官尉仲子陵曰所謂不先食者丘明正文公逆祀儒者安知夏后世數未足時言禹

不先鯀乎魏晉始祖率近始祖上皆有遷主引閟宮詩則𡚒閟可也因虞主則瘞園可也緣遠祧則築宮可也以太祖實卑則虛位可也然𡚒閟與瘞園臣子所不安若虛正位則太祖之尊無時而申請奉獻懿二祖遷於德明興聖廟爲順或曰二祖別廟非合食且德明興聖二廟禘祫之年皆有薦饗是已分食奚獨疑二祖乎國子四門博士韓愈質衆議自申其說曰一謂獻懿二主宜𡚒藏夾室臣不謂可且禮祫祭毀主皆合食今藏夾室至祫得不食太廟乎若二祖不豫不謂之合矣二謂兩主宜毀而瘞之臣不謂可禮天子七廟一壇一墠還主皆藏於祧雖百代不毀祫則太廟享焉魏晉以來始有毀瘞之議不見於經唐家立九廟以周制推之獻懿猶在壇墠可毀瘞而不禘祫乎三謂二祖之主宜各遷諸陵臣不謂可二祖享太廟二百年一日遷之恐眷顧依違不即享於下國四謂宜奉主祔興聖廟而不禘祫臣不謂可禮祭如在景皇帝雖太祖於獻懿子孫也今引子東向廢父之祭不可謂典五謂獻懿宜別立廟京師臣不謂可凡禮有降有殺故去廟爲祧去祧爲壇去壇爲墠去墠爲鬼漸而遠者祭

益希昔魯立煬宮春秋非之謂不當取已毀之廟既藏之主復築宮以祭今議
正同故臣皆不謂可古者殷祖玄王周祖后稷太祖之上皆自爲帝又世數已
遠不復祭之故始祖得東向也景皇帝雖太祖於獻懿子孫也當禘祫獻祖居
東向位景從昭若穆是祖以孫尊孫以祖屈神道人情其不相遠又常祭衆合
祭寡則太祖所屈少而所伸多與其伸孫尊廢祖祭不以順乎冕又上禘祫議
證十四篇帝詔尚書省會百官國子儒官明定可否左司郎中陸淳奏按禮及
諸儒議復太祖之位正也太祖位正則獻懿二主宜有所安今議者有四曰藏
夾室曰置別廟曰各還於園曰祔興聖廟臣謂藏夾室則享獻無期非周人藏
二祧之義置別廟論始曹魏禮無傳焉司馬晉議而不用還諸園亂宗廟之制
唯祔興聖廟禘若祫一祭庶乎得禮帝依違未決也十九年將禘祭京復奏禘
祭大合祖宗必尊太祖位正昭穆請詔百官議尚書左僕射姚南仲等請奉獻
懿主祔德明興聖廟鴻臚卿王權申衍之曰周人祖文王宗武王故詩清廟章
曰祀文王也故不言太王王季則太王王季而上皆祔后稷故清廟得祀文王

也太王王季之尊私禮也祔后稷廟不敢以私奪公也古者先王遷廟主以昭穆合藏於祖廟獻懿主宜祔興聖廟則太祖東向得其尊獻懿主歸得其所是時言祔興聖廟什七八天子尚猶豫未刪定至是羣臣稍顯言二祖本追崇非有受命開國之鴻構又權根援詩禮明白帝泮然於是定遷二祖於興聖廟凡禘祫一享詔增廣興聖二室會祀日薄廟未成張繒爲室內神主廟垣間奉興聖德明主居之廟成而祔自是景皇帝遂東向京自博士獻議彌二十年乃決諸儒無後言帝賜京緋衣銀魚昭陵寢占山上宦侍憚輓汲乏請更其所宰相未能抗京曰此太宗之志其儉足以爲後世法不可改議者多附宦人帝曰京議善卒不徙帝器京謂有宰相才欲用之會病狂易自刺弗殊又言中書舍人崔邠御史中丞李汶訕己帝使詰辨無狀然猶自考功員外再遷給事中皆兼集賢殿學士帝疑京爲忌者中傷中人間賫相繼後對延英帝諭遣京沮駭走出罷爲祕書少監卒初帝討李希烈財用屈京與戶部侍郎趙贊請稅民屋架籍賈人貲力以率貸之憲宗嘗問宰相李吉甫我在藩邸聞德宗播遷梁漢久

乃復譙實召亂爲我言之對曰德宗始即位躬行慈儉引崔祐甫輔政四方企望至治祐甫歿宰相非其人姦佞營蠱謂河北叛臣可以力服甘語先入主聽惑焉而陳京趙贊爲帝稅屋架貸賈緡內怨外忿身及大亂咎與信胥人剗下佐上賴天之靈敗不抵亡帝恨惋曰京與贊真賊臣京無子以從子褒嗣褒孫伯宣辭著作佐郎不拜

贊曰德宗斂政稅閒架借商錢宮市爲最甚順宗爲太子欲極陳之懲王叔文之諫而止其畏如此區區之臣冒顏而闢說難哉其饗國日淺志不在民矣憲宗聞暴斂之令首於賊臣感憤太息愛人之至也及任程异皇甫鎛諫者不聽興利之臣敗君之德甚矣

暢當河東人父璀左散騎常侍代宗時與裴冕賈至王延昌待制集賢院終戶部尚書當進士擢第貞元初爲太常博士昭德皇后崩中外服除皇太子諸王將服三年詔太常議太子服當與博士張薦柳冕李吉甫曰子爲母齊衰三年蓋通喪也太子爲皇后服古無文晉元皇后崩亦疑太子服杜預議古天子三

年喪既葬除服魏亦以既葬爲節皇太子與國爲體若不變除則東宮臣僕亦以衰麻出入殿省太子遂以卒哭除服貞觀十年六月文德皇后崩十一月而葬太子喪服之節國史不書至明年正月以晉王爲幷州都督旣命官當已除矣今皇太子宜如魏晉制既葬而虞虞而卒哭卒哭而除心喪三年宰相劉滋齊映召問當等子食於有喪者之側未嘗飽也今太子以衰服侍膳至葬可乎令羣臣齊衰三十日公除宜約以爲服限乃請如宋齊皇后爲其父母服三十日除入謁則服墨慘還宮衰麻右補闕穆質上疏曰三年之喪自天子達於庶人漢文帝以宗廟社稷之重自貶乃以日易月後世所不能革太子人臣也不得如人君之制母喪宜無厭降惟晉既葬公除議者詭辭以甘時主不足師法今有司之議虧化敗俗常情所鬱夫政以德爲本德以孝爲大後世記禮之失自今而始顧不重哉父在爲母期古禮也國朝服之三年臣謂三年則太重唯行古爲得禮德宗遣內常侍馬欽敘謂質曰太子有撫軍監國問安侍膳之事有司以三十日除既葬釋服以墨衰終是何疑邪質又奏疏曰太子於陛下子

道也臣道也君臣以義則撫軍監國有權奪父子問安侍膳固無服衰之嫌古未有服衰而廢者舒王以下服三年將不得問安侍膳邪太子舒王皆臣子也不宜甚異且皇后天下之母其父母士庶也以天下之母爲士庶降服可也太子臣子也以臣子爲母降可乎公除非古也入公門變服今期喪以下慘制是也太子晨昏侍非公除比墨衰奪情事緣金革今不監國撫軍何抑奪邪子之於父母禮異而情均太子奉君父之日遠報母之日少忍使失令名哉乃詔宰臣與有司更議當等曰禮有公門脫齊衰開元禮皇后父母服十二月從朝旨則十三日而除皇太子外祖父母服五月從朝旨則五日而除恐喪服入侍傷至尊之意非特以金革奪也太子公除以墨慘奉朝歸宮衰麻酌變爲制可也宰相乃令太常卿鄭叔則草奏既葬卒哭十一月小祥十三月大祥十五月禫內謁卽墨服復詔問質質以爲雖不能循古禮猶愈於魏晉之文遠甚宰相乃言太子居皇后喪至朝則抑哀承慈實臣子至行唯心與服內外宜稱今質請降詔於外無害墨衰於內臣謂言行於外而服異於內事非至誠乖於德教請

下明詔如叔則議天子從之及董晉代叔則爲太常卿帝曰皇太子服期繇諫官初非朕意暢當等請循魏晉故事至論也當以果州刺史卒

林蘊字復夢泉州莆田人父披字茂彥以臨汀多山鬼淫祠民厭苦之譔無鬼論刺史樊晃奏署臨汀令以治行遷別駕蘊世通經西川節度使韋臯辟推官劉闢反蘊曉以逆順不聽復遺書切諫闢怒械於獄且殺之將就刑大呼曰危邦不入亂邦不居得死爲幸矣闢惜其直陰戒刑人抽劍磨其頸以脅服之蘊叱曰死卽死我頸豈頑奴砥石邪闢知不可服捨之斥爲唐昌尉及闢敗蘊名重京師李吉甫李絳武元衡爲相蘊貽書諷以國家有西土猶右臂也今臂不附體北彌豳郊西極汧隴不數百里爲外域涇原鳳翔邠寧三鎭皆右臂大藩擁旄鉞數十百人唯李抱玉請復河湟命將不得其人宜拔行伍之長使守秦隴王者功成作樂治定制禮有權臣制樂曲自立喪紀舜命契百姓弗親五品不遜汝作司徒唐以臯佑鍔季安爲司徒官不擇人盧從史于臯暮罪大而刑輕農桑無百分之一農夫一人給百口蠶婦一人供百身竭力於下者飢不得

食寒不得衣邊兵菜色而將帥縱侈自養中人十戶不足以給一無功之卒百卒不足奉一驕將六事皆當時極敝蘊亦韋皋所引重嫉其專制感憤關說然嗜酒多忤物宰相置不用也滄景程權辟掌書記既而權上四州版籍請吏而軍中習熟擅地畏內屬挾權拒命不得出蘊陳君臣大誼諭首將人人釋然於是權得去蘊遷禮部員外郎刑部侍郎劉伯芻薦之於朝出爲邵州刺史嘗杖殺客陶玄之投尸江中籍其妻爲倡復坐贓杖流儋州而卒蘊辯給嘗有姓崔者矜氏族蘊折之曰崔杼弒齊君林放問禮之本優劣何如邪其人俯首不能對

韋公肅隋儀同觀城公約七世孫元和初爲太常博士兼脩撰憲宗將耕籍詔公肅草具儀典容家善之太子少傅判太常卿事鄭餘慶廟有二祖妣疑於祔祭請諸有司公肅議古諸侯一娶九女故廟無二嫡自秦以來有再娶前娶後繼皆嫡也兩祔無嫌晉驃騎大將軍溫嶠繼室三疑並爲夫人以問太學博士陳舒舒曰妻雖先沒榮辱並從夫禮祔於祖姑祖姑有三則各祔舅之所生是

皆夫人也生以正禮沒不可貶於是遂用舒議且嫡繼於古有殊制於今無異等祔配之典安得不同卿士之寢祭二妻廟享可異乎古繼以媵妾今以嫡妻不宜援一娶爲比使子孫榮享不逮也或曰春秋魯惠公元妃孟子卒繼室以聲子聲子孟姪娣也不入惠廟宋武公生仲子歸於魯生桓公而惠薨立宮而奉之不合於惠公而別宮者何追父志也然其比奈何曰晉南昌府君廟有荀薛兩氏景帝廟有夏侯羊兩氏唐家睿宗室則昭成肅明二后故太師顏真卿祖室有殷柳兩氏二夫人並祔故事則然諸儒不能異初睿宗祥月太常奏朔望弛朝尙食進蔬具止樂餘日御便殿具供奉仗中書門下官得侍宅非奏事毋謁前忌與晦三日後三日皆不聽事忌晦之明日百官叩側門通慰後遂爲常及是公肅上言禮忌日不樂而無忌月唯晉穆帝將納后疑康帝忌月下其議有司於是荀納王洽等引忌時忌歲譏破其言今有司承前所禁在二十五月限有弛朝徹樂事喪除則禮革王者不以私懷踰禮節故禫禮徙月樂漸去其情也不容追遠而立禮反重今茲太常雖郊廟樂且停習是謂反重以慢神

也有司悉禁中外作樂是謂無故而徹也願依經誼裁正其違有詔中書門下召禮官學官議咸曰宜如公肅所請制可以官壽卒

許康佐貞元中舉進士宏辭連中之家苦貧母老求爲知院官人譏其不擇祿及母喪已除凡辟命皆不荅人乃知其爲親屈由是有名遷侍御史以中書舍人爲翰林侍講學士與王起皆爲文宗寵禮帝讀春秋至閽弑吳子餘祭問閽何人邪康佐以中官方彊不敢對帝嘻笑罷後觀書蓬萊殿召李訓問之對曰古閽寺今宦人也君不近刑臣以爲輕死之道孔子書之以爲戒帝曰朕邇刑臣多矣得不慮哉訓曰列聖知而不能遠惡而不能去陛下念之宗廟福也於是內謀翦除矣康佐知帝指因辭疾罷爲兵部侍郎遷禮部尚書卒贈吏部諡曰懿其諸弟皆擢進士第而堯佐最先進又舉宏辭爲太子校書郎八年康佐繼之堯佐位諫議大夫

唐書卷二百

唐書卷二百一

宋　端　明　殿　學　士　宋　祁　撰

列傳第一百二十六

文藝上

唐有天下三百年文章無慮三變高祖太宗大難始夷沿江左餘風絺句繪章揣合低卭故王楊爲之伯玄宗好經術羣臣稍厭雕瑑索理致崇雅黜浮氣益雄渾則燕許擅其宗是時唐興已百年諸儒爭自名家大曆正元間美才輩出擩嚌道真涵泳聖涯於是韓愈倡之柳宗元李翶皇甫湜等和之排逐百家法度森嚴抵轢晉魏上軋漢周唐之文完然爲一王法此其極也若侍從酬奉則李嶠宋之問沈佺期王維制冊則常袞楊炎陸贄權德輿王仲舒李德裕言詩則杜甫李白元稹白居易劉禹錫譎怪則李賀杜牧李商隱皆卓然以所長爲一世冠其可尚已然嘗言之夫子之門以文章爲下科何哉蓋天之付與於君子小人無常分惟能者得之故號一藝自中智以還恃以取敗者有之朋姦飾

僞者有之怨望訕國者有之若君子則不然自能以功業行實光明于時亦不
一于立言而垂不腐有如不得試固且闡繹優游異不及排怨不及誹而不忘
納君於善故可貴也今但取以文自名者爲文藝篇若韋應物沈亞之閻防祖
詠薛能鄭谷等其類尚多皆班班有文在人間史家逸其行事故弗得述云
袁朗其先雍州長安人父樞仕陳爲尚書左僕射朗在陳爲祕書郎江總尤器
之後主聞其才詔爲月賦一篇灑然無留思後主曰謝莊不得獨美於前矣復
詔爲芝草嘉蓮二頌歎賞尤厚累遷太子洗馬德教殿學士陳亡入隋歷尚書
儀曹郎武德初隱太子與秦王齊王相傾爭致名臣以自助太子有詹事李綱
竇軌庶子裴矩鄭善果友賀德仁洗馬魏徵中舍人王珪舍人徐師謨率更令
歐陽詢典膳監任璨直典書坊唐臨隴西公府祭酒韋挺記室參軍事庾抱左
領大都督府長史唐憲秦王有友于志寧記室參軍事房玄齡虞世南顏思魯
諮議參軍事竇綸蕭景兵曹杜如晦鎧曹褚遂良士曹戴胄閻立德參軍事薛
元敬蔡允恭主簿薛收李道玄典籤蘇幹文學姚思廉褚亮燉煌公府文學顏

師古右元帥府司馬蕭瑀行軍元帥府長史屈突通司馬竇誕天策府長史唐儉司馬封倫軍諮祭酒蘇世長兵曹參軍事杜淹倉曹李守素參軍事顏相時齊王有記室參軍事榮九思戶曹武士逸典籤裴宣儼朗爲文學從父弟承序亦有名王召爲文學館學士朗累封汝南縣男再轉給事中卒太宗爲廢朝一日謂高士廉曰朗任淺而性謹厚使人悼惜詔給喪費存問其家朗遠祖滂爲漢司徒自滂至朗凡十二世其間位司徒司空者四世淑顗察皆死宋難昂著節齊梁時朗自以中外人物爲海內冠雖琅邪王氏踵爲公卿特以累朝佐命有功鄙不爲伍朗孫誼神功中爲蘇州刺史司馬張沛者侍中文瓘子嘗白誼曰州得一長史隴西李亶天下甲門也誼曰夫門戶者歷世名節爲天下所高老夫是也山東人尙婚媾求祿利耳至見危授命則無人焉何足尙邪沛大慚承序爲齊王元吉府學士府廢補建昌令治尙慈簡吏民懷德高宗之爲晉王也太宗崇選僚屬問梁陳名臣子弟誰可者岑文本曰昔陳亡百司奔散有袁憲者朝服立後主傍白刃不避也王世充篡隋羣臣表勸進而憲子給事中承

家稱疾不肯署今其少子承序風操清亮無愧先烈帝乃召拜晉王友兼侍讀加弘文館學士卒

朗從祖弟利貞陳中書令敬孫高宗時爲太常博士周王侍讀及王立爲太子百官上禮帝欲大會羣臣命婦合宴宣政殿設九部伎散樂利貞上疏諫以爲前殿路門非命婦宴會倡優進御之所請從命婦別殿九部伎從左右門入罷散樂不進帝納之既會帝傳詔利貞曰卿奕葉忠鯁能抗疏規朕之失不厚賜無以勸能者乃賜物百段擢祠部員外郎卒中宗立以舊恩追贈祕書少監

賀德仁越州山陰人父朗終陳散騎常侍德仁與從兄德基師事周弘正以文辭稱人爲語曰學行可師賀德基文質彬彬賀德仁兄弟八人時比漢荀氏太守鄱陽王伯山改所居甘滂里爲高陽云始德仁在陳爲吳興王友入隋楊素薦其材授豫章王記室王遇之厚徙封齊復爲府屬王廢官吏抵罪而德仁以忠謹獲貰補河東司法參軍素與隱太子善高祖起兵太子封隴西公以德仁爲友庾抱爲記室俄並遷中舍人以年耆不更吏職徙洗馬與蕭德言陳子良

皆爲東宮學士貞觀初遷趙王友卒從子紀敳亦博學高宗時紀爲太子洗馬

豫修五禮敳率更令兼太子侍讀皆爲崇賢館學士抱者陳御史中丞衆孫開

皇中爲延州參軍入調吏部尚書牛弘給筆札令自序援筆而成爲元德太子

學士會嫡皇孫生大宴坐中獻頌太子嗟賞及在隴西府文檄皆出其手

蔡允恭荆州江陵人後梁左民尚書大業子美姿容工爲詩仕隋歷起居舍人

煬帝有所賦必令諷誦遣教宮人允恭恥之數稱疾授內史舍人俾入宮固辭

繇是踈斥帝遇弑經事宇文化及竇建德歸國爲秦王府參軍文學館學士貞

觀初除太子洗馬卒著後梁春秋

謝偃衞州衞人本姓直勒氏祖孝政仕北齊爲散騎常侍改姓謝偃在隋爲散

從正員郎貞觀初應詔對策高第歷高陵主簿太宗幸東都方穀洛壞洛陽宮

詔求直言偃上書陳得失帝稱善引爲弘文館直學士遷魏王府功曹嘗爲塵

影賦二篇帝美其文召見欲偃作賦先爲序一篇頗言天下乂安功德茂盛意

授偃使賦偃緣帝指名篇曰述聖帝悅賜帛數十初帝卽位直中書省張蘊古

上大寶箴諷帝以民畏而未懷其辭挺切擢大理丞偃又獻惟皇誠德賦其序大略言治忘亂安忘危逸忘勞得忘失四者人主莫不然桀以瑤臺爲麗而不悟南巢之禍殷辛以象箸爲華而不知牧野之敗是以聖人處宮室則思前王所以亡朝萬國則思己所以尊巡府庫則思今所以得視功臣則思其輔佐之始見名將則思用力之初如此則人無易心天下何患乎不化哉且行之堯舜蓍失之桀紂豈異人哉其賦蓋規帝成功而自處至難云又譔玉諜眞紀以勸封禪時李百藥工詩而偃善賦時人稱李詩謝賦府廢終湘潭令蘊古洹水人敏書傳曉世務文擅當時後坐事誅

崔信明青州益都人高祖光伯仕後魏爲七兵尙書信明之生五月五日日方中有異雀鳴集庭樹太史令史良爲占曰五月爲火火主離離爲文日中文之盛也雀五色而鳴此兒將以文顯然雀類微位殆不高邪及長彊記美文章鄉人高孝基嘗語人曰崔生才富爲一時冠但恨位不到耳隋大業中爲堯城令竇建德僭號而信明族弟敬素者爲賊鴻臚卿自謂得意語信明曰夏王英武

有舉天下心士女襁負而至不可數兄不以此時立功立事豈所謂見幾不俟終日乎答曰昔申胥海隅釣師能固其節爾欲吾屈身賊中求斗筲邪遂踰城去隱太行山貞觀六年有詔即家拜興勢丞遷秦川令卒信明蹇亢以門望自負嘗矜其文謂過李百藥議者不許揚州錄事參軍鄭世翼者亦驁倨數恍輕忤物遇信明江中謂曰聞公有楓落吳江冷願見其餘信明欣然多出衆篇世翼覽未終曰所見不逮所聞投諸水引舟去世翼鄭州滎陽人周儀同大將軍敬德孫貞觀時坐怨謗流死巂州譔交游傳行於世信明子冬日武后時位黃門侍郎爲酷吏誣死

劉延祐徐州彭城人伯父胤之少志學與孫萬壽李百藥相友善武德中杜淹薦爲信都令有惠政永徽初以著作郎弘文館學士與令狐德棻陽仁卿等譔次國史并實錄以勞封陽城縣男終楚州刺史延祐擢進士補渭南尉有吏能治第一李勣戒之曰子春秋少而有美名宜稍自抑無爲出人上延祐欽納後檢校司賓少卿封薛縣男徐敬業敗詔延祐持節到軍時吏議敬業所署五品

官殊死六品流延祐謂誣脅可察以情乃論授五品官當流六品以下除名全宥甚衆拜箕州刺史轉安南都護舊俚戶歲半租延祐責全入衆始怨謀亂延祐誅其渠李嗣仙而餘黨丁建等遂叛合衆圍安南府城中兵少不支嬰壘待援廣州大族馮子猷幸立功按兵不出延祐遇害桂州司馬曹玄靜進兵討建斬之

延祐從弟藏器高宗時爲侍御史衞尉卿尉遲寶琳脅人爲妾藏器劾還之寶琳私請帝止其還凡再劾再止藏器曰法爲天下縣衡萬民所共陛下用捨繇情法何所施今寶琳私請陛下從之臣公劾陛下亦從之今日從明日改下何所遵彼匹夫匹婦猶憚失信況天子乎帝乃詔可然內銜之不悅也稍遷比部員外郎監察御史魏元忠稱其賢帝欲擢任爲吏部侍郎魏玄同沮曰彼守道不篤者安用之遂出爲宋州司馬卒

子知柔性簡靜美風儀居親喪廬墓側詔築闕表之歷國子司業累遷工部尚書開元六年河南大水詔知柔馳驛察民疾苦及吏善惡所表陳州刺史韋嗣

立汝州刺史崔日用兗州刺史韋元珪符離令綦毋頊等止二十七人有治狀久之遷太子賓客封彭城縣侯致仕給全祿終身遺令薄葬祖載服用皆自處其費贈太子少保諡曰文弟知幾別有傳

張昌齡冀州南宮人與兄昌宗皆以文自名州欲舉秀才昌齡以科廢久固讓更舉進士與王公治齊名皆爲考功員外郎王師旦所絀太宗問其故答曰昌齡等華而少實其文浮靡非令器也取之則後生勸慕亂陛下風雅帝然之貞觀末翠微宮成獻頌闕下召見試息兵詔少選成文帝大悅戒之曰昔禰衡潘岳矜己慠物不得死卿才不減二人宜鑒于前副朕所求乃敕於通事舍人裏供奉俄爲崑山道記室平龜茲露布爲士所稱賀蘭敏之奏豫北門修撰卒昌宗官至太子舍人修文館學士撰古文紀年新傳數十篇

崔行功恆州井陘人祖謙之仕北齊終鉅鹿太守徙占鹿泉少好學唐儉愛其才妻以女因倩作文奏高宗時累轉吏部郎中以善占奏常兼通事舍人內供奉坐事貶游安令又召爲司文郎中與蘭臺侍郎李懷儼並主朝廷大典册初

太宗命祕書監魏徵寫四部羣書將藏內府置讎正二十員書工百員徵徙職又詔虞世南顏師古踵領功不就顯慶中罷讎正員聽書工寫于家送官取直使散官隨番刊正至是詔東臺侍郎趙仁本舍人張文瓘及行功懷儼相次充使檢校置詳正學士代散官以勞還蘭臺侍郎卒孫銑尚定安公主爲太府卿初主降王同皎後降銑主卒皎子繇請與父合葬給事中夏侯銛駁奏主與王氏絕喪當還崔詔可銛猶出爲瀘州都督行功兄子玄暐別有傳

杜審言字必簡襄州襄陽人晉征南將軍預遠裔擢進士爲隰城尉恃才高以傲世見疾蘇味道爲天官侍郎審言集判出謂人曰味道必死人驚問故答曰彼見吾判且羞死又嘗語人曰吾文章當得屈宋作衙官吾筆當得王羲之北面其矜誕類此累遷洛陽丞坐事貶吉州司戶參軍司馬周季重司戶郭若訥構其罪繫獄將殺之季重等酒酣審言子并年十三褏刃刺季重於坐左右殺并季重將死曰審言有孝子吾不知若訥故誤我審言免官還東都蘇頲傷并孝烈誌其墓劉允濟祭以文後武后召審言將用之問曰卿喜否審言蹈舞謝

后令賦歡喜詩歎重其文授著作佐郎遷膳部員外郎神龍初坐交通張易之流峯州入爲國子監主簿修文館直學士卒太學士李嶠等奏請加贈詔贈著作郎初審言病甚宋之問武平一等省候何如答曰甚爲造化小兒相苦尙何言然吾在久壓公等今且死固大慰但恨不見替人云少與李嶠崔融蘇味道爲文章四友世號崔李蘇杜融之亡審言爲服緦云

從祖兄易簡九歲能屬文長博學爲岑文本所器擢進士補渭南尉咸亨初歷殿中侍御史嘗道遇吏部尙書李敬玄不避敬玄恨召爲考功員外郎屈之而侍郎裴行儉與敬玄不平故易簡上書言敬玄罪敬玄曰襄陽兒輕薄乃爾因奏易簡險躁高宗怒貶開州司馬審言生子閑閑生甫

甫字子美少貧不自振客吳越齊趙間李邕奇其材先往見之舉進士不中第困長安天寶十三載玄宗朝獻太清宮饗廟及郊甫奏賦三篇帝奇之使待制集賢院命宰相試文章擢河西尉不拜改右衞率府冑曹參軍數上賦頌因高自稱道且言先臣恕預以來承儒守官十一世迨審言以文章顯中宗時臣賴

緒業自七歲屬辭且四十年然衣不蓋體常寄食於人竊恐轉死溝壑伏惟天子哀憐之若令執先臣故事拔泥塗之久辱則臣之述作雖不足鼓吹六經至沈鬱頓挫隨時敏給揚雄枚臯可企及也有臣如此陛下其忍棄之會祿山亂天子入蜀甫避走三川肅宗立自鄜州贏服欲奔行在爲賊所得至德二年亡走鳳翔上謁拜右拾遺與房琯爲布衣交琯時敗陳濤斜又以客董廷蘭罷宰相甫上疏言罪細不宜免大臣帝怒詔三司雜問宰相張鎬曰甫若抵罪絕言者路帝乃解甫謝且稱琯宰相子少自樹立爲醇儒有大臣體時論許琯才堪公輔陛下果委而相之觀其深念主憂義形於色然性失於簡酷嗜鼓琴廷蘭託琯門下貧疾昏老依倚爲非琯愛惜人情一至玷汙臣歎其功名未就志氣挫衂覬陛下棄細錄大所以冒死稱述涉近訐激違忤聖心陛下赦臣百死再賜骸骨天下之幸非臣獨蒙然帝自是不甚省錄時所在寇奪甫家寓鄜彌年艱窶孺弱至餓死因許甫自往省視從還京師出爲華州司功參軍關輔饑輒棄官去客秦州負薪採橡栗自給流落劍南結廬成都西郭召補京兆功曹參

軍不至會嚴武節度劍南東西川往依焉武再帥劍南表爲參謀檢校工部員外郎武以世舊待甫甚善親至其家甫見之或時不巾而性褊躁傲誕嘗醉登武牀瞪視曰嚴挺之乃有此兒武亦暴猛外若不爲忤中銜之一日欲殺甫及梓州刺史章彝集吏於門武將出冠鉤于簾三左右白其母奔救得止獨殺彝武卒崔旰等亂甫往來梓夔間大曆中出瞿唐下江陵泝沅湘以登衡山因客耒陽游嶽祠大水遽至涉旬不得食縣令具舟迎之乃得還令嘗饋牛炙白酒大醉一昔卒年五十九甫曠放不自檢好論天下大事高而不切少與李白齊名時號李杜嘗從白及高適過汴州酒酣登吹臺慷慨懷古人莫測也數嘗寇亂挺節無所汙爲歌詩傷時橈弱情不忘君人憐其忠云

贊曰唐興詩人承陳隋風流浮靡相矜至宋之問沈佺期等研揣聲音浮切不差而號律詩競相襲沿逮開元間稍裁以雅正然恃華者質反好麗者壯違人得一概皆自名所長至甫渾涵汪茫千彙萬狀兼古今而有之它人不足甫乃厭餘殘膏賸馥沾丐後人多矣故元稹謂詩人以來未有如子美者甫又善陳

時事律切精深至千言不少衰世號詩史昌黎韓愈於文章愼許可至歌詩獨推曰李杜文章在光燄萬丈長誠可信云

王勃字子安絳州龍門人六歲善文辭九歲得顏師古注漢書讀之作指瑕以擿其失麟德初劉祥道巡行關內勃上書自陳祥道表于朝對策高第年未及冠授朝散郎數獻頌闕下沛王聞其名召署府修撰論次平臺祕略書成王愛重之是時諸王鬭雞勃戲爲文檄英王雞高宗怒曰是且交構斥出府勃旣廢客劍南嘗登葛憒山曠望慨然思諸葛亮之功賦詩見情聞虢州多藥草求補參軍倚才陵藉爲僚吏共嫉官奴曹達抵罪匿勃所懼事洩輒殺之事覺當誅會赦除名父福畤繇雍州司功參軍坐勃故左遷交阯令勃往省度海溺水痵而卒年二十九初道出鍾陵九月九日都督大宴滕王閣宿命其壻作序以夸客因出紙筆徧請客莫敢當至勃沆然不辭都督怒起更衣遣吏伺其文輒報一再報語益奇乃矍然曰天才也請遂成文極歡罷勃屬文初不精思先磨墨數升則酣飲引被覆面臥及寤援筆成篇不易一字時人謂勃爲腹藁尤喜著

書初祖通隋末居白牛溪教授門人甚衆嘗起漢魏盡晉作書百二十篇以續古尚書後亡其序有錄無書者十篇勃補完缺逸定著二十五篇嘗謂人子不可不知醫時長安曹元有祕術勃從之游盡得其要嘗讀易夜夢若有告者曰易有太極子勉思之寤而作易發揮數篇至晉卦會病止又謂王者乘土王世五十數盡千年乘金王世四十九數九百年乘水王世二十數六百年乘木王世三十數八百年乘火王世二十數七百年天地之常也自黃帝至漢五運適周土復歸唐唐應繼周漢不可承周隋短祚乃斥魏晉以降非真主正統皆五行沴氣遂作唐家千歲曆武后時李嗣真請以周漢爲二王後而廢周隋中宗復用周隋天寶中太平久上言者多以詭異進有崔昌者采勃舊說上五行應運曆請承周漢廢周隋爲閏右相李林甫亦贊佑之集公卿議可否集賢學士衛包起居舍人閻伯璵上表曰都堂集議之夕四星聚於尾天意昭然矣於是玄宗下詔以唐承漢黜隋以前帝王廢介酅公尊周漢爲二王後以商爲三恪京城起周武王漢高祖廟授崔昌太子贊善大夫衛包司虞員外郎楊國忠爲

右相自稱隋宗建議復用魏爲三恪周隋爲魏王後酅介二公復舊封貶崔昌烏雷尉衞包夜郎尉閻伯璵涪川尉

勃兄勮弟助皆第進士勮長壽中爲鳳閣舍人壽春等五王出閤有司具儀忘載冊文羣臣已在乃寤其闕宰相失色勮召五吏執筆分占其辭粲然皆畢人人嗟服尋加弘文館學士兼知天官侍郎始裴行儉典選見勮與蘇味道曰二子者皆銓衡才至是語驗勮素善劉思禮用爲箕州刺史與綦連耀謀反勮與兄涇州刺史勔及助皆坐誅神龍初詔復官

助字子功七歲喪母哀號鄰里爲泣居父憂毀骨立服除爲監察御史裏行初勔勮勃皆著才名故杜易簡稱三珠樹其後助劼又以文顯劼早卒福畤少子勸亦有文福畤嘗詫韓思彥思彥戲曰武子有馬癖君有譽兒癖王家癖何多耶使助出其文思彥曰生子若是可夸也勃與楊炯盧照鄰駱賓王皆以文章齊名天下稱王楊盧駱四傑炯嘗曰吾媿在盧前恥居王後議者謂然

炯華陰人舉神童授校書郎永隆二年皇太子已釋奠表豪俊充崇文館學士

中書侍郎薛元超薦炯及鄭祖玄鄧玄挺崔融等詔可還詹事司直俄坐從父弟神讓與徐敬業亂出爲梓州司法參軍還盈川令張說以箴贈行戒其苛至官果以嚴酷稱吏稍忤意榜殺之不爲人所多卒官下中宗時贈著作郎

照鄰字昇之范陽人十歲從曹憲王義方授蒼雅調鄧王府典籤王愛重謂人曰此吾之相如調新都尉病去官居太白山得方士玄明膏餌之會父喪號嘔丹輒出由是疾益甚客東龍門山布衣藜羹裴瑾之韋方質范履冰等時時供衣藥疾甚足攣一手又廢乃去具茨山下買園數十畝疏潁水周舍復豫爲墓偃臥其中照鄰自以當高宗時尙吏己獨儒武后尙法己獨黄老后封嵩山屢聘賢士己已廢著五悲文以自明病既久與親屬訣自沈潁水

賓王義烏人七歲能賦詩初爲道王府屬嘗使自言所能賓王不答歷武功主簿裴行儉爲洮州總管表掌書奏不應調長安主簿武后時數上疏言事下除臨海丞鞅鞅不得志棄官去徐敬業亂署賓王爲府屬爲敬業傳檄天下斥武后罪后讀但嘻笑至一抔之土未乾六尺之孤安在矍然曰誰爲之或以賓王

對后曰宰相安得失此人敬業敗賓王亡命不知所之中宗時詔求其文得數百篇宅日崔融與張説評勑等曰勑文章宏放非常人所及烱照鄰可以企之説曰不然盈川文如懸河酌之不竭優於盧而不減王恥居後信然愧在前謙也開元中説與徐堅論近世文章説曰李嶠崔融薛稷宋之問之文如良金美玉無施不可富嘉謨如孤峯絶岸壁立萬仞濃雲鬱興震雷俱發誠可畏也若施於廊廟駭矣閻朝隱如麗服靚粧燕歌趙舞觀者忘疲若類之風雅則罪人矣堅問今世奈何説曰韓休之文如大羹玄酒有典則薄滋味許景先如豐肌膩理雖穠華可愛而乏風骨張九齡如輕縑素練實濟時用而窘邊幅王翰如瓊𣏌玉斝雖爛然可珍而多玷缺堅謂篤論云

元萬頃後魏京兆王子推裔祖白澤武德中仕至梁利十一州都督封新安公萬頃起家爲通事舍人從李勣征高麗管書記勣命别將郭待封以舟師赴平壤馮師本載糧繼之不及期欲報勣而恐爲諜所得萬頃爲作離合詩遺勣勣怒曰軍機切遽何用詩爲欲斬待封萬頃言狀乃免又使萬頃草檄讓高麗而

譏其不知守鴨淥之險莫離支報曰謹聞命徙兵固守軍不得入高宗聞之投萬頃嶺外會赦還爲著作郎武后諷帝召諸儒論譔禁中萬頃與周王府戶曹參軍范履冰苗神客太子舍人周思茂右史胡楚賓與選凡譔列女傳臣軌百僚新戒樂書等九千餘篇至朝廷疑議表疏皆密使參處以分宰相權故時謂北門學士思茂履冰神客供奉左右或二十餘年萬頃敏文辭然放達不治細檢無儒者風武后時累遷鳳閣侍郎坐誅履冰者河內人垂拱中歷鸞臺天官二侍郎春官尚書同鳳閣鸞臺平章事兼修國史載初初坐舉逆人被殺神客東光人終著作郎思茂漳南人與弟思鈞早知名累遷麟臺少監崇文館學士垂拱中下獄死楚賓秋浦人屬文敏甚必酒中然後下筆高宗命作文常以金銀桮醆酒飲之文成輒賜焉家居率沈飲無留貯費盡復入得賜而出類爲常性重慎未嘗語禁中事人及其醉問之亦熟視不答尋兼崇賢直學士卒

萬頃孫正修名節擢明經高第授監門衞兵曹參軍舅孫遜與譚物理歎己不逮肅宗初吏部尚書崔寓典選正以書判第一召詣京師以父詢倩老辭疾免

河南節度使崔光遠表置其府史思明陷河洛輦父匿山中賊以名購正度事急謂弟曰賊祿不可養親彼利吾名難免矣然不汙身而死吾猶生也賊既得誘以高位瞋目固拒兄弟皆遇害父聞仰藥死路人爲哭事平詔錄伏節十一姓而正爲冠贈祕書少監以其子義方爲華州參軍義方歷京兆府司錄韋夏卿李實繼爲尹事必咨之歷號商二州刺史福建觀察使中官吐突承璀閩人也義方用其親屬爲右職李吉甫再當國陰欲承璀奧助卽召義方爲京兆尹李絳惡其黨出爲鄜坊觀察使一切辨治然苛刻人多怨之卒贈左散騎常侍弟季方舉明經調楚丘尉歷殿中侍御史兵部尙書王紹表爲度支員外郎遷金膳二部郎中號能職王叔文用事憚季方不爲用以兵部郎中使新羅新羅聞中國喪不時遣供饋乏季方正色責之閉戶絕食待死夷人悔謝結歡乃還卒年五十一贈同州刺史

唐書卷二百一考證

崔信明傳高祖光伯○舊書後魏七兵尚書光伯曾孫

崔行功傳祖謙之仕北齊終鉅鹿太守○舊書鉅鹿太守伯讓曾孫

杜審言孫甫嘗醉登嚴武牀瞪視曰嚴挺之乃有此兒武亦暴猛外若不爲忤中銜之一日欲殺甫及梓州刺史章彝集吏于門武將出冠鉤于簾三左右白其母奔救得止○臣德潛按舊書武雖急暴不以爲意今閱甫集無論兩人贈答劇見交誼至武沒後甫哭歸櫬云一哀三峽暮遺後見君情八哀中云空餘老賓客身上媿簪纓欲殺甫事恐好事者爲之新書喜聞其說而采之也當從舊書

王勃傳年二十九○舊書作二十八

駱賓王傳敬業敗賓王亡命不知所之○舊書敬業敗伏誅

中宗時詔求其文○舊書則天重其文遣使求之

元萬頃傳馮師本載糧繼之○舊書作別帥馮本

唐書卷二百一考證

唐書卷二百二

宋　端　明　殿　學　士　宋　祁　撰

列傳第一百二十七

文藝中

李適字子至京兆萬年人舉進士再調猗氏尉武后脩三教珠英書以李嶠張昌宗爲使取文學士綴集於是適與王無競尹元凱富嘉謨宋之問沈佺期閻朝隱劉允濟在選書成遷戶部員外郎俄兼脩書學士景龍初又擢脩文館學士睿宗時待詔宣光閤再遷工部侍郎卒年四十九贈貝州刺史嘗夢與人論大衍數寤而曰吾壽盡此乎勑其子曰霸陵原西視京師吾樂之可營墓樹千松焉及未病時衣冠往寢石榻上置所譔九經要句及素琴于前士貴其達子季卿亦能文舉明經博學宏辭調鄠尉肅宗時爲中書舍人以累貶通州別駕代宗立遷爲京兆少尹復授舍人進吏部侍郎河南江淮宣慰使振拔幽滯號振職大曆中終右散騎常侍遺命以布車一乘葬贈禮部尚書季卿在朝薦進

才髦與人交有終始恢博君子也初中宗景龍二年始於脩文館置大學士四員學士八員直學士十二員象四時八節十二月於是李嶠宗楚客趙彥昭韋嗣立爲大學士適劉憲崔湜鄭愔盧藏用李乂岑羲劉子玄爲學士薛稷馬懷素宋之問武平一杜審言沈佺期閻朝隱爲直學士又召徐堅韋元旦徐彥伯劉允濟等滿員其後被選者不一凡天子饗會游豫唯宰相及學士得從春幸梨園並渭水祓除則賜細柳圈辟癘夏宴蒲萄園賜朱櫻秋登慈恩浮圖獻菊花酒稱壽冬幸新豐歷白鹿觀上驪山賜浴湯池給香粉蘭澤從行給翔麟馬品官黃衣各一帝有所感即賦詩學士皆屬和當時人所歆慕然皆狎猥佻佞忘君臣禮法惟以文華取幸若韋元旦劉允濟沈佺期宋之問閻朝隱等無它稱附篇左云

韋元旦京兆萬年人祖澄越王府記室撰女誡傳于時元旦擢進士第補東阿尉遷左臺監察御史與張易之有姻屬易之敗貶感義尉俄召爲主客員外郎遷中書舍人舅陸頌妻韋后弟也故元旦憑以復進云

劉允濟字允濟河南鞏人其先出沛國齊彭城郡丞爋六世孫少孤事母尤孝工文辭與王勃齊名舉進士補下邽尉累遷著作佐郎采魯哀公後十二世接戰國爲魯後春秋獻之還左史兼直弘文館武后明堂成奏賦述功德手詔褒咨除著作郎爲來俊臣飛構當死以母老丐餘年繫獄會赦免貶大庾尉復爲著作佐郎脩國史嘗曰史官善惡必書使驕主賊臣懼此權顧輕哉而班生受金陳壽求米僕乃視如浮雲耳遷鳳閣舍人坐二張昵狎除青州長史有清白稱巡察使路敬潛言狀以內憂去官服除召爲脩文館學士既久斥喜甚與家人樂飲數日卒

沈佺期字雲卿相州內黃人及進士第由協律郎累除給事中考功受賕劾未究會張易之敗遂長流驩州稍遷台州錄事參軍事入計得召見拜起居郎兼脩文館直學士既侍宴帝詔學士等舞回波佺期爲弄辭悅帝還賜牙緋尋歷中書舍人太子少詹事開元初卒弟全交全宇皆有才章而不逮佺期

宋之問字延清一名少連汾州人父令文高宗時爲東臺詳正學士之問偉儀

貌雄于辯甫冠武后召與楊炯分直習藝館累轉尙方監丞左奉宸內供奉武后游洛南龍門詔從臣賦詩左史東方虯詩先成后賜錦袍之問俄頃獻后覽之嗟賞更奪袍以賜于時張易之等烝昵寵甚之問與閻朝隱沈佺期劉允濟傾心媚附易之所賦諸篇盡之問朝隱所爲至爲易之奉溺器及敗貶瀧州朝隱崖州並參軍事之問逃歸洛陽匿張仲之家會武三思復用事仲之與王同皎謀殺三思安王室之問得其實令兄子曇與冉祖雍上急變因丐贖罪由是擢鴻臚主簿天下醜其行景龍中遷考功員外郎諂事太平公主故見用及安樂公主權盛復往諧結故太平深疾之中宗將用爲中書舍人太平發其知貢舉時賕餉狼藉下遷汴州長史未行改越州長史頗自力爲政窮歷剡溪山置酒賦詩流布京師人人傳諷睿宗立以獪險盈惡詔流欽州祖雍歷中書舍人刑部侍郎倡飲省中爲御史劾奏貶蘄州刺史至是亦流嶺南並賜死桂州之問得詔震汗東西步不引決祖雍請使者曰之問有妻子幸聽訣使者許之而之問荒悸不能處家事祖雍怒曰與公俱負國家當死奈何遲回邪乃飲食洗

沐就死祖雍江夏王道宗甥及進士第有名于時魏建安後迄江左詩律屢變至沈約庾信以音韻相婉附屬對精密及之問沈佺期又加靡麗回忌聲病約句準篇如錦繡成文學者宗之號爲沈宋語曰蘇李居前沈宋比肩謂蘇武李陵也初之問父令文富文辭且工書有力絕人世稱三絕都下有牛善觸人莫敢嬰令文直往拔取角折其頸殺之旣之問以文章起其弟之悌以驍勇聞之遜精草隸世謂皆得父一絕之悌長八尺開元中歷劍南節度使太原尹嘗坐事流朱鳶會蠻陷驩州授總管擊之募壯士八人被重甲大呼薄賊曰獠動卽死賊七百人皆伏不能興遂平賊之遜爲連州參軍刺史聞其善歌使教婢曰執笏立簾外唱吟自如

閻朝隱字友倩趙州欒城人少與兄鏡幾弟仙舟皆著名連中進士孝悌廉讓科補陽武尉中宗爲太子朝隱以舍人幸性滑稽屬辭奇詭爲武后所賞累遷給事中仗內供奉后有疾令往禱少室山乃沐浴伏身俎盤爲犧請代后疾還奏會后亦愈大見褒賜其資佞諂如此景龍初自崖州遇赦還累遷著作郎先

天中爲祕書少監坐事貶通州別駕卒
尹元凱瀛州樂壽人由慈州司倉參軍坐事免棲遲不出者三十年與張說盧
藏用厚詔起爲右補闕時又有富嘉謨吳少微皆知名嘉謨武功人舉進士長
安中累轉晉陽尉少微新安人亦尉晉陽尤相友善有魏谷倚者爲太原主簿
並負文辭時稱北京三傑天下文章尚徐庾浮俚不競獨嘉謨少微本經術雅
厚雄邁人爭慕之號吳富體豫修三教珠英韋嗣立薦嘉謨少微並爲左臺監
察御史已而嘉謨死少微方病聞之爲慟亦卒
劉憲字元度宋州寧陵人父思立在高宗時爲名御史于時河南北大旱詔遣
御史中丞崔謐等分道賑贍思立建言蠶務未畢而遣使撫巡所至不能無勞
餞又賑給須立簿最稽出入往返停滯妨廢且廣若無驛處馬須豫集以一馬
勞數家今農事待雨興作輟日役破歲計本欲安存更煩擾之望且責州縣給
貸須秋遣使便詔聽罷謐等行遷考功員外郎始議加明經帖進士雜文卒官
下憲擢進士調河南尉累進左臺監察御史天授中奉詔按來俊臣罪憲疾其

酷欲痛繩之反爲所構貶潾水令俊臣死召爲給事中轉中書舍人坐善張易之出爲渝州刺史除太僕少卿脩國史兼脩文館學士遷太子詹事時玄宗在東宮雅意墳史憲啓曰殿下位副君有絕人之才非以尋摘章句要通大意而已侍讀褚无量經明行脩耆年宿望宜數召問以察其言太子順納會卒贈兗州都督武后時敕吏部糊名考判求高才惟憲與王適司馬鍠梁載言入第二等適幽州人終雍州司功參軍鍠河南人神龍初以中書侍郎卒事繼母孝奉祿不入私舍與弟銓伯父希象皆歷殿中侍御史希象剛直不謟終主爵員外郎載言聊城人歷鳳閣舍人專知制誥終懷州刺史

李邕字泰和揚州江都人父善有雅行淹貫古今不能屬辭故人號書簏顯慶中累擢崇賢館直學士兼沛王侍讀爲文選注敷析淵洽表上之賜賚頗渥除潞王府記室參軍爲涇城令坐與賀蘭敏之善流姚州遇赦還居汴鄭間講授諸生四遠至傳其業號文選學邕少知名始善注文選釋事而忘意書成以問邕邕不敢對善詰之邕意欲有所更善曰試爲我補益之邕附事見義善以其

不可奪故兩書並行既冠見特進李嶠自言讀書未徧願一見祕書嶠曰祕閣萬卷豈時日能習邪邕固請乃假直祕書未幾辭去嶠驚試問奧篇隱帙了辯如響嶠歎曰子且名家嶠爲內史與監察御史張廷珪薦邕文高氣方直才任諫諍乃召拜左拾遺御史中丞宋璟劾張昌宗等反狀武后不應邕立階下大言曰璟所陳社稷大計陛下當聽后色解卽可璟奏邕出或讓曰子位卑一忤旨禍不測邕曰不如是名亦不傳中宗立鄭普思以方技幸擢祕書監邕諫曰陛下躬政日淺有九重之嚴未聞道路橫議今籍籍皆言普思憑詭惑說妖祥陛下不知猥見驅使孔子曰詩三百一言以蔽之曰思無邪陛下誠以普思術可致長生則爽鳩氏且因之永有天下非陛下乃今可得能致神人邪秦漢且因之永有天下非陛下乃今可得能致佛法邪梁武帝且因之永有天下非陛下乃今可得能鬼道邪墨翟干寶且各獻其主永有天下非陛下乃今可得自古堯舜稱聖者臣觀所以行皆在人事敦睦九族平章百姓不聞以鬼神道治天下惟陛下省察不納五王誅坐善張柬之出爲南和令貶富州司戶參軍事

韋氏平召拜左臺殿中侍御史彈劾任職人頗憚之譙王重福謀反邕與洛州司馬崔日知捕支黨遷戶部員外郎岑羲崔湜惡日用而邕與之交玄宗在東宮邕及崔隱甫倪若水同被禮遇羲等忌之貶邕舍城丞玄宗即位召爲戶部郎中張廷珪爲黃門侍郎而姜皎方幸共援邕爲御史中丞姚崇疾邕險躁左遷括州司馬起爲陳州刺史帝封泰山還邕見帝汴州詔獻辭賦帝悅然矜肆自謂且宰相邕素輕張說與相惡會仇人告邕贓貸枉法下獄當死許昌男子孔璋上書天子曰明主舉能而捨過取才而棄行烈士抗節勇者不避死故晉用林父不以過漢任陳平不以行禽息隕身不祈生北郭碎首不愛死向若林父誅陳平死百里不用晏嬰見逐是晉無赤狄之土漢無天子之尊秦不彊齊不霸矣伏見陳州刺史邕剛毅忠烈難不苟免往者折二張之角挫韋氏之鋒雖身受謫屈而姦謀沮解即邕有功於國且邕所能者拯孤恤窮救乏賙急家無私聚今聞坐贓下吏死在旦夕臣聞生無益於國者不若殺身以明賢臣願以六尺之軀膏鈇鉞以代邕死臣與邕生平不款曲臣知有邕邕不知有臣臣

不逮邕明矣夫知賢而舉仁也任人之患義也獲二善以死臣又何求伏惟陛

下寬邕之死使率德改行與林父曲逆之功臣得瞑目附禽息北郭之迹大願

畢矣若以陽和方始重行大戮則臣請伏劍不敢煩有司皇天后土實聞臣言

昔吳楚反漢得劇孟則不憂夫以一賢而敵七國之衆伏惟敷含垢之道棄瑕

之義遠思劇孟近取於邕況告成岱宗天地更新赦而復論人誰無罪惟明主

圖之臣聞士為知己者死臣不為死者所知而甘之死者非特惜邕賢亦以成

陛下矜能之慈疏奏邕得減死貶遵化尉流璋嶺南邕妻温復為邕請戍邊自

贖曰邕少習文章疾惡如讎不容於衆邪佞切齒諸儒側目頻謫遠郡削跡朝

端不啻十載歲時歎戀聞者傷懷屬國家有事泰山法駕旋路邕獻牛酒例蒙

恩私妾聞正人用則佞人憂邕之禍端故自此始且邕比任外官卒無一毀天

意暫顧罪過旋生諺曰士無賢不肖入朝見疾惟陛下明察邕初蒙訊責便繫

牢戶水不入口者踰五日氣息奄奄惟吏是聽事生吏口迫邕手書貸人蠶種

以為枉法市羅貢奉指為姦贓于時匭使朝堂守捉嚴固號天訴地誰肯為聞

泣血去國投骨荒裔永無還期妾願使邕得充一卒効力王事膏塗朔邊骨糞沙壤成邕夙心表入不省邕後從中人楊思勖討嶺南賊有功徙澧州司馬開元二十三年起爲括州刺史喜興利除害復坐誣枉且得罪天子識其名詔勿劾後歷淄滑二州刺史上計京師始邕蚤有名重義愛士久斥外不與士大夫接既入朝人間傳其眉目瓌異至阡陌聚觀後生望風內謁門巷填隘中人臨問索所爲文章且進上以讒媢不得留出爲汲郡北海太守天寶中左驍衞兵曹參軍柳勣有罪下獄邕嘗遺勣馬故吉溫使引邕嘗以休咎相語陰賂遺宰相李林甫素忌邕因傅以罪詔刑部員外郎祁順之監察御史羅希奭就郡杖殺之時年七十代宗時贈祕書監邕之文於碑頌是所長人奉金帛請其文前後所受鉅萬計邕雖詘不進而文名天下時稱李北海盧藏用嘗謂邕如干將莫邪難與爭鋒但虞傷缺耳後卒如言杜甫知邕負謗死作八哀詩讀者傷之邕資豪放不能治細行所在賄謝畋游自肆終以敗云

呂向字子回亡其世貫或曰涇州人少孤託外祖母隱陸渾山工草隸能一筆

環寫百字若縈髮然世號連錦書彊志于學每賣藥即市閱書遂通古今玄宗開元十年召入翰林兼集賢院校理侍太子及諸王爲文章時帝歲遣使采擇天下姝好內之後宮號花鳥使向因奏美人賦以諷帝善之擢左拾遺天子數校獵渭川向又獻詩規諷進左補闕帝自爲文勒石西嶽詔向爲鐫勒使以起居舍人從帝東巡帝引頡利發及蕃夷酋長入仗內賜弓矢射禽向上言鴟梟不鳴未爲瑞鳥豺虎雖伏弗曰仁獸況突厥安忍殘賊莫顧君父陛下震以武義來以文德勢不得不廷故稽顙稱臣奔命遣使陛下引內從官陪封禪盛禮使飛矢於前同獲獸之樂是狎昵太過或荆卿詭動何羅竊發逼嚴蹕冒清塵縱醢單于汙穹廬何以塞責帝順納詔蕃夷出仗久之遷主客郎中專侍皇太子眷賚良異始向之生父岌客遠方不還少喪母失墓所在將葬巫者求得之不知父在亡招魂合諸墓後有傳父猶在者訪索累年不獲它日自朝還道見一老人物色問之果父也下馬抱父足號慟行人爲流涕帝聞咨歎官岌朝散大夫賜錦綵給內教坊樂工娛懌其心卒贈東平太守向終喪再遷中書舍人

改工部侍郎卒贈華陰太守嘗以李善釋文選爲繁釀與呂延濟劉良張銑李周翰等更爲詁解時號五臣注

王翰字子羽并州晉陽人少豪健恃才及進士第然喜蒱酒張嘉貞爲本州長史偉其人厚遇之翰自歌以舞屬嘉貞神氣軒舉自如張說至禮益加復舉直言極諫調昌樂尉又舉超拔羣類方說輔政故召爲祕書正字擢通事舍人駕部員外郎家畜聲伎目使頤令自視王侯人莫不惡之說罷宰相翰出爲汝州長史徙仙州別駕日與才士豪俠飲樂游畋伐鼓窮歡坐貶道州司馬卒

孫逖博州武水人後魏光祿大夫惠蔚其先也祖希莊爲韓王府典籤四世傳一子故無近屬父嘉之少孤依外家客涉鞏閒垂拱初詣洛陽獻書不報第進士終襄邑令逖幼有文屬思警敏年十五見雍州長史崔日用令賦土火爐援筆成篇理趣不凡日用駭歎遂與定交舉手筆俊拔哲人奇士隱淪屠釣及文藻宏麗等科開元十年又舉賢良方正玄宗御洛城門引見命戶部郎中蘇晉等第其文異等擢左拾遺張說命子均垍往拜之李邕負才自陳州入計裒其

文示逖李暠鎮太原表置幕府以起居舍人入爲集賢院脩撰時海內少事帝賜羣臣十日一燕宰相蕭嵩會百官賦天成玄澤維南有山楊之華三月英英有蘭和風嘉木等詩八篇繼雅頌體使逖序所以然改考功員外郎取顏真卿李華蕭穎士趙驊等皆海內有名士俄遷中書舍人是時嘉之且八十猶爲令逖求降外官增父秩帝嘉納拜嘉之宋州司馬聽致仕父喪闋復拜舍人開元間蘇頲齊澣蘇晉賈曾韓休許景先及逖典詔誥爲代言最而逖尤精密張九齡視其草欲易一字卒不能也居職八年判刑部侍郎以病風乞解徙太子左庶子遂廢累年徙少詹事上元中卒贈尚書右僕射諡曰文諸子成最知名

成字思退推蔭仕累洛陽長安令兄宿爲華州刺史因悸病痞成請告往視不待報輒行代宗嘉其悌不責也稍遷倉部郎中京兆少尹爲信州刺史歲大旱發倉以賤直售民故飢而不亡再朞增戶五千詔書褒美徙蘇州改桂管觀察使卒成通經術奏議据正嘗有期喪弔者至成不易縗而見客疑之請故答曰縗者古居喪常服去之則廢喪也今而巿幞失矣子公器亦至邕管經略使公

器子簡字樞中元和初登進士第辟鎮國荊南幕府累遷左司吏部二郎中綠諫議大夫知制誥進中書舍人初遜掌誥至代宗時宿又居職逮簡凡三世會昌初還尚書左丞建言班位以品秩爲等差今官兼臺省位置還誤不可爲法元和元年御史臺白奏常參官兼大夫中丞者視檢校官居本品同類官上其後侍郎兼大夫者皆在左右丞上當時侍郎兼大夫少唯京兆尹兼之京兆尹從三品今位乃在本品同類官從三品卿監上太常宗正卿正三品下左丞乃正四品上戶部侍郎正四品下今戶部侍郎兼大夫當在本品同類正四品下諸曹侍郎上不宜居正四品丞郎上又右丞正四品下吏部侍郎正四品上今吏部侍郎位右丞之下蓋以丞有繩轄之重雖吏部品高猶居其下然則戶部侍郎雖兼大夫安得居其上哉今散官自將仕郎至開府特進每品正從有上中下名級各異則正從上下不得謂之同品京兆河南司錄及諸府州錄事參軍事皆操紀律正諸曹與尚書省左右丞紀綱六曹略等假使諸曹掾因功勞加臺省官安得位在司錄錄事參軍上且左丞糾射八坐主省內禁令宗廟祠

祭事御史不當得彈奏之良以臺官所奏拘牽成例不揣事之輕重使理可循雖無往比自宜行之否者號曰舊章正可改也武宗詔兩省官詳議皆從簡請歷河中與元宣武節度使檢校尚書右僕射東都留守而弟範亦爲淄青節度使世推顯家

李白字太白興聖皇帝九世孫其先隋末以罪徙西域神龍初遁還客巴西白之生母夢長庚星因以命之十歲通詩書既長隱岷山州舉有道不應蘇頲爲益州長史見白異之曰是子天才奇特少益以學可比相如然喜縱橫術擊劍爲任俠輕財重施更客任城與孔巢父韓準裴政張叔明陶沔居徂徠山日沈飲號竹溪六逸天寶初南入會稽與吳筠善筠被召故白亦至長安往見賀知章知章見其文歎曰子謫仙人也言於玄宗召見金鑾殿論當世事奏頌一篇帝賜食親爲調羹有詔供奉翰林白猶與飲徒醉于市帝坐沈香亭子意有所感欲得白爲樂章召入而白已醉左右以水頮面稍解援筆成文婉麗精切無留思帝愛其才數宴見白嘗侍帝醉使高力士脫鞾力士素貴恥之擿其詩以

激楊貴妃帝欲官白妃輒沮止白自知不爲親近所容益驁放不自脩與知章李適之汝陽王璡崔宗之蘇晉張旭焦遂爲酒八仙人懇求還山帝賜金放還白浮游四方嘗乘舟與崔宗之自采石至金陵著宮錦袍坐舟中旁若無人安祿山反轉側宿松匡廬間永王璘辟爲府僚佐璘起兵逃還彭澤璘敗當誅初白游并州見郭子儀奇之子儀嘗犯法白爲救免至是子儀請解官以贖有詔長流夜郎會赦還尋陽坐事下獄時宋若思將吳兵三千赴河南道尋陽釋囚辟爲參謀未幾辭職李陽冰爲當塗令白依之代宗立以左拾遺召而白已卒年六十餘白晚好黃老度牛渚磯至姑孰悅謝家青山欲終焉及卒葬東麓元和末宣歙觀察使范傳正祭其冢禁樵採訪後裔惟二孫女嫁爲民妻進止仍有風範因泣曰先祖志在青山頃葬東麓非本意傳正爲改葬立二碑焉告二女將改妻士族辭以孤窮失身命也不願更嫁傳正嘉歎復其夫徭役文宗時詔以白歌詩裴旻劍舞張旭草書爲三絕旭蘇州吳人嗜酒每大醉呼叫狂走乃下筆或以頭濡墨而書既醒自視以爲神不可復得也世呼張顛初仕爲常

熟尉有老人陳牒求判宿昔又來旭怒其煩責之老人曰觀公筆奇妙欲以藏家爾旭因問所藏盡出其父書旭視之天下奇筆也自是盡其法旭自言始見公主擔夫爭道又聞鼓吹而得筆法意觀倡公孫舞劍器得其神後人論書歐虞褚陸皆有異論至旭無非短者傳其法惟崔邈顏真卿云旻嘗與幽州都督孫佺北伐爲奚所圍旻舞刀立馬上矢四集皆迎刀而斷奚大驚引去後以龍華軍使守北平北平多虎旻善射一日得虎三十一休山下有老父曰此彪也稍北有真虎使將軍遇之且敗旻不信怒馬趨之有虎出叢薄中小而猛據地大吼旻馬辟易弓矢皆墜自是不復射

王維字摩詰九歲知屬辭與弟縉齊名資孝友開元初擢進士調大樂丞坐累爲濟州司倉參軍張九齡執政擢右拾遺歷監察御史母喪毀幾不生服除累遷給事中安祿山反玄宗西狩維爲賊得以藥下利陽瘖祿山素知其才迎置洛陽迫爲給事中祿山大宴凝碧池悉召梨園諸工合樂諸工皆泣維聞悲甚賦詩悼痛賊平皆下獄或以詩聞行在時縉位已顯請削官贖維罪肅宗亦自

憐之下遷太子中允久之遷中庶子三遷尙書右丞縉爲蜀州刺史未還維自
表己有五短縉五長臣在省戸縉遠方願歸所任官放田里使縉得還京師議
者不之罪久乃召縉爲左散騎常侍上元初卒年六十一疾甚縉在鳳翔作書
與別又遺親故書數幅停筆而化贈祕書監維工草隸善畫名盛於開元天寶
間豪英貴人虛左以迎寧薛諸王待若師友畫思入神至山水平遠雲勢石色
繪工以爲天機所到學者不及也客有以按樂圖示者無題識維徐云此霓裳
第三疊最初拍也客未然引工按曲乃信兄弟皆篤志奉佛食不葷衣不文綵
別墅在輞川地奇勝有華子岡欹湖竹里館柳浪茱萸沜辛夷塢與裴迪游其
中賦詩相酬爲樂喪妻不娶孤居三十年母亡表輞川第爲寺終葬其西寶應
中代宗語縉曰朕嘗於諸王座聞維樂章今傳幾何遣中人王承華往取縉裒
集數十百篇上之

鄭虔鄭州滎陽人天寶初爲協律郎集綴當世事著書八十餘篇有窺其稾者
上書告虔私撰國史虔蒼黃焚之坐謫十年還京師玄宗愛其才欲置左右以

不事事更爲置廣文館以虔爲博士虔聞命不知廣文曹司何在詬宰相宰相曰上增國學置廣文館以居賢者令後世言廣文博士自君始不亦美乎虔乃就職久之雨壞廡舍有司不復脩完寓治國子館自是遂廢初虔追紬故書可誌者得四十餘篇國子司業蘇源明名其書爲會稡虔善圖山水好書常苦無紙於是慈恩寺貯柹葉數屋遂往日取葉肄書歲久殆遍嘗自寫其詩幷畫以獻帝大署其尾曰鄭虔三絕遷著作郎安祿山反遣張通儒刧百官置東都僞授虔水部郎中因稱風緩求攝市令潛以密章達靈武賊平與張通王維並囚宣陽里三人者皆善畫崔圓使繪齋壁虔等方悸死卽極思祈解於圓卒免死貶台州司戸參軍事維止下遷後數年卒虔學長於地理山川險易方隅物產兵戍衆寡無不詳嘗爲天寶軍防錄言典事該諸儒服其善著書時號鄭廣文在官貧約甚澹如也杜甫嘗贈以詩曰才名四十年坐客寒無氈云有鄭相如者自滄州來師事虔虔未之禮問問何所業相如曰聞孔子稱繼周者百世可知僕亦能知之虔駭然卽曰開元盡三十年當改元盡十五年天下亂賊臣僭

位公當汙僞官願守節可以免虔又問自謂云何答曰相如有官三年死衢州是年及進士第調信安尉既三年虔詢吏部則相如果死故虔念其言終不附賊

蕭穎士字茂挺梁鄱陽王恢七世孫祖晶賢而有謀任雅相伐高麗表爲記室越王貞舉兵杖策詣之陳三策王不用晶度必敗乃亡去客死廣陵穎士四歲屬文十歲補太學生觀書一覽卽誦通百家譜系書籀學開元二十三年舉進士對策第一父旻以莒丞抵罪穎士往訴於府佐張惟一惟一曰旻有佳兒吾以旻獲譴不憾乃平宥之天寶初穎士補祕書正字于時裴耀卿席豫張均宋遙韋述皆先進器其材與鈞禮由是名播天下奉使括遺書趙衞間淹久不報爲有司劾免留客濮陽於是尹徵王恆盧異盧士式賈邕趙匡閻士和柳幷等皆執弟子禮以次授業號蕭夫子召爲集賢校理宰相李林甫欲見之穎士方父喪不詣林甫嘗至故人舍邀穎士穎士前往哭門内以待林甫不得已前弔乃去怒其不下己調廣陵參軍事穎士急中不能堪作伐櫻桃樹賦曰擢無庸

之瑣質蒙本枝以自庇雖先寖而或薦非和羹之正味以譏林甫云君子恨其
褊㑹母喪免流播吳越嘗謂仲尼作春秋爲百王不易法而司馬遷作本紀書
表世家列傳叙事依違失褒貶體不足以訓乃起漢元年訖隋義寧編年依春
秋義類爲傳百篇在魏書高貴崩曰司馬昭弒帝於南闕在梁書陳受禪曰陳
霸先反又自以梁枝孫而宣帝逆取順守故武帝得血食三紀昔曲沃篡晉而
文公爲五伯仲尼弗貶也乃黜陳閏隋以唐土德承梁火德皆自斷諸儒不與
論也有太原王緒者僧辯裔孫譔永寧公輔梁書黜陳不帝穎士佐之亦著梁
蕭史譜及作梁不禪陳論以發緒義例使光明云史官韋述薦穎士自代召詣
史館待制穎士乘傳詣京師而林甫方威福自擅穎士遂不屈愈見疾俄免官
往來鄠杜間林甫死更調河南府參軍事倭國遣使入朝自陳國人願得蕭夫
子爲師者中書舍人張漸等諫不可而止安祿山寵恣穎士陰語柳并曰胡人
負寵而驕亂不久矣東京其先陷乎即託疾游太室山已而祿山反穎士往見
河南採訪使郭納言禦守計納忽不用歎曰肉食者以兒戲禦劇賊難矣哉聞

封常清陳兵東京往觀之不宿而還因藏家書於箕穎閒身走山南節度使源洧辟掌書記賊別校攻南陽洧懼欲退保江陵穎士說曰官兵守潼關財用急必待江淮轉餉乃足餉道由漢沔則襄陽乃今天下喉襟一日不守則大事去矣且列郡數十人百萬訓兵攘寇社稷之功也賊方專崤陝公何遽輕土地欲取笑天下乎洧乃按甲不出亦會祿山死賊解去洧卒往客金陵永王璘召之不見時盛王爲淮南節度大使留蜀不遣副大使李承式玩兵不振穎士與宰相崔圓書以爲今兵食所資在東南但楚越重山複江自古中原擾則盜先起宜時遣使以扞鎮江淮俄而劉展果反賊圍雍丘脅泗上軍承式遣兵往救大宴賓客陳女樂穎士曰天子暴露豈臣下盡歡時邪夫投兵不測乃使觀聽華麗一旦思歸誰致其死哉弗納崔圓聞之即授揚州功曹參軍至官信宿去後客死汝南逆旅年五十二門人共謚曰文元先生穎士樂聞人善以推引後進爲己任如李陽李幼卿皇甫冉陸渭等數十人由獎目皆爲名士天下推知人稱蕭功曹嘗兄事元德秀而友殷寅顏真卿柳芳陸據李華邵軫趙驊時人語

曰殷顏柳陸李蕭邵趙以能全其交也所與遊者孔至賈至源行恭張有略族
弟季遐劉穎韓拯陳晉孫益韋建韋收獨華與齊名世號蕭李嘗與華據游洛
龍門讀路旁碑穎士即誦華再閱據三乃能盡記聞者謂三人才高下此其分
也有奴事穎士十年笞楚嚴慘或勸其去答曰非不能愛其才耳穎士數稱班
彪皇甫謐張華劉琨潘尼能尚古而混流俗不自振曹植陸機所不逮也又言
裴子野善著書所許可當世者陳子昂富嘉謨盧藏用之文辭董南事孔述睿
之博學而已子存字伯誠亮直有父風能文辭與韓會沈既濟梁肅徐岱等善
浙西觀察使李栖筠表常熟主簿顏真卿在湖州與存及陸鴻漸等討摭古今
韻字所原作書數百篇建中初由殿中侍御史四遷比部郎中張滂主財賦辟
存留務京師裴延齡與滂不協存疾其姦去官風痺卒韓愈少爲存所知自袁
州還過存廬山故居而諸子前死唯一女在爲經贍其家殷寅者陳郡人邵軫
者汝南人陸據河南人字德鄰後周上庸公騰六世孫神㝢警邁善物理年三
十始到京師公卿愛其文交譽之天寶十三載終司勳員外郎

柳并者字伯存大曆中辟河東府掌書記遷殿中侍御史喪明終於家初并與劉太真尹徵閻士和受業於穎士而并好黃老穎士常曰太真吾入室者也斯文不墜寄是子云徵博聞彊識士和鉤深致遠吾弗逮已并不受命而尙黃老予亦何誅并弟談字中庸穎士愛其才以女妻之士和字伯均著蘭陵先生誄蕭夫子集論因權歷世文章而感推穎士所長以爲聞蕭氏風者五尺童子羞稱曹陸

皇甫冉字茂政十歲便能屬文張九齡歎異之與弟曾皆善詩天寶中踵登進士授無錫尉王縉爲河南元帥表掌書記遷累右補闕卒曾字孝常歷監察御史其名與冉相上下當時比張氏景陽孟陽云

蘇源明京兆武功人初名預字弱夫少孤寓居徐兗工文辭有名天寶閒及進士第更試集賢院累遷太子諭德出爲東平太守是時濟陽郡太守李倰以郡瀕河請增領宿城中都二縣以紓民力一縣隸東平魯郡者也於是源明議廢濟陽析三縣分隸濟南東平濮陽詔河南採訪使會濮陽太守崔季重魯郡太

守李蘭濟南太守田琦及源明倭五太守議于東平不能決旣而卒廢濟陽以縣皆隸東平召源明爲國子司業安祿山陷京師源明以病不受僞署肅宗復兩京擢考功郎中知制誥是時承大盜之餘國用屢屈宰相王璵以祈禬進禁中禱祀窮日夜中官用事給養繁靡羣臣莫敢切諍昭應令梁鎭上書勸帝罷淫祀其他不暇及也源明數陳政治得失及史思明陷洛陽有詔幸東京將親征源明因上疏極諫曰淫雨積時道路方梗甚不可一也自春大旱秋苗耗半斂穫未畢先之以淸道之役申之以供頓之苦甚不可二也每立殿廊見旌旗之下餓夫執殳仆于行間日見二三市井餧餓求食死于路旁日見四五甚不可三也姦夫盜兒連檣接棟磨礪以須陛下之出御史大夫必不能澄淸禁止甚不可四也聖皇巡蜀之初都內財貨吏民貲產糜散于道路之手至有乘馬駃驢入宣政紫宸者況陛下初有四海威制不及曩時遠矣今玆東行殆賊臣誘掖陛下而已詩曰三星在罶謂危亡在於須臾臣不勝嗚咽爲陛下痛之願速罷幸不然窮甿樂禍已扼腕於下甚不可五也方今河洛驛騷江湖叛渙詩

曰中原有菽庶民采之彼思明楚元皆采菽之人也陛下何遽輕萬乘而速成之邪甚不可六也大河南北舉爲寇盜三公以下廩稍匱絶將士糧賜僅支日月而中官冗食不減往年梨園雜伎愈盛今日陛下未得穆然高枕殆繇此也自非中庸指使太常正樂外願一切放歸給長牒勿事須五六年後隨事蠲省今聚而仰給甚不可七也李光弼拔河陽王思禮下晉原衞伯玉拂焉耆過析支不日可至御史大夫王玄志壓巫閭臨幽都汝州刺史田南金踰闞口過二室鄧景山淩淮泗慎然而西狂賊失勢蹙于緱山之下北不敢逾孟津東不敢過甖子計日反接而至矣陛下不坐而受之乃欲親征徇一朝之怒甚不可八也王者之於天地神祇享之以牲幣而已記曰不祈方士彼淫巫愚祝妄有關說甚不可九也天子順動人皆幸之之謂幸人皆病之之謂不幸臣等屢怫視聽聯伏赤墀之下頓顙流涕而出雖陛下優容貸罪凡百之臣必昌言于朝萬口謗于外甚不可十也臣聞子不諍於父不孝也臣不諍於君不忠也不孝不忠爲苟榮冒祿圈牢之物不若也臣雖至賤不能委身圈牢之中將使樵夫指

而笑之帝嘉其切直遂罷東幸後以祕書少監卒源明雅善杜甫鄭虔其最稱者元結梁肅肅字敬之一字寬中隋刑部尚書毗五世孫世居陸渾建中初中文辭清麗科擢太子校書郎蕭復薦其材授右拾遺脩史以母羸老不赴杜佑辟淮南掌書記召爲監察御史轉右補闕翰林學士皇太子諸王侍讀卒年四十一贈禮部郎中

唐書卷二百二

唐書卷二百二考證

李適傳子季卿亦能文〇舊書作李適之之子

宋之問傳汾州人〇舊書作虢州弘農人

李邕傳父善為文選注敷析淵洽表上之〇沈炳震曰舊書所注文擇六十卷大行於時

孫逖傳博州武水人〇舊書作潞州涉縣人

唐書卷二百二考證

唐書卷二百三

宋　端　明　殿　學　士　宋　祁　撰

列傳第一百二十八

文藝下

李華字遐叔趙州贊皇人曾祖太沖名冠宗族間鄉人語曰太沖無兄太宗時擢祠部郎中華少曠達外若坦蕩內謹重尚然許每慕汲黯爲人累中進士宏辭科天寶十一載遷監察御史宰相楊國忠支婭所在橫猾華出使劾按不橈州縣肅然爲權幸見疾徙右補闕安祿山反上誅守之策皆留不報玄宗入蜀百官解竄華母在鄴欲間行輦母以逃爲盜所得僞署鳳閣舍人賊平貶杭州司戶參軍華自傷踐危亂不能完節又不能安親欲終養而母亡遂屏居江南上元中以左補闕司封員外郎召之華喟然曰烏有隳節危親欲荷天子寵乎稱疾不拜李峴領選江南表置幕府擢檢校吏部員外郎苦風痹去官客隱山陽勒子弟力農安於窮槁晚事浮圖法不甚著書惟天下士大夫家傳墓版及

州縣碑頌時時齎金帛往請乃彊爲應大曆初卒初華作含元殿賦成以示蕭
穎士穎士曰景福之上靈光之下華文辭緜麗少宏傑氣穎士健爽自肆時謂
不及穎士而華自疑過之因作弔古戰場文極思研摧已成汙爲故書雜置梵
書之皮它日與穎士讀之稱工華問今誰可及穎士曰君加精思便能至矣華
愕然而服華愛獎士類名隨以重若獨孤及韓雲卿韓會李紓柳識崔祐甫皇
甫冉謝良弼朱巨川後至執政顯官華觸禍銜悔及爲元德秀權皐銘四皓贊
稱道深婉讀者憐其志宗子翰從子觀皆有名翰擢進士第調衞尉天寶末房
琯韋陟俱薦爲史官宰相不肯擬翰所善張巡死節睢陽人媢其功以爲降賊
肅宗未及知翰傳巡功狀表上之曰臣聞聖主褒死難之士養死事之孤或親
推轜車或追建邑封厚死以慰生撫存以答亡君不遺於臣臣亦不背其君也
自逆胡構亂據雒陽引幽朔以吞河南故御史中丞贈揚州大都督張巡忠誼
奮發率烏合守雍丘潰賊心腹及魯炅棄甲宛葉哥舒翰敗績潼關賊遂盜神
器鴟峙二京南臨漢江西逼岐雍羣帥列城望風出奔巡守孤城不爲却賊欲

繞出巡後以擾江淮巡退軍睢陽扼東南咽領自春訖冬大戰數十小戰數百以弱制彊出奇無窮殺馘兇醜凡十餘萬賊不敢越睢陽取江淮江淮以完巡之力也城孤糧盡外救不至猶奮羸起病摧鋒陷堅三軍嗷嘈而食知死不叛城陷見執卒無橈詞慢叱兇徒精貫白日雖古忠烈無以加焉議者罪巡以食人愚巡以守死臣竊痛之夫忠者臣之教恕者法之情巡握節而死非虧教也析骸以爨非本情也春秋以功覆過書赦過宥刑在易遏惡揚善爲國者錄用棄瑕今者乃欲議巡之罪是廢教絀節不以功掩過不以刑恕情善可遏惡可揚瑕錄而用棄非所以獎人倫明勸戒也且祿山背德大臣將相比肩從賊巡官不朝宴不坐無一伍之士一節之權徒奮身死節以動義旅不謂忠乎以數千卒橫挫賊鋒若無巡則無睢陽無睢陽則無江淮有如賊因江淮之資兵廣而財積根結盤據西向以拒雖終殲滅其曠日持久必矣今陝鄢一戰犬羊駭北王師震其西巡扼其東此天使巡舉江淮以待陛下師至而巡死不謂功乎古者列國侵伐猶分災救患諸將同受國恩奉辭伐罪巡固守亦待外援援不

至而食盡食盡而及人則巡之情可求矣假巡守城之初已計食人損數百衆以全天下臣尙謂功過相掩況非素志乎夫子制春秋明褒貶齊桓公將封禪略不書晉文公召王河陽書而諱之巡蒼黃之罪輕於僭禪與復之功重於糾合今巡子亞夫雖得官不免飢寒江淮旣巡所保戶口充完宜割百戶俾食其子且彊死爲厲有所歸則不爲災巡身首分裂將士骸骼不掩宜於睢陽相擇高原起大冢招魂而葬旌善之義也臣少與巡游哀巡死難不覩休明唯令名其榮祿也若不時紀錄月日寖悠或掩而不傳或傳而不實巡生死不遇誠可悲悼謹撰傳一篇昧死上儻得列于史官死骨不朽帝繇是感悟而巡大節白於世義士多之翰累遷左補闕翰林學士大曆中病免客陽翟卒翰爲文精密而思遲常從令皇甫曾求音樂思涸則奏之神逸乃屬文族弟紓自有傳

觀字元賓貞元中舉進士宏辭連中授太子校書郎卒年二十九觀屬文不襲沿前人時謂與韓愈相上下及觀少夭而愈後文益工議者以觀文未極愈老不休故卒擅名陸希聲以爲觀尙辭故辭勝理愈尙質故理勝辭雖愈窮老終

不能加觀之辭觀後愈死亦不能逮愈之質云

孟浩然字浩然襄州襄陽人少好節義喜振人患難隱鹿門山年四十乃游京師嘗於太學賦詩一座嗟伏無敢抗張九齡王維雅稱道之維私邀入內署俄而玄宗至浩然匿牀下維以實對帝喜曰朕聞其人而未見也何懼而匿詔浩然出帝問其詩浩然再拜自誦所爲至不才明主棄之句帝曰卿不求仕而朕未嘗棄卿奈何誣我因放還採訪使韓朝宗約浩然偕至京師欲薦諸朝會故人至劇飲歡甚或曰君與韓公有期浩然叱曰業已飲遑恤他卒不赴朝宗怒辭行浩然不悔也張九齡爲荊州辟置于府府罷開元末病疽背卒後樊澤爲節度使時浩然墓庳壞符載以牋叩澤曰故處士孟浩然文質傑美殞落歲久門裔陵遲丘隴頹沒永懷者人行路慨然前公欲更築大墓闔州搢紳聞風竦動而今外迫軍旅內勞賓客牽耗歲時或有未遑誠令好事者乘而有之負公夙志矣澤乃更爲刻碑鳳林山南封寵其墓初王維過郢州畫浩然像于刺史亭因曰浩然亭咸通中刺史鄭誠謂賢者名不可斥更署曰孟亭開元天寶間

同知名者王昌齡崔顥皆位不顯昌齡字少伯江寧人第進士補祕書郎又中宏辭遷汜水尉不護細行貶龍標尉以世亂還鄉里爲刺史閭丘曉所殺張鎬按軍河南兵大集曉最後期將戮之辭曰有親乞貸餘命鎬曰王昌齡之親欲與誰養曉默然昌齡工詩緒密而思清時謂王江寧云崔顥者亦擢進士第有文無行好蒱博嗜酒娶妻惟擇美者俄又棄之凡四五娶終司勳員外郎初李邕聞其名虛舍邀之顥至獻詩首章曰十五嫁王昌邕叱曰小兒無禮不與接而去

劉太真宣州人善屬文師蘭陵蕭穎士舉高第進士淮南陳少游表爲掌書記嘗以少游擬桓文爲義士所訾興元初爲河東宣慰賑給使累遷刑部侍郎德宗以天下平貞元四年九月詔羣臣宴曲江自爲詩敕宰相擇文人賡和李泌等請羣臣皆和帝自第之以太真李紓等爲上鮑防于邵等次之張濛等爲下與擇者四十一人惟泌李晟馬燧三宰相無所差次遷禮部掌貢士多取大臣貴近子弟坐貶信州刺史卒

邵說相州安陽人已擢進士第未調陷史思明逮朝義敗歸郭子儀子儀愛其才留幕府還累長安令祕書少監大曆末上言天道三十年一小變六十年一大變祿山思明之難出入二紀多難漸平向之亂今將變而之治宜建徽號承天意而方謁郊廟大赦各一誠恐雲雨之施未普鬱結之氣未除願因此時修享獻款郊廟褒有德錄賢人與天下更始振災益壽之術也不聽德宗立擢吏部侍郎說因自陳家本儒先祖長白山人貞一以武后革命終身不肯仕先臣殿中侍御史瓊之逮事玄宗臣十六卽孤長育母手天寶中始仕會喪客河北祿山亂喪紀當終臣不覩衰絰又再朞懼終不免陰走洛魏慶緒遁保西城搜脅儒者爲己用以兵迫臣遂陷醜逆俄而史思明順附欲間道歸北闕下肅宗拜臣左金吾衞騎曹參軍許留思明所會烏承恩事路絕不得歸朝義之敗欲固守河陽臣知回紇利野戰陰勸其行以破賊計朝義已走臣西歸獻狀先帝詔翰林索臣所上言與王伷偕召先帝謂誠節白著故擢伷侍御史臣爲殿中侍御史使者宣旨制詔盡言其狀則疇昔本末先帝知之今又推以不次雖自

天斷尚恐受謗與人傷陛下之明今吏員未乏而調者多益以功優準平格以判留人去者十七彼且鼓譏說以投疑于上此臣所大懼也因薦戶部郎中蕭定司農卿庾準自代不許說在職以才顯或言且執政金吾將軍裴儆謂柳載曰說事賊爲劇官掌其兵大小百戰掠名家子爲奴婢不可訃得宥死而無厚顏乃崇第產附貴倖欲以相邦其能久乎建中三年逐嚴郢說與郢善儆諷朱泚訟其寃爲草奏貶歸州刺史卒

于邵字相門其先自代來爲京兆萬年人天寶末第進士以書判超絶補崇文校書郎繇比部郎中爲道州刺史未行徙巴州會歲餘部獠亂薄城下邵勵兵拒戰且遣使諭曉獠丐降邵儒服出賊見皆拜即引去節度使李抱玉以聞還梓州辭疾不拜授兵部郎中崔寧帥蜀表爲度支副使俄以諫議大夫知制誥進禮部侍郎朝有大典册必出其手爲三司使治薛邕獄失德宗旨貶桂州長史復爲太子賓客與宰相陸贄不平出杭州刺史久疾求告貶衢州別駕徙江州卒年八十一邵孝悌有行晚塗益修潔樊澤始舉賢良邵望見曰將相材也

崔元翰舉進士年五十矣邵以其文擢異等曰後當司詔令已而皆然獨孤授舉博學宏辭吏部考當乙邵覆之置甲科人咨其公

崔元翰名鵬以字行父良佐與齊國公日用從昆弟也擢明經甲科補湖城主簿以母喪遂不仕治詩易書春秋譔演範忘象渾天等論數十篇隱共北白鹿山之陽卒門人共謚曰貞文孝父元翰舉進士博學宏辭賢良方正皆異等義成李勉表在幕府馬燧更表爲太原掌書記召拜禮部員外郎竇參秉政引知制誥其訓辭温厚有典誥風然性剛褊不能取容於時孤特自恃掌誥凡再朞不遷罷爲比部郎中時已七十餘卒其好學老不倦用思精緻馳騁班固蔡邕閒以自名家怨陸贄李充乃附裴延齡延齡表鉤校京兆妄費持吏甚急而充等自無過訖不能傳致以罪云

于公異蘇州吳人進士擢第李晟表爲招討府掌書記朱泚平露布於德宗曰臣既肅清宮禁祗奉寢園鐘簴不移廟貌如故帝覽泣下曰誰爲之辭或以公異對帝咨歎一再始公異與陸贄故有隙時贄在翰林聞不喜世多言公異不

能事後母既仕不歸省及贄當政乃奏其狀詔賜孝經罷歸田里盧邁坐舉非其人奪俸兩月時中書舍人高郢嘗薦御史元敦義及公異被譴郢亦劾敦義無美行詔免敦義官公異繇是不自振而卒

李益故宰相揆族子於詩尤所長貞元末名與宗人賀相埒每一篇成樂工爭以賂求取之被聲歌供奉天子至征人早行等篇天下皆施之圖繪少癡而忌克防閑妻妾苛嚴世謂妒為李益疾同輩行稍稍進顯益獨不調鬱鬱去游燕劉濟辟置幕府進為營田副使嘗與濟詩語怨望憲宗雅知名召為祕書少監集賢殿學士自負才淩藉士衆不能堪諫官因暴幽州時怨望語詔降秩俄復舊官累遷右散騎常侍太和初以禮部尚書致仕卒時又有太子庶子李益同在朝故世言文章李益以辨云

盧綸字允言河中蒲人避天寶亂客鄱陽大曆初數舉進士不入第元載取綸文以進補閿鄉尉累遷監察御史輒稱疾去坐與王縉善久不調渾瑊鎮河中辟元帥判官累遷檢校戶部郎中嘗朝京師是時舅韋渠牟得幸德宗表其才

召見禁中帝有所作輒使賡和異日問渠牟盧綸李益何在答曰綸從渾瑊在
河中驛召之會卒綸與吉中孚韓翃錢起司空曙苗發崔峒耿湋夏侯審李端
皆能詩齊名號大曆十才子憲宗詔中書舍人張仲素訪集遺文文宗尤愛其
詩問宰相綸文章幾何亦有子否李德裕對綸四子簡能簡辭弘正簡求皆擢
進士第在臺閣帝遣中人悉索家笥得詩五百篇以聞中孚鄱陽人官戶部侍
郎翃字君平南陽人侯希逸表佐淄青幕府府罷十年不出李勉在宣武復辟
之俄以駕部郎中知制誥時有兩韓翃其一爲刺史宰相請孰與德宗曰與詩
人韓翃終中書舍人起吳興人天寶中舉進士與郎士元齊名時語曰前有沈
宋後有錢郎終考功郎中曙字文初廣平人從韋皐於劍南終虞部郎中發晉
卿子終都官員外郎峒終右補闕湋右拾遺審侍御史端趙州人始郭曖尚昇
平公主主賢明有才思尤招納士故端等多從曖游曖嘗進官大集客端賦詩
最工錢起曰素爲之請賦起姓端立獻一章又工于前客乃服主賜帛百後移
疾江南終杭州司馬

歐陽詹字行周泉州晉江人其先皆爲本州州佐縣令閩越地肥衍有山泉禽魚雖能通文書吏事不肯北宦及常袞罷宰相爲觀察使始擇縣鄉秀民能文辭者與爲賓主鈞禮觀游饗集必與里人矜耀故其俗稍相勸仕初詹與羅山甫同隱潘湖往見袞袞奇之辭歸泛舟飲餞舉進士與韓愈李觀李絳崔羣王涯馮宿庾承宣聯第皆天下選時稱龍虎榜閩人第進士自詹始詹事父母孝與朋友信義其文章切深回復明辨與愈友善詹先爲國子監四門助教率其徒伏闕下舉愈博士卒年四十餘崔羣哭之甚愈爲詹哀辭自書以遺羣初徐晦舉進士不中詹數稱之明年高第仕爲福建觀察使語及詹必流涕從子秬字降之亦工爲文陸洿自右拾遺除司勳郎中棄官隱吳中詔召之既在道秬遺書讓出處之遽洿不至還秬名益聞開成中擢進士第而里人蕭本妄言與貞獻太后近屬恩寵赫然秬恥之會澤潞劉從諫表秬在幕府秬爲辨質本之僞本終得罪其子稹拒命秬方休假還家稹表斥損時政或言秬爲之詔流崖州賜死臨刑色不撓爲書徧謝故人自誌墓人皆憐之

李賀字長吉系出鄭王後七歲能辭章韓愈皇甫湜始聞未信過其家使賀賦詩援筆輒就如素構自目曰高軒過二人大驚自是有名爲人纖瘦通眉長指爪能疾書每旦日出騎弱馬從小奚奴背古錦囊遇所得書投囊中未始先立題然後爲詩如它人牽合程課者及暮歸足成之非大醉弔喪日率如此過亦不甚省母使婢探囊中見所書多卽怒曰是兒要嘔出心乃已耳以父名晉肅不肯舉進士愈爲作諱辨然卒亦不就舉辭尚奇詭所得皆驚邁絕去翰墨畦逕當時無能效者樂府數十篇雲韶諸工皆合之絃管爲協律郎卒年二十七與游者權璩楊敬之王恭元每譔著時爲所取去賀亦早世故其詩歌世傳者鮮焉

吳武陵信州人元和初擢進士第淮西吳少陽聞其才遣客鄭平邀之將待以賓友武陵不答俄而少陽子元濟叛武陵遺以書自稱東吳王孫曰夫勢有不必得事有不必疑徒取暴逆之名而殄物敗俗不可謂智一日亡破平生親愛連頭就戮不可謂仁支屬繁衍因緣磨滅先魂傷餒不可謂孝數百里之內拘

若檻穽常疑死於左右手低回姑息不可謂明且三皇以來數千萬載何有勃理亂常而能自畢者哉貞元時德宗以函容御天下河北諸鎮專地不臣朝廷資以爵號桀黠者自謂得計以反爲利於是楊惠琳劉闢李錡盧從史等又亂皇帝卽位赫然命偏師討之盡伏其辜所謂時也曰者張太尉厭垣捍之勤謝易定爲國老田尙書知慮絕俗又以魏博來歸幽檀滄景皆爲信臣然而與足下者獨齊趙耳夫齊安可爲恃哉徐壓其首梁薄其翼魏斮其脛滑鍼其腹淮南承其衝分兵不足相救全舉則曹魯東平非其有也彼何苦而自棄哉若趙則固豎子耳前日主上以澤潞爲之導旣斥從史姑赦罪復爵祿之天下之人欲討者十八無何殘丞相御史朝廷以足下故未加斧鉞也然則中山搏蘽城之險太原乘井陘之隘燕徇樂壽邢扼臨城淸河絕其南弓高斷其北孤雛腐鼠求責不暇又曷以救人哉二鎭不敢動亦明矣足下何待而窮處邪昔僕之師裴道明嘗言唐家二百載有中興主當其時很傲者盡滅河湟之地復矣今天子英武任賢同符太宗寬仁厚物有玄宗之度罰無貸罪賞無遺功諸侯豢

齊趙以稔其釁羣帥築室礪兵進窺房蔡屯田繼漕前鋒扼喉後陣撫背左排右掖其幾何而不蹈邪足下勿謂部曲勿我欺人心與足下一也足下反天子人亦欲反足下易地而然則嬰兒橫之命不若奉大君官守矣枕戈持矛死不得地不若坐兼爵命而保胤嗣矣足下苟能挺知幾之烈莫若發一介籍士馬土疆歸之有司上以覆載之仁必保納足下滌垢洗瑕以倡四海將校官屬不失寵且責何哉爲國者不以纖惡蓋大善也且貳而伐服而捨寵榮可厚骨肉可保何獨不爲哉三州至狹也萬國至廣也力不相侔判然可知假使官軍百敗而行陣未嘗乏足下一敗則成禽矣夫一壯士不能當十夫者以其左右前後咸敵也矧以一卒欲當百人哉昏迷不返諸侯之師集城下環壘刳塹灌以流潦主將怨攜士卒崩離田儋呂與發於肘腋屍不得裹宗不得祀臣僕以爲誡子孫所不祖生爲暗愎之人沒爲幽憂之鬼何其痛哉元濟得書不悟會裴度東討而韓愈爲司馬武陵勸愈爲度謀取中官常所不快者爲監軍歸素所快者於內爲吾地以傾諸侯出帛百萬以給士大夫則孰不爲丞相之人然後

分三大將環賊而屯明斥候牛酒高會潛以實期授潁蔡諸將而以三期紿賊
令辯士持尺書刦元濟及將士約降彼無所竄謀矣時度部分已定故不見用
元濟未破數月武陵自硤石望東南氣如旗鼓矛楯皆顛倒橫斜少選黃白氣
出西北盤蜿相交武陵告愈曰今西北王師所在氣黃白喜象也敗氣爲賊曰
直木舉其盈數不閱六十日賊必亡夫天見其祥宜修事應之且洄曲守將急
緩不可使吳城賊將趙曄詐而輕若以兵誘之伏以待一舉可奪其城則右臂
斷矣武陵之奇譎類如此長慶初竇易直以戶部侍郎判度支表武陵主鹽北
邊易直以不職薄其遇會表置和糴貯備使擇郎中爲之武陵諫曰今緣邊膏
壤鞠爲榛杞父母妻子不相活前在朔方度支米價四十而無踰月積皆先取
商人而後求牒還都受錢脫有寇薄城不三旬便當餓死何所取財而云和糴
哉天下不治病權不歸有司也鹽鐵度支一戶部郎事今三分其務吏萬員財
賦日蹙西北邊院官皆御史員外郎爲之始命若責可信今又加使權其務是
御史員外久於事返不可信也今更旬月又將以郎中之爲不可信即更時歲

明公之爲亦又不可信上下相阻一國交疑誰爲可信者況一使之建胥徒走卒殆百輩督責騰呼數千里爲不寧誠欲邊隅完實獨募浮民徙罪人發沃土何必加使而增吏也易直不納久之入爲太學博士太和初禮部侍郞崔郾試進士東都公卿咸祖道長樂武陵最後至謂郾曰君方爲天子求奇材敢獻所益因出袖中書搢笏郾讀之乃杜牧所賦阿房宮辭既警拔而武陵音吐鴻暢坐客大驚武陵請曰牧方試有司請以第一人處之郾謝已得其人至第五郾未對武陵勃然曰不爾宜以賦見還郾曰如教牧果異等後出爲韶州刺史以贓貶潘州司戶參軍卒初柳宗元謫永州而武陵亦坐事流永州宗元賢其人及爲柳州刺史武陵北還大爲裴度器遇每言宗元無子說度曰西原蠻未平柳州與賊犬牙宜用武人以代宗元使得優游江湖又遺工部侍郞孟簡書曰古稱一世三十年子厚之斥十二年殆半世矣霆砰電射天怒也不能終朝聖人在上安有畢世而怒人臣邪且程劉二韓皆已拔拭或處大州劇職獨子厚與猿鳥爲伍誠恐霧露所嬰則柳氏無後矣度未及用而宗元死始李愬節

度唐鄧武陵薦李景儉王湘健智沈敏可表以自副時號知人
李商隱字義山懷州河内人或言英國公世勣之裔孫令狐楚帥河陽奇其文使與諸子游楚徙天平宣武皆表署巡官歲具資裝使隨計開成二年高鍇知貢舉令狐綯雅善鍇奬譽甚力故擢進士第調弘農尉以活獄忤觀察使孫簡將罷去會姚合代簡諭使還官又試拔萃中選王茂元鎮河陽愛其才表掌書記以子妻之得侍御史茂元善李德裕而牛李黨人蚩謫商隱以爲詭薄無行共排笮之茂元死來游京師久不調更依桂管觀察使鄭亞府爲判官亞謫循州商隱從之凡三年乃歸亞亦德裕所善綯以爲忘家恩放利偷合謝不通京兆尹盧弘止表爲府參軍典箋奏綯當國商隱歸窮自解綯憾不置弘止鎮徐州表爲掌書記久之還朝復干綯乃補太學博士柳仲郢節度劒南東川辟判官檢校工部員外郎府罷客滎陽卒商隱初爲文瓌邁奇古及在令狐楚府楚本工章奏因授其學商隱儷偶長短而繁縟過之時温廷筠段成式俱用是相夸號三十六體

薛逢字陶臣蒲州河東人會昌初擢進士第崔鉉鎮河中表在幕府鉉復宰相引爲萬年尉直弘文館歷侍御史尚書郎持論鯁切以謀略高自標顯初與彭城劉瑑交瑑文辭出逢數人下常易之瑑稍親近逢不得意遂相忿恨會瑑當國有薦逢知制誥者瑑猥言先朝以兩省官給事舍人先治州縣乃得除逢未試州執不可乃出爲巴州刺史而楊收王鐸同牒署第收輔政逢有詩微辭譏訕收銜之復斥蓬綿二州刺史收罷以太常少卿召還歷給事中鐸爲宰相逢又以詩訾鐸鐸怒中外亦鄙逢褊傲故不見齒遷祕書監卒子廷珪進士及第大順初以司勳員外郎知制誥遷中書舍人從昭宗次華州引拜左散騎常侍稱疾免客成都光化中復爲舍人累尙書左丞朱全忠兼四鎮廷珪以官告使至汴客將先見諷其拜廷珪佯不曉曰吾何德敢受令公拜乎及見卒不肯加禮

李頻字德新睦州壽昌人少秀悟逮長廬西山多所記覽其屬辭於詩尤長與里人方干善給事中姚合名爲詩士多歸重頻走千里丐其品合大加奬挹以

女妻之大中八年擢進士第調祕書郎爲南陵主簿判入等再遷武功令於是畿民多籍神策軍吏以其横類假借不敢繩以法頻至有神策士尚君慶逋賦六年不送睅然出入閭里頻密擿比伍與競君慶叩縣廷質頻即械送獄盡條宿惡請於尹殺之督所負無少貸豪猾大驚屏息奉法縣大治有六門堰者廞廢百五十年方歲饑頻發官廥庸民浚渠按故道廝水溉田穀以大稔懿宗嘉之賜緋衣銀魚俄擢侍御史守法不阿徇遷累都官員外郎表丏建州刺史既至以禮法治下更布條教時朝政亂盜興相椎敓而建賴頻以安卒官下喪歸父老相與扶柩葬永樂州爲立廟梨山歲祠之天下亂盜發其冢壽昌人隨加封掩云

吳融字子華越州山陰人祖翥有名大中時觀察府召以署吏不應帥高其概言諸朝賜號文簡先生融學自力富辭調龍紀初及進士第韋昭度討蜀表掌書記還累侍御史坐累去官流浪荆南依成汭久之召爲左補闕以禮部郎中爲翰林學士拜中書舍人昭宗反正御南闕羣臣稱賀融最先至于時左右歡

駭帝有指授疊十許稾融跪作詔少選成語當意詳帝咨賞良厚進戶部侍郎

鳳翔劫遷融不克從去客閿鄉俄召還翰林遷承旨卒官

唐書卷二百三

唐書卷二百三考證

李賀傳卒年二十七〇舊書作二十四

唐書卷二百三考證

唐書卷二百四

宋　端　明　殿　學　士　宋　祁　撰

列傳第一百二十九

方技

凡推步卜相醫巧皆技也能以技自顯於一世亦悟之天非積習致然然士君子能之則不迂不泥不矜不神小人能之則迂而入諸拘礙泥而弗通大方矜以夸衆神以誣人故前聖不以爲教蓋吝之也若李淳風諫太宗不濫誅許胤宗不著方劑書嚴撰諫不合乾陵乃卓然有益于時者茲可珍也至遠知果撫等詭行幻怪又技之下者焉

李淳風岐州雍人父播仕隋高唐尉棄官爲道士號黃冠子以論撰自見淳風幼爽秀通羣書明步天曆算貞觀初與傅仁均爭曆法議者多附淳風故以將仕郎直太史局制渾天儀詆摭前世得失著法象書七篇上之擢承務郎遷太常博士改太史丞與諸儒修書還爲令太宗得祕讖言唐中弱有女武代王以

問淳風對曰其兆既成已在宫中又四十年而王王而夷唐子孫且盡帝曰我求而殺之奈何對曰天之所命不可去也而王者果不死徒使疑似之戮淫及無辜且陛下所親愛四十年而老老則仁雖受終易姓而不能絶唐若殺之復生壯者多殺而逞則陛下子孫無遺種矣帝采其言止淳風於占候吉凶若節契然當世術家意有鬼神相之非學習可致終不能測也以勞封昌樂縣男奉詔與算博士梁述助教王真儒等是正五曹孫子等書刊定注解立於學官撰麟德曆代戊寅曆候者推最密自祕閣郎中復爲太史令卒所撰典章文物志己巳占等書傳於世子諺孫仙宗並擢太史令唐初言曆者惟傅仁均仁均滑州人終太史令

甄權許州扶溝人以母病與弟立言究習方書遂爲高醫仕隋爲祕書省正字稱疾免魯州刺史庫狄嶔風痹不得挽弓權使彀矢鄉堋立鍼其肩隅一進曰可以射矣果如言貞觀中權已百歲太宗幸其舍視飲食訪逮其術擢朝散大夫賜几杖衣服壽卒年一百三歲所撰脈經針方明堂等圖傳于時立言仕爲

太常丞杜淹苦流腫帝遣視曰去此十日午漏上且死如之有道人心腹懣煩彌二歲診曰腹有蠱誤食髮而然令餌雄黃一劑少選吐一蛇如拇無目燒之有髮氣乃愈後以醫顯者淸漳宋俠義興許胤宗洛陽張文仲李虔縱京兆韋慈藏俠官朝散大夫藥藏監胤宗仕陳爲新蔡王外兵參軍王太后病風不能言脈沈難對醫家告術窮胤宗曰餌液不可進卽以黃耆防風煮湯數十斛置牀下氣如霧熏薄之是夕語擢義興太守武德初累進散騎侍郎關中多骨蒸疾轉相染得者皆死胤宗療視必愈或勸其著書貽後世者答曰醫特意耳思慮精則得之脈之候幽而難明吾意所解口莫能宣也古之上醫要在視脈病乃可識病與藥值唯用一物攻之氣純而愈速今之人不善爲脈以情度病多其物以幸有功譬獵不知兔廣絡原野冀一人獲之術亦疏矣一藥偶得宅味相制弗能專力此難愈之驗也脈之妙處不可傳虛著方劑終無益於世此吾所以不著書也卒年七十餘文仲仕武后時至尙藥奉御特進蘇良嗣方朝疾作仆廷中文仲診曰憂憤而成若脅痛者殆未可救頃告脅痛又曰及心則殆

俄心痛而死文仲論風與氣尤精后集諸言方者與共著書詔王方慶監之文仲曰風狀百二十四氣狀八十治不以時則死及之惟頭風與上氣足氣藥可常御病風之人春秋末月可使洞利乃不困劇自餘須發則治以時消息乃著四時輕重術凡十八種上之虔縱官侍御醫慈藏光祿卿

袁天綱益州成都人仕隋爲鹽官令在洛陽與杜淹王珪韋挺游天綱謂淹曰公蘭臺學堂全且博將以文章顯謂珪法令成天地相臨不十年官五品謂挺面如虎當以武處官然三君久皆得譴吾且見之淹以侍御史入天策爲學士珪太子中允挺善隱太子薦爲左衛率武德中俱以事流嶲州見天綱曰公等終且貴杜位三品難與言壽王韋亦三品後於杜而壽過之但晚節皆困見竇軌曰君伏犀貫玉枕輔角完起十年且顯立功其在梁益閒邪軌後爲益州行臺僕射天綱復曰赤脈干瞳方語而浮赤入大宅公爲將必多殺願自戒軌果坐事見召天綱曰公毋憂右輔澤而動不久必還果還爲都督貞觀初太宗召見曰古有君平朕今得爾何如對曰彼不逢時臣固勝之武后之幼天綱見其

母曰夫人法生貴子乃見二子元慶元爽曰官三品保家主也見韓國夫人曰此女貴而不利夫后最幼姆抱以見紿以男天綱視其步與目驚曰龍瞳鳳頸極貴驗也若爲女當作天子帝在九成宮令視岑文本曰學堂瑩夷眉過目故文章振天下首生骨未成自前而視法三品肉不稱骨非壽兆也張行成馬周見曰馬君伏犀貫腦背若有負貴驗也近古君臣相遇未有及公者然面澤赤而耳無根後骨不隆壽不長也張晚得官終位宰相其術精類如此高士廉曰君終作何官謝曰僕及夏四月數旣盡如期以火山令卒子客師亦傳其術爲㢆犧令高宗置一鼠于匳令術家射皆曰鼠客師獨曰雖實鼠然入則一出則四發之鼠生三子嘗度江叩舟而還左右請故曰舟中人鼻下氣皆墨不可以濟俄有一男子跛而負直就舟客師曰貴人在吾可以濟江中風忽起幾覆而免跛男子乃婁師德也時有長社人張憬藏技與天綱埒太子詹事蔣儼有所問答曰公厄在三尺土下盡六年而貴六十位蒲州刺史無有祿矣儼使高麗爲莫離支所囚居土室六年還及爲蒲州歲如期則召掾史妻子告當死俄詔

聽致仕劉仁軌與鄉人靖賢請占憬藏答曰劉公當五品而譴終位冠人臣謂賢曰君法客死仁軌爲尚書僕射賢猥曰我三子皆富田宅吾何客死俄喪三子盡鬻田宅寄死友家魏元忠尚少往見憬藏問之久不答元忠怒曰窮通有命何預君邪拂衣去憬藏遽起曰君之相在怒時位必卿相姚崇李迥秀杜景佺從之游憬藏曰三人者皆宰相然姚最貴郎中裴珪妻趙見之憬藏曰夫人目修緩法曰豕視淫又曰目有四白五夫守宅夫人且得罪俄坐姦沒入掖廷裴光廷當國憬藏以紙大署台字投之光廷曰吾既台司矣尚何事後三日貶台州刺史隋末又有高唐人乙弗弘禮當煬帝居藩召見弘禮賀曰大王爲萬乘主所戒在德而已及即位悉詔請術家坊處之使弘禮總攝海內寖亂帝曰而昔言朕既驗然終當奈何弘禮逡巡帝知之乃曰不言且死弘禮曰臣觀人臣相與陛下類者不長然聖人不相故臣不能知由是敕有司監視毋得與外語薛大鼎坐事沒爲奴及貞觀時有請於弘禮答曰君奴也欲何事請解衣視之弘禮指腰而下曰位方岳玄宗時有金梁鳳者頗言人貴賤夭壽裴冕爲河

西留後梁鳳輒言不半歲兵起君當以御史中丞除宰相又言一日向雒一日向蜀一日向朔方此時公當國冕妖其言絕之俄而祿山反冕以御史中丞召因問三日答曰雒日卽滅蜀日不能久朔方日愈明肅宗卽位而冕遂相薦于帝拜都水使者梁鳳謂呂諲曰君且輔政須大怖乃得諲責驛史搒之史突入射諲兩矢幾中走而免明年知政事李揆盧允毀服紿謁梁鳳不許二人語以情梁鳳曰李自舍人閱歲而相盧不過郎官揆已相擢允吏部郎中

王遠智系本琅邪後爲揚州人父曇選爲陳揚州刺史母晝寢夢鳳集其身因有娠浮屠寶誌謂曇選曰生子當爲世方士遠知少警敏多通書傳事陶弘景傳其術爲道士又從臧兢游陳後主聞其名召入重陽殿辯論超詣甚見咨挹隋煬帝爲晉王鎭揚州使人介以邀見少選髮白俄復鬒帝懼遣之後幸涿郡詔遠知見臨朔宮帝執弟子禮咨質仙事詔京師作玉清玄壇以處之及幸揚州遠知謂帝不宜遠京國不省高祖尚微遠知密語天命武德中平王世充秦王與房玄齡微服過之遠知未識迎語曰中有聖人非王乎乃諗以實遠知曰

方爲太平天子願自愛太宗立欲官之苦辭貞觀九年詔潤州即茅山爲觀俾居之璽詔曰省所奏願還舊山已別詔不違雅素并敕立祠觀以伸曩懷未知先生早晚至江外祠舍何當就功令太史令薛頤等往宣朕意遠知多怪言詫其弟子潘師正曰吾少也有累不得上天今署少室伯吾將行即沐浴加冠衣若寢者遂卒或言壽蓋百二十六歲云遺命子紹業曰爾年六十五見天子七十見女君調露中紹業表其言高宗召見嗟賞追贈遠知大中大夫諡升真先生武后時復召見皆如其年又贈金紫光祿大夫天授中改諡升玄

薛頤者滑州人當隋大業時爲道士善天步律曆武德初追直秦王府密語曰德星舍秦分王當帝天下王表爲太史丞稍遷令貞觀時太宗將封泰山彗星見頤因言臣商天意陛下未可東亦會大臣上議帝遂罷固丐爲道士帝爲築觀九嵕山號曰紫府拜頤大中大夫往居之即祠建清臺候辰次災祥以聞所上與太史李淳風合數歲卒高宗時又有葉法善者括州括蒼人世爲道士傳陰陽占繇符架之術能猒劾怪鬼帝聞之召詣京師欲寵以官不拜留內齋場

禮賜殊縟時帝悉召方士化黃金治丹法善上言丹不可遽就徒費財與日請覈眞僞帝許之凡百餘人皆罷嘗在東都凌空祠爲壇以祭都人悉往觀有數十人自奔火中衆大驚救而免法善笑曰此爲魅所馮吾以法攝之耳問而信病亦皆已其譎幻類若此歷高中二宗朝五十年往來山中時時召入禁內雅不喜浮屠法常力詆毀議者淺其好憎然以術高卒叵之測睿宗立或言陰有助力先天中拜鴻臚卿員外置封越國公舍景龍觀追贈其父歙州刺史寵映當世開元八年卒或言生隋大業丙子死庚子蓋百七歲云玄宗下詔褒悼贈越州都督

明崇儼洛州偃師人梁國子祭酒山賓五世孫少隨父恪令安喜吏有能召鬼神者盡得其術乾封初應岳牧舉調黃安丞以奇技自名高宗召見甚悅擢冀王府文學試爲窟室使宮人奏樂其中召崇儼問何祥邪爲我止之崇儼書桃木爲二符剚室上樂卽止曰向見怪龍怖而止盛夏帝思雪崇儼坐頃取以進自云往陰山取之四月帝憶瓜崇儼索百錢須臾以瓜獻曰得之緱氏老人圃

中帝召老人問故曰埋一瓜失之土中得百錢累遷正諫大夫帝令入閤供奉每謁見陳時政多託鬼神爲言至爲武后作厭勝事又言章懷太子不德儀鳳四年爲盜所刺於東都好事者爲言崇儼役鬼勞苦爲鬼所殺而太后疑太子使客殺之故贈侍中謚曰莊擢子珪爲祕書郎命御史中丞崔謐等雜治誣服者甚衆及太子廢死狀乃明

尙獻甫衞州汲人善占候武后召見由道士擢太史令辭曰臣梗野不可以事官長后改太史局爲渾儀監以獻甫爲令不隸祕書省數問災異又於上陽宮集術家撰方域等篇長安二年熒惑犯五諸侯獻甫自陳五諸侯太史位臣命納音金也火金之仇臣且死后曰朕爲卿厭之遷水衡都尉謂曰水生金卿無憂至秋卒后嗟異復以渾儀監爲太史局云

嚴善思名譔同州朝邑人以字行父延與河東裴玄證隴西李真蔡靜皆通儒術該曉圖讖善思傳延業褚遂良上官儀等奇其能高宗封泰山舉銷聲幽藪科及第調襄陽尉居親喪廬墓因隱居十年武后時擢監察御史兼右拾遺內

供奉數言天下事方酷吏構大獄以善思爲詳審使平活八百餘人原千餘姓長壽中按囚司刑寺罷疑不實者百人來俊臣等疾之誣以罪謫交趾五歲得還是時李淳風死候家皆不效乃詔善思以著作佐郎兼太史令聖曆二年熒惑入輿鬼后問其占對曰大臣當之是年王及善卒長安中熒惑入月鎮犯天關善思曰法當亂臣伏罪而有下謀上之象歲餘張柬之等起兵誅二張還給事中后崩將合葬乾陵善思建言尊者先葬卑者不得入今啓乾陵是以卑動尊術家所忌且玄闕石門冶金錮隙非攻鑿不能開神道幽靜多所驚黷若別攻隧以入其中即往昔葬時神位前定更且有害曩營乾陵國有大難易姓建國二十餘年今又營之難且復生合葬非古也況事有不安豈足循據漢世皇后別起陵墓魏晉始合葬漢積祀四百魏晉祚率不長亦其驗也今若更擇吉地附近乾陵取從葬之義使神有知無所不通若其無知合亦何益山川精氣上爲列星葬得其所則神安而後嗣昌失其宜則神危而後嗣損願割私愛使社稷長久中宗不納神龍中武后喪公除太常請大習樂供郊廟詔未許善思

奏曰樂者氣化所以感天地調五行漢魏喪禮以日易月蓋三年不爲禮禮必
壞三年不爲樂樂必崩禮陰也樂陽也樂崩陽伏禮廢陰慾故變以適時孝道
之大安人神公也茹哀戚私也王者不以私害公請如太常奏帝從之還禮部
侍郎表皇后擅政爲社稷憂求汝州刺史嘗語姚崇曰韋氏禍且塗地相王所
居有華蓋紫氣必位九五公善護之及睿宗立崇以語聞召拜右散騎常侍初
譙王重福徙均州過汝善思爲刺史及謀反僞除禮部尚書重福敗坐關通論
死吏部尚書宋璟戶部郎中李邕薄其罪給事中韓思復固請乃流靜州始善
思爲御史中書舍人劉允濟爲酷吏所陷且死善思力訟其寃得免戶部尚書
王本立見之曰祁奚之救叔向嚴公有之後見允濟語未嘗及之思復之解善
思也亦不自德時稱長者之報後遇赦還開元十六年卒子向乾元中爲鳳翔
尹三世皆年八十五云
杜生者許州人善易占有亡奴者問所從追戒曰自此行逢使者懇丐其鞭若
不可則以情告其人果值使者於道如生語使者異之曰去鞭吾無以進馬可

折道傍蔞代之乃往折蔞見亡奴伏其下獲之宅日又有亡奴者生戒持錢五百伺於道見進鶴使者可市其一必得奴俄而使至其人以情告使者以一與之忽飛集灌莽上往取之而得亡奴衆以爲神時有浮屠泓者黄州人與天官侍郎張敬之善敬之以武后在位常指所服示子冠宗曰莽朝服耳俄冠宗以父應入三品詣有司言狀泓忽曰君無煩求三品也敬之大驚已而知出冠宗意敬之弟訥之疾殆泓曰公弟當位三品不足憂也已而愈嘗爲燕國公張說市宅戒曰無穿東北王隅也宅日見說曰宅氣索然云何與說共視隅有三坎丈餘泓驚曰公富貴一世而已諸子將不終說懼將平之泓曰客土無氣與地脈不連譬身瘡痏補宅肉無益也說子皆汙賊死斥云

張果者晦鄉里世系以自神隱中條山往來汾晉間世傳數百歲人武后時遣使召之即死後人復見居恆州山中開元二十一年刺史韋濟以聞玄宗令通事舍人裴晤往迎見晤輒氣絶仆久乃蘇晤不敢逼馳白狀帝更遣中書舍人徐嶠齎璽書邀禮乃至東都舍集賢院肩輿入宮帝親問治道神僊事語祕不

傳果善息氣能累日不食數御美酒嘗云我生堯丙子歲位侍中其貌實年六七十時有邢和璞者善知人夭壽師夜光者善視鬼帝令和璞推果生死懵然莫知其端帝召果密坐使夜光視之不見果所在帝謂高力士曰吾聞飲堇無苦者奇士也時天寒因取以飲果三進頹然曰非佳酒也乃寢頃視齒燋縮顧左右取鐵如意擊墮之藏帶中更出藥傅其斷良久齒已生粲然騈潔帝益神之欲以玉真公主降果未言也果忽謂祕書少監王迥質太常少卿蕭華曰諺謂娶婦得公主平地生公府可畏也二人怪語不倫俄有使至傳詔曰玉真公主欲降先生果笑固不奉詔有詔圖形集賢院懇辭還山詔可擢銀青光祿大夫號通玄先生賜帛三百匹給扶侍二人至恆山蒲吾縣未幾卒或言尸解帝爲立棲霞觀其所夜光者薊州人少爲浮屠至長安因九僊公主得召見溫泉帝奇其辯賜冠帶授四門博士賜緋衣銀魚金繒千數得侍左右如幸臣和璞喜黃老作頽陽書世傳之天寶中有孫甑生者以伎聞能使石自鬬草爲人騎馳走楊貴妃喜觀之數召入宮中又有羅思遠能自隱帝學不肯盡其術試自

隱常餘衣帶及思遠共試則驗厚賜金帛然卒不得帝怒褁以幞壓殺之數日有中使者自蜀還逢思遠篤而西笑曰上爲戲何虐也

姜撫宋州人自言通僊人不死術隱居不出開元末太常卿韋縚祭名山因訪隱民還白撫已數百歲召至東都舍集賢院因言服常春藤使白髮還鬒則長生可致藤生太湖最良終南往往有之不及也帝遣使者至太湖多取以賜中朝老臣因詔天下使自求之宰相裴耀卿奉觴上千萬歲壽帝悅御花蕚樓宴羣臣出藤百奩徧賜之擢撫銀青光祿大夫號冲和先生撫又言終南山有旱藕餌之延年狀類葛粉帝作湯餅賜大臣右驍衞將軍甘守誠能諳藥石曰常春者千歲藟也旱藕杜蒙也方家久不用撫易名以神之民間以酒漬藤飲者多暴死乃止撫內慚悸請求藥牢山遂逃去

桑道茂者寒人失其系望善太一遁甲術乾元初官軍圍安慶緒於相州勢危甚道茂在圍中密語人曰三月壬申西師潰至期九節度兵皆敗後召待詔翰林建中初上言國家不出三年有厄會奉天有王氣宜高垣堞爲王者居使可

容萬乘者德宗素驗其數詔京兆尹嚴郢發衆數千及神策兵城之時盛夏趣功人莫知其故及朱泚反帝蒙難奉天賴以濟李晟爲右金吾大將軍道茂齎一縑見晟再拜曰公貴盛無比然我命在公手能見赦否晟大驚不領其言道茂出懷中一書自具姓名署其右曰爲賊逼脅固請晟判晟笑曰欲我何語道茂曰第言準狀赦之晟勉從己又以縑願易晟衫請題衿膺曰它日爲信再拜去道茂果汙朱泚僞官晟收長安與逆徒縛旗下將就刑出晟衫及書以示晟爲奏原其死是時藩鎮擅地無寧時道茂曰年號元和寇盜翦滅矣至憲宗乃驗道茂居有二柏甚茂曰人居而木蕃者去之木盛則土衰土衰則人病乃以鐵數千鈞埋其下復曰後有發其地而死者太和中温造居之發藏鐵而造死杜佑與楊炎善盧杞疾之佑懼以問道茂答曰君歲中補外則福壽叵涯矣俄拜饒州刺史後終司徒李泌病道茂署於紙曰厄三月二日就饗國與家吉而身危會中和日泌雖篤彊入德宗見泌不能步詔歸第卒是日北軍謀亂仗士禽斬之李鵬爲盛唐令道茂曰君位止此而家息位宰相次息亦大鎮子孫百

世鵬卒後石至宰相福歷七鎮諸孫通顯云

唐書卷二百四

唐書卷二百四考證

李淳風傳子諺○舊書作子諺

袁天綱傳仕隋爲鹽官令○舊書大業中爲資官令

劉仁軌與鄉人靖賢請占云云○舊書作靖思賢

唐書卷二百四考證

宋　端　明　殿　學　士　宋　祁　撰

列傳第一百三十

列女

女子之行於親也孝婦也節母也義而慈止矣中古以前書所載后妃夫人事天下化之後彤史職廢婦訓姆則不及於家故賢女可紀者千載間寥寥相望唐興風化陶淬且數百年而閨家令姓窈窕淑女至臨大難守禮節白刃不能移與哲人烈士爭不朽名寒如霜雪亦可貴矣今采獲尤顯行者著之篇以緒正父父子子夫夫婦婦之懿云

李德武妻裴字淑英安邑公矩之女以孝聞鄉黨德武在隋坐事徙嶺南時嫁方踰歲矩表離婚德武謂裴曰我方貶無還理君必儷宅族于此長決矣答曰夫天也可背乎願死無它欲劓耳誓保姆持不許夫姻婣歲時朔望裴致禮惟謹居不御薰澤讀列女傳見述不更嫁者謂人曰不踐二廷婦人之常何異而

載之書後十年德武未還矩決嫁之斷髮不食矩知不能奪聽之德武更娶尒朱氏遇赦還中道聞其完節乃遣後妻爲夫婦如初

楊慶妻王者世充兄之女慶以河間王子爲郇王守滎陽陷於世充故世充妻之用爲管州刺史太宗攻洛陽慶謀於王歸唐謝曰鄭以我奉箕箒者綴公之心今負恩背義自爲身謀可若何至長安則公家婢耳願送我還東都慶不聽王謂左右曰唐勝則鄭滅鄭安則吾夫死若是生何益乃飲藥死慶入朝官宜州刺史

房玄齡妻盧失其世玄齡微時病且死諉曰吾病革君年少不可寡居善事後人盧泣入帷中剔一目示玄齡明無它會玄齡良愈禮之終身

王蘭英者獨孤師仁之姆師仁父武都謀歸唐王世充殺之師仁始三歲免死禁錮蘭英請髡鉗得保養許之時喪亂餓死者籍籍游丐道路以食師仁身啖土飲水後詐爲採薪竊師仁歸京師高祖嘉其義詔封蘭英永壽鄉君

楊三安妻李京兆高陵人舅姑亡三安又死子幼孤窶晝田夜紡凡三年葬舅

姑及夫兄弟凡七喪遠近嗟涕太宗聞而異之賜帛三百段遣州縣存問免其徭役

樊會仁母敬蒲州河東人字象子笄而生會仁夫死事舅姑祥順家以其少欲嫁之潛約婚於里人至期陽爲母病使歸視敬至知見紿乃外爲不知者私謂會仁曰吾孀處不死者以母老兒幼今舅將奪吾志汝云何會仁泣敬曰兒毋啼乃伺隙遁去家追及半道以死自守乃罷會仁未冠卒時敬母又終既葬謂所親曰母死子亡何生爲不食數日死聞者憐之

衞孝女絳州夏人字無忌父爲鄉人衞長則所殺無忌甫六歲無兄弟母改嫁逮長志報父仇會從父大延客長則在坐無忌抵以甓殺之詣吏稱父寃已報請就刑巡察使褚遂良以聞太宗免其罪給驛徙雍州賜田宅州縣以禮嫁之

鄭義宗妻盧者范陽士族也涉書史事舅姑恭順夜有盜持兵劫其家人皆匿竄惟姑不能去盧冒刃立姑側爲賊捽捶幾死賊去人問何爲不懼答曰人所以異鳥獸者以其有仁義也今鄰里急難尙相赴況姑可委棄邪若百有一危

我不得獨生姑曰歲寒然後知松柏後凋吾乃今見婦之心

劉寂妻夏侯滑州胙城人字碎金父長雲爲鹽城丞喪明時劉已生二女矣求與劉絶歸侍父疾又事後母以孝稱五年父亡毀不勝喪被髮徒跣身負土作冢廬其左寒不緜日一食者三年詔賜物二十段粟十石表異門閭後其女居母喪亦如母行官又賜粟帛表其門

于敏直妻張者皖城公儉女也生三歲每父母病已能晝夜省視顏色如成人及長愈恭順仁孝儉病篤聞之號泣幾絶儉死一慟遂卒高宗懿其行賜物百段以狀屬史官

楚王靈龜妃上官者下邽士族也靈龜出繼哀王後而舅姑在妃朝夕侍奉謹甚凡珍美非經獻不先嘗靈龜卒將葬前妃無近族議者欲不舉妃曰逝者有知魂可無託乎乃備禮合葬聞者嘉歎喪除兄弟共諭妃少又無子可不有行泣曰丈夫以義婦人以節我未能殉溝壑尚可御粧澤祭他胙乎將自劓耳衆遂不敢彊

楊紹宗妻王華州華陰人在襁而母亡繼母鞠愛父征遼歿繼母又卒王年十五乃舉二母柩而立父象招魂以葬廬墓左永徽中詔楊氏婦在隋時父歿遼西能招魂克葬至祖父母塋隧親服板築哀感行路因賜物段并粟以闕表門

賈孝女濮州鄄城人年十五父爲族人玄基所殺孝女弟彊仁尚幼孝女不肯嫁躬撫育之彊仁能自樹立教伺玄基殺之取其心告父墓彊仁詣縣言狀有司論死孝女詣闕請代弟死高宗閔歎詔并免之內徙洛陽

李氏妻王阿足深州鹿城人早孤無兄弟歸李氏數歲夫死無子以嫠姊高年無供養乃不忍嫁晝耕夜織能辦生事餘二十年姊乃亡葬送如禮鄉人服其義爭遣女妻往師其風訓壽終于家

樊彥琛妻魏者揚州人彥琛病魏曰公病且篤不忍公獨死彥琛曰死生常道也幸養諸孤使成立相從而死非吾取也彥琛卒值徐敬業難陷兵中聞其知音令鼓箏魏曰夫亡不死而逼我管絃禍由我發引刀斬其指軍伍欲彊妻之固拒不從乃刃擬頸曰從我者不死魏厲聲曰狗盜乃欲辱人速死吾志也乃

見害聞者傷之

李畬母者失其氏有淵識畬爲監察御史得稟米量之三斛而贏問于史曰御史米不槩也又問車庸有幾曰御史不償也母怒敕歸餘米償其庸因切責畬畬乃劾倉官自言狀諸御史聞之有慚色

汴女李者年八歲父亡殯于堂十年朝夕臨及笄母欲嫁之斷髮丐終養居母喪哀號過人自庀葬具州里送葬千餘人廬于墓蓬頭跣而負土以完園塋蒔松數百武后時按察使薛季昶表之詔樹闕門閭

崔繪妻盧者鸞臺侍郎獻之女獻有美名繪喪盧年少家欲嫁之盧稱疾不許女兄適工部侍郎李思沖早亡思沖方顯重表求繼室詔許家內外姻皆然可思沖歸幣三百轝盧不可曰吾豈再辱於人乎寧沒身爲婢是夕出自竇糞穢鑱面還崔舍斷髮自誓思沖以聞武后不奪也詔爲浮屠尼以終

堅貞節婦李者年十七嫁爲鄭廉妻未踰年廉死常布衣蔬食夜忽夢男子求爲妻初不許後數數夢之李自疑容貌未衰醜所召也即截髮麻衣不薰飾垢

面塵膚自是不復夢刺史白大威欽其操號堅貞節婦表旌門闕名所居曰節婦里

符鳳妻某氏字玉英尤姝美鳳以罪徙儋州至南海爲獠賊所殺脅玉英私之對曰一婦人不足事衆男子請推一長者賊然之乃請更衣有頃盛服立於舟罵曰受賊辱不如死自沈於海

高叡妻秦叡爲趙州刺史爲默啜所攻州陷叡仰藥不死至默啜所示以寶帶異袍曰降我賜爾官不降自死叡視秦秦曰君受天子恩當以死報賊一品官安足榮自是皆瞑目不語默啜知不可屈乃殺之

王琳妻韋者士族也琳爲眉州司功參軍俗僭侈盛飾韋不知有簪珥訓二子堅冰有法後皆名聞琳卒時韋年二十五家欲彊嫁之韋固拒至不聽音樂處一室或終日不食卒年七十五著女訓行於世

盧惟清妻徐淄州人世客陳留惟清仕歷校書郎徐女兄之夫李宜得以罪斥惟清坐僚姻貶播川尉徐還鄉里糲食斥鉛膏采絺不御會大赦徐間關迎惟

清至荆州聞惟清死二髯奴將劫徐歸下江徐知之數其罪奴不敢逼劫其貲去徐倍道行至播川足繭流血得惟清尸以喪還閱歲至洛陽既葬以無子終服還陳留汴州刺史齊澣高其節頌而詩之

饒娥字瓊真饒州樂平人生小家勤織紝頗自修整父勤漁于江遇風濤舟覆屍不出娥年十四哭水上不食三日死俄大震雷水蟲多死父屍浮出鄉人異之歸賵具禮葬父及娥鄱水之陰縣令魏仲光碣其墓建中初黜陟使鄭叔則表旌其閭河東柳宗元爲立碑云

竇伯女仲女京兆奉天人永泰中遇賊行剽二女自匿山谷賊迹而得之將逼以私行臨大谷伯曰我豈受汙於賊乃自投下賊大駭俄而仲亦躍而墜京兆尹第五琦表其烈行詔旌門閭免其家徭役官爲庀葬

盧甫妻李秦州成紀人父瀾永泰初爲蘄令梁宋兵與瀾論降劇賊數千人刺史曹昇襲賊敗之賊疑瀾賣己執瀾及其弟渤兄弟爭相代死李見父被執亦請代父遂皆遇害又有王泛妻裴者亦俘賊中欲汙之罵曰吾衣冠子豈愛生

受汙邪賊臨以兵罵不止乃支解焉宣慰使李季卿聞狀詔贈李孝昌縣君裴河東縣君灡渤並贈官

鄒待徵妻薄者從待徵官江陰袁晁亂薄爲賊所掠將汙之不從語家媪使報待徵曰我義不辱卽死於水賊去得其尸義聲動江南聞人李華作哀節婦賦

金節婦者安南賊帥陶齊亮之母也常以忠義誨齊亮頑不受遂絕之自田而食紡而衣州里矜法焉大曆初詔賜兩丁侍養本道使四時存問終身

高愍女名妹妹父彥昭事李正己及納拒命質其妻子使守濮陽建中二年挈城歸河南都統劉玄佐納屠其家時女七歲母李憐其幼請免死爲婢許之女不肯曰母兄皆不免何賴而生母兄將被刑徧拜四方女問故答曰神可祈也女曰我家以忠義誅神尙何知而拜之問父在所西嚮哭再拜就死德宗駭歎詔太常謚曰愍諸儒爭爲之誄彥昭從玄佐救寧陵復汴州累功授潁州刺史朝廷錄其忠居州二十年不從卒贈陝州都督

楊烈婦者李侃妻也建中末李希烈陷汴謀襲陳州侃爲項城令希烈分兵數

千略定諸縣侃以城小賊銳欲逃去婦曰寇至當守力不足則死焉君而逃尚誰守侃曰兵少財乏若何婦曰縣不守則地賊地也倉廩府庫皆其積也百姓皆其戰士也於國家何有請重賞募死士尚可濟侃乃召吏民入廷中曰令誠若主也然滿歲則去非如吏民生此土也墳墓存焉宜相與死守忍失身北面奉賊乎衆泣許諾乃徇曰以瓦石擊賊者賞千錢以刀矢殺賊者萬錢得數百人侃率以乘城婦身自爨以享衆報賊曰項城父老義不下賊得吾城不足爲威宜亟去徒失利無益也賊大笑侃中流矢還家婦責曰君不在人誰肯固死于外猶愈於牀也侃遽登城會賊將中矢死遂引去縣卒完詔遷侃太平令先是萬歲通天初契丹寇平州鄒保英爲刺史城且陷妻奚率家僮女丁乘城不下賊詔封誠節夫人默啜攻飛狐縣令古玄應妻高能固守虜引去詔封徇忠縣君史思明之叛衞州女子侯滑州女子唐青州女子王相與歃血赴行營討賊滑濮節度使許叔冀表其忠皆補果毅雖敢決不忘於國然不如楊烈婦慷慨知君臣大義云

賈直言妻董直言坐事貶嶺南以妻少乃訣曰生死不可期吾去可亟嫁無須也董不答引繩束髮封以帛使直言署曰非君手不解直言貶二十年乃還署帛宛然及湯沐髮墮無餘

李孝女者名妙法瀛州博野人安祿山亂被劫徙宅州聞父亡欲間道奔喪一子不忍去割一乳留以行既至父已葬號踊請開父墓以視宗族不許復持刀刺心乃爲開見棺舌去塵髮治拭之結廬墓左手植松柏有異鳥至後母病或不食飲女終日未嘗視匕箸及亡刺血書于母臂而葬廬墓終身

李湍妻某氏湍籍吳元濟軍元和中自拔歸烏重胤妻爲賊縛而臠食之將死猶號湍曰善事烏僕射觀者歎泣重胤請以其事屬史官詔可

董昌齡母楊世居蔡昌齡更事吳少陽至元濟時爲吳房令母常密戒曰逆順成敗兒可圖之昌齡未決徙郾城楊復曰逆賊欺天神所不福當速降無以我累兒爲忠臣吾死不慊會王師逼郾城昌齡乃降憲宗喜即拜郾城令兼監察御史昌齡謝曰母之訓也臣何能帝嗟歎元濟囚楊欲殺者屢矣蔡平而母在

陳許節度李遜表之封北平郡太君

王孝女徐州人字和子元和中父兄皆防秋屯涇州吐蕃寇邊並戰死和子年十七單身被髮徒跣縗裳抵涇屯日丐貸護二喪還葬于鄉植松柏翦髮壞容廬墓所節度使王智興白狀詔旌其門

段居貞妻謝字小娥洪州豫章人居貞本歷陽俠少年重氣決娶歲餘與謝父同賈江湖上並爲盜所殺小娥赴江流傷腦折足人救以免轉側丐食至上元夢父及夫告所殺主名離析其文爲十二言持問內外姻莫能曉隴西李公佐隱占得其意曰殺若父者必申蘭若夫必申春試以是求之小娥泣謝諸申乃名盜亡命者也小娥詭服爲男子與傭保雜物色歲餘得蘭于江州春于獨樹浦蘭與春從兄弟也小娥託傭蘭家日以謹信自效蘭寖倚之雖包苴無不委小娥見所盜段謝服用故在益知所夢不疑出入二期伺其便它日蘭盡集羣偷釃酒蘭與春醉臥廬小娥閉戶拔佩刀斬蘭首因大呼捕賊鄉人牆救禽春得贓千萬其黨數十小娥悉疏其人上之官皆抵死乃始自言狀刺史張錫嘉

其烈白觀察使使不爲請還豫章人爭聘之不許祝髮事浮屠道垢衣糲飯終身

楊含妻蕭父歷爲撫州長史以官卒母亦亡蕭年十六與婣皆韶淑毀貌載二喪還鄉里貧不能給舟庸次宣州戰鳥山舟子委柩去蕭結廬水濱與婢穿壙納棺成墳蒔松柏朝夕臨有馴烏縞兎菌芝之祥長老等爲立舍歲時進粟縑喪滿不釋縗人高其行或請昏女曰我弱不能北還君誠爲我致二柩葬故里請事君子於是含以高安尉罷歸聘之且請除素蕭以親未葬許其載辭其采已葬乃釋服而歸楊云

韋雍妻蕭張弘靖鎭幽州也表雍在幕府朱克融亂雍被劫蕭聞難與雍皆出左右格之不退雍臨刃蕭呼曰我苟生無益願今日死君前刑者斷其臂乃殺雍蕭意象晏然觀者哀歎是夕死大和中楊志誠表其烈詔贈蘭陵縣君雍字和叔擢進士第

衡方厚妻程大和中方厚爲邕州錄事參軍招討使董昌齡治無狀方厚數爭

事昌齡怒將執付吏辭以疾不免卽以死告臥棺中昌齡知之使闔棺甚牢方厚閉久以爪攫棺爪盡乃絶程懼弁死不敢哭昌齡恬不疑厚遣其喪程徒行至闕下叩右銀臺門自刵陳冤下御史鞫治有實昌齡乃得罪文宗詔封程武昌縣君賜一子九品正員官

鄭孝女兗州瑕丘人父神佐爲官兵戰死慶州時母已亡又無兄弟女時年二十四卽翦髮毀服身護喪還鄉里與母合葬廬墓下手樹松柏成林初許適牙兵李玄慶至是謝不嫁大中中兗州節度使蕭俶狀于朝有詔旌表其閭

李廷節妻崔乾符中廷節爲郟城尉王仙芝攻汝州廷節被執賊見崔姝美將妻之詬曰我士人妻死亡有命奈何受賊汙賊怒刳其心食之

殷保晦妻封敖孫也名絢字景文能文章草隸保晦歷校書郎黃巢入長安共匿蘭陵里明日保晦逃賊悦封色欲取之固拒賊誘説萬詞不答賊怒勃然曰從則生不然正膏我劍封罵曰我公卿子守正而死猶生也終不辱逆賊手遂遇害保晦歸左右曰夫人死矣保晦號而絶

竇烈婦者，河南人，朝邑令畢某妻。初，同州軍亂，逐節度使李瑭，走河中，令匿望仙里，不知所舍，乃仇家也。夜半，盜入捽令，首欲殺之。竇泣蔽捍，苦持賊袂，至中刀不解，令得脫走，不死。賊亦去。京兆聞之，歸酒帛醫藥，幾死而愈。

李拯妻盧者，美姿能屬文。拯字昌時，咸通末擢進士，遷累考功郎中。黃巢亂，避地平陽。僖宗召爲翰林學士。帝出寶雞，陷于嗣襄王熅。熅敗，拯死。盧伏尸哭，王行瑜兵逼之，不從，脅以刃，斷一臂死。

山陽女趙者，父盜鹽，當論死，女詣官訴曰：「迫飢而盜，救死爾，情有可原，能原之邪？否則請俱死。」有司義之，許減父死。女曰：「身今爲官所賜，願毀服依浮屠法以報。」即截耳自信，侍父疾，卒不嫁。

周迪妻某氏。迪善賈，往來廣陵。會畢師鐸亂，人相掠賣以食。迪飢將絕，妻曰：「今欲歸，不兩全。君親在，不可幷死，願見賣以濟君行。」迪不忍，妻固與詣肆，售得數千錢以奉迪。至城門，守者誰何，疑其紿，與迪至肆問狀，見妻首已在桁矣。迪裹餘體歸葬之。

李延壽妻王者當楊行密時延壽事行密爲壽州刺史惡行密不臣與寧國節度使田頵謀絶之以歸唐事泄行密以計召延壽欲與揚州延壽信之將行王曰今若得揚州成宿志是興衰在時非繫家也然願日一介爲驗許之及爲行密所殺介不至王曰事敗矣即部家僕授兵器方闔扉而捕騎至遂出私帑施民發百燎焚牙居呼天曰我誓不爲讎人辱赴火死

唐書卷二百五

唐書卷二百五考證

列女傳楊三安妻李京兆高陵人○舊書雍里涇陽人

劉寂妻夏侯時劉已生二女矣求與劉絶歸侍父疾五年父亡毀不勝喪云云

○舊書侍養經十五年父卒毀瘠廬墓云云

楚王靈龜妃上官者下邽士族也○舊書作上邽人

唐書卷二百五考證

唐書卷二百六

宋　端　明　殿　學　士　宋　祁　撰

列傳第一百三十一

外戚

凡外戚成敗視主德何如主賢則共其榮主否則先受其禍故太宗檢責倖裁賞賜貞觀時內里無敗家高中二宗柄移豔私產亂朝廷武韋諸族夅嬰頸血一日同汗鈇刃玄宗初年法行近親裹表脩敕天寶奪明委政妃宗階召反虜遂喪天下楊氏之誅噍類不遺蓋數十年之寵不償一日之慘甲第厚貲無救同坎之悲寧不哀哉代德而降閹尹參嬖後宮雖多無赫赫顯門亦無刀鋸大戮故用福甚者得禍酷取名少者蒙責輕理所固然若乃長孫無忌之功武平一之識吳溆之忠弗緣內寵者自見別傳

獨孤懷恩元貞皇后弟也父整仕隋爲涿郡太守懷恩之幼隋文帝獻皇后以姪養宮中逮長稍學記書而居財不訾喜交豪猾博徒爲鄠令以疾免高祖平

京師拜長安令頗嚴明如職而辦帝受禪擢工部尚書初虞州刺史韋義節擊堯君素於蒲州不克帝遣懷恩代將性貪寡算略數戰無功士喪沮詔書切責而懷恩稍怨望帝嘗與戲曰弟姑子悉有天下次當爾邪懷恩內喜以爲天命旣而居忽忽咤曰我家渠獨女子富貴也因謀亂是時虞鄉南山多宿盜而劉武周使宋金剛略澮州帝發關中軍屬秦王屯柏壁繇是懷恩與麾下元君寶解令榮靜謀引王行本軍與武周連和割河東以啗之引羣賊取永豐倉絕秦王餉道長驅三輔會君素死而行本得其兵部畫已定而夏人呂崇茂殺縣令應武周帝敕懷恩與永安王孝基陝州總管于筠內史侍郎唐儉擊夏爲金剛所掩諸將皆沒于賊君寶與開府劉讓私侮懷恩曰不早舉大事以及斯辱也故謀寖露及秦王敗武周於美良川懷恩逃歸帝命率師攻蒲州君寶聞曰王者不死果其然唐儉知狀會武周還劉讓求罷兵因白發懷恩等姦于時行本舉蒲州降懷恩勒兵入城帝方濟河而讓至具得反狀帝召之懷恩不知也單舟以來即縛之窮索黨與縊死于獄以首徇華陰市籍入其家

武士彠字信世殖貲喜交結高祖嘗領屯汾晉休其家因被顧接後留守太原引爲行軍司鎧參軍募兵既集以劉弘基長孫順德統之王威高君雅私謂士彠曰弘基等皆背征三衞罪當死奈何授之兵吾且劾繫之士彠曰此皆唐公客若爾必有大嫌故威等疑不發會司兵參軍田德平欲勸威劾募人狀士彠脅謂曰討捕兵悉起唐公威君雅無與徒寄坐耳何能爲德平亦止兵起士彠不與謀也以大將軍府鎧曹參軍從平京師爲光祿大夫義原郡公自言嘗夢帝騎而上天帝笑曰爾故王威黨也以能罷繫劉弘基等其意可錄且嘗禮我故酬汝以官今胡迋妄媚我邪累遷工部尚書進封應國公歷利荊二州都督卒贈禮部尚書謚曰定高宗永徽中以士彠仲女爲皇后故崇贈幷州都督司徒周國公咸亨中加贈太尉兼太子太師太原郡王配享高祖廟廷列功臣上后監朝尊爲忠孝太皇建崇先府置官屬追王五世后革命更於東都立武氏七廟追册爲帝諸妣皆隨帝號曰皇后先天中有詔削士彠僞號仍爲太原王廟遂廢始士彠娶相里氏生子元慶元爽又娶楊氏生三女元女妻賀蘭氏早

寡季女妻郭氏不顯士䕶卒後諸子事楊不盡禮銜之后立封楊代國夫人進爲榮國后姊韓國夫人於時元慶已官宗正少卿元爽少府少監兄子惟良衛尉少卿楊諷后上疏出元慶等于外以示退讓由是元慶斥龍州元爽濠州惟良始州元慶死元爽流振州乾封時惟良及弟淄州刺史懷運與岳牧集泰山下於是韓國有女在宮中帝尤愛幸后欲并殺之即導帝幸其母所惟良等上食后寘堇焉賀蘭食之暴死后歸罪惟良等誅之諷有司改姓蝮氏絕屬籍元爽緣坐死家屬投嶺外后取賀蘭敏之爲士䕶後賜氏武襲封擢累左侍極蘭臺太史令與名儒李嗣真等參與刊撰敏之韶秀自喜烝於榮國挾所愛佻橫多過失榮國卒后出珍幣建佛廬徼福敏之乾匿自用司衛少卿楊思儉女選爲太子妃告婚期矣敏之聞其美彊私焉楊喪未畢褫衰麤奏音樂太平公主往來外家宮人從者敏之悉逼亂之后疊數怒至此暴其惡流雷州表復故姓道中自經死乃還元爽之子承嗣奉士䕶後宗屬悉原士䕶兄士稜士逸士稜字彥威少柔愿力于田官司農少卿宣城縣公常主苑囿農稼事卒贈潭州都

督陪葬獻陵

士逸字遜有戰功爲齊王府戶曹參軍六安縣公從王守太原爲劉武周所執嘗遣間人陳破賊計賊平擢授益州行臺左丞數言當世得失高祖嘉納之終韶州刺史

承嗣既還擢尚輦奉御襲周國公遷祕書監禮部尚書俄以太常卿同中書門下三品未幾辭位垂拱初以春官尚書同鳳閣鸞臺平章事改納言代蘇良嗣爲文昌左相性暴輕忍禍聞左司郎中喬知之婢窈娘美且善歌奪取之知之作綠珠篇以諷婢得詩恨死承嗣怒告酷吏殺之殘其家初后擅政中宗幽逐承嗣自謂傳國及己武氏當有天下卽諷后革命去唐家子孫誅大臣不附者倡議追王先世立宗廟又王元慶曰梁王諡憲元爽魏王諡德后從父士讓楚王諡僖士逸蜀王諡節又贈兄子承業陳王而承嗣爲魏王元慶子三思爲梁王士讓之孫攸寧爲建昌王攸歸九江王攸望會稽王士逸孫懿宗河內王嗣宗臨川王仁範河間王仁範子載德潁川王士稜孫攸暨千乘王維良子攸宜

建安王攸緒安平王從子攸止恆安王重規高平王承嗣子延基南陽王延秀
淮陽王三思子崇訓高陽王崇烈新安王承業子延暉嗣陳王延祚咸安王承
嗣實封千戶監脩國史密諭后黨鳳閣舍人張嘉福使洛州人上書請立己爲
皇太子以觀后意后問岑長倩格輔元皆執不宜承嗣不得已奏請責諭嘉福
等不罪也怨長倩等皆以罪誅以特進罷未幾復同鳳閣鸞臺三品承嗣爲左
相而攸寧爲納言故皆罷又與三思同三品不及月俱免復拜特進后決意還
太子矣久之還太子太保不得志鞅鞅憤死贈太尉幷州牧謚曰宣延基襲爵
后嫌斥其名更曰繼魏王長安初與妻永泰郡主及邵王私語張易之兄弟事
後忿爭語聞后怒令自殺以延義代王中宗復位侍中敬暉等言諸武不當王
與羣臣白奏事不兩大武家諸王宜皆免帝柔昏不斷又素畏太后且欲悅安
之更言攸暨三思皆與去二張功以折暉等纔降封一級三思王德靜郡攸暨
壽春懿宗爲耿國公攸寧江國攸望葉國嗣宗管國攸宜息國重規鄶國延義
魏國攸緒巢國崇訓酆國延祿爲咸安郡公直臣宋務光蘇安恆上書言武諸

王饗封不猒人心帝不悟載德終湖州刺史謚武烈攸歸歷司屬少卿至齊州刺史事母孝姊亡期不嘗五辛語輒流涕攸止絳州刺史三人死太后時不及削封攸宜歷同州刺史萬歲通天初爲淸邊道行軍大總管討契丹后親餞白馬寺師無功還拜左羽林大將軍景龍時遷右羽林卒總禁兵前後十年嗣宗終司衞卿重規爲汴鄭二州刺史未至役人營繕后怒貶廬州刺史自是著令諸王爲州不得擅營治突厥之叛以重規爲天兵中道大總管與沙吒忠義張仁亶引衆三十萬討之左羽林大將軍閻敬容爲西道後軍兵十五萬後援還爲左金吾衞大將軍終衞尉卿延秀母本帶方人坐其家沒入奚官以姝惠賜承嗣生延秀突厥默啜薦女和親后令延秀納之詔右豹韜大將軍閻知微右武衞郎將楊鸞莊齎金幣送至突厥所知微等潛約默啜執延秀進寇嬀檀故延秀不得歸神龍初默啜請和因延秀送款還封桓國公左衞中郎將宗兄崇訓尚安樂公主數與宴昵頗通突厥語傚虜謳舞姿度閑冶主愛悅會崇訓死遂私侍主後因尚焉以太常卿兼右衞將軍封恆國公三思死韋后復私延秀

故延秀益自肆主府倉曹參軍何鳳說曰今天下繫心武家庶幾再興且讖曰黑衣神孫被天裳神孫非公尙誰哉因勸服皁衣惑衆韋后敗尙與主居禁中同斬肅章門攸望以太府卿貶死春州諸武屬坐延秀誅徙者略盡獨載德子平一以文章顯與攸緒常避盛滿故免自有傳攸寧天授中擢累納言踰年以左羽林衞大將軍罷俄還納言久乃罷爲冬官尙書聖曆初同鳳閣鸞臺平章事自承嗣三思罷政事閒一年攸寧三思復當國置句使苛取民貲產毀族者凡十七八呼天自冤築大庫百餘舍聚所得財一昔火不遺一錢以冬官尙書罷神龍初終岐州刺史贈尙書右僕射

三思當太后時累進夏官春官尙書監修國史爵爲王契丹陷營州以榆關道安撫大使屯邊還同鳳閣鸞臺三品踰月去位又檢校內史罷爲太子少保還賓客仍監國史三思性傾諛善迎諧主意鉤探隱微故后頗信任數幸其第賞予尤渥二張方烝蠱三思痛屈節爲懷義御馬倡言昌宗爲王子晉後身引公卿歌詠淫汙靦然媚人而不恥也后春秋高厭居宮中三思欲因此市權誘脅

羣不肖郎建營三陽宮於嵩山興泰宮於萬壽山請太后歲臨幸己與二張扈侍馳騁竊威福自私云工役鉅萬萬百姓愁歎崇訓之尙主也三思方輔政中宗居東宮欲寵耀其下乃令具親迎禮宰相李嶠蘇味道等及沈佺期宋之問諸有名士造作文辭慢泄相矜無復禮法中宗復位擢崇訓駙馬都尉太常卿兼左衞將軍三思進位司空同中書門下三品加實戶五百固辭進開府儀同三司會降封裁減實戶俄以太皇遺詔還所減而封崇訓鎬國公初桓彥範等已誅二張薛季昶劉幽求勸幷誅三思等不從翌日三思因韋后潛入宮中反易國政數日而彥範等皆失柄所斥去者悉還詔羣臣復循太后法三思建言大帝封泰山則天皇后建明堂封嵩山二聖之美不可廢帝韙其言遂更名五縣曰乾封合宮永昌登封告成云明年春大旱帝遣三思攸曁禱乾陵而雨帝悅三思因主請復崇恩廟昊順二陵皆置令丞其黨鄭愔上聖感頌帝爲刻石補闕張景源建言母子承業不可言中興所下制書皆除之於是天下名祠改唐興龍興云補闕權若訥又言制詔如貞觀故事且太后遺訓母儀也太宗舊

章祖德也沿襲當自近者始帝褒答是時起毬場苑中詔文武三品分朋爲都
帝與皇后臨觀崇訓與駙馬都尉楊慎交注膏築場以利其澤用功不訾人苦
之三思既私韋后又與上官昭容亂內忌節愍太子卽與主謀廢之太子懼故
發羽林兵圍三思第幷崇訓斬之殺其黨十餘人時疾三思姦亂竊國比司馬
懿其忌阻正人特甚嘗曰我不知何等名善人唯與我者殆是哉與宗楚客兄
弟紀處訥崔湜甘元柬相驅煽王同晈周憬張仲之等不勝憤謀殺之爲冉祖
雍宋之遜李悛所白皆坐死因逮染五王而崔湜遣周利貞就殺之故祖雍與
御史姚紹之等五人號三思五狗司農少卿趙履温中書舍人鄭愔長安令馬
構司勳郎中崔日用監察御史李悛託其權熏炙內外其尤干政事者天下語
曰崔冉鄭亂時政以爵賞自相崇樹凡構大獄汙點善良破壞其宗天下爲蕩
然始韋月將高軫上疏極言三思過惡有司殺月將逐軫惡地黄門侍郎宋憬
執奏俄見斥其權大抵如此既死帝爲舉哀廢朝五日贈太尉復封梁王謚曰
宣追封崇訓魯王謚曰忠主以太子首祭三思柩睿宗立以父子皆逆節斲棺

暴尸夷其墓

懿宗以司農卿爵爲郡王歷懷洛二州刺史神功元年孫萬榮敗王孝傑兵詔懿宗爲神兵道大總管討之而婁師德沙吒忠義並爲總管兵凡二十萬次趙州懿宗聞賊且至懼不知所出欲棄軍走或勸曰賊雖衆無輜載以鈔剽爲命若按兵老之擊其歸可成大功懿宗不暇計退保相州賊遂進屠趙州後萬榮死懿宗復與婁師德撫循河北人有自賊中歸者一切抵死先剔取膽乃殺之血沫前而舉動自如始萬榮入寇也別帥何阿小陷冀州殺人無餘種以懿宗暴忍似之故號稱兩何相語曰唯此兩何殺人最多初懿宗天授間受詔訊大獄誅大臣王公皆深排巧引內刑螫中無有脫者其險酷雖周來等不能繼也神龍初還太子詹事終懷州刺史

攸暨自右衞中郎將尚太平公主拜駙馬都尉累遷右衞大將軍天授中自千乘郡王進封定王實封戸六百遷麟臺監司祀卿長安中降王壽春加特進中宗時拜司徒復王定加戸千固辭進開府儀同三司延秀之誅降楚國公攸暨

沈謹和厚於時無忤專自奉養而已景龍中卒贈太尉并州大都督還定王謚曰忠節坐公主大逆夷其墓

韋温者中宗廢后庶人從父兄也后父玄貞歷普州參軍事以女爲皇太子妃故擢累豫州刺史帝幽房陵玄貞流死欽州妻崔爲蠻首寧承所殺四子洵浩洞泚同死容州后二女弟逃還京師帝復政是日詔贈玄貞上洛郡王太師雍州牧益州大都督温父玄儼魯國公特進并州大都督遣使者迎玄貞喪詔廣州都督周仁軌討寧承斬其首祭崔柩官仁軌左羽林大將軍汝南郡公柩至帝與后登長樂宮望而哭贈酆王謚文獻號廟曰褒德陵曰榮先置令丞給百戸掃除贈洵吏部尚書汝南郡王浩太常卿武陵郡洞衛尉卿淮陽郡泚太僕卿上蔡郡並葬京師温初試吏坐贓斥神龍初擢宗正卿遷禮部尚書封魯國公弟湑自洛州戸曹參軍事連拜左羽林大將軍曹國公后大妹嫁陸頌進國子祭酒仲妹嫁嗣號王邕湑子捷尚成安公主温從弟濯尚定安公主並拜駙馬都尉捷爲右羽林將軍景龍三年温以太子少保同中書門下三品遥領揚

州大都督温既見天下事在手欲自殖以牢其權引用支黨不相一公卿雖畏伏然温無能不如諸武凶而熾也湑初兼修文館大學士時熒惑久留羽林后惡之方湑從至温泉后毒殺之以塞變厚贈司徒幷州大都督湑兄弟頗以文詞進帝方盛選文章侍從與賦詩相娛樂湑雖爲學士常在北軍無所造作有富商抵罪萬年令李令質按之濯馳救令質不從毀於帝帝召令質至左右爲恐令質從容曰濯於賊非親但以貨爲請濯雖勢重不如守陛下法死無恨帝釋不責帝崩后專政畏有變敕温盡總內外兵守省中又以從子播捷從弟璿高嵩分領左右羽林軍温與宗楚客武延秀等說后託圖讖韋氏當受命謀殺少帝內憚相王太平公主屬尊欲先除之然後發其謀而玄宗兵夜起將軍葛福順攻玄武門入羽林斬播璿高嵩梟首以徇軍中相率而應無敢後后死遲旦斬温分捕諸韋子弟無少長皆斬周仁軌者京兆萬年人后母族也方爲幷州長史殘酷嗜殺戮異日見堂下有斷臂惡之送于野數昔往視故在是月韋后敗使者誅仁軌刑人舉刀仁軌承以臂墮地乃悟睿宗夷玄貞洵墳墓民盜

取寶玉略盡天寶九載復詔發掘長安尉薛榮先往視冢銘載葬日月與發冢日月正同而陵與尉名合云

王仁皎字鳴鶴玄宗廢后父也景龍中以將帥舉授甘泉府果毅遷左衛中郎將帝即位以后故擢將作大匠進累開府儀同三司封祁國公食戶三百仁皎避職不事委遠名譽厚奉養積媵妾貲貨而已卒年六十九贈太尉益州大都督諡昭宣官為治葬柩行帝御望春亭過喪詔張說文其碑帝為題石子守一與后孿生帝微時與雅舊後詔尚清陽公主從討太平主有功由尚乘奉御還殿中少監晉國公累進太子少保襲父爵被遇艮渥后廢貶柳州別駕至藍田賜死守一嗇墨無顧藉財蓄巨萬皆藉入于官

楊國忠太真妃之從祖兄張易之之出也嗜飲博數匄貸于人無行檢不為姻族齒年三十從蜀軍以屯優當遷節度使張宥惡其人笞屈之然卒以優為新都尉罷去益困蜀大豪鮮于仲通頗資給之從父玄琰死蜀州國忠護視其家因與妹通所謂虢國夫人者裒其貲至成都摴蒱一日費輒盡乃亡去久之調

扶風尉不得志復入蜀劍南節度使章仇兼瓊與宰相李林甫不平聞楊氏新有寵思有以結納之爲奧助使仲通之長安仲通辭以國忠見幹貌頎峻口辯給兼瓊喜表爲推官使部春貢長安將行告曰郫有一日糧君至可取之也國忠至乃得蜀貨百萬卽大喜至京師見羣女弟致贈遺於時虢國新寡國忠多分賂宣淫不止諸楊日爲兼瓊譽而言國忠善樗蒱玄宗引見擢金吾兵曹參軍閑廄判官兼瓊入爲戶部尙書兼御史大夫用其力也國忠稍入供奉常後出專主蒱簿計算鉤畫分銖不誤帝悅曰度支郎才也累遷監察御史李林甫與韋堅等獄欲危太子獄事畏卻以國忠怙寵摶鷙可用倚之使按劾國忠乃慘文峭詆逮繫連年誣蟣被誅者百餘族度可以危太子者先林甫意陷之皆中所欲林甫方深阻固位陰爲指嚮故國忠乘以爲姦肆意無所憚虢國居中用事帝所好惡國忠必探知其微帝以爲能擢兼度支員外郎遷不淹年領十五餘使林甫始惡之天寶七載擢給事中兼御史中丞專判度支會三妹封國夫人兄銛擢鴻臚卿與國忠皆列棨戟而第舍華僭彌跨都邑時海內豐熾州

縣粟帛舉巨萬國忠因言古者二十七年耕餘九年食今天置太平請在所出
滯積變輕齎內富京師又悉天下義倉及丁租地課易布帛以充天子禁藏明
年帝詔百官觀庫物積如丘山賜羣臣各有差錫國忠紫衣金魚知太府卿事
初楊慎矜引王鉷爲御史中丞已而有隙鉷挾國忠共劾慎矜抵不道誅由是
權傾中外吉温爲國忠謀奪林甫政國忠卽誣奏京兆尹蕭炅御史中丞宋渾
逐之皆林甫所厚善林甫不能救遂結怨鉷寵方渥位勢在國忠右國忠忌之
因邢縡事構鉷誅死己代爲京兆尹悉領其使卽窮劾支黨引林甫交私狀牽
連左遠數以聞帝始猒林甫疏薄之先此南詔質子閣羅鳳亡去帝欲討之國
忠薦鮮于仲通爲蜀郡長史率兵六萬討之戰瀘川舉軍沒獨仲通挺身免時
國忠兼兵部侍郎素德仲通爲匿其敗更敘戰功使白衣領職因自請兼領劍
南詔拜劍南節度支度營田副大使知節度事俄加本道兼山南西道採訪處
置使開幕府引竇華張漸宋昱鄭昂魏仲犀等自佐而留京師帝再幸左藏庫
班賚百官出納判官魏仲犀言鳳集通訓門門直庫西有詔改爲鳳皇門進仲

犀殿中侍御史屬吏率以鳳皇優得調俄拜國忠御史大夫因引仲通爲京兆尹已兼領吏部國忠恥雲南無功知爲林甫擠撫欲自解於帝乃使麾下請己到屯外示憂邊以合上旨實杜禁言路林甫果奏遣之及辭泣訴爲林甫中傷者妃又爲言故帝益親之豫計召日然國忠就道惴惴不自安帝在華淸宮驛追國忠還林甫病已困入見牀下林甫曰死矣公且入相以後事屬公國忠懼其詐不敢當流汗被顏林甫果死遂拜右相兼文部尚書集賢院大學士監修國史崇玄館大學士太淸太微宮使而節度採訪等使判度支不解也國忠已得柄則窮擿林甫姦事碎其家帝以爲功封魏國公固讓魏徙封衞國忠旣以宰相領選始建罷長名於銓日即定留放故事歲揭版南院爲選式選者自通一辭不如式輒不得調故有十年不官者國忠創押例無賢不肖用選深者先補官牒文謬缺得再通衆議翕然美之先天以前諸司官知政事者午漏盡還本司視事兵吏部尚書侍郎分案注擬開元末宰相員少任益尊不復視本司事吏部銓注常三注三唱自春止夏乃訖而國忠陰使吏到第預定其員集百

官尚書省注唱一日畢以夸神明駭天下耳目者自是資格紛謬無復綱序號
國居宣陽坊左國忠在其南自臺禁還趣號國第郎官御史白事者皆隨以至
居同第出駢騎相調笑施施若禽獸然不以爲羞道路爲恥駭明年大選因就
第唱補帷女兄弟觀之士之醜野蹇傴者呼其名輒笑于堂聲徹諸外士大夫
詬恥之先是有司已定注則過門下侍中給事中按閱有不可黜之國忠則召
左相陳希烈隅坐給事中在旁既對注曰已過門下矣希烈不敢異侍郎韋見
素張倚與本曹郎趨走堂下抱案牒國忠顧女弟曰紫袍二主事何如皆大噱
鮮于仲通等諷選者鄭怤願立碑省戸下以頌德詔仲通爲頌帝爲易數字因
以黄金識其處帝常歲十月幸華清宮春乃還而諸楊湯沐館在宮東垣連蔓
相照帝臨幸必徧五家賞賚不訾計出有賜曰餞路返有勞曰軟脚遠近饋遺
閣稚歌兒狗馬金貝踵疊其門國忠由御史至宰相凡領四十餘使而度支吏
部事自叢脞第署一字不能盡故吏得輕重顧賕公謁無所忌國忠性疏侻捷
給硜硜處決樞務自任不疑盛氣驕慢百僚莫敢相可否官屬悉苛督句剝相

慝又便佞專徇帝嗜欲不顧天下成敗帝雅意事邊故身調兵食取習文簿惡吏任之軍凡須索快成其手又不能省視也始李林甫紿帝天下無事請已漏出休許之文書填湊坐家裁決既成敕吏持案請左相陳希烈聯署左相不敢詰署惟謹至國忠時韋見素代希烈循以爲常它年大雨敗稼帝憂之國忠擇善禾以進曰雨不爲災扶風太守房琯上郡災國忠怒遣御史按之後乃無敢以水旱聞皆前伺國忠意乃敢啓子暄舉明經不中禮部侍郎達奚珣遣子撫往見國忠國忠方朝見撫喜已而聞暄當黜詬曰生子不富貴邪豈以一名爲鼠輩所賣珣大驚即致暄高第俄與珣同列猶吒官不進國忠雖當國常領劍南召募使遣戍瀘南餉路險乏舉無還者舊勳戶免行所以寵戰功國忠令當行者先取勳家故士無鬭志凡募法願奮者則籍之國忠歲遣宋昱鄭昂韋儇以御史迫促郡縣吏窮無以應乃詭設餉召貧弱者密縛置室中衣絮衣械而送屯亡者以送吏代之人人思亂尋遣劍南留後李宓率兵十餘萬擊閣羅鳳敗死西洱河國忠矯爲捷書上聞自再興師傾中國驍卒二十萬踦屨無遺天

下寃之安祿山方有寵總重兵于邊偃蹇不奉法帝護之下莫敢言國忠知終
不出己下又恃內援獨暴發反狀帝疑以位相媢不之信祿山雖逆久以帝遇
之厚故隱忍伺帝一日晏駕則稱兵及見帝嬖國忠甚畏不利己故謀日急俄
而祿山授尚書右僕射帝恐國忠不悅故冊拜司空祿山還幽州覺國忠圖己
反謀遂決國忠令客何盈蹇昂刺求反狀諷京兆尹李峴圍其第捕祿山所善
李超安岱李方來王岷殺之貶其黨吉温於合浦祿山上書自陳而條上國忠
大罪二十帝歸過於峴貶零陵太守以慰祿山意國忠寡謀矜躁謂祿山跋扈
不足圖故激怒之使必反以取信於帝帝卒不悟乃建言請以祿山爲平章事
追入輔政以買循爲使節度范陽呂知誨節度平盧楊光翽節度河東已草詔
帝使謁者輔璆琳覘祿山未還帝致詔坐側而璆琳納金固言不反帝謂國忠
曰祿山無二心前詔焚之矣祿山反以誅國忠爲名帝欲自將而東使皇太子
監國謂左右曰我欲行一事國忠揣帝且禪太子歸謂女弟等曰太子監國吾
屬誅矣因聚泣入訴于貴妃妃以死邀帝遂寑祿山旣發范陽數吒曰國忠頭

來何遲哥舒翰守潼關按兵守險國忠聞欲反己疑之乃從中督戰翰不得已出關遂大敗降賊書聞是日帝自南內移仗未央宮國忠見百官鯁咽不自勝監察御史高適請率百官子弟及募豪桀十萬拒守衆以爲不可初國忠聞難作自以身帥劍南豫置腹心梁益間爲自完計至是帝召宰相計事國忠曰幸蜀便帝然之明日遲昕帝出延秋門羣臣不知猶上朝唯三衛彍騎立仗尙聞刻漏聲國忠與韋見素高力士及皇太子諸王數百人護帝右龍武大將軍陳玄禮謀殺國忠不克進次馬嵬將士疲乏食玄禮懼亂召諸將曰今天子震蕩社稷不守使生人肝腦塗地豈非國忠所致欲誅之以謝天下云何衆曰念之久矣事行身死固所願會吐蕃使有請於國忠衆大呼曰國忠與吐蕃謀反衛騎合國忠突出或射中其頞殺之爭噉其肉且盡梟首以徇帝驚曰國忠遂反邪時吐蕃使亦殲矣御史大夫魏方進責衆曰何故殺宰相衆怒又殺之四子暄朏曉晞暄位太常卿戶部侍郎聞亂下馬蹶弩衆射之身貫百矢乃踣朏尙萬春公主位鴻臚卿陷賊見殺曉奔漢中爲漢中王瑀搒死晞及國忠妻裴柔

同奔陳倉爲追兵所斬柔故蜀倡也併坎而瘞其黨翰林學士張漸竇華中書舍人宋昱吏部郎中鄭昂俱走山谷民爭其貲富埒國忠昱戀貲產竊入都爲亂兵所殺餘坐誅國忠本名釗以圖讖有卯金刀當位御史中丞時帝爲改今名

李脩字脩起寒賤繇莊憲太后姪壻得進歷坊絳二州刺史無它才爲政粗辦性纖巧飾廚傳結納閹寺求善譽憲宗以爲才拜司農卿進京兆尹專聚斂以固恩寵數譖毀近臣一時側目太后崩詔脩爲橋道置頓使嗇官費物物裁損爲可喜者梓宮至灞橋從官多不得食始議更造渭城門計錢三萬脩以爲勞不聽使鑿軌道深之柱危不支方過喪而門壞轀輬僅免徹門乃得行脩妄奏車軸折山陵使李逢吉列罔上請免官方帝用兵而脩屢有所獻得不坐纔詔奪稟逢吉持之乃削銀青一階翌日加賜黃金帝以浙西富饒欲掊擿遺利以脩爲觀察使被疾還京師元和十四年卒士有相賀者鄭光孝明皇太后弟也會昌末夢御大車載日月行中衢光輝洪洞照六合寤而占之工曰君且暴貴

不闋月宣宗卽位光與民伍拜諸衛將軍遷累平盧軍節度使徙河中鳳翔又賜鄠雲陽二縣良田大中四年詔除其租賦宰相言國常賦寠人下戶不免柰何以外戚廢法帝悟追格前詔俄封其妾爲夫人光曉帝意還詔不敢拜帝嘉之七年來朝對延英占奏俚近帝失所望不悅留爲右羽林統軍兼太子太保太后言其家空短帝厚賜金繒終不復委方鎭卒贈司徒詔罷三日朝羣臣奉慰御史大夫李景讓曰禮外祖父母舅服小功五月伯叔父若兄弟齊衰期所以疏外密內也王者不可使外戚彊按王公主喪不過三日光宜少降詔罷二日子漢卿終義昌軍節度使

唐書卷二百六

唐書卷二百六考證

獨孤懷恩傳元貞皇后弟也〇舊書作元貞皇后弟之子

武士彠孫承嗣旣還擢尙輦奉御〇舊書作拜尙衣奉御

攸暨封樂壽郡王〇舊書攸暨爲樂壽郡王

主府倉曹參軍何鳳說曰今天下繫心武家云云〇舊書作倉曹符鳳

攸望以太府卿貶死春州〇舊書攸望至太常卿

武士彠兄士稜孫攸暨長安中降王壽春〇舊書隨例降封樂壽郡王

韋温傳后父元貞〇舊書后父元儼元儼弟元貞

洞衞尉卿淮陽郡〇舊書作淮南郡王

楊國忠傳節度使張宥惡其人笞屈之〇　臣德潛按舊書益州長史張寬惡其爲人

蜀大豪鮮于仲通頗資給之〇　臣德潛按鮮于仲通先資給之復薦之兼瓊得蜀貨百萬乃之京師見羣女弟因以進身此國忠得寵之由而後之薦仲通

討南蠻以致喪師辱國皆根于此也舊書不之及此新書周密處

國忠薦鮮于仲通爲蜀郡長史率兵六萬討之〇舊書作率精兵八萬

唐書卷二百六考證

宋　端　明　殿　學　士　宋　祁　撰

列傳第一百三十二

宦者上

唐制內侍省官有內侍四內常侍六內謁者監內給事各十謁者十二典引十八寺伯寺人各六又有五局一曰掖廷主宮嬪簿最二曰宮闈扃門闌三曰奚官治宮中疾病死喪四曰內僕主供帳鐙燭五曰內府主中藏給納局有令有丞皆宦者爲之太宗詔內侍省不立三品官以內侍爲之長階第四不任以事惟門閤守禦廷內掃除稟食而已武后時稍增其人至中宗黃衣乃二千員七品以上員外置千員然衣朱紫者尙少玄宗承平財用富足志大事奢不愛惜賞賜爵位開元天寶中宮嬪大率至四萬宦官黃衣以上三千員衣朱紫千餘人其稱旨者輒拜三品將軍列戟于門其在殿頭供奉委任華重持節傳命光焰殷殷動四方所至郡縣奔走獻遺至萬計修功德市禽鳥一爲之使猶且數

千緡監軍持權節度返出其下於是甲舍名園上腴之田爲中人所名者半京畿矣肅代庸弱倚爲扞衞故輔國以尙父顯元振以援立奮朝恩以軍容重然猶未得常主兵也德宗懲艾泚賊故以左右神策天威等軍委宦者主之置護軍中尉中護軍分提禁兵是以威柄下遷政在宦人舉手伸縮便有輕重至慓士奇材則養以爲子巨鎭彊藩則爭出我門小人之情猥險無顧藉又日夕侍天子狎則無威習則不疑故昏君蔽於所昵英主禍生所忽玄宗以遷崩憲敬以弑殞文以憂憤至昭而天下亡矣禍始開元極於天祐凶愎參會黨類殲滅王室從而潰喪譬猶灼火攻蠹蠹盡木焚詎不哀哉跡其殘氣不剛柔情易遷褻則無上怖則生怨借之權則專爲禍則迫而近緩相攻急相一此小人常勢也噫梟狐不神天與之昏末如亂何故取中葉以來宦人之大者稡之篇

楊思勗羅州石城人本蘇氏冒所養姓少給事內侍省從玄宗討內難擢左監門衞將軍帝倚爲爪牙開元初安南蠻渠梅叔鸞叛號黑帝舉三十二州之衆外結林邑眞臘金隣等國據海南衆號四十萬思勗請行詔募首領子弟十萬

與安南大都護光楚客繇馬援故道出不意賊駭貽不暇謀遂大敗封尸爲京觀而還十二年五溪首領覃行章亂詔思朂爲黔中招討使率兵六萬往執行章斬首三萬級以功進輔國大將軍給祿俸防閤從封泰山進驃騎大將軍封虢國公邕州封陵獠梁大海反破賓橫等州思朂又平之禽大海等三千人討斬支黨皆盡瀧州蠻陳行範自稱天子其下何游魯號定國大將軍馮璘南越王破州縣四十詔思朂發永道連三州兵淮南弩士十萬襲斬游魯璘於陣行範走盤遼諸洞思朂悉衆窮追生縛之阬其黨六萬獲馬金銀鉅萬計卒年八十餘思朂鷙忍敢殺戮所得俘必剺面褫髮皮以示人將士憚服莫敢視以是能立功內給事牛仙童納張守珪賂詔付思朂殺之思朂縛于格箠慘不可勝乃探心截手足剔肉以食肉盡乃得死楚客者樂安人後歷桂州都督致仕封松滋縣侯

高力士馮盎曾孫也聖曆初嶺南討擊使李千里上二閹兒曰金剛曰力士武后以其彊悟敕給事左右坐累逐出之中人高延福養爲子故冒其姓善武三

思歲餘復得入禁中稟食司宮臺旣壯長六尺五寸謹密善傳詔令爲宮闈丞玄宗在藩力士傾心附結已平韋氏乃啓屬內坊擢內給事先天中以誅蕭岑等功爲右監門衛將軍知內侍省事於是四方奏請皆先省後進小事即專決雖洗沐未嘗出眠息殿帷中徼倖者願一見如天人然帝曰力士當上我寢乃安當是時宇文融李林甫蓋嘉運韋堅楊愼矜王鉷楊國忠安祿山安思順高仙芝等雖以才寵進然皆厚結力士故能踵至將相自餘承風附會不可計皆得所欲中人若黎敬仁林昭隱尹鳳翔韓莊牛仙童劉奉廷王承恩張道斌李大宜朱光輝郭全邊令誠等並內供奉或外監節度軍修功德市鳥獸皆爲之使使還所裒獲動巨萬計京師甲第池園良田美產占者什六寵與力士略等然悉藉力士左右輕重乃能然肅宗在東宮兄事力士宅王公主呼爲翁戚里諸家尊曰爹帝或不名而呼將軍力士幼與母麥相失後嶺南節度使得之瀧州迎還不復記識母曰胷有七黑子在否力士袒示之如言母出金環曰兒所服者乃相持號慟帝爲封越國夫人而追贈其父廣州大都督延福與妻及力

士貴時故在侍養與麥均金吾大將軍程伯獻約力士爲兄弟後麥士伯獻繢經受弔河閒男子呂玄晤吏京師女國姝力士娶之玄晤擢刀筆史至少卿子弟仕皆王傅玄晤妻死中外贈賻送葬自第至墓車徒背相望不絕始李林甫牛仙客知帝憚幸東都而京師漕不給乃以賦粟助漕及用和糴法數年國用稍充帝齋大同殿力士侍帝曰我不出長安且十年海內無事朕將吐納導引以天下事付林甫若何力士對曰天子順動古制也稅入有常則人不告勞今賦粟充漕臣恐國無旬月蓄和糴不止則私藏竭逐末者衆又天下柄不可假人威權既振孰敢議者帝不悅力士頓首自陳心狂易語謬當死帝爲置酒左右呼萬歲由是還內宅不復事加累驃騎大將軍封渤海郡公於來廷坊建佛祠興寧坊立道士祠珍樓寶屋國貲所不逮鐘成力士宴公卿一扣鐘納禮錢十萬有佞悅者至二十扣其少亦不減十都北堰灃列五磑日儎三百斛直有袁思藝者帝亦愛幸然驕倨甚士大夫疏畏之而力士陰巧得人譽帝初置內侍省監二員秩三品以力士思藝爲之帝幸蜀思藝遂臣賊而力士從帝進齊

國公帝聞肅宗卽位喜曰吾兒應天順人改元至德不忘孝乎尙何憂力士曰兩京失守生人流亡河南漢北爲戰區天下痛心而陛下以爲何憂臣不敢聞從上皇還進開府儀同三司實封戶五百上皇徙西內居十日爲李輔國所誣除籍長流巫州力士方逃瘧功臣閣下輔國以詔召力士趨至閣外遣內養授譴制因曰臣當死已久天子哀憐至今日願一見陛下顏色死不恨輔國不許寶應元年赦還見二帝遺詔北向哭歐血曰大行升遐不得攀梓宮死有餘恨慟而卒年七十九代宗以護衛先帝勞還其官贈揚州大都督陪葬泰陵初太子瑛廢武惠妃方嬖李林甫等皆屬壽王帝以肅宗長意未決居忽忽不食力士曰大家不食亦膳羞不具邪帝曰爾我家老揣我何爲而然力士曰嗣君未定邪推長而立孰敢爭帝曰爾言是也儲位遂定天寶中邊將爭立功帝嘗曰朕春秋高朝廷細務付宰相蕃夷不龔付諸將寧不暇邪對曰臣間至閣門見奏事者言雲南數喪師又北兵悍且彊陛下何以制之臣恐禍成不可禁其指蓋謂祿山帝曰卿勿言朕將圖之十三年秋大雨帝顧左右無人卽曰天方災

卿宜言之力士曰自陛下以權假宰相法令不行陰陽失度天下事庸可復安臣之鉗口其時也帝不答明年祿山反力士善揣時事勢傾相上下雖親昵至當覆敗不肯爲救力故生平無顯顯大過議者頗恨宇文融以來權利相賊階天下之禍雖有補益弗相除云

程元振京兆三原人少以宦人直內侍省遷內射生使飛龍廏副使張皇后謀立越王元振見太子發其姦與李輔國助討難立太子是爲代宗拜右監門衛將軍知內侍省事帝以藥子昂判元帥行軍司馬固辭乃以命元振封保定縣侯再遷驃騎大將軍邠國公盡總禁兵不踰歲權震天下在輔國右凶決又過之軍中呼十郎王仲昇者初爲淮西節度使與襄州張維瑾部將戰申州被執賊平元振薦爲右羽林大將軍兼御史大夫將軍兼大夫由仲昇始裴冕與元振忤乃倚韓穎等罪貶施州來瑱守襄漢有功元振嘗謁屬不應因仲昇共誣殺瑱同華節度使李懷讓被構憂甚自殺素惡李光弼數媒蝎以疑之瑱等上將冕光弼元勳既誅斥或不自省方帥繇是攜解廣德初吐蕃党項內侵詔集

天下兵無一士奔命者虜扣便橋帝蒼黃出居陝京師陷賊剽府庫焚閭衖蕭然爲空於是太常博士翰林待詔柳伉上疏曰犬戎以數萬衆犯關度隴歷秦渭掠邠涇不血刃而入京師謀臣不奮一言武士不力一戰提卒叫呼刦宮闈焚陵寢此將帥叛陛下也自朝義之滅陛下以爲智力所能故疏元功委近習日引月長以成大禍羣臣在廷無一犯顏回慮者此公卿叛陛下也陛下始出都百姓塡然奪府庫相殺戮此三輔叛陛下也自十月朔召諸道兵盡四十日無隻輪入關者此四方叛陛下也內外離叛雖一魚朝恩以陝郡戮力陛下獨能以此守社稷乎陛下以今日勢爲安邪危邪若以爲危豈得高枕不爲天下計臣聞良醫療疾當病飲藥藥不當疾猶無益也陛下視今日病何繇至此乎天下之心乃恨陛下遠賢良任宦豎離間將相而幾于亡必欲存宗廟社稷獨斬元振首馳告天下悉出內使隸諸州獨留朝恩備左右陛下持神策兵付大臣然後削尊號下詔引咎率德勵行屏嬪妃任將相若曰天下其許朕自新改過乎宜即募士西與朝廷會若以朕惡未悛邪則帝王大器敢妨聖賢其聽天

下所往如此而兵不至人不感天下不服請赤臣族以謝疏聞帝顧公議不與乃下詔盡削元振官爵放歸田里帝還元振自三原衣婦衣私入京師舍司農卿陳景詮家圖不軌御史劾按長流溱州景詮貶新興尉元振行至江陵死時又有駱奉先者亦三原人歷右驍衞大將軍數從帝討伐尤見倖廣德初監僕固懷恩軍奉先恃恩貪甚懷恩不平既而懼其譖遂叛事平擢奉先軍容使掌畿內兵權熖熾然永泰初以吐蕃數驚京師始城鄠以奉先爲使悉毀縣外廬舍無尺椽累封江國公監鳳翔軍大曆末卒

魚朝恩瀘州瀘川人天寶末以品官給事黃門內陰黠善宣納詔令至德初監李光進軍京師平爲三宮檢責使以左監門衞將軍知內侍省事九節度圍賊相州以朝恩爲觀軍容宣慰處置使觀軍容使自朝恩始史思明攻洛陽朝恩以神策兵屯陝洛陽陷思明長驅至硤石使子朝義爲游軍肅宗詔銳兵十萬循渭而東以濟師朝恩按兵陝東使神策將衞伯玉與賊將康文景等戰敗之洛陽平徙屯汴州加開府儀同三司封馮翊郡公寶應中還屯陝代宗避吐蕃

東幸衞兵離散朝恩悉軍奉迎華陰乘輿六師乃振帝德之更號天下觀軍容宣慰處置使專領神策軍賞賜不涯朝恩貪小人恃功岸忽無所憚僕固瑒攻絳州使姚良據溫誘回紇陷河陽朝恩遣李忠誠討瑒以霍文場監之王景岑討良王希遷監之敗瑒於萬泉生擒良高暉等引吐蕃入寇遣劉德信討斬之故朝恩因麾下數克獲竊以自高是時郭子儀有定天下功居功臣第一心媢之乘相州敗醜爲詆譖肅宗不内其語然猶罷子儀兵留京師代宗立與程元振一口加毀帝未及寤子儀憂甚俄而吐蕃陷京師卒用其力王室再安故朝恩内慙乃勸帝徙洛陽欲遠戎狄百僚在廷朝恩從十餘人持兵出曰虜數犯都甸欲幸洛云何宰相未對有近臣折曰敕使反耶今屯兵足以捍寇何遽脅天子棄宗廟爲朝恩色沮而子儀亦謂不可乃止朝恩好引輕浮後生處門下講五經大義作文章謂才兼文武徼伺誤寵永泰中詔判國子監兼鴻臚禮賓内飛龍閑廄使封鄭國公始詣學詔宰相常參官六軍將軍悉集京兆設食内教坊出音樂俳倡侑燕大臣子弟二百人朱紫雜然爲附學生列廡次又賜錢

千萬取子錢供秩飯每視學從神策兵數百京兆尹黎幹率錢勞從者一費數十萬而朝恩色常不足凡詔會羣臣計事朝恩怙貴誕辭折愧坐人出其上雖元載辯彊亦拱默唯禮部郎中相里造殿中侍御史李衎酬詰往返未始降屈朝恩不懌黜衎以動造又謀將易執政以震朝廷乃會百官都堂且言宰相者和元氣輯羣生今水旱不時屯軍數十萬饋運困竭天子臥不安席宰相何以輔之不退避賢路默默尚可賴乎宰相俛首坐皆失色造徙坐從之因曰陰陽不和五穀踴貴皆軍容事宰相何與哉且軍孥不散故天降之沴今京師無事六軍可相維鎮又屯十萬饋糧所以不足百司無稍食軍容爲之宰相行文書而已何所歸罪朝恩拂衣去曰南衙朋黨且害我會釋菜執易升坐百官咸在言鼎有覆餗象以侵宰相王縉怒元載怡然朝恩曰怒者常情笑者不可測也載銜之未發朝恩有賜墅觀沼勝爽表爲佛祠爲章敬太后薦福即后謚以名祠許之於是用度侈浩公壞曲江諸館華清宮樓榭百司行署將相故第收其材佐興作費無慮萬億既數毀郭子儀不見聽乃遣盜發其先冢子儀詭辭自

解以安衆疑久之讓判國子監鴻臚禮賓等使加內侍監徙封韓增實封百戶俄兼檢校國子監初神策都虞候劉希暹魁健能騎射最爲朝恩昵信以太僕卿封交河郡王兵馬使王駕鶴獨謹厚亦封徐國公希暹諷朝恩置獄北軍陰縱惡少年橫捕富人付吏考訊因中以法錄貲産入之軍皆誣服冤死故市人號入地牢又萬年吏賈明觀倚朝恩捕搏恣行積財鉅萬人無敢發其姦朝廷裁決朝恩或不預者輒怒曰天下事有不由我乎帝聞不喜養息令徽者尚幼爲內給使服綠與同列爭忿歸白朝恩明日見帝曰臣之子位下願得金紫在班列上帝未答有司已奉紫服于前令徽稱謝帝笑曰小兒章服大稱滋不悅元載乃用左散騎常侍崔昭尹京兆厚以財結其黨皇甫溫周皓溫方屯陝而皓射生將自是朝恩隱謀奧語悉爲帝知希暹覺帝指密白朝恩朝恩稍懼然見帝接遇未衰故自安而潛計不軌帝遂倚載決除之懼不克載曰陛下第專屬臣必濟朝恩入殿常從武士百人自衛皓統之而溫握兵在外載乃徙鳳翔尹李抱玉節度山南西道以溫代節度鳳翔陽重其權實內溫以自助載又議

析鳳翔之郿與京兆以鄠盩厔及鳳翔之虢寶雞與抱玉而以興平武功鳳翔之扶風天興與神策軍朝恩利其土地自封殖不知爲虞也郭子儀密白朝恩嘗結周智光爲外應久領內兵不早圖變且大載留温京師未即遣約與皓共誅朝恩謀定以聞帝曰善圖之勿反受禍方寒食宴禁中既罷將還營有詔留議事朝恩素肥每乘小車入宮省帝聞車聲危坐載守中書省朝恩至帝責其異圖朝恩自辨悖傲皓與左右禽縊之死年四十九外無知者帝隱之下詔罷觀軍容等使增實封戶六百內侍監如故外咸言既奉詔乃投縊云還尸於家賜錢六百萬以葬帝懼軍亂進劉希暹王駕鶴並兼御史中丞又下詔慰曉將士獨希暹自知同惡言不遜駕鶴白發之遂賜死而賈明觀兼得幸於載故載奏隸江西使立功自贖路嗣恭搒殺之所厚禮部尚書禮儀使裴士淹戶部侍郎判度支第五琦皆坐貶

竇文場霍仙鳴者始並隸東宮事德宗未有名自魚朝恩死宦人不復典兵帝以禁衞盡委白志貞志貞多納富人金補軍止收其庸而身不在軍及涇師亂

帝召近衛無一人至者惟文場等率宦官及親王左右從至奉天帝遂志貞幷左右軍付文場主之與元初詔監神策左廂兵馬以王希遷監右而馬有麟爲左神策軍大將軍軍額由此始帝自山南還兩軍復完而帝忌宿將難制故詔文場仙鳴分總之廢天威軍入左右神策是時竇霍權震朝廷諸方節度大將多出其軍臺省要官走門下丐援引者足相躡衛士朱華以按摩得幸文場參慮補置索賕數萬緡而藩鎮贈遺累百鉅萬略士妻女無所憚詔殺之于軍其隆赫如此久之置護軍中尉中護軍各二員詔文場爲左神策護軍中尉仙鳴爲右焦希望爲左神策中護軍張尙進爲右中尉護軍自文場等始後仙鳴移病帝賜十馬令諸祠祈解後稍愈已而暴死帝疑左右進毒捕詰小使問狀誅數十人贈開府儀同三司以內常侍第五守亮代之文場擢累驃騎大將軍時監察御史崔薳行囚于軍吏爲具酒食薳欲悅媚之故不拒文場劾奏詔流薳遠方文場年老致仕卒其後楊志廉孫榮義爲左右中尉招權驕肆與竇霍略等帝晚節聞民間訛語禁中事而北軍捕太學生何竦曹壽繫訊人情大懼司

業武少儀上書有如罪不測願明示四方俄得釋是時宦官復盛矣希望者涇陽人歷明威將軍贈洪州都督尙進河東人歷忠武將軍贈開府儀同三司志廉弘農人歷左監門衞大將軍榮義涇陽人歷右武衞大將軍並贈揚州大都督

劉貞亮本俱氏名文珍冒所養宦父故改焉性忠彊識義理平涼之盟在渾瑊軍中會虜變被執且西俄而得歸出監宣武軍自置親兵千人貞元末宦人領兵附順者益衆會順宗立淹痼弗能朝惟李忠言牛美人侍美人以帝旨付忠言忠言授之王叔文叔文與柳宗元等裁定然後下中書然未得縱欲遂奪神策兵以自彊卽用范希朝爲京西北禁軍都將收宦者權而忠言素懦謹每見叔文與論事無敢異同唯貞亮乃與之爭又惡朋黨熾結因與中人劉光琦薛文珍尙衍解玉呂如全等同勸帝立廣陵王爲太子監國帝納其奏貞亮召學士衞次公鄭絪李程王涯至金鑾殿草定制詔太子已立盡逐叔文黨委政大臣議者美其忠高崇文討劉闢復爲監軍初東川節度使李康爲闢所破因之

崇文至闕歸康求雪貞亮劾以不拒賊斬之故以專悍見訾遷累右衞大將軍知內侍省事元和八年卒贈開府儀同三司憲宗之立貞亮爲有功然終身無所寵假呂如全歷內侍省內常侍翰林使坐擅取樟材治第送東都獄至閿鄉自殺又郭旻醉觸夜禁杖殺之五坊朱超晏王志忠縱鷹隼入民家掠二百奪職由是莫不憎畏

吐突承璀字仁貞閩人也以黃門直東宮爲掖廷局博士察察有才憲宗立擢累左監門將軍左神策護軍中尉左街功德使封薊國公王承宗叛承璀揣帝銳征討因請行帝見其果敢自喜謂可任即詔承璀爲行營招討處置使以左右神策及河中河南浙西宣歙兵從之內寺伯宋惟澄曹進玉爲館驛使自河南陝河陽惟澄主之京華河中至太原進玉主之又詔內常侍劉國珍馬朝江分領易定幽滄等州糧料使於是諫官李鄘許孟容李元素李夷簡呂元膺穆質孟簡獨孤郁段平仲白居易等衆對延英謂古無中人位大帥恐爲四方笑帝乃更爲招討宣慰使爲御通化門慰其行承璀御衆無它遠略爲盧從史侮

狎踰年無功賴中詔擿使執從史而閒遣人說承宗上書待罪乃詔班師還爲中尉平仲劾承璀輕謀弊賦損國威不斬首無以謝天下帝不獲已罷爲軍器莊宅使尋拜左衞上將軍知內侍省會劉希光納羽林大將軍孫璹錢二十萬緡求方鎭有詔賜死跡絓承璀故令出監淮南軍纖人太子通事舍人李涉投匭言承璀等冤狀於是孔戣知匭事閱其副不受即表其姦逐爲峽州司倉參軍然帝於承璀殊厚會李絳在翰林苦論其過故決遣之帝後欲還承璀爲罷絳宰相召爲內弓箭庫使復左神策中尉惠昭太子薨承璀請立澧王不從常飾一室藏所賜詔敕地生毛二尺惡之躬糞除瘞之踰年帝崩穆宗銜前議殺之禁中敬宗時左神策中尉馬存亮論其冤詔許子士曄收葬宣宗時擢士曄右神策中尉是時諸道歲進閹兒號私白閩嶺最多後皆任事當時謂閩爲中官區藪咸通中杜宣猷爲觀察使每歲時遣吏致祭其先時號敕使墓戶宣猷卒用羣宦力徙宣歙觀察使

馬存亮字季明河中人元和時累擢左神策軍副使左監門衞將軍知內侍省

事進左神策中尉軍所籍凡十餘萬存亮料柬尤精伍無罷士部無冗員敬宗初染署工張韶與卜者蘇玄明善玄明曰我嘗爲子卜子當御殿食我與焉吾聞上晝夜獵出入無度可圖也韶每輸染材入宮衞士不呵也乃陰結諸工百餘人匿兵車中若輸材者入右銀臺門約昏夜爲變有詰其載者韶謂謀覺殺其人出兵大呼成列浴堂門閉時帝擊毬清思殿驚將幸右神策或曰賊入宮不知衆寡道遠可虞不如入左軍近且速從之初帝常寵右軍中尉梁守謙每游幸兩軍角戲帝多欲右勝而左軍以爲望至是存亮出迎捧帝足泣負而入以五百騎往迎二太后比至而賊已斬關入清思殿升御坐盜乘輿餘膳揖玄明偶食且曰如占玄明驚曰止此乎韶惡之悉以寶器賜其徒攻弓箭庫仗士拒之不勝存亮遣左神策大將軍康藝全將軍何文哲宋叔夜孟文亮右神策大將軍康志睦將軍李泳尚國忠率騎兵討賊日暮射韶及玄明皆死始賊入中人倉卒緣望仙門出奔內外不知行在遲明盡捕亂黨左右軍清宮車駕還羣臣詣延英門見天子然至者不十一二坐賊所入闌不禁者數十人杖而不

誅賜存亮實封戶二百梁守謙進開府儀同三司宅論功賞有差存亮於一時功最高乃推委權勢求監淮南軍代還爲內飛龍使太和中以右領軍衞上將軍致仕封岐國公卒贈揚州大都督存亮逮事德宗更六朝資端旻善訓士始去禁衞衆皆泣唐世中人以忠謹稱者唯存亮西門季玄嚴遵美三人而已

遵美父季實爲掖廷局博士大中時有宮人謀弑宣宗是夜季實直咸寧門下聞變入射殺之明日帝勞曰非爾吾危不免擢北院副使終內樞密使遵美歷左軍容使嘗歎曰北司供奉官以胯衫給事今執笏過矣樞密使無聽事唯三楹舍藏書而已今堂狀帖黃決事此楊復恭奪宰相權之失也蓋疾時中官肆橫云後從昭宗遷鳳翔求致仕隱青城山年八十餘卒

仇士良字匡美循州興寧人順宗時得侍東宮憲宗嗣位再遷內給事出監平盧鳳翔等軍嘗次敷水驛與御史元稹爭舍上廳擊傷稹中丞王播奏御史中使以先後至得正寢請如舊章帝不直稹斥其官元和太和閒數任內外五坊使秋按鷹內畿所至邀吏供餉暴甚寇盜文宗與李訓欲殺王守澄以士良素

與守澄隙故擢左神策軍中尉兼左街功德使使相糜肉已而訓謀悉逐中官士良悟其謀與右神策軍中尉魚弘志大盈庫使宋守義挾帝還宮王涯舒元輿已就縛士良肆脅辱令自承反示牒于朝於時莫能辨其情皆謂誠反士良因縱兵捕無輕重悉斃兩軍公卿半空事平加特進右驍衛大將軍弘志右衛上將軍兼中尉守義右領軍衛上將軍李石輔政稜稜有風岸士良與論議數屈深忌之使賊刺石於親仁里馬逸而免石懼辭位士良益無憚澤潞劉從諫本與訓約誅鄭注及訓死憤士良得志乃上書言王涯等八人皆宿儒大臣願保富貴何苦而反今大戮所加已不可追而名曰逆賊含憤九泉不然天下義夫節士畏禍伏身誰肯與陛下共治邪即以訓所移書遣部將陳季卿以聞季卿至會石遇盜京師擾疑不敢進從諫大怒殺季卿騰書于朝又言臣與訓誅注以注本宦豎所提挈不使聞知今四方共傳宰相欲除內官而兩軍中尉聞自救死妄相殺戮謂爲反逆有如大臣挾無將之謀自宜執付有司安有縱俘劫橫尸闕下哉陛下視不及聽未聞也且宦人根黨蔓延在內臣欲面陳恐橫

遭戮害謹脩封疆繕甲兵爲陛下腹心如姦臣難制誓以死淸君側書聞人人

傳觀士良沮恐卽進從諫檢校司徒欲弭其言從諫知可動復言臣所陳繫國

大體可聽則宜洗宥涯等罪不可聽則賞不宜妄出安有死冤不申而生者荷

祿固辭累上書暴指士良等罪帝雖不能去然倚其言差自彊自是鬱鬱不樂

兩軍毬獵宴會絕矣開成四年苦風痹少間召宰相見延英退坐思政殿顧左

右曰所直學士謂誰曰周墀也召至帝曰自爾所況朕何如主墀再拜曰臣不

足以知然天下言陛下堯舜主也帝曰所以問謂與周赧漢獻孰愈墀惶駭曰

陛下之德成康文景未足比何自方二主哉帝曰赧獻受制彊臣今朕受制家

奴自以不及遠矣因泣下墀伏地流涕後不復朝至大漸云始樞密使劉弘逸

薛季稜宰相李珏楊嗣復謀奉太子監國士良與弘志議更立珏不從乃矯詔

立潁王爲皇太弟士良以兵奉迎而太子還爲陳王初莊恪太子薨楊貴妃謀

引安王不克武宗已立士良發其事勸帝除之以絕人言故王妃皆死士良遷

驃騎大將軍封楚國公弘志韓國公實封戶三百俄而珏嗣復罷去弘逸季稜

誅矣帝明斷雖士良有援立功內實嫌之陽示尊寵李德裕得君士良愈恐會昌二年上尊號士良宣言宰相作赦書減禁軍縑糧芻菽以搖怨語兩軍曰審有是樓前可爭德裕以白帝命使者諭神策軍曰赦令自朕意宰相何豫爾渠敢是士乃怗然士良惶惑不自安明年進觀軍容使兼統左右軍以疾辭罷爲內侍監知省事固請老詔可尋卒賜揚州大都督士良之老中人舉送還第謝曰諸君善事天子能聽老夫語乎衆唯唯士良曰天子不可令閑暇暇必觀書見儒臣則又納諫智深慮遠減玩好省游幸吾屬恩且薄而權輕矣爲諸君計莫若殖財貨盛鷹馬日以毬獵聲色蠱其心極侈靡使悅不知息則必斥經術闇外事萬機在我恩澤權力欲焉往哉衆再拜士良殺二王一妃四宰相貪酷二十餘年亦有術自將恩禮不衰云死之明年有發其家藏兵數千物詔削官爵籍其家始士良弘志憤文宗與李訓謀屢欲廢帝崔慎由爲翰林學士直夜未半有中使召入至祕殿見士良等坐堂上帷帳周密謂慎由曰上不豫已久自即位政令多荒闕皇太后有制更立嗣君學士當作詔慎由驚曰上高明之

德在天下安可輕議愼由親族中表千人兄弟羣從且三百何可與覆族事雖死不承命士良等默然久乃啓後戶引至小殿帝在焉士良等歷階數帝過失帝俛首旣而士良指帝曰不爲學士不得更坐此乃送愼由出戒曰毋泄禍及爾宗愼由記其事藏箱枕閒時人莫知將沒以授其子胤故胤惡中官終討除之蓋禍原於士良弘志云

楊復光閩人也本喬氏有武力少養於內常侍楊玄价家頗以節誼自奮玄价奇之宣宗時玄价監鹽州軍誣殺刺史劉皐皐有威名者世訟其寃稍遷左神策軍中尉譖去宰相楊收權寵震時復光有謀略累監諸鎭軍乾符初佐平盧節度使曾元裕擊賊王仙芝敗之招討使宋威擊仙芝於江西復光在軍請判官吳彥宏約賊降仙芝遣將尙君長自縛如約威疾其功密請僖宗誅之故仙芝怨復引兵叛後天子籍威階禍罷之以兵與復光乃進禽徐唐莒王鐸爲招討復光仍監軍鐸之棄荆南也山南東道節度使劉巨容定其地以忠武別將宋浩領荆南泰寧將段彥謨佐之復光父嘗監忠武軍而浩已爲大將見復光

少之不爲禮彥謨亦恥居浩下遂有隙復光曰胡不殺之彥謨引慓士擊殺浩復光以客常滋假留後而奏浩罪薦彥謨爲朗州刺史詔鄭紹業爲荊南節度使以復光監忠武軍屯鄧州遏賊右衝帝西幸召紹業見行在復光更引彥謨爲荊南節度使彥謨紿行邊詒復光以黃金數百兩爲謝其後忠武周岌受賊命嘗夜宴召復光左右曰彼既附賊必不利公不如毋行復光固往酒所語時事復光泣曰丈夫所感獨恩與義耳彼不顧恩義規利害何丈夫哉公奮匹夫封侯乃捐十八葉天子北面臣賊何恩義利害昧昧邪岌流涕曰吾力不足陽合而陰離之故召公計因持杯盟曰有如酒即遣子守亮斬賊使于傳舍秦宗權據蔡州叛岌復光以忠武兵三千入見之宗權即遣部將王淑持兵萬人從復光定荊襄師次鄧淑逗留復光斬之幷其軍爲八以鹿晏弘晉暉張造李師泰王建韓建等爲之將進攻南陽賊將朱溫何勤逆戰大敗遂收鄧州追北藍橋會母喪班師俄起爲天下兵馬都監總諸軍與東面招討使王重榮幷力定關中朱溫守同州復光遣使鐫諭溫以所部降方賊之彊重榮憂不知所出謂

復光曰臣賊邪且負國拒戰邪則兵寡奈何復光曰李克用與我世共患難其爲人奮不顧身比數召未卽至者由太原道不通耳非忍禍者若諭上意彼宜必來重榮曰善白王鐸以詔使至太原克用兵乃出京師平以功加開府儀同三司同華制置使封弘農郡公賜號資忠輝武匡國平難功臣卒河中贈觀軍容使諡曰忠肅復光御下有恩軍中聞其死皆慟哭而麾下多立功者諸子爲將帥數十人守宗亦爲忠武節度使

贊曰楚鄖公辛不敢讎君而忘父冤昭愍之世兩軍寵遇有厚薄而卒用存亮夷難功莫及者自古忠臣出於疏斥不用蓋多矣存亮豈通記書道理之人邪何其識君臣大誼明甚不尸大勞畏權處外又愈賢矣與夫書龍蛇之詩者何其小哉

唐書卷二百七

珍倣宋版印

唐書卷二百七考證

宦者序內謁者監內給事各十○舊書內謁者監六人內給事八人寺伯寺人各六○舊書寺伯二人寺人六人

楊思勗傳擢左監門衞將軍○舊書累遷右監門衞將軍

安南蠻渠梅叔鸞叛號黑帝○舊書作梅元成叛

馮璘南越王○本紀作馮仁智

高力士傳林昭隱○舊書作林招隱

朱光輝○舊書作朱文輝

程元振傳元振自三原衣婦衣私入京師○舊書作元振服縗麻于車中入京城

吐突承璀傳又詔內常侍劉國珍馬朝江分領易定幽滄等州糧料使○馬朝江舊書作馬江朝

唐書卷二百七考證

唐書卷二百八

宋　端　明　殿　學　士　宋　祁　撰

列傳第一百三十三

宦者下

李輔國本名靜忠以閹奴爲閑廄小兒貌儜陋略通書計事高力士年四十餘使主廄中簿最王鉷爲使以典禾豆能檢擿耗欺馬以故肥薦之皇太子得侍東宮陳玄禮等誅楊國忠輔國豫謀又勸太子分中軍趨朔方收河隴兵圖興復太子至靈武愈親近勸遂即位係天下心擢家令判元帥府行軍司馬肅宗稍稍任以肱膂事更名護國又改今名凡四方章奏軍符禁寶一委之輔國能隨事齗齗謹密取人主親信而內深賊未敢肆不啖葷時時爲浮屠詭行人以爲柔良不忌也帝還京師拜殿中監閑廄五坊宮苑營田栽接總監使兼隴右羣牧京畿鑄錢長春宮等使少府殿中二監封成國公實封戶五百宰相羣臣欲不時見天子皆因輔國以請乃得可常止銀臺門決事置察事廳兒數十人

吏雖有秋毫過無不得得輒推訊州縣獄訟三司制劾有所捕逮流降皆私判臆處因稱制敕然未始聞上也詔書下輔國署已乃施行羣臣無敢議出則介士三百人爲衞貴幸至不敢斥官呼五郎李揆當國以子姓事之號五父帝爲娶元擢女爲妻擢以故爲梁州長史弟兄皆位臺省李峴輔政叩頭言且亂國於是詔敕不繇中書出者峴必審覆輔國不悅時太上皇居興慶宮帝自複道來起居太上皇亦間至大明宮或相逢道中帝命陳玄禮高力士王承恩魏悅玉真公主常在太上皇左右梨園弟子日奏聲伎爲娛樂輔國素微賤雖暴貴力士等猶不爲禮怨之欲立奇功自固初太上皇每置酒長慶樓南俯大道因裴回觀覽或父老過之皆拜舞乃去上元中劒南奏事吏過樓下因上謁太上皇賜之酒詔公主及如仙媛主之又召郭英乂王銑等飲賚予頗厚輔國因妄言於帝曰太上皇居近市交通外人玄禮力士等將不利陛下六軍功臣反側不自安願徙太上皇入禁中帝不寤先時興慶宮有馬三百輔國矯詔取之裁留十馬太上皇謂力士曰吾兒用輔國謀不得終孝矣會帝屬疾輔國即詐言

皇帝請太上皇按行宮中至睿武門射生官五百遮道太上皇驚幾墜馬問何爲者輔國以甲騎數十馳奏曰陛下以興慶宮湫陋奉迎乘輿還宮中力士厲聲曰五十年太平天子輔國欲何事叱使下馬輔國失轡罵力士曰翁不解事斬一從者力士呼曰太上皇問將士各好在否將士納刀呼萬歲皆再拜力士復曰輔國可御太上皇馬輔國韡而走與力士對執轡還西內居甘露殿侍衞才數十皆尫老太上皇執力士手曰微將軍朕且爲兵死鬼左右皆流涕又曰興慶吾王地數以讓皇帝帝不受今之徙自吾志也俄而流承恩播州魏悅溱州如仙媛歸州公主居玉真觀更料後宮聲樂百餘更侍太上皇備灑掃詔萬安咸宜二公主視服膳自是太上皇怏怏不豫至棄天下輔國以功遷兵部尚書南省視事使武士戎裝夾道陳跳丸舞劍百騎前驅御府設食太常備樂宰相羣臣畢會既得志乃厭然驕觖求宰相帝重違曰卿勳力何任不可但羣望未一如何輔國遂諷宰相裴冕使聯表薦己帝密擿蕭華使喻止冕張皇后數疾其顓帝寢疾太子監國后召太子將誅輔國及程元振太子不從更召越王

兗王圖之元振告輔國卽伏兵淩霄門迎太子伺變是夜捕二王及中人朱輝光馬英俊等囚之而殺后他殿代宗立輔國等以定策功愈跋扈至謂帝曰大家第坐宮中外事聽老奴處決帝矍然欲剪除而憚其握兵因尊爲尙父事無大小率關白羣臣出入皆先詣輔國輔國頗自安又冊進司空兼中書令實封戸八百未幾以左武衛大將軍彭體盈代爲閑廐羣牧苑內營田五坊等使以右武衛大將軍藥子昂代判元帥行軍司馬賜輔國大第於外中外聞其失勢舉相賀輔國始惘然憂不知所出表乞解官有詔進封博陵郡王仍爲司空尙父許朝朔望輔國欲入中書作謝表門者不內曰尙父罷宰相不可入輔國氣塞久乃曰老奴死罪事郎君不了請地下事先帝矣帝優辭諭遣有韓穎劉烜善步星乾元中待詔翰林穎位司天監烜起居舍人與輔國暱甚輔國領中書穎進祕書監烜中書舍人裴冕引爲山陵使判官輔國罷俱流嶺南賜死自輔國徙太上皇天下疾之帝在東宮積不平旣嗣位不欲顯戮遣俠者夜刺殺之年五十九抵其首溷中殊右臂告泰陵然猶祕其事刻木代首以葬贈太傅諡

曰醜後梓州刺史杜濟以武人爲牙門將自言刺輔國者

王守澄者史亡所來元和中監徐州軍召還方憲宗喜方士說詔天下求其人宰相皇甫鎛左金吾將軍李道古等白見楊仁晝浮屠大通仁晝更姓名曰柳泌大通自言壽百五十歲有不死藥並待詔翰林號人田元佐言有祕方能化瓦礫爲黃金詔除號令與董景珍李元戢皆介泌大通薦于天子天子惑其說泌以金石進帝餌之躁甚數暴怒恚責左右踵得罪禁中累息帝自是不豫十五年罷元會羣臣危恐會義成劉悟來朝賜對麟德殿悟出曰上體平矣內外乃安是夜守澄與內常侍陳弘志弑帝於中和殿緣所餌以暴崩告天下乃與梁守謙韋元素等定冊立穆宗俄知樞密事文宗嗣位守澄有助力進拜驃騎大將軍帝疾元和逆罪久不討故以宋申錫爲宰相謀因事除之不克更因其黨鄭注李訓乘其罅於是流楊承和於驩州韋元素象州遣中人劉忠諒追殺元素于武昌承和次公安賜死訓乃脅守澄以軍容使就第使內養齎酖賜死事祕時無知者贈揚州大都督其弟守涓自徐州監軍召還死於中牟

劉克明亦亡所來得幸敬宗敬宗善擊毬於是陶元皓靳遂良趙士則李公定石定寬以毬工得見便殿內籍宣徽院或教坊然皆出神策隸卒或里閭惡少年帝與狎息殿中爲戲樂四方聞之爭以趫勇進于帝嘗閱角觝三殿有碎首斷臂流血廷中帝歡甚厚賜之夜分罷所親近既皆凶不逞又小過必責辱自是怨望帝夜艾自捕狐狸爲樂謂之打夜狐中人許遂振李少端魚志弘侍從不及皆削秩帝獵夜還與克明田務澄許文端石定寬蘇佐明王嘉憲閻惟直等二十有八人羣飲既酣帝更衣燭忽滅克明與佐明定寬弒帝更衣室矯詔召翰林學士路隋作詔書命絳王領軍國事明日下遺詔絳王卽位克明等恃功將易置左右自引支黨顓兵柄于時樞密使王守澄楊承和中尉梁守謙魏從簡與宰相裴度共迎江王發左右神策及六軍飛龍兵討之克明投井死出其尸戮之務澄等皆斬首以徇籍入家貲又殺其黨數十人始克明謀逆母禁不許文宗立嘉母忠賜錢千緡絹五百匹給婢二人

田令孜字仲則蜀人也本陳氏咸通時歷小馬坊使僖宗卽位擢令孜左神策

軍中尉是時西門匡範位右中尉世號東軍西軍帝沖騃喜鬬鵝走馬數幸六王宅興慶池與諸王鬬鵝一鵝至五十萬錢與內園小兒尤昵狎倚寵暴橫始帝爲王時與令孜同臥起至是以其知書能處事又帝資狂昏故政事一委之呼爲父而荒酣無檢發左藏齊天諸庫金幣賜伎子歌兒者日鉅萬國用耗盡令孜語內園小兒尹希復王士成等勸帝籍京師兩市蕃旅華商寶貨舉送內庫使者監閟櫃坊茶閣有來訴者皆杖死京兆府令孜知帝不足憚則販鬻官爵除拜不待旨假賜緋紫不以聞百度崩弛內外垢玩既所在盜起上下相掩匿帝不及知是時賢人無在者惟佞鄙沓貪相與備員偷安噤默而已左拾遺侯昌蒙不勝憤指言豎尹用權亂天下疏入賜死內侍省宰相盧攜素事令孜每建白必阿邑倡和初黃巢求廣州願罷兵攜欲寵高駢使有功不聽賊因又易置關東諸節度賊乘之陷東都令孜急歸罪攜奉帝西幸步出金光門至咸陽沙野軍十餘騎呼曰巢爲陛下除姦臣乘輿今西奔中父老何望願還宮令孜叱之以羽林騎馳斬郎以羽林白馬載帝晝夜馳舍駱谷時陳敬瑄方節度

西川令孜兄也故請帝幸蜀有詔以令孜爲十軍十二衞觀軍容制置左右神策護駕使至成都進左金吾衞上將軍兼判四衞事封晉國公帝見蜀陿陋稍鬱鬱日與嬪侍博飲時時攘袂北望悄然流涕令孜伺閒開釋呼萬歲帝爲怡悅因威稱鄭畋王鐸程宗楚李鋋敬瑄方幷力賊不足虞帝曰善初成都募陳許兵三千服黃帽名黃頭軍以捍蠻帝至大勞將士扈從者已賜而不及黃頭軍皆竊怨令孜令孜置酒會諸將以黃金樽行酒卽賜之黃頭將郭琪不肯飲曰軍容能易偏惠均衆士誠大願也令孜目曰君有功邪答曰戰党項薄契丹數十戰此琪之功令孜嘻怒曰知之密以酖注酒中琪飲已馳歸殺一婢吮血得解因夜燒營剽城邑敬瑄討敗之奔廣都遂走高駢所帝聞變與令孜保東城自守羣臣不得見左拾遺孟昭圖請對不召因上疏極諫君與臣一體相成安則同寧危則共難昔日西幸不告南司故宰相御史中丞京兆尹悉碎于賊唯兩軍中尉以扈乘輿得全今百官之在者率冒重險出百死者也昨昔黃頭亂火照前殿陛下唯與令孜閉城自守不召宰相不謀羣臣欲入不得求對不

許且天下者高祖太宗之天下非北司之天下陛下固九州天子非北司之天
子北司豈悉忠於南司廷臣豈無用於敕使文宗時宮中災左右巡使不到皆
被顯責安有天子播越而宰相無所豫羣司百官棄若路人已事誠不足諫而
來者冀可追也疏入令孜匿不奏矯詔貶昭圖嘉州司戶參軍使人沈于蟇頤
津初昭圖知正言必見害謂家隸曰大盜未殄宦豎離間君臣吾以諫爲官不
可坐觀覆亡疏入必死而能收吾骸乎隸許諾卒葬其尸朝廷痛之賊平令孜
以王鐸爲儒臣且無功而首謀召沙陀者楊復光也欲歸重北司故罷鐸都統
以復光功第一又忌復光且逼己故薄其賞自謂帷幄決勝繫王室輕重出入
倨甚會復光死大喜卽罷復恭樞密使中人曹知慤者富家子頗沈鷙賊在長
安知慤以清濁二谷之人倚山爲屯不屈賊陰教士卒變衣服言語與賊類者
夜入長安攻賊營賊大懼帝聞賜金紫擢內常侍聞帝將還因大言我且擁衆
大散關下閱羣臣可歸者納之令孜謂然密令王行瑜以邠州兵度嵯峨山襲
殺其衆由是益自肆禁制天子不得有所主斷帝以其專語左右輒流涕復光

部將鹿晏弘王建等以八都衆二萬取金洋等州進攻興元節度使牛頊奔龍州晏弘自爲留後以建及張造韓建等爲部刺史帝還懼見討引兵走許州王建率義勇四軍迎帝西縣復以建及韓建等主之號隨駕五都令孜以復光故纔授諸衞將軍皆養爲子別募神策新軍以千人爲都凡五十四都分左右爲十軍統之又遣親信覘諸鎭不附己者以罪除徙養子匡祐宣慰河中王重榮厚爲禮匡祐敖甚擧軍怒重榮因數令孜罪責其無禮監軍和解乃去匡祐還訴令孜且勸圖之令孜白以兩鹽池歸鹽鐵使卽自兼兩池榷鹽使重榮不奉詔表暴令孜十罪令孜自將討重榮率邠寧朱玫鳳翔李昌符合鄜延靈夏等兵凡三萬壁沙苑重榮說太原李克用連和克用上書請誅令孜玫帝和之不從大戰沙苑王師敗玫走還邠州與昌符皆恥爲令孜用還與重榮合神策兵潰還略所過皆盡克用逼京師令孜計窮乃焚坊市刦帝夜啓開遠門出奔自賊破長安火宮室舍廬十七後京兆王徽葺復粗完至是令孜唱曰王重榮反命火宮城唯昭陽蓬萊二宮僅存王建以義勇四軍扈帝夜亂牢水遂次陳倉

克用還河中玫畏克用且偪與重榮連章請誅令孜而駐鳳翔令孜請帝幸興元帝不從令孜以兵入寢殿逼帝夜出羣臣無知者宰相蕭遘等皆不及從玫勸與元節度使石君涉焚閣道絕帝西意遘惡令孜劫質天子生方鎮之難使玫進迎乘輿玫引兵追行在敗與鳳楊晟軍帝次梁洋稍引而南玫兵及中營左右被剽戮者不勝計令孜懼人圖己蒙面以行使王建長劍五百清道囊傳國璽授之次大散關道險澀帝危及難數矣分軍守靈壁亢追兵玫長驅躡帝帝以閣道毀走他道困甚枕王建膝且寐覺而飯僅能至興元玫重榮表誅令孜安慰羣臣詔以令孜爲劍南監軍使留不去重榮請幸河中令孜沮而止宰相遘率羣臣在鳳翔者表令孜顓國煽禍惑小人計交亂羣帥請誅之帝不及省且詔重榮餉糧十五萬斛給行在重榮以令孜在不奉命玫乃奉嗣襄王熅即僞位玫敗帝乃得還京師始帝入蜀諸王徒步以從壽王至斜谷不能進令孜驅使前王謝足且拘得馬可濟令孜怒抶王彊之行王恥之及帝病中外屬壽王令孜入候帝曰陛下記臣否帝直視不能語令孜自署劍南監軍使閱拱

寢奉鑾軍自衞晝夜馳入成都表解官求醫藥詔可俄削官爵長流儋州然猶依敬瑄不行王卽位是爲昭宗楊復恭代爲觀軍容使出王建爲壁州刺史建取利州自署防禦使因略定閬卭蜀黎雅等州詔卽置永平軍拜建節度使令孜謀與建連衡亢朝廷且曰吾子也書召之建喜將至復卻之建怒進圍成都令孜登城謝建曰老夫久相厚何見困答曰父子恩何敢忘顧父自絕朝廷苟改圖則父子如初令孜曰吾欲面計事建然許令孜夜負印節授建明日入成都因令孜碧雞坊始右神策統軍宋文通爲諸軍所疾令孜因事召見欲殺之既見乃欣然更養爲子名彥賓卽李茂貞也故獨上書雪其罪詔爲湖南監軍凡二歲與敬瑄同日死臨刑裂帛爲絚授行刑者曰吾嘗位十軍容殺我庸有禮因教縊人法既死而色不變乾寧中詔復官爵

楊復恭字子恪本林氏子楊復光從兄也宦父玄翼咸通中領樞密世爲權家復恭略涉學術監諸鎮兵龐勛亂戰有功自河陽監軍入拜宣徽使擢樞密使黃巢盜京師令孜顓威福斲喪天下中外莫敢亢惟復恭屢與爭得失令孜怒

下還飛龍使復恭乃臥疾藍田僖宗出居興元復爲樞密使制置經略多更其手車駕還遂代令孜爲左神策中尉六軍十二衞觀軍容使封魏國公實戶八百賜號忠貞啓聖定國功臣帝崩定策立昭宗賜鐵券加金吾上將軍稍攘取朝政帝嘗曰朕不德爾援立我矣當減省侈長示天下我見故事尚衣上御服日一襲太常新曲日一解今可禁止復恭頓首稱善帝遂問游幸費對曰聞懿宗以來每行幸無慮用錢十萬金帛五車十部樂工五百犢車紅網朱網畫香車百乘諸衞士三千凡曲江温湯若畋獵曰大行從宮中苑中曰小行從帝乃詔類減半於是宰相韋昭度張濬杜讓能等爲帝言大中故事抑宦官不假借帝亦稍厭復恭橫恣王瓌者惠安太后弟求節度使帝問復恭對曰產祿傾漢三思危唐后族不可封拜陛下誠愛瓌任以宅職可也不宜假節外藩恐負勢顓地不可制帝乃止瓌聞怒甚至禁中見復恭詬辱之遂居中任事復恭不欲分己權白爲黔南節度使道興元而兄子守亮方領節度陰勒利州刺史覆瓌舟于江宗屬賓客皆死以舟自敗聞帝知復恭謀繇是深銜之復恭以諸子爲

州刺史號外宅郎君又養子六百人監諸道軍天下威勢舉歸其門守立爲天威軍使本胡弘立也勇武冠軍人畏之帝欲斥復恭懼爲亂乃好謂曰卿家胡子安在吾欲令衞殿內復恭以守立見帝賜姓李名順節使掌六軍管鑰光寵甚既勢鈞遂與復恭爭恨相中傷暴發其私復恭常肩輿抵太極殿宰相對延英論叛臣事孔緯曰陛下左右有將反者帝矍然緯指復恭復恭曰臣豈負陛下者緯曰復恭陛下家奴而肩輿至前殿廣樹不逞皆姓楊非反邪復恭曰欲收士心輔天子帝曰誠欲收士心胡不假李姓乎復恭無以對會緯出守江陵乃使人劫之長樂坡斬其旌節貲貯皆盡緯僅免復恭子守貞爲龍劍節度使守忠洋州節度使皆自擅貢賦上書訕薄朝政大順二年罷復恭兵出爲鳳翔監軍不肯行因丐致仕詔可遷上將軍賜几杖使者還遣腹心殺使者於道遁居商山俄入居昭化坊第第近玉山營而子守信爲軍使數省候出入或告父子且謀亂時順節遙領鎮海軍節度使同中書門下平章事詔與神策軍使李守節率衞兵攻復恭治殺使者罪帝御延喜樓須之家人拒戰守信亦率兵至

昌化里陣以待會日入復恭與守信舉族出奔遂走與元順節已斥復恭則橫暴出入以兵從兩軍中尉劉景宣西門重遂察其意非常以狀聞有詔召順節輒以甲士三百人入至銀臺門何止之景宣引順節坐殿廡部將嗣光審出斬之從者大譟出延喜門剽永寧里盡夕止賈德晟與順節皆爲天威軍使順節誅頗嗟憤重遂亦奏誅之於是鳳翔李茂貞邠州王行瑜華州韓建同州王行約秦州李茂莊同劾守亮納叛臣請出兵討罪軍饟不仰度支茂貞請假山南招討使宦尹惜類執不可帝亦謂茂貞得山南必難制詔兩解之茂貞劾復恭自謂隋諸孫以恭帝禪唐故名復恭逆狀明白且請削守亮官爵遂擅與行瑜出討自號與元節度使詒宰相書慢悖不臣帝爲下詔令茂貞行瑜討之景福元年破其城復恭守亮守信奔閬州茂貞以子繼密守與元詔吏部尚書徐彥若爲鳳翔節度使而以茂貞帥與元不拜請繼密爲留後帝不得已授以節度使自是茂貞始彊大復恭與守亮等自閬州將北奔太原趨商山至乾元爲韓建邏士所禽即斬復恭守信檻車送守亮京師梟首長安市茂貞上復恭與守

亮書曰承天門者隋家舊業也兒但積粟訓兵何進奉爲吾披荆榛立天子既得位乃廢定策國老奈負心門生何門生謂天子也其不臣類此假子彥博奔太原收葬其尸李克用爲申雪詔復官爵

劉季述者本微單稍顯於僖昭間擢累樞密使楊復恭之斥帝以西門重遂爲右神策軍中尉觀軍容使時李茂貞得興元愈跋扈不軌宰相杜讓能與內樞密使李周諲及重遂謀誅之乃興師以嗣覃王戒丕爲京西招討使神策大將軍李鐬副之茂貞引兵迎壁盩厔薄興平王師潰遂逼臨皐以陣暴言讓能等罪京師震恐帝坐安福門斬重遂周諲以謝茂貞更以駱全瓘劉景宣代爲兩中尉乾寧二年茂貞與王行瑜韓建以兵入朝李克用率師討茂貞次渭北同州節度使王行實奔京師謂景宣等曰沙陀十萬至矣請奉天子出幸避其鋒景宣方與茂貞睦故全瓘與鳳翔衛將閻圭共脅帝狩岐王行實及景宣子繼晟縱火剽東市帝登承天門矢著樓闔帝懼暮出莎城士民從者數十萬至谷口人暍死十三夜爲盜掠哭聲殷山徙駐石門茂貞恐乃殺全瓘景宣及圭自

解天子還京師以景務脩宋道弼代之俄專國宰相崔胤惡之徐彥若王摶懼禍不解稍抑胤以和北軍胤怒劾摶黨宦豎不忠罷去俄賜死流道弼驩州務脩愛州並死灞橋逐彥若于南海乃以季述王仲先爲左右中尉疾胤尤甚時帝嗜酒怒責左右不常季述等愈自危先是王子病季述引內醫工車讓謝筠久不出季述等共白帝宮中不可妄處人帝不納詔著籍不禁由是疑帝與有謀乃外約朱全忠爲兄弟遣從子希正與汴邸官程巖謀廢帝會全忠遣天平節度副使李振上計京師巖因曰主上嚴急內外惴恐左軍中尉欲廢昏立明若何振曰百歲奴事三歲郎主常也亂國不義廢君不祥非吾敢聞希正大沮帝夜獵苑中醉殺侍女三人明日午漏上門不啓季述見胤曰宮中殆不測與仲先率王彥範薛齊偓李師虔徐彥回總衞士千人毀關入謀所立未決是夜宮監竊取太子以入季述等因矯皇后令曰車讓謝筠勸上殺人禳塞災咎皆大不道兩軍軍容知之今立皇太子以主社稷黎明陳兵廷中謂宰相曰上所爲如此非社稷主今當以太子見羣臣卽召百官署奏胤不得對季述衞皇太

子至紫廷院左右軍及十道邸官俞潭程巖等詣思玄門請對士皆呼萬歲入思政殿遇者輒殺帝方坐乞巧樓見兵入驚墮於牀將走季述仲先持帝坐以所持鉦杖畫地責帝曰某日某事爾不從我罪一也至數十未止皇后出徧拜曰護大家勿使怖若有罪唯軍容議季述出百官奏曰陛下厭倦于勤願奉太子監國陛下自頤東宮帝曰昨與而等飲甚樂何至是后曰陛下如軍容語宮監掖帝出思政殿后倡言曰軍容一心輔持請上養疾帝亦曰朕久疾令太子監國巖等皆呼萬歲后以傳國寶授季述就帝輦左右十餘人入因少陽院季述液金以完鐍師虔以兵守太子卽位於武德殿帝號太上皇皇后爲太上皇后大赦天下東宮官屬三品賜爵一級四品以下一階天下爲父後者爵一級羣臣加爵秩厚賜欲媚附上下改東宮爲問安宮季述等皆先誅戮以立威夜鞭笞晝出尸十輦凡有寵于帝悉榜殺之殺帝弟睦王師虔尤苛察左右出入搜索天子動靜輒白季述帝衣晝服夜浣食自竇進下至筆紙銅鐵疑作詔書兵器皆不與方寒公主嬪御無衾纊哀聞外廷胤告難於朱全忠使以兵除君

側全忠封胤書與季述曰彼翻覆宜圖之季述以責胤胤曰姦人僞書從古有之必以爲罪請誅不及族季述易之乃與盟胤謝全忠曰左軍與胤盟不相害然僕歸心於公幷送二侍兒全忠得書恚曰季述使我爲兩面人自是始離季述子希度至汴言廢立本計又遣李奉本齎示太上皇誥全忠狐疑不決李振入見曰豎刁伊戾之亂以資霸者今閹奴幽劫天子公不討無以令諸侯乃囚希度奉本遣振至京師與胤謀是時季述欲盡誅百官乃弒帝挾天子令天下都將孫德昭董從實盜沒錢五千緡仲先衆辱之督其償株連甚衆胤間其不逞曰能殺兩中尉迎太上皇而立大功何小罪足羞又遣客密告德昭割帶內蠟丸通意德昭邀別將周承誨期十二月晦伏士安福門待旦仲先乘肩輿造朝德昭等劫之斬東宮門外叩少陽院呼曰逆賊斬矣帝疑未信皇后曰可獻賊首德昭擲仲先頭以進宮人毀扉出御長樂門羣臣稱賀承誨馳入左軍執季述彥範至樓前胤先戒京兆尹鄭元規集萬人持大梃帝詰季述未已萬梃皆進二人同死梃下遂尸之兩軍支黨死者數十人中官奉太子遁入左軍收

傳國璽齊偓死井中出其尸斬之全忠檻送巖京師斬于市季述等夷三族以德昭檢校太保靜海軍節度使從實檢校司徒容管節度使並同中書門下平章事賜氏李曰繼昭曰彥弼承誨亦檢校司徒邕管節度使視宰相秩皆號扶傾濟難忠烈功臣圖形凌煙閣留宿衞凡十日乃休竭內庫珍寶賜之當時號三使相人臣無比初延英宰相奏事帝平可否樞密使立侍得與聞及出或矯上旨謂未然數改易橈權至是詔如大中故事對延英兩中尉先降樞密使候旨殿西宰相奏事已畢案前受事師虔請於屏風後錄宰相所奏帝以侵官不許下詔與徐彥回同誅

韓全誨張彥弘者皆不知所來並監鳳翔軍全誨入爲內樞密使劉季述之誅崔胤陸扆見武德殿右廡胤曰自中人典兵王室愈亂臣請主神策左軍以扆主右則四方藩臣不敢謀昭宗意不決李茂貞語人曰崔胤奪軍權未及手志滅藩鎮矣帝聞召李繼昭等問以胤所請奈何對曰臣世世在軍不聞書生主衞兵且罪人已得持軍還北司便帝謂胤曰議者不同勿庸主軍乃以全誨爲

左神策中尉彥弘爲右皆拜驃騎大將軍袁易簡周敬容爲樞密使胤怒約京兆鄭元規遣人狙殺之不克全誨等知胤必除己乃已因諷茂貞留選士四千宿衞以李繼筠繼徽總之胤亦諷朱全忠內兵三千居南司以婁敬思領之韓偓聞岐汴交戍數諫止胤胤曰兵不肯去耳偓曰初何爲召邪胤不對議者知京師不復安矣全誨彥弘及彥弼合勢恣暴中官倚以自驕帝不平有斥逐者皆不肯行胤固請盡誅之全誨彥弘見帝祈哀帝知左右漏言始詔囊封奏事宦人更求麗姝知書者數十人侍帝爲內詗由是胤計多露始張濬判度支楊復恭以軍貲乏奏假鹽麴一歲入以濟用度遂不復還至胤乃白度支財盡無以稟百官請如舊制全誨擿李繼筠訴軍中匱甚請割三司隸神策帝不能卻詔罷胤領鹽鐵胤銜之全誨等懼帝誅己與繼誨彥弼繼筠交通謀亂帝問令狐渙渙請召胤及全誨等宴內殿和解之韓偓謂不如顯斥一二柄臣許餘人自新妄謀必息不然皆自疑禍且速雖和解之凶焰益肆帝乃止是時全忠幷河中胤爲急詔令入朝又詒書曰上反正公之力而鳳翔入朝引功自歸今若

後至必先見討全忠得詔還汴悉師討全誨帝以爲忠又欲其與茂貞同功即
詔并力令胤詒二鎭書示帝意全忠取同州汴兵凡七萬威震關中全誨等泣
奏曰全忠且至欲脅陛下幸關東將謀傳禪臣不忍見高祖天下移宅姓願至
鳳翔合義兵討元惡帝未許方在乞巧樓全誨急即火其下帝降樓乃決西幸
彥弼等以帝未即駕愈謗宮中禁索苛亟帝與后相視泣宮人私逃出都民崩
沸或奔開化坊依胤第自固閉無留家鳳翔軍與左神策兵陣大衢長樂門外
若丘墟然於是日南至百官不朝帝坐思政殿時彥弼先入鳳翔全誨逼帝出
惟皇后諸王數百騎爲衞帝繡袍塗金帽以右神策軍從實天復元年十一月
壬子全誨等遂火宮城繼誨彥弼欲劫百官從天子李德昭等按兵衞之乃得
免茂貞以帝居盩厔全忠取華州下令自釋曰吾被詔及得宰相書令入朝既
至皆僞也逆臣全誨震驚天子脅乘輿出還暴露草莽吾當入對言狀時公卿
皆在長安數日不聞朝廷敕晝胤使王溥見全忠曰上猶在盩厔公宜亟進羣
臣盧知猷等奏記全忠請西迎天子答曰進則似脅君退則負國然敢不勉胤

率百官迎全忠灞橋入舍長安一昔而西茂貞聞全忠至以帝入鳳翔從臣纔三四人全忠遣楊達裴鑄入鳳翔奉表天子汴部將康懷英襲破李繼昭于武功禽馘六千級全誨懼請救於李克用克用遺全忠書勸執崔胤洗海內謗全忠不答進屯鳳翔東偏茂貞登城踰語曰天子厭災于此讒人誤公來公當入覲全忠曰宦官脅駕乘輿吾以兵問罪迎上東還王非同謀者尚何所言明日圍鳳翔茂貞不出帝遣中人詔全忠班師不奉詔使者再往全忠聽命引兵攻邠州李繼徽嬰城三日乃降質其妻復使繼徽守回壁三原胤與鄭元規至三原邀說全忠全忠亦自聞茂貞將戰徙營渭北據高原戰不勝全忠夜入盩厔拔藍田復屯三原時李克用攻慈隰救鳳翔全忠還河中克用部將李嗣昭戰數不利全忠取晉汾二州嗣昭遁還河東全忠曰此茂貞所倚今敗矣何能久乎胤復說全忠曰宦豎謀擁帝入蜀且泣全忠執其手乃定計迎天子會朱友寧敗岐兵于莫父居人皆入保全忠以精甲五萬與茂貞決戰岐兵敗仆尸萬餘茂貞帳下八百人就縛乃嬰城自夏訖冬兵連不能解勝敗略相償援軍十

餘壁數爲全忠擾襲不得進城中日困全忠由是取鳳鄜坊成隴等州間劫鈔以佐軍餉故能不乏茂貞疑帝與全忠有密約增甲士守宮殿初帝至鳳翔有鵶數萬棲殿樹謂之神鵶俄而鵶不來人以爲恐全誨等小人既勢窘更相怨疾不復遠慮時財用窶短帝輟所御膳賜全誨等三讓帝曰難得時欲同味耳茂貞食鮓美帝曰此後池魚茂貞曰臣養魚以候天子聞者皆駭於是全忠軍攻東城焚橋鑒戰部將李繼寵出降茂貞懼密圖誅中官以紓難先遺書曰禍亂之生全誨首之變與倉卒故迎天子至此且公未至懼宅盜馮陵公既志輔社稷請奉乘輿還宮僕願以敝賦從全忠然許然軍稍薄城大譟者三岐軍皆投塹無鬬意帝召茂貞全誨彥弼及宰相蘇檢李繼岌繼忠議和已決中官復沮罷它日帝召茂貞等曰十六宅諸王日奏餒死者十三王公主夫人皆間日食今又將竭奈何皆不敢對有衛士十餘人叩左銀臺門遮全誨罵曰破一州餓死者十萬徒以軍容數人耳全誨詰茂貞叩頭訴茂貞謝曰士伍亦何知復訴于帝帝不許李繼昭見全誨曰昔楊軍容破楊守亮一族今驃騎復破吾族

乎罵之乃出降宦豎數傳援軍至皆相賀百姓笑曰紿我乎是時全忠合四鎮兵十餘萬營壘相屬晝夜攻外兵詬守者曰劫天子賊守者亦詬外兵曰奪天子賊諸鎮見崔胤檄皆狐疑不出師唯青州節度使王師範取兗州襲華州李克用攻晉州以爲援全忠懼圍益急全誨等素譎險常爲全忠胤所憚乃請先殺之以迎天子帝既惡宦人脅遷而茂貞又其黨全忠雖外示順終悖逆皆不可倚欲狩襄漢依趙匡凝然不得去乃定計歸全忠以紓近禍三年正月茂貞請遣使諭全忠軍詔崔構挾中人郭遵誨往既行又命宮人寵顏馳見全忠諭密旨乃以蔣玄暉入衞二日茂貞獨見至日旰全誨彥弘恨甚遽食不能捉七自見勢去計無所用垂頭喪氣帝召韓偓見東橫門執手涕泗帝曰今先去四大惡餘以次誅矣於是內養八輩候廷中授命每二輩以衞士十人取一首俄而全誨彥弘易簡敬容皆死即詔第五可範爲左軍都尉王知古楊虔朗爲樞密使知古領上院虔朗領下院繼筠繼誨彥弼皆伏誅茂貞取其輜重是夜誅內諸司使韋處廷等二十二人悉以首內布囊詔蔣玄暉學士薛貽矩送全忠

曰是皆不肯使乘輿東者既斬之矣全忠大喜徧告軍中以姚洎爲岐汴通和使全忠詒茂貞書曰宦者乘陴詈不已曰稟王旨是乎茂貞懼復誅小使李繼彝等十人於是開壘門全忠猶攻北壘帝遣寵顏賜御巾箱寶器使罷兵又捕殺中官七十人全忠亦使京兆誅黨與百餘人天子入全忠軍全忠泥首素服待罪客省傳呼徹三仗有詔釋全忠罪使朝服見全忠伏地泣曰老臣位將相勤王無狀使陛下及此臣之罪也帝亦嗚咽命韓偓起之解玉帶以賜召之食帝顧衛兵或有憤發者因履係解曰全忠爲吾繫之全忠跪結履汗浹于背而左右莫敢動是夜帝三召皆辭朱友倫以兵衛帝李克用引軍去帝還京師亂全忠議盡誅第五可範等八百餘人於內侍省哀號之聲聞于路留單弱數十人備宮中灑掃亂以鎮人性謹厚即詔王鎔擇五十人爲敕使內諸司宦官主領者皆罷於是追諸道監軍所在賜死其財產籍入之詔以中官脅還狀及全忠迎乘輿本末告方鎮罷監軍院咸視國初故事以三十人爲員衣黃衣不得養子內諸司皆歸省若寺兩軍內外八鎮兵悉屬六軍全忠還汴州帝以第五

可範等無辜頗悼之爲文以祭自是宣傳詔命皆以宮人始劉季述專廢立中人皆與聞帝反正誅季述及薛齊偓數族而已餘貸不問又悔之後稍稍誅夷羣宦覆不安時帝懲幽辱能勵心庶政數召見羣臣問治道有志中興而全誨亂爭權外召彊臣劫本朝以相呑齧卒用關東軍窮討暴誅君側雖清而全忠勢遂張帝卒弑死唐室以亡其禍本於全誨彥弘云

贊曰袁紹誅常侍以逞而曹操移漢崔丞相血軍容甘心焉而朱温篡唐大抵假威柄于外以內攘姦人則大臣專王室卑矣漢唐相去五百歲產亂取亡猶蹈一轍非天所廢而人謀迴剌乃然邪

唐書卷二百八

珍倣宋版印

唐書卷二百八考證

田令孜傳陳敬瑄方節度西川令孜兄也○舊書作令孜弟

唐書卷二百八考證

唐書卷二百九

宋端明殿學士宋祁撰

列傳第一百三十四

酷吏

太宗定天下留心聽斷著令州縣論死三覆奏京師五覆奏獄已決尚芧然爲徹膳止樂至晚節天下刑幾措是時州縣有良吏無酷吏武后乘高中懦庸盜攘天權畏下異己欲脅制羣臣椔剪宗支故縱使上飛變構大獄時四方上變事者皆給公乘所在護送至京師稟於客館高者蒙封爵下者被賚賜以勸天下於是索元禮來俊臣之徒揣后密旨紛紛並興澤吻磨牙噬紳纓若狗豚然至叛齒臭達道路冤血流離刀鋸忠鯁貴彊之臣朝不保昏而后因以自肆不出幃闥而天命已還猶慮臣下弗懲而六道使始出矣至載初右臺御史周矩諫后曰凶人告訐遂以爲常推劾之吏以嶮責痛詆爲功鑿空投隙相矜以殘泥耳籠首枷楔兼暴拉脅籤爪縣髮熏目號曰獄持晝禁食夜禁寐敲撲撼搖

使不得瞑號曰宿囚人苟睩死何求不得陛下不諒試取告牒判無驗者使推其情有司必上下其手希合威旨今舉朝脅息謂陛下朝與爲密夕與爲讐一罹攝逮便與妻子決且周用仁昌秦用刑亡惟陛下察之后寤獄乃稍息而酷吏寖寖以罪去天寶後至肅代閒政類事叢姦臣作威渠憸宿狡頗用慘刻奮然不得如武后時敢搏摯殺戮矣嗚呼非吏敢酷時誘之爲酷觀俊臣輩怵利放命內懷滔天又張湯郅都之土苴云

索元禮胡人也天性殘忍初徐敬業兵興武后患之見大臣常切齒欲因大獄去異己者元禮揣旨卽上書言急變召對擢游擊將軍爲推使卽洛州牧院爲制獄作鐵籠䡾囚首加以楔至腦裂死又横木關手足轉之號曬翅或紡囚梁上縋石於頭訊一囚窮根柢相牽聯至數百未能訖衣冠氣褫后數引見賞賜以張其威故論殺最多是時來俊臣周興踵而奮天下謂之來索薛懷義始貴而元禮養爲假子故爲后所信後以苛猛復受賕后厭衆望收下吏不服吏曰取公鐵籠來元禮服罪死獄中

來俊臣京兆萬年人父操博徒也與里人蔡本善本負博數十萬不能償操因納其妻先已娠而生俊臣冒其姓天資殘忍喜反覆不事產客和州爲姦盜捕送獄獄中上變刺史東平王續按訊無狀杖之百天授中續以罪誅俊臣上書得召見自陳前上琅琊王沖反狀爲續所抑武后以爲諒擢累侍御史按詔獄數稱旨后陰縱其慘脅制羣臣前後夷千餘族生平有纖介皆入于死拜左臺御史中丞中外絫息至以目語俊臣乃引侯思止王弘義郭弘霸李仁敬康暐衞遂忠等陰嘯不逞百輩使飛語誣衊公卿上急變每擿一事千里同時輒發契驗不差時號爲羅織㲲左署曰請付來俊臣或侯思止推具必得后信之詔於麗景門別置獄敕俊臣等顓按事百不一貸弘義戲謂麗景門爲例竟謂入者例皆盡也俊臣與其屬朱南山萬國俊作羅織經一篇具爲支脈綱由咸有首末按以從事俊臣鞫囚不問輕重皆注醯于鼻掘地爲牢或寢以匽溺或絕其糧囚至齧衣絮以食大抵非死終不得出每赦令下必先殺重囚乃宣詔又作大枷各爲號一定百脈二喘不得三突地吼四著卽承五失魂膽六實同反

七反是實八死猪愁九求即死十求破家後以鐵爲冒頭被枷者宛轉地上少選而絶凡囚至先布械于前示囚莫不震懼皆自誣服如意初誣告大臣狄仁傑任令暉李游道袁智弘崔神基盧獻等下獄俊臣顧以夷誅大臣爲功乃奏囚降制一問而服者同首法得減死仁傑等已論死待日而決稍挺之仁傑乃遣子持帛書稱枉后見愕然責謂俊臣對曰是因不褫巾服何肯服罪后遣通事舍人周綝往視遽假仁傑襆帶立西廂綝懼俊臣東視唯唯去莫敢聞先是宰相樂思晦爲俊臣夷其家有子九歲隸司農上變得召見言俊臣凶慘罔上不道若陛下假條反狀付之無大小皆如詔臣父死族夷不求生但惜陛下法爲俊臣所弄耳后意解由是仁傑六族皆免又按大將軍張虔勖內侍范雲仙虔勖不堪枉訟於大理徐有功俊臣使衞士亂斫之雲仙自陳事先帝命截其舌皆即死人人脅息久之俊臣納賈人金爲御史紀履忠所劾下獄當死后忠其上變得不誅免爲民長壽中還授殿中丞坐贓貶同州參軍事暴縱自如奪同僚妻又辱其母俄召爲合宮尉擢洛陽令進司僕少卿賜司農奴婢十人以

官戶無面首聞吐蕃酋阿史那斛瑟羅有婢善歌舞令其黨告以謀反而求其婢諸蕃長數十人割耳剺面訟冤僅得解綦連耀等有異謀吉頊以白俊臣殺數十族既欲擅發姦功卽中頊以法頊大懼求見后自直乃免俊臣誣司刑史樊戩以謀反誅其子訴闕下有司無敢治因自刳腹秋官侍郎劉如璿爲流涕俊臣奏與同惡如璿自訴年老而涕吏論以絞后爲宥死流瀼州萬歲通天中上已與其黨集龍門題搢紳名於石抵而仆者先告抵李昭德不能中或以告昭德昭德謀繩其惡未發衞遂忠雖無行頗有辭辯素與俊臣善始王慶詵女適段簡而美俊臣矯詔彊娶之宅日會妻族酒酣遂忠詣之閽者不肯通遂忠直入嫚罵俊臣恥妻見辱已命毆而縛于庭既乃釋之自此有隙妻亦慚自殺簡有妾美俊臣遣人示風旨簡懼以妾歸之俊臣知羣臣不敢斥己乃有異圖常自比石勒欲告皇嗣及廬陵王與南北衙謀反因得騁志遂忠發其謀初俊臣屢掎摭諸武太平公主張昌宗等過咎后不發至是諸武怨共證其罪有詔斬於西市年四十七人皆相慶曰今得背著牀瞑矣爭抉目擿肝醢其肉須臾

盡以馬踐其骨無子餘家屬籍沒方俊臣用事託天官得選者二百餘員及敗有司自首后責之對曰臣亂陛下法身受戮忤俊臣覆臣家后赦其罪時有來子珣周興者皆萬年人永昌初子珣上書擢左臺監察御史無學術語言蚩惡后倚以按獄多徇后旨故賜姓武字家臣旣誣雅州刺史劉行實弟兄謀反已誅掘夷先墓得遷游擊將軍常衣錦半臂自異俄流死愛州興少習法律自尚書史積遷秋官侍郎屢決制獄文深峭妄殺數千人武后奪政拜尚書左丞上疏請去唐宗正屬籍是時左史江融有美名興指融與徐敬業同謀斬于市臨刑請得召見興不許融叱曰吾死無狀不赦汝遂斬之尸奮而行刑者蹴之三仆三作天授中人告子珣與興與丘神勣謀反詔來俊臣鞫狀初興未知被告方對俊臣食俊臣曰囚多不服奈何興曰易耳內之大甕熾炭周之何事不承俊臣曰善命取甕且熾火徐謂興曰有詔按君請嘗之興駭汗叩頭服罪詔誅神勣而宥興嶺表在道爲讎人所殺神勣者行恭子爲左金吾衞將軍高宗崩后使害章懷太子於巴州歸罪神勣下遷疊州刺史俄復故官佐俊臣等爲慘獄

遂見倚愛博州刺史琅琊王沖起兵拜神勣清平道大總管討之州人殺王素
服出迎神勣盡殺之凡千餘族即拜大將軍
侯思止雍州醴泉人貧嬾不治業爲渤海高元禮奴詭狠無良恆州刺史裴貞
笞吏吏積怨教思止告舒王元名與貞謀反付周興鞫訊皆夷宗拜思止游擊
將軍元禮懼引與同坐密教曰上不次用人如問君不識字宜對獬豸不學而
能觸邪陛下用人安事識字無何后果問思止以對后大悅天授中遷左臺侍
御史元禮又教上以君無宅必賜所沒逆人第宜辭曰臣疾逆臣不願居其地
既而果假之以其教對后益喜恩賞良渥思止本人奴言語俚下嘗按魏元忠
讓曰亟承白司馬不爾受孟青洛陽有白司馬坂將軍有孟青棒即殺琅琊王
沖者元忠不承思止曳之元忠徐起曰我如乘驢而墜足絓鐙爲所曳者思止
怒復曳之曰拒制使邪欲抵殊死元忠罵曰侯思止欲得我頭當鋸截之無抑
我承反汝位御史當曉禮義而曰白司馬孟青是何物語非我孰教爾邪思止
驚汗起謝曰幸蒙公教乃引登牀元忠徐就坐色不變獄稍挺思止音吐鄙而

訛人效以爲笑侍御史霍獻可數嘲斬之思止怒以聞后責獻可我已用之何所誚獻可具奏鄙語后亦大笑來俊臣棄故妻逼娶太原王慶詵女思止亦請娶趙郡李自挹女事下宰相李昭德執不可曰俊臣往劫慶詵女已辱國此奴復爾邪搒殺之

王弘義冀州衡水人以飛變擢游擊將軍再遷左臺侍御史與來俊臣競慘刻暑月繫囚別爲狹室積蒿施氈罽其上俄而死已自誣乃舍宅獄每移檄州縣所至震慴弘義輒詫曰我文檄如狼毒野葛矣始賤時求傍舍瓜不與乃騰文言園有白兔縣爲集衆捕逐畦蓏無遺內史李昭德曰昔聞蒼鷹獄吏今見白兔御史延載初俊臣貶弘義亦流瓊州自矯詔追還事覺會侍御史胡元禮使嶺南次襄州按之弘義歸窮曰與公氣類持我何急元禮怒曰吾尉洛陽而子御史我今御史子乃囚何氣類爲杖殺之

郭弘霸舒州同安人仕爲寧陵丞天授中由革命舉得召見自陳往討徐敬業臣誓抽其筋食其肉飲其血絶其髓武后大悅授左臺監察御史時號四其御

史再遷右臺侍御史大夫魏元忠病僚屬省候弘霸獨後入憂見顏閒請視便液即染指嘗驗疾輕重賀曰甘者病不瘳今味苦當愈喜甚元忠惡其媚暴語于朝嘗按芳州刺史李思徵不勝楚毒死後屢見思徵爲厲命家人禳解俄見思徵從數十騎至曰汝枉陷我今取汝弘霸懼援刀自刳腹死頃而蛆腐是時大旱弘霸死而雨又洛陽橋久壞至是成都人喜后問羣臣外有佳事邪司勳郎中張元一曰比有三慶旱而雨洛陽橋成弘霸死

姚紹之湖州武康人初以鸞臺典儀糸遷監察御史中宗時武三思烝僭不軌王同皎張仲之祖延慶等謀殺之事覺捕送新開獄詔紹之與左臺大夫李承嘉按治初欲原盡其情會敕宰相李嶠等同訊執政畏禍釁滅無所問因呼曰宰相有附三思者嶠等數附承嘉耳呫喘紹之翻然不復顧即引力士十餘曳囚至築其口反接送獄中謂仲之曰事不諧矣仲之因言三思反狀紹之怒擊折其臂因呼天曰吾雖死當訴爾於天因裂衫束之卒誣以謀反皆論族囚等已誅紹之意岸軒傲朝野注目擢左臺侍御史奉使江左過汴州廷辱錄事參

軍魏傳弓久之傳弓爲監察御史而紹之坐贓詔傳弓即按紹之謂揚州長史盧萬石曰我頃辱傳弓今來按我死矣獄具得贓五百萬法當死韋后女弟救請故減死貶瓊山尉俄逃還京萬年尉捕擊折其足更授南陵令員外置開元中爲括州長史同正不得與州事死

周利貞者亡其系武后時調錢塘尉時禁捕魚州刺史飯蔬利貞忽饋佳魚刺史不受利貞曰此鬬魚公何疑問其故答曰適見漁者禽不獲而有魚焉鬬得之刺史大笑神龍初擢累侍御史諂附權彊五王等疾之出爲嘉州司馬武三思亂禁中五王謀誅之私語崔湜湜反以其計告三思五王貶湜勸速殺之以絕人望問誰可使以利貞對利貞湜內兄也表攝右臺侍御史馳嶺外矯殺敬暉桓彥範袁恕己還拜左臺御史中丞數爲仇人狙報幾不免先天初爲廣州都督湜陷劉幽求謫嶺表諷利貞殺之賴桂州都督王晙護而免利貞顓事剝割夷獠苦其殘虐皆起爲寇詔監察御史李全交按問得贓狀貶涪州刺史開元初詔利貞及滑州刺史裴談饒州刺史裴栖貞大理評事張思敬王承本華

原令康暐侍御史封詢行判官張勝之劉暉楊允衛遂忠公孫琰廉州司馬鍾思廉皆酷吏宜終身勿齒尋復授珍州司馬明年授夷州刺史黃門侍郎張廷珪執奏曰陛下英斷聖明四海心服所謂英斷殄凶逆正朝廷是也所謂聖明辨忠邪信賞罰是也利貞宗武舊黨鉏僇桓敬自陛下登宸極布新政奪其班級還之遐荒以允天下之望義士猶以罰輕爲望今錫以朱紱委以藩維是紐姦不必行也疏入遂寢未幾復授黔州都督加朝散大夫廷珪又表還制書曰利貞險薄小人附會三思傾危朝廷殺害功臣人神憤惋痛毒至今東都搜掩其家得金銀錦繡冒違制令當加重貶且久據朝廷捷給便佞見忠於君者猶仇讐然使之入朝則亂國撫俗則傷人今擢典要藩緜六品遷三品何往日罰之而今日賞之玄宗乃止會廷珪罷起爲辰州長史朝集京師與魏州長史敬讓皆奏事讓暉之子也以父寃越次而奏曰周利貞希姦臣意枉殺先臣暉惟陛下正罰以謝天下左臺侍御史翟璋劾讓不待監引請行法玄宗曰訴父之枉不可不矜也朝廷之儀不可不肅也奪讓俸三月復貶利貞邕州長史未幾

賜死梧州開元中又有洛陽尉王鈞河南丞嚴安之捶人畏不死視腫潰復笞之至血流乃喜

王旭者貞觀時侍中珪孫也神龍初爲兗州兵曹參軍時張易之誅而兄昌儀先貶乾封尉旭輒斬其首送東都遷幷州錄事參軍長史周仁軌者韋后黨也玄宗平內難有詔誅之旭不待覆斬首齎還京師遷累左臺侍御史崔湜敗其婦翁盧崇道自嶺外逃歸東都爲讐家上變詔旭訊覆旭廣捕親黨窮極慘楚當以重辟崇道及三子皆死門生故人並海內名士皆絓染流徙天下咨其寃旭與大夫李傑不平更相譖訐傑坐斥衢州刺史故旭益橫殘毒以逞官數遷常兼御史其爲人苛急少縱貸人莫敢與忤每治獄囚皆逆服製獄械率有名曰驢駒拔撅犢子縣等以怖下又縋髮以石脅承之時監察御史李嵩李全交皆嚴酷取名與旭埒京師號三豹嵩爲赤全交爲白旭爲黑里閭至相詛曰若違教值三豹宋王憲官屬紀希虬兄爲劍南令坐贓旭奉使臨訊見其妻美逼亂之因殺其夫而納贓數百萬希虬使奴爲臺傭事旭旭不知頗愛任之奴盡

疏旭請求積數千以示希虬希虬泣訴于王王爲上聞詔劾治獲姦贓不貲貶龍州尉恚而死

吉温故宰相頊從子也性陰詭果于事諂附貴宦若子姓奉父兄天寶初爲新豐丞時太子文學薛嶷得幸引温入見玄宗目之曰是丞不良我不用罷之蕭炅爲河南尹御史遣温到府有所訊詰乃并治炅不爲末揻右相李林甫善炅故得免炅入守京兆尹而温方調萬年尉不辭人爲寒恐於是高力士間出就第炅多私謁温乃先往與力士語執手歡甚將出炅通謁温陽惶恐趨避力士止之語炅曰吾故人也炅揖乃去它日到炅府辭曰國家法不敢隳今而後洗心事公公云何炅待盡歡林甫與李適之張垍有隙適之領兵部而垍兄均爲侍郎林甫密遣吏擿其銓史僞選六十餘人帝命京兆與御史雜治累日情不得炅使温佐訊温分囚廷左右中取二重囚訊後舍楚械搒掠皆呻呼不勝曰公幸留死請如牒乃挺出諸史迎懾其酷及引前不訊皆服日中獄具林甫以爲能温嘗曰若遇知己南山白額虎不足縛林甫久當國權熏天下陰構大獄除

不附己者先引温居門下與錢塘羅希奭為奔走椎鍜詔獄希奭文深虐其舅鴻臚少卿張博濟林甫壻也以姻家故自御史臺主簿再遷殿中侍御史初温因中官納其出武敬一女為盛王妃擢京兆士曹參軍林甫欲搖東宮左驍衛參軍柳勣影會發杜良娣家陰事温按狀勣以誣誅因引勣所善王曾王脩己盧寧徐徵悉逮縛論死尸積大理垣下家屬離竄初中書舍人梁涉道遇温低帽障面温怒乃諷勣引涉及嗣虢王巨皆斥逐林甫惡楊慎矜王鉷飛書言圖讖事委温以獄初慎矜客史敬忠與温父善見温襁褓時温馳至東都逮捕楊氏親屬賓客取敬忠於汝州鐵鏁頸布蒙面未嘗正視陰遣吏脅曰慎矜獄具須君一辨君即服罪可貸即不服死不解敬忠即索筆自款温陽不見再三請乃與之對如温所敕温謝曰大人毋懼乃下拜慎矜以左證具欲自誣而讖不得御史盧鉉索其家挾讖以入於是慎矜兄弟皆賜死株連數十族是時温與希奭相勖以虐號羅鉗吉網公卿見者莫敢耦語温推事未窮而先計贓成奏乃引囚問震以烈威隨問輒承無敢遲鞭楚未收于壁而獄具矣林甫才其為

擢戶部郎中兼侍御史楊國忠安祿山方尊寵高力士居中用事溫皆媚附之兄事祿山嘗密諗曰李右相雖厚待公然不肯引共政我見遇久亦不顯以官公若薦我爲宰相我處公要任則右相可擠矣祿山大悅亟稱溫才天子亦忘前語於是祿山領河東節度表溫自副并知節度營田管內採訪總留事拜鴈門太守知安邊鑄錢事以母喪解祿山表爲魏郡太守楊國忠當國引拜御史中丞兼京畿關內採訪處置使祿山敕吏設白紬帳于傳以候命慶緒親御而餞之溫銜其德故朝廷動靜輒報不淹宿而知天寶十三年祿山入朝領閑廄使薦溫武部侍郎以爲副國忠與祿山爭寵而溫昵祿山甚國忠不善也會河東太守韋陟怨失職因溫以交祿山徧饋權近國忠遣人發其狀斥溫澧陽長史其屬員錫及陟皆坐貶明年溫仍坐受賕奪民馬貶端溪尉始林甫死希奭出爲始安太守張博濟韋陟韋誡奢李從一員錫皆逗遛始安溫旣謫又依希奭以居國忠奏遣蔣沇臨按希奭擅稽罪人貶海康員外尉俄遣使者殺溫等五人溫之斥帝在華清宮詔從臣曰溫本酷吏子朕過用之故屢構大獄專威

福今既斥公屬安矣温死五月而祿山反卽僞位求温子方七歲授河南參軍以報之

崔器深州安平人曾祖恭禮尙館陶公主爲駙馬都尉貌豐偉飲酒至斗不亂器有吏幹然性陰刻樂禍天寶中舉明經爲萬年尉踰月擢監察御史中丞宋渾爲東畿採訪使引爲判官渾坐贓敗器亦廢後爲奉先令安祿山陷京師器受賊署守奉先頃之同羅背賊賊將安守忠張通儒亡去渭上義兵且數萬器大懼悉毀賊所署符敕募衆以應之渭上軍敗遂走靈武素善呂諲得爲御史中丞戸部侍郎肅宗至鳳翔兼禮儀使二京平爲三司使器草定儀典令王官陷賊者悉入含元廷中露首跣足撫膺頓首請罪令刀仗環之以示扈從羣臣器旣殘忍希帝旨欲深文繩下乃建議陳希烈達奚珣等數百人皆抵死李峴執奏乃以六等定罪多所原貸後蕭華自賊中來因言王官重爲安慶緒驅脅至相州聞廣平王宣詔釋希烈等皆相顧愧悔及聞崔器議刑衆心復搖帝曰朕幾爲器所誤後爲吏部侍郎御史大夫上元元年病亟叩頭若謝辠狀家人

問之曰達奚尹訴於我三日卒

毛若虛絳州太平人眉長覆目性殘鷙天寶末爲武功丞年六十餘肅宗還京師擢監察御史以國用大竭數請掊天下財巧傅於法日月有獻漸見識用大抵覆囚先收家貲以定贓有不滿意攤索保伍姻近人懼其威無敢不如約乾元中鳳翔七坊士數剽州縣閒殺人尉謝夷甫不勝怒搒殺之士妻訴李輔國輔國請御史孫鎣窮治獄久不具詔中丞崔伯陽與三司參訊未決乃使若虛按之即歸罪夷甫伯陽爭甚力若虛慢拒伯陽怒若虛即馳入白于帝詔姑出若虛泥訴曰臣出即死因蔽若虛殿中而召伯陽伯陽至具劾若虛罔上帝主先語叱伯陽出幷官屬悉貶嶺外李峴頗左右鎣等罷宰相於是若虛權熖震朝廷羣臣不舒息尋擢御史中丞上元元年以罪貶賓化尉死

敬羽河中寶鼎人貌寢甚性便辟善候人意補匡城尉朔方安思順表爲節度府屬肅宗初擢監察御史以言利幸京師平任遇寖顯凶態不能忍乃作巨枷號鉤尾榆囚人多死又仆囚于地以門牡轢腹掘地實棘席蒙上瀕坎鞫囚不

服則擠之坎人多濫死遷累御史中丞宗正卿鄭國公李遵坐賄下詔獄羽參
按遵肥而羽瘠則引遵危坐小牀痹且仆遵欲伸足羽曰公乃囚我延公坐何
可慢遵仆三四徐受所言得贓至數百萬嗣岐王珍謀反詔羽窮劾乃悉召支
黨環以搒具因惶怖一昔獄成珍賜死左衞將軍竇如玢等九人皆斬太子洗
馬趙非熊等六七人斃杖下聞者毛豎先是胡人康謙以賈富楊國忠輔政納
其金授安南都護領山南東路驛事吏疾之誣其通史朝義羽鞫之謙須長三
尺明日脫盡膝髁皆碎人視之以爲鬼乃殺之羽與毛若虛裴昇畢曜同時爲
御史皆暴忍時稱毛敬裴畢未幾昇曜流黔中寶應初羽斥道州刺史詔殺之
羽聞使者至纕服而逃吏械之臨死袖中出牒數番乃吏相告訐咤曰不及推
死矣治州者無宜寢

唐書卷二百九考證

王旭傳貞觀時侍中珪孫也○舊書作曾祖珪

唐書卷二百九考證

宋　端　明　殿　學　士　宋　祁　撰

列傳第一百三十五

藩鎭魏博

安史亂天下至肅宗大難略平君臣皆幸安故瓜分河北地付授叛將護養孽萌以成禍根亂人乘之遂擅署吏以賦稅自私不朝獻于廷效戰國肱髀相依以土地傳子孫脅百姓加鋸其頸利怵逆汙遂使其人自視由羌狄然一寇死一賊生訖唐亡百餘年卒不爲王土當其盛時蔡附齊連內裂河南地爲合從以抗天子杜牧至以山東王不得不王霸不得不霸賊得之故天下不安又曰厥今天下何如哉干戈朽鈇鉞鈍含忍混貸照育逆孽殆爲故常而執事大人曾不歷算周思以爲宿謀方且嵬岸抑揚自以爲廣大繁昌莫己若也嗚呼其不知乎其俟蹇頓顚傾而後爲之支計乎且天下幾里列郡幾所自河以北蟠城數百角奔爲寇伺吾人顚額天時不利則將與其朋伍駭亂吾民於掌股之

上今者及吾之壯不圖擒取乃偷處恬逸以爲後世子孫背脅疽根此復何也議者曰倔彊之徒吾以良將勁兵爲銜策高位美爵充飽其腸安而不撓外而不拘猶豢虎狼而不拂其心則忿氣不萌此大曆貞元所以守邦也何必疾戰焚煎吾民然後爲快也愚曰大曆貞元之間有城數十千百卒夫則朝廷貸以法故於是闊視大言自樹一家破制削法角爲尊奢天子不問有司不呵王侯通爵越祿受之覲聘不來几杖扶之逆息虜胤皇子嬪之地益廣兵益彊僭擬益甚侈心益昌土田名器分劃大盡而賊夫貪心未及畔岸淫名越號走兵四略以飽其志趙魏燕齊同日而起梁蔡吳蜀躡而和之其餘混澒軒囂欲相效者往往而是運遭孝武前英後傑夕思朝議故能大者誅鉏小者惠來大抵生人油然多欲欲而不得則怒怒則爭亂隨之是以教笞於家刑罰於國征伐於天下裁其欲而塞其爭也大曆貞元之間反此提區區之有而塞無涯之爭是以首尾指支幾不能相運掉也凡今者不知非此而反用以爲經將見爲盜者非止於河北而已嗚呼大曆貞元守邦之術永戒之哉魏博傳五世至田弘正

入朝十年復亂更四姓傳十世有州七成德更二姓傳五世至王承元入朝明年王庭湊反傳六世有州四盧龍更三姓傳五世至劉總入朝六月朱克融反傳十二世有州九淄青傳五世而滅有州十二滄景傳三世至程權入朝十六年而李全略有之至其子同捷而滅有州四宣武傳四世而滅有州四彰義傳三世而滅有州三澤潞傳三世而滅有州五雖然迹其由來事有因藉地之輕重視人謀臧否歟今取擅與若世嗣者爲藩鎭傳若田弘正張孝忠等暴忠納誠以屏王室自如別傳云

田承嗣字承嗣平州盧龍人世事盧龍軍以豪俠聞隸安祿山麾下破奚契丹累功至武衞將軍祿山反與張忠志爲賊前驅陷河洛嘗大雪祿山按行諸屯至其營若無人已而擐甲列卒閱所籍不缺一人祿山異其能使守潁川郭子儀平東都承嗣以郡降俄而復叛安慶緒奔鄴承嗣自潁川來與蔡希德武令珣合兵六萬慶緒復振抗王師歲餘史思明亂承嗣又爲賊導及朝義敗與共保莫州僕固瑒追北承嗣急乃詐朝義使自求救幽州承嗣守莫因執賊妻息

降于瑒厚以金帛反間瑒將士瑒慮下生變即約降承嗣詐疾不出瑒欲馳入
取之承嗣列千刀爲備瑒不得志承嗣重賂之以免乃與張忠志李懷仙薛嵩
皆詣僕固懷恩謝願備行間朝廷以二賊繼亂州縣殘析數大赦凡爲賊詿誤
一切不問當是時懷恩功高亦恐賊平則任不重因建白承嗣等分帥河北賜
鐵券誓不死拜承嗣莫州刺史三遷至貝博滄瀛等州節度使檢校太尉承嗣
沈猜陰賊不習禮義既得志即計戶口重賦斂厲兵繕甲使老弱耕壯者在軍
不數年有衆十萬又擇趫秀彊力者萬人號牙兵自署置官吏圖版稅入皆私
有之又求兼宰相代宗以寇亂甫平多所含宥因就加同中書門下平章事封
鴈門郡王寵其軍曰天雄以魏州爲大都督府即授長史詔子華尚永樂公主
冀結其心而性著凶詭愈不遜大曆八年相衞薛嵩死弟蕚求假節牙將裴志
清逐蕚蕚以衆歸承嗣而帝自用李承昭爲相州刺史未至承嗣使人訹吏士
反陽言救實襲取之帝遣使者諭罷兵承嗣不奉詔遣將盧子期取洺州楊光
朝取衞州脅刺史薛雄亂不從屠其家悉四州兵財以歸擅置守宰逼使者行

磁相遣劉渾從之陰使從子悅諷諸將詣使者務面請承嗣爲帥使人不敢詰於是厚賞請己者帝乃下詔貶承嗣永州刺史許一子從悅及諸子皆逐惡地詔河東節度使薛兼訓成德李寶臣幽州朱滔昭義李承昭淄青李正己淮西李忠臣永平李勉汴宋田神玉等兵六萬犄角進若承嗣不承命聽在所討執以軍法從事其下霍榮國以磁降李正己攻拔德州李忠臣攻衞築偃月壁河上承嗣列將往往攜阻殺數十人乃定帝又遣御史大夫李涵督諸節度幷力承嗣遣裴志清等攻冀州志清以兵附成德承嗣悉衆圍之爲寶臣所逐火輜重歸于貝計益窮不知所出遣其下郝光朝奉表請委身北闕下又使悅與盧子期將萬人攻磁州屯東山宣慰使韓朝彩等固守兼訓以萬騎屯西山成德幽州各遣兵救磁時承昭以神策射生繼進入河東壘諸軍進討數有功頗顧賞天子使中人多出御服良馬黃白金萬計勞賚使人供帳高會諸軍少懈而正己寶臣二軍會棗彊更相見會正己軍輒引去忠臣乃棄月壘濟河屯陽武承昭使成德幽州兵循東山襲子期軍自閉壁以驕賊子期分步騎萬人環承

昭壁以兵四千乘高望麾而進河東將劉文英辛忠臣等決戰而成德幽州兵繞出子期後於是圍解更陣高原諸將與承昭夾攻大戰臨水賊敗屍旁午數里斬九千級馬千匹執子期及將士二千三百旗纛器甲鼓角二十萬諸軍乘勝進距磁十里暮而舍承昭舉燧朝彩出銳兵鼓譟薄魏營斬首五百悅驚率餘兵夜走盡棄旗幕鎧仗五千乘成德將王武俊以子期歸寶臣寶臣方攻洺州因以示城下降之復徇瀛州瀛州亦降得兵萬人粟二十萬石獻子期京師斬之天子遣中人勞寶臣不爲禮寶臣乃貳反攻朱滔與承嗣和承嗣與之滄州正己又請天子許承嗣入朝十一年帝遣諫議大夫杜亞持節至魏受其降許闔門還京師赦魏博所管與更始承嗣逗遛不至其秋復略滑州敗李勉兵會李靈耀以汴州叛詔忠臣勉河陽馬燧合討靈耀求救於魏承嗣使悅將兵三萬赴之敗勉將杜如江正己將尹伯良死者殆半乘勝屯汴北郛與靈耀合燧忠臣逆擊破之悅脫身遁斬獲數萬靈耀東走欲歸承嗣爲如江所禽幷魏將常準獻京師明年承嗣上書請罪有詔復官爵子弟皆仍故官復賜鐵券承

嗣盜有貝博魏衞相磁洺七州而未嘗北面天子凡再與師會國威中奪窮而復縱故承嗣得肆姦無怖忌十四年死年七十五贈太保

悅蚤孤母更嫁平盧戍卒悅隨母轉側淄青間承嗣得魏訪獲之年十三拜伏有禮承嗣異之委以號令裁處皆與承嗣意合及長剽悍善鬭冠軍中賊忍狙詐外飭行義輕財重施以鉤奚譽人皆附之承嗣愛其才將死顧諸子弱乃命悅知節度事令諸子佐之帝因詔悅自中軍兵馬使府左司馬擢留後俄檢校工部尚書爲節度使悅始招致賢才開館宇禮天下士外示恭順陰濟其姦帝晚年尤寬弛悅所奏請無不從德宗立不假借方鎮諸將稍惕息會黜陟使洪經綸至河北聞悅養士七萬輒下符罷其四萬歸田畝悅卽奉命因大集將士以好言激之曰而等籍軍中久仰縑廩養父母妻子今罷去何恃而生衆大哭悅乃悉出家貲給之各令還部自此魏人德悅及劉晏死藩帥益懼又傳言帝且東封泰山李勉遂城汴州而李正己懼率兵萬人屯曹州乃遣人說悅同叛悅因與梁崇義等阻兵連和以王侑扈崿許士則爲腹心邢曹俊孟希祐李長

春符璘康愔爲爪牙建中二年鎭州李惟岳淄青李納求襲節度不許悅爲請
不答遂合謀同叛會于邵令狐峘等表汰浮圖悅乃詐其軍曰有詔閱軍之老
疾疲弱者繇是舉軍咨怨悅與納會濮陽納分兵佐悅會幽州朱滔等奉詔討
惟岳悅乃遣孟希祐以兵五千助惟岳別遣康愔以兵八千攻邢州楊朝光以
兵五千壁盧疃絶昭義餉道悅自將兵數萬繼進又使朝光攻臨洺將張伾伾
固守食且盡賞賜不足乃飾愛女示衆曰庫廩竭矣願以此女代賞士感泣請
死戰大破悅軍有詔河東馬燧河陽李芃與昭義軍救伾三節度次狗明二山
間未進伾急以紙爲風鳶高百餘丈過悅營上悅使善射者射之不能及燧營
諜迎之得書言三日不解臨洺士且爲悅食燧乃自壺關鼓而東破盧疃戰雙
岡禽賊大將盧子昌而殺朝光悅遁保洹水於是曹俊爲貝州刺史乃承嗣時
舊將果而謀悅未得志召問計安出對曰兵法十則攻今公以逆干順勢不敵
也宜留兵萬人屯嶧口以遏西師則舉河北二十四州惟公所命今攻臨洺糧
竭卒老不見其可悅所昵扈嶧孟希祐等皆訾短之故悅不聽其言燧等距悅

軍三十里築壘相望悅與納合兵三萬陣洹水燧引神策將李晟夾攻悅悅大敗死傷二萬計引壯騎數十夜奔魏其將李長春拒關不內以須官軍而三帥頓不進明日悅得入殺長春持佩刀立軍門流涕曰悅藉伯父餘業與君等同休戚今敗亡及此不敢圖全然悅久稽天誅者特以淄青恆冀子弟不得承襲既弗能報乃至用兵使士民塗炭悅正緣母老不能自剄願公等斬悅首以取富貴無庸俱死乃自投于地衆憐皆抱持之曰今士馬之衆尚可一戰事脫不濟死生以之悅收淚曰諸公不以悅喪敗誓同存亡縱身先地下敢忘厚意乎乃斷髮爲誓將士亦斷髮約爲兄弟乃率富民大家財及府庫所有大行賜與而李再春及其子瑤以博州降悅從兄昂以洺州降燧等受之悅皆族昂等家悅自視兵械乏衆單耗懼不知所出復召曹俊與之謀曹俊爲整軍完壘以振士氣羣心復堅後十餘日燧等始進薄城下未幾王武俊殺惟岳而深州降朱滔滔分兵守之天子授武俊恆州刺史以康日知爲深趙二州觀察使武俊恨賞薄滔怨不得深州悅知二將可間乃儳路使王侑許士則說滔曰司徒奉詔

討賊不十日拔束鹿下深州惟岳勢蹙故王大夫能得逆首聞出幽州日有詔破惟岳得其地卽隸麾下今乃以深州與康日知是朝廷不信於公也且上英武獨斷有秦皇漢武風將誅豪桀掃除河朔不使父子相襲又功臣劉晏等皆旋踵破滅殺梁崇義誅其口三百餘血丹漢江今日破魏則取燕趙如牽轅下馬耳夫魏博全則燕趙安鄙州尙書必以死報德且合從連衡救災卹患不朽之業也尙書願上貝州以廣湯沐使侑等奉簿最孔目司徒朝至魏則夕入貝惟孰計之滔心素欲得貝卽大喜使侑先還告師期先是詔武俊出恆冀粟三十萬賜滔使還幽州以突騎五百助燧軍武俊懼悅破將起師北伐不肯歸粟馬滔因使王郅說武俊曰天子以君善戰天下無前故分散粟馬以弱君軍今若舉魏博則王師北向漳滏勢危誠能連營南旆解田悅於倒縣大夫之利也豈特粟不出窖馬不離廐又有排危之義聲滿天下大夫親斷逆首血衊衣袖日知不出趙城何功於國而坐兼二州河北士以不得深州爲大夫恥武俊既得深亦喜卽日使使報滔於是滔率兵二萬屯寧晉武俊以兵萬五千會之悅

恃救至使康愔督兵與王師戰御河上大敗棄甲走城悅怒閉門不內蹈籍死塹中者甚衆其夏滔武俊軍至悅具牛酒迎犒燧等營魏河西武俊滔悅壁河東起樓櫓營中兩軍相持自秋汔冬燧遣晟以兵三千自邢趙與張孝忠合攻涿莫二州以絶幽薊路悅重德滔欲推爲盟主而臣之滔不敢當乃更議如七國故事悅國號魏僭稱魏王以府爲大名府署子爲府留後以扈崿爲留守許士則爲司武曾穆司文裴抗司禮封演司刑並爲侍郎劉士素爲內史舍人張瑜孫光佐爲給事中邢曹俊孟希祐爲左右僕射田晁高緬爲征西節度使蔡濟薛有倫爲虎牙將軍高崇節知軍前兵馬夏侯禎爲兵馬使晁以兵數千助李納守鄆明年夏滔屯河間留大將馬寔以兵萬人戍魏會朱泚亂帝出奉天燧還太原武俊等皆罷悅餞之厚遺武俊寔官屬皆有贈與元元年滔自將兵欲南度河助泚使王郅見悅計事曰頃大王在重圍孤與趙刻日赴王難以全魏貝今秦帝已據關中孤以步騎十萬與回紇趨東都相應接王能從孤濟河合勢以取大梁孤得西收鞏陝與秦兵會天下可定也則王與趙王永無南慮

爲脣齒之國幸速討之是時悅聞天子已赦罪復官爵心不欲行重違絕滔陽
遣薛有倫報滔如約滔大喜復使舍人李琯申固所言悅猶豫許士則諫曰冀
王勇決權略一世之雄也殺懷仙屠希彩誅兄使如京師而奪之權有恩者誅
同謀者覆彼心腹渠可量哉今大王之親不加泚勇不加懷仙希彩也而念恩
不已拘攣匹夫義出且見禽彼得魏博北聯幽薊南入梁鄭而與泚合其理然
也大王不如僞許出迎遣州縣具牛酒至則以事自解不可顧恩取禍也悅然
之先是武俊陰約悅背滔使相望及聞滔要悅西使田秀馳說悅曰聞大王欲
從滔度河爲泚掎角非也方泚未盜京師時滔爲列國且自高如得東都與泚
連禍兵多勢張返制于豎子乎今日天子復官赦罪乃王臣豈捨天子而北面
滔泚耶願大王閉壘不出武俊須昭義軍出爲王討之悅因秀還具道其謀而
遣曾穆報滔滔喜自河閒悉師而南踰貝州次清河使人報悅悅不至進屯永
濟使王郅等督之曰王約出館陶與大王會乃濟河悅見久曰始約從王今舉
軍持悅曰魏比困侵掠供儗屈竭以悅日拊循猶恐人且擕閒一日去城邑朝

出夕變且何歸不然悅不敢背約今遣孟希祐悉兵五千助王因使其屬裴抗盧南史報命滔怒罵曰逆虜前日求救許我貝州我不取尊我爲天子我與同爲王教我遠來而不出是賊不擊尚何誅乃囚抗等使馬寔取數縣已而釋抗還之悅兵不敢出遂圍貝州滔取武城通德棣供軍饋盡囚諸縣官吏唯清陽不下滔圍之寔拔清平殺五百人俘男女貲財去於是李抱真武俊約出兵救魏會有詔拜悅檢校尚書右僕射封濟陽郡王而給事中孔巢父持節宣勞始悅阻兵凡四年狂愎少謀亟戰數北死者什八士苦之且厭兵既巢父至莫不欣然悅與巢父張飲門階皆徹衛至夜分從弟緒與族人私語曰僕射妄起兵幾赤吾族以金帛厚天下而不至兄弟或諫止之緒怒殺諫者乃與左右踰垣入悅方醉寢酣緒挺刃升堂二弟諫止緒斬之因手刺悅幷殺其母妻悅死年三十四比明以悅命召許士則蔡濟計事至則殺之劉忠信者悅常使防督緒直寢門緒呼曰忠信刺僕射與扈嚳反衆執之語曰無之支已殊絕

緒字緒承嗣第六子悅待諸弟無所間使緒主牙軍而凶險多過常笞勗之悅

於飲食衣服儉嗇有節緒常苦不足頗怨望故作難悅旣死懼衆不附以其徒數百將出奔邢曹俊率衆追還緒乃下令軍中曰我先王子能立我者賞衆乃共推緒爲留後歸罪扈粤斬其首以徇復殺悅親信薛有倫等數十人因巢父遣使者聽命天子滔聞悅死以兵五千合寔軍進攻魏州寔瀕王莽河壁南距河東抵博州殺略甚衆使人入魏招緒降緒新纂而寔圍且急乃遣使以好言見滔滔許與盟會穆勸緒絶滔而緒部分亦定乃乘城戰武俊抱真各脩好如悅時詔即拜緒節度使寔圍魏凡三月滔敗走貞元元年以嘉誠公主降緒拜駙馬都尉李希烈平以功賜一子八品官緒猜忌殺兄弟姑妹凡數人兄朝仕李納爲齊州刺史或言納將入之魏以代緒緒厚賂納且召朝朝以死請不行乃送之京師過滑緒將篡取之賈耽以兵援接乃免累遷檢校尚書左僕射常山郡王又徙王鴈門實封五百戶加同中書門下平章事暴疾死年三十三贈司空少子季安嗣

季安字夔母微賤公主命爲己子寵冠諸兄數歲爲左衛胄曹參軍節度副使

緒死時年十五匿喪觀變軍中推爲留後因授節度使除喪加檢校尚書右僕射進位檢校司空俄同中書門下平章事季安畏主之嚴頗循禮法及主薨始自恣擊鞠從禽酣嗜欲軍中事率意輕重官屬進諫皆不納會詔中尉吐突承璀以神策兵討王承宗季安謀曰王師不跨河二十五年今越魏伐趙趙誠虜魏亦虜矣奈何或請以五千騎決除君憂季安曰善沮軍者斬時幽州劉濟將譚忠適使魏聞之入見季安曰往年王師取蜀取吳算不失一是宰相謀也今伐趙不使耆臣宿將而付中臣不起天下甲而出秦甲君知誰爲之謀此上自爲謀以夸服臣下若師未叩趙而先碎於魏是上之謀不及下且能不耻既耻且怒必任智畫仗猛將再舉涉河鑒前之敗必不越魏誅趙校罪輕重必不先趙後魏是上不上下不下當魏而來也季安曰計安出忠曰王師入魏君厚犒之悉甲伐趙而陰遺趙書曰魏若伐趙爲賣友魏若與趙爲反君賣友反君魏不忍受執事能弛阸鄣遺一城魏得持之獻捷天子以爲符此使魏北得以奉趙西得以爲臣不世之利也趙不拒君則魏安矣季安然之遣大將率兵會王

師伐承宗糧餉自辦取堂陽以報加太子太保有丘絳者父時賓佐與同府侯臧爭權季安怒斥爲下縣尉俄召還先坎道左旣至生瘞之忍酷無忌憚大抵如此死年三十二贈太尉妻元誼女召諸將立其子懷諫最幼不能事政決於私奴蔣士則數易置諸將軍中怒取田興爲留後所謂田弘正者以懷諫歸第殺士則等十餘人季安旣葬送懷諫京師授右監門衞將軍寵錫蕃渥緒弟縉

華顯于朝縉字雲長貞元十年入朝授左驍衞將軍封扶風郡公元和中拜夏綏銀節度使始開元時置宥州扼寇路久而廢縉復城之王師伐蔡縉上槖它牛馬助軍吐蕃寇豐州縉設伏邀其歸俘斬過當入爲左衞大將軍李聽代之聽劾縉盜沒軍糧四萬斛彊取羌人羊馬故吐蕃得乘隙貶衡王傅俄而吐蕃又攻鹽州貶房州司馬長慶初終左領軍衞將軍華太常少卿尚永樂新都二公主田氏自承嗣至懷諫四世凡四十九年

史憲誠其先奚也內徙靈武爲建康人三世署魏博將祖及父爵皆爲王憲誠始以趫敢從父軍田弘正討李師道將先鋒兵四千濟河拔城柵師踵進乘勝

逐北傳鄆堞師道傳首以功兼御史中丞長慶二年田布之自殺也軍亂且囂時憲誠爲中軍兵馬使頗言河朔舊事以搖其衆衆乃逼還府擅總軍務穆宗以朱克融王廷湊方盜幽鎮未有以制卽以節度使授之憲誠外詑王命而陰結幽鎮依以自固時李介方亂私與交通數助請旄節城馬頭具舟黎陽示將濟師者會天子遣司門郎中韋文恪宣慰憲誠見使者禮倨言辭悖慢俄聞斬介更恭謹謂文恪曰我本奚如狗也唯知識主雖日加箠不忍離其譎猶類此進檢校司空與李全略爲婚家太和中其子同捷反濳以糧餉資之文宗申約使者相望因進同中書門下平章事憲誠使大將至京師偵事作譌言自大宰相韋處厚折其詐遣去憲誠懼出兵從王師討之復遣大將丌志沼率師二萬攻德州時王廷湊援同捷陰誘志沼以利志沼反屯永濟兵銳甚諸鎮共禦之憲誠告急天子詔義武李聽進討於是志沼與廷湊合兵劫貝州爲聽所敗奔廷湊滄景平憲誠不自安請納地進檢校司徒兼侍中徙河中封千乘郡公以李聽代初憲誠將以族行懼魏軍之留問策於弟憲忠憲忠教分相衞請置帥

因以弱魏復請詔聽引軍聲圖志沼而假道清河帝從之憲誠因欲倚聽公去魏及聽次清河魏人驚憲忠曰彼假道取賊吾軍無負朝廷何懼爲乃稍安然魏素聚兵清河聽至悉出其甲將入魏魏軍聞之懼明日盡甲而出聽按軍館陶不進衆謂憲誠賣己曰紿我以沽恩耶夜攻殺之并監軍史良佐推何進滔爲帥以請詔贈憲誠太尉實太和三年憲誠起凡七年死

何進滔靈武人世爲本軍校少客魏委質軍中事田弘正弘正攻王承宗夜以兵壓鎮州承宗使健將以鐵冒面引精騎千餘馳魏壁進滔率猛士逐之幾獲鎮人大懼從討李師道以功兼侍御史憲誠死軍中傳譁曰得何公事之軍安矣進滔下令曰公等既迫我當聽吾令衆唯唯執殺前使及監軍者疏出之凡斬九十餘人釋脅從者素服臨哭將吏皆入弔詔拜留後俄進授節度使居魏十餘年民安之進累檢校司徒同中書門下平章事開成五年死贈太傅諡曰定子重順襲武宗詔河陽李執方滄州劉約諭朝京師或割地自效不聽命時帝新即位重起兵乃授福王綰節度大使以重順自副賜名弘敬帝討劉稹加

東面招討使弘敬倚積相脣齒無深入意詔因稱其事毋孝在軍久宜亟戰弘敬亦自如及王宰踰乾河攻澤州天子慮積起山東兵命弘敬掎角塞其道不奉詔王元逵克邢州攻上黨弘敬不得已乃出師未幾宰統陳許兵假道收磁州弘敬懼乃進戰拔平恩詔檢校尚書左僕射澤潞平加同中書門下平章事懿宗初兼中書令封楚國公咸通七年死贈太師子全皞襲明年拜節度使平龐勛以功遷檢校司空同中書門下平章事母喪納所賜節願行喪詔不許全皞年少好殺戮下有小罪鮮縱貰人人危懼後軍中相傳朘減糧帛衆遂叛全皞單騎遁衆推韓君雄以總軍事而殺全皞實咸通十一年詔贈太保自進滔至全皞凡三世四十二年懿宗更以普王爲大使擢君雄留後君雄魏州人不五月進副大使三遷檢校司空僖宗卽位進同中書門下平章事賜名允中死年六十一贈太尉子簡襲留後俄授節度使進累檢校太尉同中書門下平章事封魏郡王帝在蜀天下亂簡恃彊完欲拓地覬望非常時諸葛爽爲黃巢守河陽簡攻之爽走卽戍以兵北略邢洺而歸東攻鄆鄆將曹存實出戰敗死其

將朱宣率衆以守久不下爽乘其隙復取河陽簡還攻之爽迎擊新鄉簡大敗樂彥禎以一軍先還簡奔歸疽發背死彥禎代之再世凡十二年

彥禎者亦魏人簡時歷博州刺史下河陽有功遷澶州魏人立之詔檢校工部尙書領留後進節度使累加檢校尙書左僕射同中書門下平章事彥禎喜儒術引公乘億李山甫皆在幕府嗣襄王熅之亂彥禎使山甫往見鎭州王鎔欲合幽邢滄諸鎭同盟拒賊鎔厚謝卒不克彥禎見王室微頗驕滿不軌大興其衆城魏周八十里一月畢人怨其殘子從訓資凶悖劫王鐸取其家魏人不直又聚亡命五百人號子將出入臥內軍中藉藉惡之從訓懼易服奔近縣彥禎卽以爲六州指揮使相州刺史輦兵械泉布跡接於道軍中益貳彥禎常夢解佩帶履而行旣寤曰此神告我下將有背乎已而軍亂果因彥禎迫爲桑門尋殺之推大將趙文玠總留後從訓求救於朱全忠全忠爲起師次內黃從訓自相州以軍三萬傅城文玠不敢出衆懼殺之更推羅弘信帥軍弘信出戰從訓敗裒餘衆壁洹水弘信遣將程公佐擊斬之梟首軍門實文德元年彥禎起凡

七年

羅弘信字德孚魏州貴鄉人善騎射狀貌雄偉爲裨將主馬牧魏有巫告弘信曰白頭老人使謝君君當有是地弘信曰神欲危我耶文玠死衆曰孰願主吾軍者弘信輒曰神命我矣衆環視以爲宜遂立之詔擢知留後再遷節度使加檢校司空同中書門下平章事豫章郡公朱全忠討黃巢餉粟三萬斛馬二百匹秦宗權亂復詔弘信以粟二萬斛助軍未輸檢校工部尚書雷鄴來責粟弘信素脅于牙軍擅殺鄴全忠以檄誚讓弘信不敢報大順初全忠討太原李克用遣將趙昌嗣見弘信假糧馬又議屯邢洺假道相衞弘信不納全忠使丁會龐師古葛從周霍存等引萬騎度河弘信壁內黃凡五戰皆敗禽大將馬武等乃厚幣求和方全忠圖河北欲結納弘信乃還兵全忠攻兗鄆朱宣求援於克用遣李存信率兵救之請道屯莘其下侵魏芻牧弘信不平克用欲合鎮定兵營河曲搤魏滑路弘信馳告全忠請禁游舸絕往來久之魏人不至全忠疑其紿自將至滑州弘信來告曰魏人未動者正欲緩圖之全忠遂屯曹太原將李

塘救宣復壁莘弘信厭其暴而塘溝壘自固全忠遣使謂曰晉人志并河朔師還爲公憂之弘信乃攻塘告全忠師期全忠將趨滑爲援次封丘而弘信已破塘克用怒以兵掠魏博全忠將侯言屯洹水克用兵數求戰言不敢出全忠以葛從周代將從周爲闇竇每克用兵至輒出精卒薄戰必捷克用踰洹西北挑戰從周大破之禽其子落落乃引去然侵魏不已大戰白龍潭弘信敗克用追薄魏門而還弘信乃乞師全忠全忠遣將壁洹水救魏克用游兵剽相魏民死十九弘信不堪其偪光化元年如全忠告亟全忠復遣葛從周將兵追躡拔洺州執其刺史邢行恭復攻邢馬師素自拔走遂圍磁州袁奉韜自殺不五日取三州斬首二萬級禽其將百餘人自是克用兵不出始全忠亟討兗鄆懼弘信貳故歲時賂遺良厚弘信每有饋答全忠引其使北面拜受兄事之弘信以爲厚己故推心焉進累檢校太師守侍中徙臨清郡王光化元年死年六十三贈太師追封北平王謚曰莊肅子紹威襲

紹威字端己少有英氣性精悍吏事明辦既領留後昭宗即詔嗣父節度加累

檢校太尉號忠勤宣力致聖功臣幽州劉仁恭引兵攻鎮冀遂掠魏紹威告急於全忠全忠自將與仁恭戰內黃日中大破之斬首三萬級葛從周方守邢亦敗其衆於魏縣仁恭以衆十萬陷貝州全忠使李思安屯內黃從周悉軍入魏仁恭攻魏從周以五百騎出鬬謂門者曰前有彊敵不可易命闔扉士死戰執仁恭將二人仁恭使別將攻內黃爲思安所敗從周乘勝破八壁追北至臨清仁恭乃還滄州與李克用圖魏紹威與全忠連兵伐滄州從周攻拔德州進薄浮陽仁恭以兵至監軍蔣玄暉請須其入壁食盡可取從周曰兵在機機在上將豈監軍所知逆戰老鴉堤破之斬首五萬獲其將百餘人又戰唐昌菹橋六遇輒勝仁恭約和乃還紹威德全忠故奉事愈固全忠還帝洛陽命諸鎮治宮闕而紹威營太廟加侍中封鄴王魏牙軍起田承嗣募軍中子弟爲之父子世襲姻黨盤牙悍驕不顧法令憲誠等皆所立有不慊輒害之無噍類厚給稟姑息不能制時語曰長安天子魏府牙軍謂其勢彊也紹威懲曩禍雖外示優假而內不堪俄而小校李公佺作亂不克奔滄州紹威乃決策屠翦遣楊利言與

全忠謀全忠乃遣苻道昭將兵合魏軍二萬攻滄州求公佺又遣李思安助戰魏軍不之疑紹威子全忠壻也會女卒使馬嗣勳來助葬選長直千人納盟器實甲以入全忠自滑濟河聲言督滄景行營紹威欲出迎假銳兵以入軍中勸毋出而止紹威遣人潛入庫斷絃解甲注夜將奴客數百與嗣勳攻之軍趨庫得兵不可戰因夷滅凡八千族闔市爲空平明全忠亦至聞事定馳入軍魏兵在行者聞變於是史仁遇保高唐李重霸屯宗縣分據貝澶衞等六州仁遇自稱魏博留後全忠解滄州兵以攻高唐仁遇引衆走爲游騎所獲支解之進拔博澶二州李重霸走俄斬其首相衞皆降紹威雖除其偪然勢弱爲全忠牽制比州刺史矣內悒悒悔恨全忠兵在滄州紹威主饋輓自鄴至長蘆五百里不絕于道全忠還紹威建元帥行府極土木壯麗全忠大悅紹威閒說曰邠岐太原皆狂譎以復唐室爲言王宜自取神器專天下之望全忠歸乃受禪紹威多聚書至萬卷江東羅隱工爲詩紹威厚幣結之通譜系昭穆因目己所爲詩爲偷江東集云

贊曰田承嗣幾禽矣李寶臣怒承倩而釋魏建中之際三將軍持銳躪血功無成者四叛連勢兵結難作天子不能守宗廟傳及弘正去汙入朝數年復亂唐終不得魏與夫豎刁亂齊孰爲輕重

唐書卷二百十

唐書卷二百十考證

田承嗣傳將兵三萬赴之○舊書作五千沈炳震本作六萬

何進滔傳封魏郡王○舊書作昌黎郡王

羅弘信傳子紹威襲○舊書作威蓋石晉諱紹字也

唐書卷二百十考證

西元二〇二〇年十一月一日重製一版

新唐書（附考證）冊九（宋 歐陽修 宋 祁 撰）

平裝十冊基本定價捌仟元正
（郵運匯費另加）

發行人　張　敏　君
發行處　中　華　書　局
臺北市內湖區舊宗路二段一八一巷八號五樓（5FL., No. 8, Lane 181, JIOU-TZUNG Rd., Sec 2, NEI HU, TAIPEI, 11494, TAIWAN）
客服電話：886-2-8797-8396
公司傳真：886-2-8797-8909
匯款帳戶：華南商業銀行西湖分行 179100026931
印　　刷：維中科技有限公司 海瑞印刷品有限公司

No. N1054-9

國家圖書館出版品預行編目(CIP)資料

新唐書/(宋)歐陽修, 宋祁撰. -- 重製一版. -- 臺
北市 : 中華書局, 2020.11
冊 ;　公分
ISBN 978-986-5512-34-7(全套 : 平裝)

1.唐史

624.101　　109016734